LES CLOWNS

Les clowns ne sont plus dans la poésie ; on ne les voit qu'au cirque : c'est un bonheur de les y rencontrer, mais un grand malheur qu'ils ne soient que là.

André SUARÈS.

DU MÊME AUTEUR

UNE HISTOIRE TOUTE SIMPLE, Humanité, 1928.
PORTE CLIGNANCOURT, *roman*, Ed. Rieder, 1928.
A L'ANCIEN TONNELIER, *roman*, Ed. Valois, 1931.
DOUZE POÈTES, *critique*, E.S.I., 1931.
PROLÉTARIAT, poèmes, Ed. Valois, 1932.
SAINTE-MARIE-DES-FLOTS, *roman*, Ed. Valois, 1932.
TILDY, *nouvelle*, Œuvres libres, 1932.
LA MARÉCHALERIE DU 19, *roman*, Humanité, 1934.
FAUBOURG SAINT-ANTOINE, *roman*, N.R.F., 1936 (Prix Populiste 1936).
LA GRANDE LUTTE, *roman*, E.S.I., 1937.
MARGUIL, *roman*, Regards, 1938.
MILLY, *roman*, Front National, 1946.
L'HOMME DU CANAL, *roman*, Vignaud, 1947.
LE CIRQUE ET SES ÉTOILES, *critique et histoire*, Artis, 1949.
JEAN LEBEDEFF, FAISEUR D'IMAGES, Ed. de l'A.F.C.E.L., 1951.
LE CIRQUE BONAVENTURE, *roman*, Editions de la paix, 1952.
JEAN-GASPARD DEBURAU, *biographie et histoire,* L'Arche, 1954.
LE CIRQUE DE MOSCOU, *présentation*, Cercle d'Art, 1956.
JEAN-BAPTISTE AURIOL, CLOWN, *critique et histoire,* Ed. Cirque, 1957.
LA REINE POMARÉ, DANSEUSE, *critique et histoire*, Ed. Cirque, 1958.
40 EX-LIBRIS DE CIRQUE, *art et critique*, Ed. Cirque, 1959.
LA BELLE MADAME LEJARS, ÉCUYÈRE, *critique et histoire*, Ed. Cirque, 1960.
ESSAI D'UNE CLASSIFICATION DÉCIMALE DES ACROBATIES SPECTACULAIRES, Ed. Cirque, 1961.
MISS LOULOU (MME ATOFF DE CONSOLI) CLOWNESSE OU L'EPICERIE DE MONTFERMEIL, Ed. Cirque, 1962.
LES ENTRÉES CLOWNESQUES, L'Arche, 1962.
GEORGES WAGUE, LE MIME DE LA BELLE EPOQUE, Georges Girard, 1964.
LE MIME, N.R.F., Encyclopédie de La Pléiade, 1965.
LE TEMPS DES CERISES (JEAN-BAPTISTE CLÉMENT), Editeurs français réunis, 1968.
CATALOGUES DE LA BIBLIOTHÈQUE DE L'OPÉRA, n° 1, Le Cirque. Iconographie, Biliothèque nationale, 1969, en collaboration avec Nicole Wild.
LA COMMUNE À MONTMARTRE, Ed. Sociales, 1970.

TRISTAN RÉMY

LES CLOWNS

Préface de Bernard de Fallois

BERNARD GRASSET
PARIS

PRÉFACE

par

Bernard de Fallois

POURQUOI suis-je parti à sa recherche ?

Peut-être parce que je trouvais injuste — et cruel — de voir s'enfoncer dans l'oubli, si vite, un homme qui avait tant fait pour en sauver les autres.

Peut-être aussi parce que j'avais attrapé, en le lisant, le virus qui était le sien, ce goût absurde, cette passion, cette folle manie de l'enquête biographique. Être historien de tous les détails. Tout savoir. Tout contrôler. Vérifier les dates. Recueillir les témoignages. Les confronter. Consulter l'état civil. Écrire aux notaires, aux juges d'instruction. Collectionner les coupures de presse, les vieux programmes. Retrouver les carnets de notes, les livres de comptes. Chercher, chercher encore. Inlassablement. Comme si, au terme de cette épuisante traque du passé, nous avions des chances de tenir enfin entre nos mains ce qui nous échappe toujours, la vérité d'une personne, plus encore : d'entendre le cœur battre à nouveau.

Quoi qu'il en soit, décidé à ne pas me contenter du bel hommage que lui rendit L.R. Dauven, à sa mort, en 1977, dans *Le Cirque dans l'Univers*, j'allai voir un de ses amis les plus proches, Pierre Robert Levy, docteur en clownologie, lui aussi, et qui considère depuis toujours Rémy comme son maître. Ce puits de science est un homme délicieux : la courtoisie et lui ne font qu'un. Il m'ouvrit ses tiroirs, et j'y ai découvert celui que je cherchais. Avec, en prime, une époque.

Car Tristan Rémy, c'est toute une époque.

Né en 1897, d'un père paysan et d'une mère boulangère. De son vrai nom Desprez. Raymond, Marcel, Arthur Desprez. C'est sous ce nom qu'il fut déclaré à la mairie de Blérancourt (Aisne), le 24 janvier 1897. Sous ce nom aussi qu'il entra, en 1903, à l'école de la rue de Torcy, à Paris. Et sous ce nom encore qu'il fut mobilisé en 1916.

Tristan Rémy — nous l'appellerons désormais ainsi puisqu'il l'a voulu — est donc un pseudonyme. Adopté dans les années 20, soit qu'il ait voulu se distinguer de son père, dont il ne partageait pas toujours les idées, soit tout simplement pour suivre la mode. Le pseudonyme se portait beaucoup dans ces années-là, en littérature.

Mais il faut remonter un peu dans le temps, comme il aimait le faire. Nous voici en plein dix-neuvième siècle.

Son grand-père paternel, ouvrier « à toutes mains », c'est-à-dire à toute besogne saisonnière de la culture, était bouvier. De son village, Nampcel, pour le compte de ses patrons, il menait les bœufs pour être vendus à Bezons, dans la banlieue de Paris. Le voyage à pied durait plusieurs jours. On logeait les bêtes, la nuit, dans les cours d'auberge.

Du côté maternel, c'est tout différent. Ce n'est plus le dix-neuvième de George Sand, c'est celui de Jules Verne. Le grand-père de Tristan, artisan ajusteur-mécanicien, établi près de Laon, captait des sources et construisait des fontaines pour alimenter en eau ses concitoyens. Il inventa plusieurs instruments de précision à mesurer le temps, lança l'idée d'un tube traversant la Méditerranée, une sorte de pipe-line vinicole entre l'Algérie et la France. Avec quelques amis, il fonda aussi la « Société du Drapeau bleu », qui ne visait à rien moins qu'à être le départ d'une association pacifique des Nations, ce qui fit beaucoup rire les journaux locaux.

Tristan ne restera pas longtemps à Blérancourt. Deux ans plus tard, son père vient s'établir à Paris, où l'on prépare activement la « Grande Exposition ». Il entre comme pointeur à la gare de marchandises de La Chapelle, dans la Compagnie des Chemins de Fer du Nord, qui appartient à M.M. de Rothschild. Emploi modeste, un des postes les plus humbles de la hiérarchie ferroviaire. La famille se loge comme elle peut, au fond d'un immeuble, au 127 de la rue de La Chapelle. Beaucoup de maisons de cette époque sont faites de deux parties. Sur la façade habitent les locataires les plus aisés, les commerçants, les cadres de quelque importance, en somme les bourgeois. Au fond habitent ceux qui n'ont pas les moyens, « ceux du fond de la cour ». Il n'y a pas toujours l'eau à l'étage, et la mère de Tristan, une fois par semaine, doit descendre faire la lessive dans la cour avec ses voisines. Comme elle use un peu trop d'eau, le propriétaire lui fera des observations.

L'enfance de Tristan Rémy, ce n'est pas Vallès, ce n'est pas Zola, ce n'est pas Céline, c'est un peu tout cela et c'est autre chose. En 1900, on est exactement entre deux siècles, deux classes sociales, deux paysages. La Chapelle, c'est déjà Paris, et c'est encore la campagne. Il y a des greniers à paille et à foin partout, et leur odeur se mêle à celle des ateliers de chemins de fer et des trains. Tous les matins, par troupeaux entiers, les vaches vont à l'herbage dans les fossés des fortifications. On les ramène le soir dans les « vacheries » (ce sont les laiteries), où s'approvisionne la capitale. Les voitures de la « Compagnie de la Source Méry de Saint-Leu » sont tirées par une paire de bœufs. Il n'y a pas d'automobiles, mais les transports en commun existent. Les tramways de la ligne La Chapelle-Saint-Denis-Square Monge, attelés sur des rails, s'arrêtent à mi-côte de la montée, pour recevoir des chevaux de renfort qui les mènent jusqu'à la gare du Nord.

Les parents de Tristan sont bien de cette époque, eux aussi. Sa mère a été élevée dans une pension religieuse. Elle a appris à lire à son fils dans un vieux missel. Son père aime l'ordre républicain, et ne plaisante pas avec l'école laïque. À six ans, en plein hiver, il conduit son fils à la communale de la rue de Torcy.

C'est à la maison que Tristan a pris le goût de l'histoire, en écoutant son père lui raconter *Les Trois Mousquetaires*, *Vingt Ans après*, *Le Comte de Monte-Cristo*. Mais c'est à l'école qu'il va découvrir l'histoire avec un grand « H », en écoutant des professeurs dont il parlera plus tard avec émotion, tendresse et respect.

Chaque été, il partage ses vacances entre le pays de Caux où s'est établi son oncle, et la région laonaise, où sa mère a encore des parents.

À douze ans, après le BEPC, la plupart des enfants quittent l'école et commencent à travailler. Tristan poursuit ses études, entre au collège Colbert, rue Château-Landon, puis au lycée Turgot, où on le voit, dans les photos de classe, sérieux comme un pape, avec ces airs d'adulte qu'avaient les enfants de l'époque. De cette première période de sa vie, il conservera un souvenir qui ne le quittera jamais :

« Nous étions des gosses de prolétaires, des enfants de pauvres, des peigne-cul, dont les parents tiraient le diable par la queue. »

Qui décide de nos choix futurs ? À la maison, on ne parle jamais de politique. Son père la tient à distance, ne voit pas d'un bon œil les « partageux », et Tristan n'a jamais entendu prononcer le mot de « socialisme ». Pourtant, c'est à Montmartre qu'il vit, Montmartre où le souvenir de la Commune est encore très présent. Un de leurs voisins lui a raconté comment son père, tambour pendant le siège, et fédéré pendant la Commune, avait dénoncé l'épicier du coin, qui cachait des réserves dans son arrière-boutique. Quand les Versaillais occupèrent le quartier, l'épicier le dénonça à son tour. On le somma de descendre du troisième étage où il s'était réfugié. Il fut tué au bas de l'escalier et resta deux nuits dans l'ombre du couloir, personne n'osant le signaler aux convoyeurs de cadavres, de peur de se compromettre. C'est une image que Tristan n'oubliera pas. Il sera toujours du côté des révolutions vaincues.

Les années passent. Voici la guerre. Cette fois il n'y a plus aucun doute, le dix-neuvième siècle est bien terminé. Tristan a seize ans. Deux ans plus tard, il est incorporé au 153e de ligne, où il a pour camarades, dans le grand brassage national, des dockers du Havre et de Rouen, des paysans de la Beauce, des recrues de Saint-Ouen, des aventuriers, des chiffonniers, des paysans de la Montagne Noire. Parti au front dans un régiment de marche, il participe aux combats de la Meuse, à Verdun et à Saint-Mihiel, de l'Ardenne et de la seconde bataille de la Marne. Blessé, gazé, il fera de longs séjours à l'hôpital, pour rétablir sa santé.

Une nouvelle vie commence. Il est majeur, et même deux fois majeur, comme tous ceux qui ont fait la guerre. Son père lui a proposé d'entrer à la Compagnie des Chemins de Fer du Nord et en effet il commence par y gagner sa vie comme gratte-papier. Mais il n'y reste pas longtemps. Il n'a pas la moindre envie de devenir fonctionnaire. Il sait ce qu'il veut : il veut être écrivain.

Commence alors pour lui une période d'intense activité sur trois plans à la fois, politique, littéraire et journalistique.

Car en politique aussi, il a fait son choix : il est à gauche, très à gauche. Dans le journal que tenait un jeune révolutionnaire hongrois, Paul A. Loffler (1), exilé à Paris depuis l'arrivée au pouvoir de Horty dans son pays — un de ces documents passionnants où l'on respire l'air d'une

(1) Paul A. Loffler, *Journal de Paris* (1924-1939), Éditions Subervie, Rodez, 1974.

époque beaucoup plus que dans tous les livres d'histoire — on croise assez souvent Tristan Rémy. Voici leur première rencontre :

« 13 janvier 1931. Toute la journée, il pleuvait à torrents. Le soir, j'ai rendu visite à Rémy, à pied, sous le déluge, car je n'ai pas le sou pour prendre le métro.

Il m'a fait l'effet d'un professeur de Sorbonne. L'expression de son visage, encadré d'une barbe coupée court, et ses yeux rieurs rendent visible ce qu'il dit. Il est assis à table, ses jambes croisées, comme un professeur sur sa chaire. Dès sa poignée de main, j'ai senti l'ami. Nous avons longuement parlé de la littérature et de tout ce qui touche la vie. Nous n'étions pas toujours d'accord. J'avais l'impression qu'il était impulsif et parfois il perdait sa bonne humeur… pour quelques secondes, puis son naturel reprenait le dessus, comme s'il avait eu un ressort dans la tête, remettant en place ses pensées lucides. Alors, dans ses paroles, on sentait que le marxisme ne lui était pas inconnu. »

Ce Huron venant de Hongrie n'en finit pas de s'étonner des Français. Qu'ils sont sympathiques ! Mais comme ils sont bavards ! « Nous sommes chez Rémy. Je suis stupéfait de cette avalanche de mots creux… » Et comme il est difficile de les guérir de leur individualisme !

Les modes littéraires de Paris l'étonnent. Il n'en revient pas de savoir qu'André Breton « exige » des communistes que l'on confie la direction de la Culture aux surréalistes.

« Il nie, en général, la littérature. C'est de l'imposture, car il écrit. En lisant le *Manifeste* et *Nadja*, j'arrive à cette constatation que le surréalisme est basé sur le rêve, sur l'état paranoïaque et l'écriture automatique. C'est-à-dire sur la négation de la raison. Jusqu'ici on considère qu'il existe une limite entre la raison et le délire. Pour les surréalistes, l'état paranoïaque est l'état normal, et ils ne distinguent pas l'éveil du rêve. Le rêve a le même sens que l'éveil. Mais ni l'un ni l'autre concepts surréalistes ne résolvent les problèmes de la réalité. Et le désordre de l'écriture automatique ne change pas la vie. Ils sont contre la littérature. S'ils ne veulent pas faire de la littérature, alors, que veulent-ils ? La Révolution ? Comment ? Dans le *Manifeste*, ils ne font que de très vagues allusions au prolétariat. Ils ne rapprochent pas la littérature du prolétariat, au contraire ils élargissent le fossé déjà existant. »

Pour ces années de la vie de Rémy, l'homme-clé, c'est Henry Poulaille. L'auteur du *Pain quotidien*, des *Damnés de la terre*, d'un des plus beaux livres écrits contre la guerre, *Pain de soldat*, l'amateur de contes de Noël, qui fut aussi un des premiers à parler intelligemment du cinéma, Poulaille, bien oublié aujourd'hui, sort qu'il partage avec tant d'écrivains de l'entre-deux-guerres qu'on ne peut même pas parler d'injustice. Rémy et Poulaille sont comme deux frères. Ils ont le même âge, la même origine populaire — le père de Poulaille était le fils d'un compagnon devenu charpentier à Paris et d'une canneuse de chaises de Ménilmontant. Mêmes idées politiques : libertaires, anarchistes, antimilitaristes, pacifistes. Poulaille est un enfant de Ménilmuche, comme Rémy est un enfant de Montmartre. Mais autant Rémy est sombre, réservé, tendu, solitaire — « un cactus », disent ses amis —, autant Poulaille est joyeux, ouvert, serviable, enthousiaste, généreux, homme d'amitié, homme de « groupe ». D'ailleurs chez Bernard Grasset, où Frédéric Lefèvre l'a fait entrer, on lui a confié le service de presse, qu'il dirigea pendant plus de vingt ans. Et chez Grasset, Dieu sait si le service de presse a un rôle important : c'est un vrai bureau de recrutement. Dans le bureau de Poulaille, précisément, on voit défiler tout le monde : André Chamson, Marc Bernard, Louis Guilloux, Jean-Richard Bloch, Lucien Bourgeois, Eugène Dabit, Édouard Peisson, Jean Giono, Émile Guillaumin, Victor Serge, Panaït Istrati, ainsi qu'un aventurier suisse bourré de talent, et quelque peu mythomane, Frédéric-Louis Sauser, qui se fait appeler Blaise Cendrars.

C'est le temps des manifestes, des revues, des appels, des circulaires, des pétitions. La première fois que l'on voit apparaître le nom de Poulaille, c'est au bas d'un manifeste rédigé par Tristan Rémy. Et puis Rémy à son tour signe les manifestes rédigés par Poulaille. Tous les deux ont fondé ensemble, en 1930, le « Mouvement de la Littérature prolétarienne », qui donnera la parole à ceux qui ne l'ont jamais eue. « La condition prolétarienne au début de ce siècle, écrit Rémy, est ignorée de ceux qui ont parlé du peuple sans savoir ce que sont les fins de semaines, et que vivre à crédit n'est pas un poème. » Mais c'est aussi le temps du soupçon, des querelles, des invectives, des exclusions. Les tenants de la littérature prolétarienne sont attaqués sur leur droite par les « populistes » — mouvement créé en 1929 par Léon Lemonnier et Roger Puthoste, qui prendra le nom d'André Thérive — et sur leur gauche par l'AEAR — « Association des Écrivains et Artistes Révolutionnaires » — qui est d'obédience communiste. Et voilà que Rémy adhère à l'AEAR. Poulaille se fâche avec lui. Et puis Rémy accepte le « Prix Populiste ». Nouvelle brouille. Cependant les deux amis ne se sont jamais séparés. Le *Journal* de Loffler en témoigne : « Poulaille répète constamment qu'il n'est pas d'accord avec Rémy, mais qu'il ne peut pas se fâcher avec lui, il tient à son amitié. »

Derrière les affrontements théoriques se cachent souvent des jalousies littéraires. La mesquinerie n'épargne pas les écrivains. *Le Nouvel Âge*, la revue de Poulaille, a demandé à tous les prolétariens de ne pas rejoindre *Crise*, la revue de Nizan, devenu franchement communiste après avoir hésité quelque temps. Rémy a signé la circulaire de Poulaille. Rupture avec Lucien Bourgeois, qui du même coup accable de son mépris les romans de Rémy. Et notre Huron hongrois de conclure : « Je n'aurais jamais supposé qu'il y ait tant de jalousie chez Bourgeois. Je préfère les romans de Rémy, même s'ils ne sont pas révolutionnaires. Ses personnages sont souvent des déclassés. Malgré tout il y a en eux une certaine révolte contre la société existante. »

Par bonheur il y a de grands moments où l'on se retrouve. Alors, c'est l'émotion. Après la victoire du Front populaire, les voici tous devant le Mur des Fédérés.

« C'est un fleuve grandiose qui coule dans les chemins tortueux du Père-Lachaise.

Au premier rang, Marcel Cachin, Maurice Thorez, André Marty, Jacques Duclos, Gabriel Péri, Léon Blum, Zyromski, Moriset. Parmi les écrivains : Jean-Richard Bloch, qui regarde à travers son binocle, je vois la tête stoïque de Nizan, Élie Faure comme un apôtre, Dabit avec sa coupe à frou-frou, Tristan Rémy dont les yeux brillent étrangement dans le cadre de sa barbe... »

S'il perd beaucoup de temps à ces engagements et à ces controverses politiques, comme tous ses amis, Rémy est tout le contraire d'un paresseux. Il a commencé une carrière d'écrivain, et ses livres se succèdent à un rythme rapide. Il aura un recueil de poèmes, bien sûr, dont le titre annonce la couleur, *Prolétariat*. Mais avant tout Rémy veut s'imposer comme romancier. Marcel Martinet, qui est secrétaire de rédaction de *L'Humanité* (avant d'en être chassé en 1926), lui a permis d'y publier son premier roman, *Une histoire toute simple*. C'est celle d'un garçon épicier, embauché tout jeune par un patron paternaliste, et qui mourra en solitaire dans une chambre de bonne où il a passé toute son existence.

Suivront, en 1928 *Porte Clignancourt*, qu'avait remarqué Jean-Richard Bloch, quand il avait paru en feuilleton dans *L'Humanité*, sous le titre *Milo de la zone*, *À L'Ancien tonnelier* (1931) qui conte les aventures de plusieurs marginaux surveillés par les défenseurs de l'ordre, un roman de la batellerie, *Sainte-Marie-des-Flots*, où l'on retrouve quelques-uns des héros de *L'Ancien tonnelier*, *Tildy*, l'histoire d'amour d'un menuisier (1932), *La Maréchalerie du 19* (1934), que Poulaille appelle un roman de la chevalerie ouvrière, et *Faubourg Saint-Antoine*, roman des ouvriers du meuble, pour lequel Rémy obtient en 1936 le « Prix Populiste ».

L'année suivante, il y aura encore *La Grande Lutte*, chronique d'une occupation d'une usine métallurgique pendant les grandes grèves, publié par Renaud de Jouvenel, le demi-frère de Bertrand, dans la collection *Ciments* qu'il dirige aux Éditions sociales.

Menuisiers ou métallos, bateliers, apprentis, commis, c'est le monde auquel Rémy veut donner la parole, c'est son monde, et toujours « ceux du fond de la cour », dans un Paris sombre et gris, « où le ciel bas et lourd pèse comme un couvercle », et qui hésite entre révolte et résignation. C'est *Hôtel du Nord* sans la gouaille d'Arletty, c'est la banlieue du *Voyage* sans la force irrésistible, le lyrisme noir, la voix brisée, bouleversante, le rire terrible, la musique du désespoir, et ce qu'il faut bien appeler le génie de Céline.

Est-ce par compensation, et pour mettre un peu de lumière dans ces jours sans joie, qu'on voit si souvent, ces années-là, Tristan Rémy au bord d'une piste ronde, de treize mètres de diamètre, éclairée pleins feux, où tournent de belles écuyères et où des acrobates multicolores s'élancent vers le ciel ?

Non, c'est seulement son métier qui l'y conduit. Prolétarienne ou pas, la littérature ne nourrit pas son homme, et Rémy qui a plusieurs bouches à nourrir — il s'est marié très jeune, il a deux enfants — est devenu journaliste.

Tout a commencé par les poèmes qu'il donnait avant même d'être démobilisé, à une petite feuille anarchisante, *La Vache enragée*. C'est là qu'il a connu un poète beauceron, Maurice Hallé, qui lui a ouvert beaucoup de portes. Rémy donne régulièrement dans *Ce Soir* des tableaux de Paris, et des silhouettes des originaux de la rue. Dans *Le Peuple Cégétiste*, il publie une chronique mensuelle sur la vie des faubourgs et l'histoire des organisations ouvrières. Il écrit à *Monde* d'Henri Barbusse et dans *Marianne* d'Emmanuel Berl, à *Germinal*, à *Nouvel Âge*, aux *Nouvelles Littéraires*.

Il s'intéresse aussi aux arts populaires. Comme Poulaille a décidé de s'occuper de la chanson, Rémy choisit un autre domaine et après quelques reportages sur les foires dans *Lectures du soir*, il devient chroniqueur attitré du cirque et du music-hall dans *L'Humanité*.

Après le bel été 36, voici le sombre automne 39. Qu'a-t-il pensé ? Qu'a-t-il fait ? A-t-il, comme Nizan, claqué la porte du fameux « Parti des Travailleurs », qui avait fait alliance avec Hitler ? A-t-il penché pour le pacifisme ? L'honnêteté nous oblige à dire que nous ne le savons pas. Il semble qu'à la fin de l'année 41, il ait essayé de publier une revue clandestine. Toutes les publications où il écrivait ne paraissant plus, quel moyen a-t-il trouvé de gagner sa vie ? En tout cas, il a survécu. Et sans doute ont-ils vécu, lui et les siens, comme le disait Tristan Bernard, « de privations, et encore pas tous les jours… »

Ce sont ces années misérables que Tristan Rémy employa à écrire un livre dont personne n'avait eu l'idée avant lui et que Poulaille, encore lui, l'avait incité à donner à Bernard Grasset. L'histoire d'une peuplade étrange, venant d'on ne sait où, apparue il y a un peu plus d'un siècle, des êtres fabuleux, mi-hommes, mi-autre chose. Les dernières créatures mythologiques qu'on puisse rencontrer sur notre planète, depuis que la modernité en a chassé toutes les autres, qui en faisaient le charme, les faunes et les sirènes, les fées, les elfes et les licornes. Parlant une langue qui ressemble un peu à la nôtre, mais avec de drôles d'accents et un vocabulaire très approximatif. Vêtus tantôt de souquenilles et tantôt des étoffes les plus somptueuses. Portant des noms tout à fait singuliers, Monsieur Rhum, et Monsieur Porto, Monsieur Maïss, Monsieur Grock, Monsieur Foottit et Monsieur Chocolat. Mais répondant tous à un seul nom, celui qu'on donne à ces êtres « venus d'ailleurs », amis des enfants, seigneurs de la piste et princes du rire : les clowns.

*
**

Que sont les clowns ?

Le meilleur moyen de comprendre un art n'est pas de le voir à son apogée, mais au contraire à ses débuts, de suivre ses premiers pas, quand il cherche sa voie, se dégage peu à peu des formes primitives qui l'ont inspiré, découvre à mesure, et quelquefois par hasard, ses règles, ses lois, ses recours techniques, son esprit, jusqu'au jour où, parfaitement accompli, il est devenu enfin ce qu'il devait être.

Les clowns — ceux que nous appelons aujourd'hui les clowns — ont mis près d'un siècle à devenir ce qu'ils devaient être. Nous les appelons tous ainsi, indistinctement, parce que c'est plus simple, parce que nous en avons pris l'habitude et aussi parce que la beauté du mot lui-même, l'étrangeté de son origine, la forme des cinq lettres qui le composent — le seul mot de la langue française qui ait l'air d'un idéogramme —, le son qui l'exprime, semblent faits de toute éternité pour eux. L'adéquation du mot et de son objet est totale. S'il existe une physiognomonie des mots, on ne pouvait pas trouver mieux.

Mais nous savons qu'en réalité ils sont deux — l'homme au visage blanc, l'homme au nez rouge — et cela, les premiers clowns ne le savaient pas.

Dans les premiers temps, il y a bien en piste un personnage qui s'appelle « clown ». Mais il n'est rien d'autre qu'un amuseur. C'est un bouffon tout droit sorti de la comédie italienne, qui avait eu tant de succès en France au dix-huitième siècle. Il est déjà dans le manège de M. Astley, grand écuyer devant l'Éternel et considéré comme l'inventeur du cirque moderne. Les spectacles sont avant tout équestres, à Paris d'abord, puis à Londres, puis à Paris de nouveau. Entre deux numéros de voltige ou de haute école, le clown fait rire. C'est un pitre. Avec une maladresse feinte, il imite les exploits auxquels le public vient d'assister en ratant ce que les autres ont réussi. Il sait tout faire, il est jongleur, acrobate, cavalier, mime. Entre deux moments sublimes — tradition anglaise oblige — il introduit une minute de grotesque. Son secret, c'est la parodie : une des clés du comique. Les autres font l'ange : il fait la bête.

Au cours des décennies qui suivent, cela ne change pas. Le succès du cirque s'affirme. Il ne cesse d'enrichir son spectacle en accueillant, autour de la cavalerie initiale, toutes les autres disciplines. Les dompteurs, qui depuis la fin de l'Empire promenaient leur ménagerie au long des routes, y sont invités, Léotard invente le trapèze volant, le cirque construit les chapiteaux avec lesquels il fera le tour du monde, les grandes capitales veulent avoir chacune leur cirque, et au petit manège de M. Astley succèdent les beaux cirques en pierre dont celui de l'Empereur (aujourd'hui Cirque d'Hiver) est le dernier à survivre à Paris, tandis que celui de l'Impératrice (non loin du Théâtre Marigny) et tous les autres ont disparu. Trois générations se succèdent, les artistes de cirque obtiennent, en 1864, le droit de parler qui était réservé jusque-là aux comédiens du théâtre officiel, et le clown ne change pas, personne n'a l'idée d'en faire un grand personnage.

Enfin l'auguste vint !

C'était aux environs de 1880, donc cent ans après le premier cirque. Les pages dans lesquelles Tristan Rémy raconte, analyse la naissance de l'auguste — protagoniste désormais indispensable de la comédie clownesque — sont un modèle du genre.

Où l'auguste est-il apparu pour la première fois ? À Berlin, à Bruxelles, à Saint-Pétersbourg ? Quel incident fortuit fut à l'origine de cette trouvaille ? L'imprudence d'un cavalier trop porté sur la boisson, qui fit rire le public par ses chutes ? Ou la confusion d'un garçon de piste porté aux mêmes excès, et qui, poursuivi par le régisseur, franchit la barrière au lieu de se sauver en coulisses, et fut applaudi par les spectateurs qui crurent à un numéro préparé ? Oui, bien avant que James Guyon, à l'Hippodrome de l'Alma, présentât le type définitif du personnage, quel fut le Jean-Baptiste de ce nouveau Messie ? Tom Belling en 1873 ou Chadwick, qui l'avait précédé ? Ou

Machline, mentionné par d'autres ? Ou un certain Chapline, prémonition historique ? « Auguste » est-il un terme de l'argot berlinois, pour désigner un idiot ? Ou est-ce tout simplement Augusto Bergonzini, comme le dit un jour à Tristan Rémy Jean-Marie Cairoli ? Ou Auguste Dallot, qui eut beaucoup de succès à Péra, quartier français de Constantinople, Mecque des amuseurs ?

Deux remarques s'imposent ici. La première est que, dans toutes ces versions, l'auguste est né par hasard. C'est un incident imprévu qui en a donné l'idée. La seconde est que cet incident a été provoqué par un excès d'ébriété — nous aurons à en reparler — et que le public a ri d'autant plus spontanément. Ce soir-là, l'auguste n'avait pas *fait* le clown, il avait *été* le clown.

Distinction capitale, sur laquelle Pierre Étaix a raison d'insister et qui met l'art clownesque à part dans tous les arts du spectacle. Le clown n'est pas un comédien qui joue le rôle d'un clown. Être clown est un état. La démonstration en a été faite a contrario, quand Tristan Rémy a tenté de recueillir dans un livre les principales comédies des clowns. Réduites à leur intrigue, et aux quelques répliques qui leur tiennent lieu de dialogue, ces comédies — qu'on les appelle « entrées », ou « pantomimes » ou « comédies » — ne sont plus rien, tout l'art s'est envolé. Sarah Bernhardt était peut-être extraordinaire dans *L'Aiglon*, mais *L'Aiglon* existe sans Sarah Bernhardt, et *Dom Juan* sans Louis Jouvet. Tandis que l'entrée du « Piano » n'existe pas sans Grock, ni celle de la « Télévision » sans Rhum.

Et brusquement, en l'espace de quelques années, tout va changer. Il s'est passé quelque chose. Quelque chose qui modifie profondément la situation des clowns : il s'est passé tout simplement ceci, que l'art clownesque existe enfin.

En effet, c'est à partir du moment où l'auguste apparaît, et à partir de ce moment-là seulement, que le clown devient véritablement le clown. Parce qu'il est son répondant ou son contraire. Plus l'auguste devient auguste, plus le clown devient clown. Plus l'auguste a le nez rouge, plus le clown blanc devient blanc. D'ailleurs ceux qui s'y entendent ne parlent pas en disant de lui « le clown », mais « le blanc ». Plus l'un fait rire à ses dépens, plus l'autre fait rire aux dépens de son partenaire. Sans même attendre que le costume qui va les symboliser ait été créé, sans attendre que Little Walter ait donné au premier ses attributs, et Antonet, au second, la raison d'être des clowns, leur nature profonde s'est affirmée.

L'histoire des clowns que nous raconte Rémy contient un autre coup de théâtre. Très vite, l'auguste l'emporte sur le clown, prend le pas sur lui, devient la véritable vedette. Et c'est d'autant plus étonnant que, hors de la piste comme sur la piste, l'auguste est toujours considéré comme un simple faire-valoir du clown. Tout clown doit avoir son auguste. C'est lui qui l'engage, convient avec lui de son salaire, lui donne ses indications et a bien entendu le droit de lui donner autant de gifles et de coups de pied au derrière qu'il l'entend. L'auguste n'a pas son mot à dire. Il est le souffre-douleur du clown. Et c'est bien ainsi que le clown l'entend. Il faut lire, dans le récit qu'en fait Rémy, l'étonnante scène d'Antonet et de Beby à Bruxelles, magnifique réplique « clownesque » — et plus pathétique encore du fait que ce n'est pas une scène d'amoureux qui tourne mal — de l'aventure bruxelloise de Verlaine et de Rimbaud.

Cette ascension de l'auguste commence par inquiéter les puristes. Lesquels, on le sait, s'inquiètent toujours. En 1889, Perrodil, un des meilleurs écrivains de cirque, s'écrie : « Avec le personnage de l'auguste, nous descendons d'un degré dans l'échelle sociale. Ne donnez jamais à un clown le nom d'auguste, il vous tiendra pour le plus méprisable des ignorants. » Et on le comprend. Il est bien vrai que l'auguste est une incongruité. Mais le fait est là. Il s'est imposé. Et ce n'est pas par hasard qu'à partir de ce jour-là les clowns vont fasciner les peintres, marquer profondément de leur empreinte l'imaginaire des artistes. Où Perrodil ne voyait qu'une farce triviale, une rixe paysanne, une lamentable exhibition de poivrots, le public, enchanté, sentait confusément qu'il y avait autre chose. D'ailleurs, quelques années plus tard, quand les clowns décidèrent d'aller chercher fortune au cinéma, ce ne sont pas deux clowns blancs, mais deux augustes, Stan Laurel et Charlie Chaplin, qui, issus du même numéro de *Charivari* d'un cirque anglais en tournée à New York, décidèrent de s'y établir et partirent de là à la conquête du monde.

Lors d'un des premiers spectacles à Paris du Cirque de Moscou, le clown Popov expliqua dans une conférence de presse qu'en Occident la comédie des clowns exprimait la lutte de classes. Le clown blanc était le capitaliste et l'auguste le prolétaire. Pour lui, le cirque soviétique avait mis fin à cette déplaisante opposition, afin que le rire ne vienne plus de la méchanceté et de l'oppression. Or il est vrai que le numéro de Popov, dans la grande tradition des augustes de soirées russes, — clowns parleurs, siffleurs, lanceurs de blagues —, était sans méchanceté. Il était même d'une grande gentillesse. Mais il ne faisait pas rire non plus. Il avait remplacé le rire par la poésie. Le choc, l'émotion de l'art clownesque étaient absents. Ce que Popov n'avait pas vu, c'est que le duo du clown blanc et de l'auguste n'avait pas le sens qu'il lui donnait.

Le beau dialogue du clown blanc et de l'auguste ne met pas aux prises le supérieur et l'inférieur, le bourreau et sa victime, l'exploitant et l'exploité. Les deux partenaires sont sur un pied d'égalité. Ils sont deux forces égales, deux principes aussi positifs l'un que l'autre. Le « blanc » n'est pas plus supérieur à l'auguste que la pensée ne l'est à l'action, ou la sérénité à l'émotion. Réapparus aux temps modernes, sous une forme inattendue, et à jamais face à face, les deux divinités de la Grèce, Apollon et Dionysos, se regardent. Apollon, fils de Zeus, incarnant la beauté, l'intelligence, l'ordre. Dionysos, fils de Zeus lui aussi, « le deux fois né », « le fils de la deuxième porte », qui est l'image sacrée de l'énergie vitale, le désordre personnifié, l'excès opposé à la mesure, la bêtise sans doute, mais celle de la fête, la naïveté plutôt, l'enthousiasme en tout cas. Dionysos, dieu du vin, et par là père de tous les augustes, qui n'ont pas le nez rouge par hasard. Apollon et Dionysos, les deux faces d'une même personne, cette personne dont les Grecs disaient que le monde est plein de merveilles, mais que la merveille des merveilles, c'est l'homme.

Que sont les clowns ? Ils sont l'humanité.

***

Telle est la réponse que l'on peut donner à la question de Perrodil, question que Tristan Rémy a lui-même posée dans son livre.

Mais que faut-il en conclure ? Les clowns introduisent-ils une fausse note dans ce grand poème qu'est le cirque ? Sont-ils une concession au vulgaire et au trivial ? Car l'humanité, c'est sans doute la merveille des merveilles, comme disent les Grecs, mais c'est aussi tout ce qu'elle entraîne avec elle d'espérance naïve, de tentative maladroite pour « en sortir », de déceptions, de rechutes, de vains discours, de querelles absurdes, l'humanité avec ses vaniteux et ses sots, tout ce qu'on croit avoir laissé derrière soi en entrant au cirque pour y vivre deux heures de bonheur, de musique, de légèreté aérienne, deux heures où l'on échappe à la pesanteur, deux heures de grâce.

Ce fut peut-être cela au début, quand le clown n'était qu'un pitre. Mais à partir du dialogue du clown blanc et de l'auguste, la question ne se pose plus. Car avec eux l'art clownesque prend un sens. Et ce n'est pas par hasard que l'image des clowns devient l'emblème du cirque où ils sont nés. Loin d'en être la décadence, ils en sont la consécration.

L'art clownesque étant en effet profondément humain, un art de l'Humain, et fondé en partie sur les rapports de pouvoir, sa connaissance est désormais indispensable à tous, et en particulier à ceux qui veulent se mêler de la vie publique ou simplement la comprendre.

L'enseignement qu'on peut en retirer est universel, s'appliquant à toutes les époques, à tous les pays, mais il vaut tout spécialement pour la France, qui offre à cet égard un terrain d'expériences privilégié.

Notre pays, on le sait, est en effet régi par une Constitution dont le caractère paradoxal est qu'elle est à la fois la plus absurde qu'on puisse concevoir et la plus totalement satisfaisante.

Paradoxe sur lequel les plus profonds analystes de la politique et les plus éminents professeurs de droit constitutionnel s'interrogent depuis quarante ans, sans parvenir à concilier les deux contraires, faute d'avoir été prendre assez souvent les leçons des clowns.

C'est bien en effet une absurdité que de confier la direction d'un pays à deux personnes à la fois, dans les mêmes termes, l'une tenant son pouvoir de l'autre, mais pouvant aussi être imposée à l'autre par une assemblée récalcitrante. Le nier confine à la sottise ou à la mauvaise foi.

Mais cette disposition contraire à la logique n'est pas si absurde que cela, puisqu'elle plaît à tout le monde et convient depuis quarante ans à un pays incommode, qui a toujours aimé le changement. Aucun homme politique n'envisagerait aujourd'hui de proposer à ses concitoyens d'y renoncer, sachant qu'il irait au-devant d'un refus massif et que c'en serait fini de sa carrière.

Comment une Constitution pourrait-elle être à la fois la plus mauvaise et la meilleure qui soit ?

Les clowns vont nous l'apprendre.

Le clown blanc est évidemment le Président de la République. Pourvu de l'autorité que lui confère son élection au suffrage universel, parlant avec la hauteur qui s'attache à sa fonction, volontiers sarcastique, supérieur à tous, il ne s'abaisse jamais à l'action, il se contente d'indiquer la direction et d'encourager ou morigéner celui à qui il a confié le soin d'agir.

Celui-là, c'est l'auguste, le Premier ministre, qui est du

matin au soir au charbon, courant d'un bout de la piste à l'autre, s'essuyant le front, essayant d'empêcher les assiettes de tomber. Tâche épuisante. Confronté aux mille tracas qui assaillent ses concitoyens dans la vie quotidienne, et qu'il est chargé de résoudre, il ne peut jamais y arriver. Épuisé, chancelant, il lui faut encore une fois par semaine aller subir les moqueries de l'opposition, quand ce ne sont pas les injures, et supporter sans mot dire les admonestations et les paires de claques que le clown blanc, c'est-à-dire le Président, ne manque pas de lui adresser régulièrement.

Le sentiment d'apaisement que cette répartition des rôles inspire à l'opinion publique est compréhensible. Le couple parfait — le Grand Homme et le Pauvre Type — nous ravit. Notre instinct nous dit qu'ils correspondent à un besoin fondamental de toute collectivité humaine, et c'est la première loi de l'art clownesque : *l'équilibre est indispensable à la vie sociale.* Mais dans la pratique tout ne se passe pas toujours aussi bien, et c'est là que la leçon des clowns devient particulièrement précieuse.

Tout d'abord, pour que l'équilibre soit harmonieux, il faut que, *par nature autant que par fonction*, le Président soit un clown blanc et le Premier ministre un auguste.

Cette distinction entre nature et fonction, ou si l'on veut entre caractère et rôle, est capitale. Nous savons tous, bien sûr, le lecteur l'aura compris depuis longtemps, que nous sommes nous-mêmes l'un et l'autre à la fois et que c'est sur la piste seulement que les deux sont séparés. Mais nous le sommes dans des proportions inégales. Et sur la scène politique, comme sur la piste, ils doivent être séparés. Chacun, par son caractère, son physique, qui a une grande importance en politique, sa démarche, l'expression de son regard, son embonpoint — la corpulence sied à l'auguste —, est plutôt fait pour être l'un ou l'autre. Si votre tempérament vous prédispose à être un auguste, n'essayez pas de faire le clown blanc. Vous aurez beau faire, vous ne tromperez pas longtemps. Et inversement. D'où cette deuxième loi qu'*il faut confier la Présidence à un véritable clown blanc et le poste de Premier ministre à un véritable auguste.*

Ce qui n'est pas toujours le cas. De Gaulle était un très grand clown blanc. On peut même dire qu'il était « né clown blanc ». Mais il dut prendre au début de son règne par habileté tactique, pour réaliser la première partie de son programme, un autre clown blanc, tout petit celui-là, Michel Debré, à qui il confia le rôle d'auguste. L'opinion, confusément, sentait qu'il y avait quelque part un manque d'harmonie. Ce fut une période de tension. Dès qu'il le put, le général se débarrassa donc du fâcheux, et installa à sa place un inconnu, Georges Pompidou, qui forma avec lui, tout au moins dans le cœur du public, un couple idéal. Sympathique à tout le monde, moqué certes, mais moqué avec gentillesse, ne rechignant pas à la tâche, très docile à son maître, Georges Pompidou fut un grand auguste.

On retrouvera dans les années suivantes une paire analogue en pensant à celle que formèrent Giscard et Raymond Barre, Mitterrand et Pierre Mauroy, et même, plus près de nous encore, Mitterrand avec Édouard Balladur.

Ce qui règle, si l'on veut bien y songer, l'éternel et lassant débat sur la « cohabitation », situation qui résulte parfois de l'illogisme premier dont nous avons parlé, mais dont personne n'arrive à savoir ce qu'il faut penser, puisque les mêmes hommes politiques, qui la condamnent, sont prêts aussi à l'accepter selon la position dans laquelle ils se trouvent.

La vérité n'est pas là. La vérité est que la cohabitation n'est ni bonne ni mauvaise en soi. Elle est bonne si le Président de la République est un vrai clown blanc, et si le Premier ministre est un véritable auguste. Elle est mauvaise si ce sont, tous les deux, des clowns blancs.

Car voici la troisième loi de l'art politique. *Deux clowns blancs aux commandes de l'État sont une catastrophe.* Il se produit alors, de façon inévitable, un conflit que le pays ressent dans ses profondeurs et qui atteint son moral. L'équilibre est rompu et rompu avec violence. Il faut que l'un tue l'autre, ou que l'autre tue l'un. Les exemples abondent d'une telle situation, sans que l'on puisse attribuer cette erreur de distribution à une cause unique.

Le risque n'existait pas pour le général de Gaulle, qui savait parfaitement ce qu'il faisait, tant la disproportion était grande entre cet immense clown blanc et le minuscule personnage qu'il avait choisi pour Premier ministre, non par erreur, mais pour des raisons qu'il n'y a pas lieu d'expliquer ici. D'ailleurs prestement renvoyé, après avoir rempli de son mieux le rôle qui était le sien, le tout petit clown blanc ne cessa de manifester sa reconnaissance vis-à-vis de celui qui l'avait pourtant traité sans ménagement. Il n'en fut pas de même pour ses successeurs.

Devenu clown blanc, après avoir été auguste de De Gaulle — comme ce fut le cas d'Antonet, qui avait commencé par être auguste de Tonyno Aragon, puis de Tonitoff, avant de devenir un des plus grands clowns blancs de l'histoire du cirque —, Georges Pompidou crut bien faire en recherchant la complémentarité. Il nomma donc Premier ministre Jacques Chaban-Delmas. Celui-ci était à l'évidence une graine de clown blanc. Non seulement il commença à se comporter en clown blanc, et au lieu de travailler et de recevoir des claques, se mit à « avoir des idées » (la « Nouvelle Société », etc.), à le prendre de haut, à parler de son programme, etc. La suite était inévitable, et le malheureux faux auguste finit en loques, hué, quasiment lynché par ses propres partisans.

Pour des raisons différentes et avec des conséquences plus dramatiques pour lui, Giscard commit la même erreur de distribution. Devenu Président grâce à l'appui de Jacques Chirac, il choisit celui-ci comme Premier ministre. Voilà de nouveau deux clowns blancs ensemble. C'était de la part de Giscard faire preuve de reconnaissance, vertu dont les vrais politiques ne se soucient pas, et peut-être aussi un manque de psychologie, faiblesse fréquente chez les clowns blancs de formation scientifique. Deux ans plus tard, les assiettes se mirent à voler, des horions furent échangés, et pour finir — après une courte période paisible due au choix de Raymond Barre — ce fut l'autre qui tua l'un et Giscard dut s'en aller. C'était pourtant l'un des meilleurs clowns blancs que nous ayons jamais eus, jeune, élégant, fin, racé, la perfection du type, s'exprimant avec une clarté qui séduisait même ses adversaires. Mais il avait violé, sans le savoir, une des lois fondamentales de la piste.

Le Président qui lui succéda était, comme de Gaulle, sans discussion possible, un clown blanc de première grandeur. Moins élégant que Giscard mais plus maître encore du verbe, véritablement athénien, il se révéla dès la première seconde un incomparable clown blanc. Il avait beau avoir vigoureusement combattu le principe même de la dualité, l'adéquation entre sa nature et la fonction était si parfaite que, dès la première seconde, tous les spectateurs reconnurent en lui le successeur des plus grands. Il eut d'ailleurs un début heureux, appelant auprès de lui un auguste bon enfant, sans malice, dévoué, qu'était Pierre Mauroy. Cela nous valut quelques années de paix civile. En dépit de certaines turbulences, propres à tout nouveau régime, l'opinion se reposa des criailleries et des embûches du règne précédent, et de l'impression pénible qu'avait donnée à son départ le Président Giscard.

Des six augustes qui succédèrent à Pierre Mauroy, pendant le long règne de François Mitterrand, deux seulement furent de vrais augustes, tandis que les quatre autres étaient de faux augustes, tous différents d'ailleurs, et choisis pour des raisons différentes elles aussi, mais ayant tous en commun d'être des « blancs » déguisés, mal adaptés à leur emploi.

Le premier (c'était Laurent Fabius) était un très jeune clown, particulièrement brillant, et à qui le Président, se sachant malade, envisageait de laisser sa place au terme de son mandat. Mais, trop jeune, manquant d'expérience, incapable de contrôler sa vraie nature de « blanc », il voulut tout de suite « marquer sa différence », prononçant même des paroles incompatibles avec le rôle qui était le sien (« Lui, c'est lui, et moi, c'est moi »), commença à déplaire, tant et si bien que pour finir il fit perdre les élections suivantes à ses partisans.

Lui succéda, imposé cette fois par les électeurs au Président Mitterrand, le même faux auguste qui avait mis fin quelques années plus tôt à la carrière de Giscard, sans en tirer le profit qu'il escomptait. Il comptait bien prendre sa revanche, mais cette fois il eut à faire à beaucoup plus forte partie, et c'est lui qui dut se retirer, dépité, mais nullement découragé, rongeant son frein et attendant son heure.

Redevenu libre de son choix, François Mitterrand désigna d'abord comme auguste un clown blanc assez âgé, Michel Rocard, dont il sautait aux yeux qu'il ne pouvait pas le sentir, et qu'il garda seulement le temps nécessaire pour le réduire en poussière. Les clowns blancs sont souvent méchants.

Il essaya ensuite d'une femme-auguste, espèce très rare dans l'histoire du cirque, comme on pourra le voir en lisant le chapitre que lui a consacré Tristan Rémy. Celle-ci était malheureusement une « blanche », elle aussi. Quelques propos maladroits la démasquèrent aussitôt, et il fallut interrompre un numéro qui devenait pénible, la misogynie latente de la classe politique et journalistique ne cherchant même plus à se cacher.

Quant aux deux augustes qui vinrent ensuite, ceux-là étaient des augustes authentiques. Le premier, qui avait tout d'un brave homme, et attirait une sympathie sincère du public, ne supporta pas les coups incessants que les augustes doivent recevoir. Il mit fin à ses jours, tragédie qui endeuilla la France entière, toutes opinions confondues, et rappela opportunément que la politique n'est pas un métier de tout repos. Enfin vint le dernier auguste, imposé lui aussi au Président Mitterrand après une nouvelle défaite électorale, Édouard Balladur. Il plut à tous, très au-delà de son propre camp, tant il était clair qu'il ne pensait pas à briller mais recherchait plutôt le bien public, et permit au monarque finissant, qui luttait courageusement contre un mal implacable, de vivre ses derniers mois dans un climat de grande courtoisie.

On s'étonnera sans doute qu'un homme aussi avisé que l'était François Mitterrand ait pu commettre à quatre reprises l'erreur de choisir pour Premier ministre un clown blanc. C'est que, n'ayant jamais aimé cette constitution, il n'y avait pas réfléchi. C'est surtout qu'il n'avait pas tellement le choix. Être auguste, c'est accepter de se sacrifier, c'est servir. Être clown blanc, c'est briller. En politique, on trouve donc des « blancs » autant qu'on en veut, mais les vrais augustes sont très rares.

C'est d'ailleurs la supériorité du cirque sur la politique, qu'au lieu de nous montrer la comédie de l'ambition — toujours assez médiocre, car l'ambition est une passion médiocre — le cirque nous offre avec les clowns le spectacle très réjouissant de la bêtise, la charmante, l'infatigable, la très diverse, la féconde bêtise humaine, qui maintient le monde en perpétuelle jeunesse.

À la fin du deuxième mandat du Président Mitterrand, on apprit avec surprise qu'Édouard Balladur, qui avait été son auguste, allait se présenter comme clown blanc, alors que beaucoup croyaient l'avoir entendu affirmer qu'il ne l'ambitionnait pas. C'est l'occasion de formuler une quatrième loi de l'art politique. *Tout auguste rêve un jour de devenir à son tour un clown blanc.*

La même mésaventure était arrivée vingt ans plus tôt au général de Gaulle qui n'imaginait pas que son auguste puisse se révolter contre lui, alors que celui-ci, qui en eut rapidement assez de recevoir des coups de pied au derrière (Philippe Alexandre a raconté cela dans son livre *Le Duel de Gaulle-Pompidou*), ne se gêna pas, l'occasion s'en étant présentée, pour tirer le tapis sous les pieds du général.

Comment se comporte un auguste s'il devient un clown blanc, c'est-à-dire un Premier ministre devenu Président ?

Cela dépend avant tout d'une chose : a-t-il été auguste par nécessité, en raison des circonstances, et si l'on peut dire en attendant mieux ? Ou l'était-il par nature ? Car la nature de l'auguste n'est pas d'être un second rôle, c'est d'être actif, travailleur, simple et dévoué à son clown blanc. Dans le cas de Georges Pompidou, par exemple, on vit bien, quand il devint clown blanc, qu'il avait un certain mal à brider sa bonhomie naturelle, à prendre un air solennel, à paraître souverain. Il forçait sa nature et il avait beaucoup de mal à confier à quelqu'un d'autre le rôle qu'il avait lui-même si bien tenu dans la période précédente.

Il est vraiment dommage que Raymond Barre, dont beaucoup souhaitaient le succès, se soit fait évincer par la coalition des deux clowns blancs qui se trouvaient sur sa route, François Mitterrand et Jacques Chirac. Car nous aurions pu étudier avec lui un deuxième cas, tandis que nous devons nous contenter de celui de Georges Pompidou. Il n'est pas impossible que Raymond Barre ait confirmé l'impression que donna le Président Pompidou, malheureusement trop tôt disparu : un ancien auguste devenu président a tendance à se comporter comme un roi, mais un roi débonnaire, qui continue à s'occuper comme auparavant des affaires quotidiennes de ses sujets.

Ce qui ressort de ces quelques exemples, c'est que l'équilibre, fondement de tout bonheur, est toujours fragile. Foottit ne finit pas sa carrière avec Chocolat, ni Antonet avec Beby, ni Alex avec Porto, ni Pipo avec Rhum. Seules les familles, comme les Fratellini ou les Rudi-Llata, ont eu la chance de conserver jusqu'à la fin leur entente, la mort seule les ayant séparées.

Quant à la tentation, pour un grand clown, de se passer de partenaire, elle s'explique, mais doit être considérée avec la plus grande circonspection. L'art clownesque est né de la confrontation, du dialogue, du couple. Qu'il y ait trio au lieu de duo n'y change rien mais, solitaire, le clown est-il encore le clown ? Grock et Rivel, l'un avant la guerre, l'autre après, ont atteint des sommets de l'art clownesque. Mais en dépit de l'admiration certainement légitime, qu'ils ont provoquée, on peut se demander si leur numéro était aussi riche. Il faut éliminer bien entendu l'hypothèse d'un clown blanc solitaire. Un clown blanc solitaire serait terrifiant. Ce serait l'autorité pure. C'est Lénine, c'est Hitler, c'est Robespierre. Il faut s'en débarrasser le plus vite possible.

On s'est étonné de la réaction mitigée qui accueillit, au lendemain de la guerre, le beau film de Chaplin, *Le Dictateur*. Il n'y avait rien d'étonnant à cela. Faire jouer le rôle d'un personnage terrible par un auguste, était inévitablement pousser à l'indulgence. On ne voyait plus qu'un plaidoyer pour un pauvre fou. L'auguste, si on le pousse à la limite, est pathétique. D'ailleurs, poussé à la limite, l'auguste solitaire existe. C'est celui-là même dont on a vu si souvent la représentation sur les peintures d'autrefois, l'homme à la face tuméfiée, aux paupières closes, la tête ridiculement coiffée d'une couronne d'épines, un roseau à la main en guise de sceptre, dérisoire objet de moquerie, celui que Pilate montre à la foule en lui demandant s'il faut le gracier : « Ecce homo. » L'auguste suprême, le saint patron de tous les augustes, c'est évidemment Lui.

*
**

Quelque temps avant sa mort, Tristan Rémy confiait à un ami que, s'il devait rééditer un jour *Les Clowns*, il lui faudrait au moins trois volumes, tant il avait accumulé de documentation depuis la publication de son livre, en 1945. Une sale maladie ne lui en laissa pas le temps. Tel qu'il est, ce livre restera comme une somme irremplaçable, et que lui seul pouvait écrire : à la fois parce qu'il avait vécu les grandes années de l'entre-deux-guerres, parce que de très nombreux témoins de l'époque précédente étaient encore vivants, et parce que son insatiable curiosité de généalogiste lui avait permis de retrouver toutes les traces, déjà presque effacées, de l'art le plus éphémère qui soit. Il est rare qu'un livre allie avec autant de bonheur la connaissance de l'érudit et l'intelligence du critique, la rigueur de l'historien et la sensibilité du poète.

Aurait-il fait une grande place aux clowns d'après la guerre ? Ce n'est pas sûr. La seule lacune manifeste qu'il aurait comblée concerne Charlie Rivel, à peine mentionné dans *Les Clowns*, parce qu'il en était encore à ses débuts quand la guerre éclata. Rivel qui allait devenir un des plus grands augustes de l'histoire du cirque, le plus grand avec Rhum, selon les meilleurs connaisseurs. Rivel qui fut dans les années 50 ce que Grock avait été avant la guerre, le numéro un. Rivel et sa longue robe rouge, sa guitare, sa petite chaise et l'intuition géniale qu'il avait eue d'exprimer la part essentielle, primordiale de l'enfance dans l'art clownesque, ce dont aucun artiste n'avait pris conscience avant lui.

Curieusement, la même intuition et la même imitation de l'enfance ont été le secret d'autres clowns espagnols, qui percèrent eux aussi dans les années 50, les Rudi-Llata. Formant un trio composé de deux augustes et d'un clown blanc, les Rudi-Llata sont la seule équipe de clowns qui puisse être comparée aux grands trios du passé, comme les Fratellini, dont ils n'ont pas égalé la réputation, mais dont ils avaient le talent. Un débat s'ouvrit à l'époque entre les partisans du duo et ceux du trio, tandis que certains continuaient à porter aux nues le clown solitaire. Heureux temps que celui où l'on pouvait discuter âprement de la supériorité de telle ou telle formule, alors qu'on serait aujourd'hui bien en peine de trouver seulement un exemple de chacune pour nourrir le débat.

À côté d'eux, quelques noms nouveaux, les Brennetts, les Francesco, les Colombaïoni, Nikouline et Chouidine, mais surtout beaucoup de noms que nous connaissions, Achille Zavatta, qui devint auguste solitaire, les Bario, l'irrésistible anglais Cairoli, et Pipo junior, fils du grand Pipo, qui avait été le partenaire de Rhum. À quelques exceptions près, le cirque est une affaire de famille, les grands clowns ont presque toujours commencé par pratiquer toutes les disciplines de la piste, de l'équitation au jonglage, et du mime à l'acrobatie, sans oublier l'apprentissage de la musique. L'art ne s'improvise pas.

Au lendemain de la « Grande Révolution de mai 68 », les petits cirques se mirent à pousser comme des champignons. Représentant la tradition des forains, le cirque semblait tout indiqué pour opposer une contre-culture à la culture classique honnie, l'art de la rue contre celui des musées. C'est ainsi qu'on voulut dire adieu au « cirque de Papa », pour créer un « nouveau cirque », comme il y avait eu une « nouvelle vague » au cinéma, et des « nouveaux philosophes » dans les médias. Malheureusement ces tentatives, souvent sympathiques, n'allèrent pas très loin et ne firent que confirmer les limites de l'amateurisme. Il ne semble pas que Tristan Rémy ait eu beaucoup d'indulgence pour ces néophytes, pas plus que pour le tourbillon d'idées naïves et de phrases creuses dont ils n'étaient pas avares. Il avait trop connu les luttes ouvrières pour apprécier cette vaniteuse parodie, et les « idées généreuses » de 68 étaient plutôt à ses yeux celles de jeunes bourgeois qui voulaient se libérer de l'aliénation sexuelle que celles du prolétariat voulant se libérer du capitalisme. Ces révolutionnaires en herbe n'avaient rien à voir avec « ceux du fond de la cour ».

Le renouveau pouvait-il venir de l'étranger ? Il était difficile de l'espérer. D'Extrême-Orient nous sont arrivées de très belles troupes d'acrobates, gymnastes éprouvés, composant des groupes impeccables de sauteurs, d'équilibristes, de trapézistes, d'une grande perfection esthétique, toujours admirablement bercés par leur musique propre. Mais l'invention comique n'est pas leur fait. Le Cirque de Moscou et ses troupes diverses, qui ont tenu une grande place dans l'après-guerre et que Rémy connaissait mieux que personne, perpétuent la tradition russe de « l'auguste de soirée », faisant des interventions multiples et brèves tout au long du spectacle, hésitant entre la poésie et la blague gentille, mais dont le comique est toujours limité. Quant aux États-Unis, qui avaient eu de grands clowns au dix-neuvième siècle, ils sont toujours attirés par le gigantisme qui les enchante. Il n'est pas rare de voir quarante ou cinquante clowns se promener autour des trois pistes de Barnum, exécutant quelques sauts périlleux, avant de se faire photographier avec les enfants. Les amateurs de l'art clownesque se détournent d'un tel spectacle avec un peu de gêne. De Harry Langdon à Jerry Lewis, les Américains ont eu de très grands clowns, mais surtout au cinéma. L'art clownesque est né en Europe, et il y reste.

Il y reste, mais pour combien de temps ? La décadence du cirque, qui paraissait irrémédiable à Rémy dans les années 50, n'a cessé de s'aggraver. À la concurrence du cinéma, déjà très sensible dans les années 30, est venue s'ajouter celle de la télévision, véritable arme nucléaire contre toutes les autres formes de spectacles, à l'exception du sport. Il faut reconnaître honnêtement que la télévision, comme la langue pour Ésope, est à la fois la pire des choses et la meilleure. Le 10 mai 40, jour du début de l'offensive allemande, un jeune excentrique musical présentait à Medrano, avec son complice Roger Caccia, un numéro de variétés qu'il avait appelé « Chesterfields ». Le succès fut très relatif, il y avait une quarantaine de spectateurs dans la salle, et la plupart pensaient à autre chose. Mais Margaritis venait de réinventer le burlesque — un genre de numéro comique où l'on rate tout et où une cascade d'échecs déclenche le rire — qui était appelé à avoir beaucoup de succès pendant et après la guerre, sous le nom de « Chesterfolies ». C'est lui qui, dix ans plus tard, devait créer « La Piste aux étoiles », qui pendant vingt ans permit de voir les meilleurs numéros de cirque du monde. Mais combien de clowns dans ces vingt ans ? La distinction suprême donnée par le jury du Festival mondial de

Monaco, qui est le rendez-vous annuel de tous les amoureux du cirque, s'appelle « Le Clown d'Or ». Attribué plus de vingt-cinq fois depuis la création du Festival, ce trophée ne l'a été que deux fois à des clowns. Et ce n'était pas parce que le jury avait décidé de le répartir entre toutes les disciplines, c'était faute de candidats pour le recevoir.

C'est pourquoi les plus beaux souvenirs de clowns de cette époque sont presque toujours empreints de mélancolie. On plaint par exemple ceux qui n'ont pas vu la superbe « entrée » que Pierre Étaix avait créée pour sa femme Annie Fratellini et pour lui : un moment de grâce parfaite, qui avait enchanté René Clair, et où Annie, en femme-auguste, rendait hommage à l'interprète de Fellini, l'héroïne de *La Strada* et des *Nuits de Cabiria*, Giulietta Massina. Mais on ne pouvait s'empêcher en les regardant d'avoir un sentiment de « dernière fois ». Le grand Fellini lui-même, seul cinéaste de son siècle à soutenir la comparaison avec les grands peintres et les grands romanciers, consacra un film-souvenir aux clowns, où il invita Tristan Rémy et Pierre Étaix. Avec ce mélange de dérision et d'émotion dont il avait le secret, il a ajouté ce jour-là au légendaire déjà si riche des clowns, quelques images exceptionnelles nées de sa vision, avec le sentiment poignant d'un art, d'un monde, d'une civilisation qui allaient bientôt disparaître. C'était un « adieu aux clowns ».

Cet adieu, Tristan Rémy pouvait y souscrire. N'avait-il pas lui-même écrit, dès 1955 : « On peut soutenir qu'après la grande flambée de ce premier demi-siècle qui s'est terminé avec la mort de Rhum et la retraite d'Albert Fratellini et de Beby, l'art clownesque s'est étiolé et desséché. Le clown ne sera bientôt plus qu'un figurant décoratif. »

Sait-on jamais ? On dit bien qu'une hirondelle ne fait pas le printemps, mais elle fait espérer qu'il revienne. À la fin de 1970, et à la faveur de ce regain légèrement superficiel dont nous avons parlé, l'école de cirque espagnole,

« Los Muchachos », présentant un spectacle à Paris, fit sensation. Pour la première fois depuis longtemps, le cirque était ce qu'il doit être : un événement. Et à la place qui doit être la sienne : au cœur de la capitale et non dans des faubourgs inaccessibles, dans ce Grand-Palais des Champs-Élysées, où aucun cirque n'avait joué depuis 1944 et les derniers mois de l'Occupation. Attirés par la rumeur, des amis inconnus arrivèrent de partout. Édouard Boubat y fit un de ses plus beaux reportages. Les vieilles familles de cirque, les Gruss, les Bouglione, qui étaient au bord du découragement, comprirent qu'il ne fallait pas désespérer. Les trois directeurs du prestigieux Ringling Bros and Barnum and Bailey Circus firent le voyage de New York pour signer un contrat avec les jeunes artistes espagnols et les produisirent au Madison Square Garden. Pierre Étaix put enfin convaincre Annie Fratellini, qui ne voulait plus entendre parler de cirque, de fonder à Paris l'École de Cirque dont il rêvait. Les trois Rudi-Llata vinrent tout exprès féliciter les deux petits clowns, Naranjita et Pancracio. Celui-ci, à la mort de Pepy, le remplaça auprès de Rudi et de Joselito, dans une longue tournée en Afrique. Un petit neveu de l'éditeur de Rémy, Bruno Privat, saisi par une vocation soudaine, décida de se consacrer au cirque, devint funambule, et créa avec deux amis le cirque Aligre. Un peu plus tard, ils engageaient un jeune écuyer aux dons exceptionnels, fou de cheval, Jean-Clément Marty qui, donnant à son spectacle équestre le nom de son magnifique frison noir, Zingaro, allait revenir au manège en rond d'il y a deux siècles.

Au revoir, Monsieur Astley ! Bonjour, Monsieur Bartabas !

Oui, qui sait ? « Il y a encore des noisetiers », comme disait le titre d'un des derniers romans de Georges Simenon (à vrai dire, à peine moins désespéré que les autres !). Qui sait si dans l'Europe future — à l'exemple de la Suisse, modèle de toutes les fédérations, qui a su préserver le sien — on ne verra pas revivre les grands cirques, réservoir de courage et de poésie pour des millions d'enfants. La météo n'est pas bonne, mais il n'est pas interdit d'espérer.

Mais l'espérance n'était pas le fort de Tristan Rémy. Communiste par fidélité, libertaire par tempérament, maltraité par la vie, il assistait au déclin et bientôt, pensait-il, à la disparition des deux grandes illusions de sa jeunesse, la grandeur des clowns et la justice du communisme. C'est alors que, tout en continuant à publier de nombreux articles sur le cirque, il entreprit d'écrire la biographie de Jean-Baptiste Clément, l'auteur du *Temps des cerises*, montmartrois comme lui, et consacra un livre entier à la chronique des événements lors de la reprise de Montmartre par les Versaillais, le 23 mai 1871, la troisième journée de la « Semaine Sanglante », livre qu'il dédia « à la gloire et à la mémoire des fédérés de Montmartre ; à ceux qui n'eurent que du cœur pour combattre ».

Au moment de sa mort, il préparait un livre sur Maxime Lisbonne, colonel des Corps Francs pendant la Commune, ex-forçat amnistié, gentilhomme cabaretier, humoriste, inventeur à jet continu de canulars qui intriguaient les pouvoirs publics et faisaient courir tout Paris dans les cafés chantants et les théâtres qu'il ouvrit successivement dans les quartiers populaires de la rive droite de la capitale.

D'un déjeuner avec Rémy, je garde le souvenir d'un homme un peu las, paraissant désabusé, parlant à voix basse, au regard très doux dans lequel une flamme — celle-là même qu'avait vue Loffler quarante ans plus tôt — paraissait toujours prête à se ranimer. Il me tint des propos qu'on jugerait aujourd'hui politiquement très incorrects. Cet anticonformiste l'était vraiment.

Travailleur jusqu'au bout. Je voulais l'interroger ce jour-là sur les écuyères de l'époque romantique, qui étaient avec les clowns un de ses sujets de prédilection. Mais il me parla surtout de sa dernière découverte : les exploits de plusieurs acrobates de cirque parisiens, qui, pendant la guerre de 1870, avaient trouvé le moyen de quitter en ballon la capitale assiégée, pour établir des relations avec le reste de la France. Il y avait un départ tous les deux ou trois jours, on pouvait emporter jusqu'à cent vingt kilos de courrier. Bismarck, furieux, demanda à Krupp de fabriquer un mousquet spécial pour abattre ces aéronautes insolents. Ils arrivèrent tous à passer.

Les héros du Cirque contre les uhlans du Chancelier de Fer : quelle affiche !

C'était en 1973. Quelques jours plus tard, par un froid matin de décembre, les bulldozers attaquaient l'enceinte du cirque Medrano, ex-Fernando, au coin de la rue des Martyrs et du boulevard de Rochechouart, qui avait dû fermer ses portes dix ans plus tôt. Quand les murs furent tombés, on s'aperçut que la haute coupole était toujours là, et la piste, et les gradins. C'était beaucoup plus qu'une salle de spectacle qui disparaissait. Ici Buster Keaton, oublié dans son pays, avait remporté un dernier triomphe historique. Ici les balles de Rastelli s'étaient élevées plus haut qu'aucun jongleur au monde ne les lança jamais. Ici Monsieur François, Monsieur Albert et Monsieur Paul, les trois Fratellini, avaient essayé leurs instruments avant d'entrer en piste. Ici Alexandre Bugny de Brailly, dit Alex, avait cent fois tracé l'unique sourcil noir qui barrait son visage blanc et Arturo Saraïva Mendez d'Abreu, dit Porto, avait revêtu son costume bariolé d'auguste. Les couloirs, les petites loges, tombèrent à leur tour. Les passants n'avaient aucune raison de s'arrêter. C'était un chantier de plus, et le quartier en était plein. Ils ne pouvaient pas connaître l'appellation que l'on donnait jadis au cirque Medrano, pour le distinguer des autres : « Le cirque du rire ».

AVERTISSEMENT

Ce livre n'est ni une polémique ni une plaidoirie. Nous n'entreprenons point de convaincre qui que ce soit de la supériorité du cirque sur les autres spectacles, ni d'inciter les indifférents à l'estimer plus qu'ils n'en ont envie. L'on aime ou l'on n'aime pas le cirque. Certains s'y amusent et d'autres s'y ennuient. L'admiration ou le discrédit dont il est l'objet dépendent de la qualité de son spectacle. Il y a dans son évolution des hauts et des bas. Des acrobaties aux clowneries, les goûts sont affaire personnelle. Nous n'en discuterons pas.

Nous cherchons seulement à intéresser le nombre considérable de gens qui, malgré la magnificence des spectacles voisins, continuent d'éprouver du plaisir à la simplicité des jeux de la piste.

Oscar Wilde a dit que les distractions simples sont le dernier refuge des natures compliquées. Le cirque moderne est un compromis entre les exercices équestres du manège et l'esprit de la comédie italienne, auxquels sont venues s'adjoindre les acrobaties, chassées des tréteaux de Nicolet, des théâtres funambulesques et des montres en plein vent.

L'histoire critique du cirque en France est encore à faire. S'il est entendu qu'elle doit faire suite à celle des amuseurs populaires des XVIIe *et* XVIIIe *siècles, entreprise dans le courant du siècle dernier par quelques érudits, elle a devant elle tant de matériaux à examiner, tant de détails à mettre au point, tant de lieux communs à évi-*

ter, qu'elle ne peut être que le résultat d'un travail collectif. Nous ne prétendons donc pas que notre ouvrage soit définitif.

Il était nécessaire d'entreprendre, après les travaux d'ensemble de Maurice Sand, de Constant Mic, de Pierre-Louis Duchartre sur la comédie italienne, un examen systématique de l'évolution du clown et des clowneries depuis la naissance du cirque moderne jusqu'à nos jours.

Constant Mic fait remarquer que l'histoire du théâtre ne pourra, en général, être établie sur des bases solides que lorsque ceux qui s'en occupent se seront bien pénétrés de la distinction qu'il y a à faire entre le théâtre et la « littérature dramatique ». On en peut dire autant du cirque. S'il est un spectacle, en effet, qui ait prêté à l'imagination des littérateurs sont ambiance et son mystère, c'est bien celui-là. Et le romanesque a fait disparaître tout l'intérêt que peuvent présenter les clowns et les « entrées » du point de vue de la technique, du costume, du maquillage, des accessoires et de la mise en scène.

C'est cette présentation purement littéraire, souvent fantaisiste, qui nous a incité à faire pour la comédie clownesque et les clowns ce que G. Strehly a fait pour l'Acrobatie et les Acrobates, le baron de Vaux pour les Écuyers et les Écuyères et, plus près de nous, M. Henry Thétard pour les Dompteurs, les ménageries et le dressage des bêtes fauves.

Cependant, nous n'avons pas négligé les anecdotes qui, mieux que des commentaires, précisent les mœurs et les goûts des clowns.

Bien que les faits et les personnages de la période antérieure à 1880, *date approximative à laquelle la pantomime dialoguée a pris le pas sur la pantomime acrobatique, soient peu connus, nous avons pu, grâce aux épisodes de la vie des comiques de cirque, fixer la ligne générale du développement des clowneries depuis leur début en France, à la fin du* XVIIIe*, jusqu'à la fin du* XIXe *siècle.*

De Foottit aux Fratellini, qui furent deux moments de l'histoire du cirque, le travail nous a été plus facile, les documents étant moins rares. Et nous avons laissé la part belle aux clowns de notre temps qui intéressent davantage le public d'aujourd'hui et auxquels, en définitive, notre livre a pour but de rendre hommage.

Nous avons volontairement limité notre inventaire aux clowns qui ont paru dans les cirques français, laissant à d'autres plus qualifiés le soin de parler des acrobates excentriques, des grotesques musicaux et des comiques fantaisistes. Nous nous rendons compte pourtant que, dans les limites de notre travail, nous n'avons pas épuisé la question, que maints oublis sont à craindre et que maints problèmes restent à élucider. Nous espérons que d'autres parleront dans leurs ouvrages des clowns que, faute de renseignements suffisants, nous aurons négligés. Nous les signalerons plus tard à l'occasion. Pour l'instant, nous devons remercier ici Mesdemoiselles Vesque, Messieurs Gustave Soury, Maurice Thomas-Moret et Gustave Fréjaville, pour l'aide qu'ils nous ont apportée en mettant à notre disposition leurs souvenirs, leur érudition et leur documentation.

I

LE CLOWN ET SON MILIEU

LE PREMIER COMIQUE DE CIRQUE

La piste est la fontaine de Jouvence qui conserve aux clowns leur éternelle jeunesse. C'est bien ainsi, sans âge, qu'on les retrouve d'année en année. Pour la réouverture du cirque, ils ont épousseté leurs défroques, recousu à leurs costumes des paillettes perdues au cours de cabrioles, rapetassé leurs escarpins de soie. Mais ils n'ont changé ni leur grimage ni leurs grimaces. Et nos souvenirs, qui ne demandent pas mieux que de se laisser duper, retrouvent toujours le clown tel que le destin l'avait créé pour charmer notre enfance.

Nous croyons parfois qu'il a changé, qu'il a perdu de sa superbe et de sa fantaisie. Non pas, le clown est égal à lui-même, toujours.

C'est nous qui avons vieilli. Risées, lors de nos premiers contacts avec lui quand il est apparu avec sa collerette brodée, son chapeau pointu et ses poches béantes que nous supposions semblables aux nôtres, riches des premiers entassements de la propriété. Sourires amers de l'âge mûr où, par un retour sur soi, nous voudrions encore goûter la plénitude des illusions dont le clown est le dispensateur.

***

Malgré la ritournelle qui l'annonce, l'apparition du clown garde contre toute attente un caractère d'exceptionnelle gravité. On croit à une surprise : celle qu'il nous ferait d'abord s'il ne venait pas.

Mais on sait qu'il manquerait à tous ses devoirs s'il arrivait avant le moment précis où le chef d'orchestre frappe nerveusement sa baguette sur son pupitre à musique pour un changement de partition.

Alors le clown entre de plain-pied dans notre existence avec la fantaisie. Il passe sans transition de l'ombre mystérieuse des coulisses à la lumière crue de la piste. Et par sa seule présence, le miracle s'accomplit.

Le clown est seul à posséder le pouvoir illimité de création. Par sa volonté, il nous dépose dans un milieu fait à son image, énigmatique, coloré, insaisissable. A la réalité d'un monde sensible, le tapis-brosse, la banquette passée au carmin comme une bouche, il substitue la fiction d'un monde de son invention.

Nous ne savons plus quel clown parodiait *L'Heure du bain*. Il dessinait d'abord sur la piste une baignoire qu'il emplissait d'eau froide et chaude à l'aide de robinets imaginaires qu'il manœuvrait avec le plus sérieux aplomb. De temps en temps, il y trempait la main pour « prendre » la température. Tous les simulacres y passaient. Puis il commençait la lente séance du déshabillage qui prête toujours, quelles qu'en soient les circonstances, à tant de délicieuses canailleries. Alors le fou rire gagnait le public. Il n'y avait en piste, pourtant, aucun accessoire qui pût rappeler la réalité. Pas une parole n'était prononcée. Par la seule grâce de la mimique, le clown parvenait au plus haut degré d'évocation que les mimes étaient capables d'atteindre quand il en existait encore.

***

Parfois, c'est bien plus simple encore. Quelques mots suffisent à créer l'atmosphère.

— C'est ici le Café des Ambassadeurs.

Une table et un siphon sur un guéridon de fortune complètent l'illusion. Le clown en est resté, à ce sujet, aux balbutiements du théâtre primitif. Et c'est très bien ainsi, car l'art du clown repose sur la schématique. Il désigne comme cadre à son action tout juste ce qu'il faut pour ne pas l'éparpiller, pour qu'elle réponde à ses buts et ne l'embarrasse point en cas d'improvisation ; tout juste ce qu'il faut pour que le spectateur puisse imaginer le lieu de l'action à sa convenance et à ses désirs.

Dans *L'Ecole du piéton*, Mylos, le clown, interroge Coco, son partenaire.

— Coco, nous sommes boulevard des Italiens. Tu vois, il y a des voitures qui passent. Alors, qu'est-ce que tu fais ?

— Je les regarde, dit Coco.

Il n'est pas le seul. Chacun se représente le coin du boulevard des Italiens qu'il connaît. Et, à défaut de celui-là, son boulevard favori.

— Non, tu ne les regardes pas, dit Mylos, tu traverses.

— Non, je ne traverse pas, je ne veux pas me faire écraser.

C'est le contraire de *L'Heure du bain*. Toute l'action se développera dans l'esprit du spectateur sans qu'un geste soit fait, sans qu'un signe soit esquissé. Le verbe est action. Et c'est là justement au cirque, où tout est mouvement, qu'est le paradoxe. Les clowns étendent de cette façon leur empire à la vie tout entière. Ils nous condamnent à imaginer d'après eux et à vivre, à notre tour, l'aventure qui leur convient.

Ils ont d'ailleurs toute latitude pour la choisir. Ce sont eux qui décident en premier et en dernier ressort des moindres détails de l'entrée qu'ils jouent. Nul autre acteur n'a autant qu'eux la liberté et le pouvoir de disposer du spectateur comme ils l'entendent.

De même, il suffira aux clowns de porter un sabre de bois pour nous restituer l'ambiance de la caserne, de s'affubler d'un képi de collégien et d'une moustache démesurée pour rappeler un serviteur de l'ordre. Le résultat est toujours risible.

Il est évident que le clown ne s'habille pas en gendarme pour nous faire peur.

***

Aussi jeunes qu'ils nous paraissent ou aussi vieux qu'ils soient sous leur fard, directement sortis du magasin aux accessoires ou de la garde-robe du cirque, vêtus d'habits chamarrés taillés à leur mesure ou non, et bien qu'à première vue ils se perdent dans l'anonymat des grotesques, des mal équarris, des paillasses et des peinturlurés, en y regardant de plus près on s'aperçoit que les clowns, aussi bien ceux du charivari que ceux qui font des grâces à l'écuyère, se suivent mais ne se ressemblent pas.

Chacun d'eux s'ingénie à porter haut quelque chose qui n'appartient qu'à lui.

Ce n'est parfois qu'un détail secondaire, une couleur, le port d'un chapeau, un mot, une attitude, un signe.

L'armée du rire a son uniforme mais chacun le porte à sa manière. C'est ici qu'interviennent le goût, l'imagination, l'originalité. Les uns étincellent de charme. Les autres seront les plus extraordinairement attifés des trompe-misère ou les plus loqueteux des arlequins. Le clown est un être singulier. Mais son honneur et sa première pensée, c'est d'imiter autant que possible celui qui le précède tout en essayant de lui moins ressembler.

⁂

Nous n'irons pas rechercher l'origine du clown à travers la comédie italienne, chez les fous des fêtes populaires, les farceurs du Moyen Age ou les histrions errants de l'époque féodale. Moins encore chez les mimes grecs ou romains. Le clown, de traditions toutes récentes, n'a pas d'ancêtres au-delà de quelques générations. S'il a des ressemblances avec des grotesques aujourd'hui oubliés, il n'a avec eux aucune filiation. Les données concernant les ancêtres médiévaux des comédiens dell'arte sont évidemment insuffisantes pour nous permettre de tirer des conclusions définitives (1) en ce qui concerne les origines de la pantomime. A plus forte raison est-il difficile de trouver les passages successifs qui permettraient d'assurer que les acteurs des théâtres médiévaux sont les arrière-grands-parents de nos grotesques de cirque. Ils naquirent tous du besoin inné de rire chez l'homme et de tourner en ridicule certains de ses semblables, et c'est là la seule continuité et la seule raison de l'apparition et de la disparition des types comiques à travers les âges.

Le caractère actuel peu compliqué, presque encore à l'état de nature, du clown contraste avec la perfection

(1) Voir à ce sujet Constant Mic, *Commedia dell'arte*, Paris, La Pléiade, 1927

qu'il n'aurait pas manqué d'atteindre, dans la totalité de ses variétés, clowns, augustes, excentriques, après une expérience de plusieurs siècles, perfection qui l'eût entraîné depuis longtemps vers la décadence. Or, du point de vue de la technique et du style de son art, le pitre est à l'état d'évolution. C'est une preuve de plus de l'absence totale de lien de parenté, malgré des analogies nombreuses entre des types de comiques de classe et d'époque différentes (1).

Toute l'histoire du clown tient dans ses attributions à la scène ou dans le manège. Ce sont ses fonctions qui, d'époque en époque, l'ont différencié. Il s'est ennobli depuis le temps où, portant la livrée du garçon de ferme, il faisait rire autant par sa naïveté que par son répertoire dans les pantomimes en Angleterre où il avait le rôle insignifiant de serviteur comique.

De serviteur, il devint maître et, prenant chaque année une importance plus grande au cours de la représentation, le clown ajusta bientôt à son vêtement la collerette et le jabot, ce qui l'endimanchait déjà, puis une perruque qu'il veut distinctive, à l'imitation des grands, et dont il se huppe comme Grimaldi ou qui s'érige en plusieurs pointes flamboyantes comme celle de Signor Paulo ou Tom Matthews. Et dans le spectacle, il acquiert un droit de cité si indiscutable, qu'au XIXe siècle, en Angleterre, les théâtres les plus renommés, qu'il s'agisse du drame ou de la comédie, sont dans l'obligation, pendant les fêtes de Noël, de satisfaire aux goûts du public et faire à côté des acteurs « sérieux » une place au clown.

Tandis qu'il prend ses quartiers de noblesse dans son pays natal, et qu'il désigne bientôt, non plus un personnage, mais « un genre, un type et un emploi », le clown arrive en France en 1785. Il est, comme le cirque, une nouveauté. Il y poursuivra une ascension régulière : d'abord écuyer le clown deviendra acrobate, puis d'acrobate le clown deviendra comédien, ascension accomplie en piste et comparable à celle qu'il connut au théâtre.

(1) Le type primitif aurait dû changer au cours des siècles s'il avait continué de vivre, et c'est donc sa mort qui nous l'a conservé tel quel, car vivre, c'est changer. Constant Mic, *op. cit.*

***

En effet, le plus ancien cirque, tel que nous le connaissons, fut fondé par un écuyer anglais, Astley, dont le nom est resté fameux. L'époque souffrait d'anglomanie et les courses de chevaux battaient leur plein à l'imitation de celles d'outre-Manche (1). D'abord soldat dans un régiment de cavalerie légère où il s'était fait remarquer comme un bon cavalier, Philippe Astley ouvrit un théâtre d'exercices équestres et de jeux d'adresse à Londres. En 1774, il vint s'établir à Paris, rue des Vieilles-Tuileries, dans le manège de Razade, écuyer du roi de Sardaigne. En avril 1782, il acquit un vaste terrain à l'entrée du Faubourg du Temple et y éleva un grand amphithéâtre où il souleva l'admiration par la nouveauté de ses exercices : les entrées de chevaux, *Le Menuet à deux chevaux*, *Le Combat du cheval et du garçon tailleur*, repris plus tard chez Franconi sous le nom de *Rognolet et Passe-Carreau*, etc. (2).

Billy Saunders, le premier comique de cirque qui y faisait travailler une troupe de chiens savants, laissa, entre autres souvenirs, celui d'une ritournelle devenue traditionnelle en France dont il entrecoupait ses exercices dans son jargon franco-anglais d'une manière très habile.

— Volé-vô jouer avé moa ?

Billy Saunders était surtout un clown écuyer. Sa fille Lucy était la partenaire attitrée d'Astley fils dans une scène équestre : *La Beauté maîtrisant l'Inconstance*, qui, jouée plus tard avec Mme Philippe Astley, devint : *La Beauté maîtrisant l'Innocence*.

Saunders jouait encore seul dans *Les Tours de Paillasse*, dans *La Métamorphose du sac* ; avec Bassin père, un autre écuyer, dans *Le Petit Voltigeur anglais et le Grand Voltigeur italien* ; avec Astley père et fils, dans *L'Arrivée de Nicodème dans la lune*.

Mais de quoi était fait le comique de Billy Saunders ?

(1) Arthur Christian, *Etudes sur le Paris d'autrefois. L'art équestre à Paris. Les sports et exercices physiques*. Paris, Roustan, 1907.

(2) *Le Cirque Franconi*. Détails historiques sur cet établissement hippique et sur ses principaux écuyers, recueillis par une chambrière en retraite. Lyon, 1875.

Rien ne permet de le conjecturer. Toutefois, il n'est pas téméraire d'avancer que, dans *Rognolet et Passe-Carreau*, le comique se présentait sous les traits d'un maladroit écuyer, qu'un cheval rétif et dressé pour la circonstance met dans des postures difficiles et envoie sur le sable à chaque tentative de le monter. Rognolet était joué par Bassin père, et Passe-Carreau par Philippe Astley. Rognolet, personnage du tailleur, dans la boutique duquel, en définitive, le cheval sautait par la fenêtre, était vêtu d'un habit bariolé d'échantillons d'étoffes diverses, tel que l'était alors le costume du personnage usité en Angleterre, d'où Philippe Astley l'avait importé, et qui n'était somme toute qu'un habit d'arlequin modernisé.

⁂

Après Saunders, on ne trouve rien en France qui puisse nous fournir quelques échos sur l'acclimatation du clown en Europe. Le règne napoléonien n'eut pas pour résultat de favoriser des échanges d'écuyers et de comiques entre les manèges d'outre-Manche et ceux du continent. Astley avait d'autre part regagné l'Angleterre, et ce fut Madame qui prit la direction du cirque jusqu'à ce qu'il fût transformé en caserne. M. Astley ne manqua pas, à la signature de la paix, de demander des dommages et intérêts qui lui furent accordés. Mais le cirque disparu permit aux Franconi d'en établir un autre. Astley, désireux de poursuivre dans son pays une activité qui lui avait si bien réussi en France, ramena à Londres le fils de Laurent, Clément-Philippe Laurent, et Fortinelli, un polichinelle qui exécutait des exercices hardis d'équitation.

On ne connaît pas encore sous le nom de clown le personnage nouveau qui n'allait pas tarder à supplanter au cirque ceux qu'on appelait alors des « grotesques », et qui, en Angleterre, se bornaient à incarner leur rôle uniquement dans les pantomimes. Dicky Usher, Sloman, Laurent et son élève Southby étaient surtout clowns de pantomime. Leurs plaisanteries furent données à Westminster et importées chez Astley.

Une page très intéressante d'un petit livre de 1817 : *Le*

Cirque olympique (1), par Mme B..., née de V...l, nous fait assister à l'avènement de ce roi de la piste, qui se présentait alors sous l'apparence d'un paysan dans un numéro resté classique de parodie équestre : *Claune*, c'est le nom que l'on donne aux héros de cette farce (2), dit notre conteur, qui ajoute encore : *Claune* est la prononciation du mot anglais *clown*, qui signifie paysan et dérive de « colon ». Ce texte, ajoute M. Gustave Fréjaville, à qui nous empruntons cette citation, fixe approximativement la date de l'apparition de M. Claune, personnage burlesque, sur la piste du cirque français (3).

(1) La première édition de cet ouvrage, imprimée à Paris, chez Didot, est de 1816. Elle comporte quatre-vingts pages avec figures. Son titre est le suivant : *Les Animaux savants, ou les exercices de chevaux de M. M. Franconi, du cerf Coco, du cerf Azor, de l'éléphant Baba, des serins hollandais, du singe militaire, etc.* Ouvrage auquel on a joint les moineaux francs du Palais-Royal et autres historiettes morales, suivis de dessins et d'explications des différents pièges pour prendre les oiseaux, par Mme B..., née de V...l, orné de gravures d'après les dessins de J.-D. Dugoure, dessinateur de la Chambre du Roi (ci-devant architecte de S. M. C. Charles IV).

L'édition de 1817 a quatre-vingt-quatorze pages.

(2) Mais Claune n'est peut-être que le rétablissement phonétique d'un titre déjà donné à une scène à deux interlocuteurs : *Claude le paysan*, qui se jouait dans le manège et qui peut-être aurait pu se nommer *Clown le paysan*.

(3) « Petite histoire des spectacles parisiens. De la Piste à la Scène », *Les Nouveaux Temps*, 17 avril 1941.

II

LES ACROBATIES COMIQUES

LE souvenir de Philippe Astley était resté vivace chez les amateurs de sports et de distractions équestres, quand, sous la Restauration, l'écuyer Andrew Ducrow entra chez Franconi le 16 décembre 1818, précédé d'une réputation d'intrépidité dans les exercices de voltige à cheval.

Le 6 avril suivant, il débuta comme mime dans l'intermède *Annette et Lubin.* On vanta l'excellence de son interprétation, et l'on n'eut ensuite qu'à louer ses qualités d'acteur dans les mimodrames et les pantomimes.

D'un voyage qu'il fit en Angleterre, il ramena chez Franconi trois de ses compatriotes, Derwin, Garthwaeth et Blinchard, qui furent remarquables dans une pantomime appelée *Le Tombeau magique.* Ils étaient en même temps gymnastes et disloqués. Aussi n'en savons-nous pas davantage que sur Ducrow, sinon que nourris peut-être de l'exemple de Joe Grimaldi, le clown dont la célébrité ne faisait que croître en Angleterre, et de Laurent, ils durent à leur tour influencer le premier grotesque français de cirque dont la chronique nous a conservé le nom : Jean Gontard, avec celui de Guertener, dont on ne sait pas grand'chose, sinon qu'il était au cirque Franconi.

⁂

Le travail de Jean Gontard, en ce qui concerne la comédie clownesque, n'est pas mieux connu. Les grotesques sont d'abord et surtout des acrobates ; leurs interventions facétieuses ne sont qu'accidentelles. Il n'y a pas, comme aujourd'hui, de spécialistes en clowneries. Jean Gontard exécutait notamment l'équilibre simple sur un pied sur le dossier d'une chaise. Il porte pour ce faire les escarpins à revers bouillonnés, le maillot collant et la casaque à double empiècement, à pointes sur la taille, les emmanchures à bouillons, la collerette, la fraise et le chapeau à plusieurs pointes. Les empiècements, les emmanchures, la collerette et le chapeau sont garnis de grelots et de sonnettes minuscules.

Bien qu'il soit attaché au cirque Franconi, Jean Gontard ne figure comme interprète ni parmi ceux des scènes jouées dans le manège, ni parmi ceux des intermèdes comiques, ni parmi les écuyers des fantaisies équestres. Mais le fait que son nom soit cité à plusieurs reprises au cours du même ouvrage (1) indique à n'en pas douter que son emploi n'était pas secondaire. C'est le grotesque en pied de l'établissement, nom qui avait remplacé celui de Paillasse, jusqu'alors usité pour désigner les comiques du manège, dont l'un portait au cirque Astley, à Paris, l'habit classique du Pierrot français. Dans ce numéro équestre, les chevaux d'Astley étaient montés par des pierrots, et d'autres, à pied, paraissaient en même temps dans la piste, ce qui ne tarda pas à soulever les protestations des théâtres, qui reprochaient à Astley de leur faire une concurrence. Astley tourna la difficulté en faisant paraître les pierrots tous montés à cheval sur des panneaux. La police toléra cette astuce et les pierrots purent dès lors faire provision de bons mots, de lazzis, de calembours, d'histoires drôles, avant que de commencer à interpréter des tours à leur façon.

L'intervention de Jean Gontard se limitait à celle que remplit aujourd'hui dans les cirques voyageurs le clown de reprise, qui amuse le public par quelques lazzis et quelques exercices pour permettre au cheval de l'écuyer de reprendre souffle. Mais Gontard fut assez plaisant pour qu'en 1838 Astley fils l'appelât en Angleterre et le présentât aux spectateurs comme « le premier grotesque et célèbre bouffon français » (2).

Grotesque, Jean Gontard le fut suffisamment pour faire

(1) *Le Cirque Franconi, op. cit.*
(2) Willson Disher. *Clowns and Pantomimes*. London, Constable, 1925.

bénéficier son fils Claude de ses connaissances. Et la lignée des Gontard se perpétua pendant quatre générations, près d'un siècle, puisque son arrière-petit-fils, Félix Gontard, mourut dans la peau d'un pitre (1).

⁂

Le succès de Jean-Baptiste Auriol éclipsa non seulement celui de Jean Gontard, mais Jean Gontard luimême.

Auriol fit ses débuts au cirque Olympique, le 5 mars 1835 (2). Il n'avait pas alors tout à fait 29 ans, étant né à Toulouse en 1806, d'une mère écuyère et d'un père qui, aux dires d'un chroniqueur, était directeur du théâtre du Capitole (3). Il est certain qu'Auriol était l'héritier d'une famille douée pour la gymnastique et les sauts périlleux. Son père, Louis Auriol, avait appartenu à la troupe des Grands Danseurs du Roi, et il avait été l'ami de Pierre Furioso, le fameux danseur de corde, l'un des plus étonnants funambules qui aient existé (4). C'est à ce dernier que Jean-Baptiste dut de devenir un maître en sauts périlleux.

Après avoir travaillé à l'étranger, le jeune Auriol obtint, dès son arrivée au cirque Franconi, un succès que ne firent qu'accroître ses dispositions pour les acrobaties. La plus grande partie d'une représentation était alors réservée à l'art équestre et aux évolutions du manège. Les gloires de l'Empire, qui avaient été furieusement exploitées jusqu'en 1830, commençaient à lasser le public. Il était temps que l'acrobatie prît une place importante du programme. Le théâtre de Mme Saqui périclitait et le cirque pouvait en convoiter l'héritage.

Auriol comprit que pour mettre en valeur les acrobaties, il était nécessaire d'en améliorer le style et d'en étof-

(1) Pour la généalogie des Gontard, voir, chap. XV, *Dario, Bario et Cie*.

(2) La date du 1er juillet 1834 qu'indique *Le Cirque Franconi* n'est pas exacte. Renseignements donnés par Mlles Vesque.

(3) *Le Trombinoscope*, no 125. Janvier 1874.

(4) Surpassé par deux nouveaux venus à la Salle Montansier sur le théâtre même de ses exploits, Furioso décida de traverser la Seine sur une corde du pont de la Concorde au Pont-Royal. Les autorités lui refusèrent la permission. Depping. *Merveilles de la Force et de l'Adresse*. Paris, Hachette, 1871.

fer la présentation. Bien qu'il eût commencé par être le partenaire de Gontard (1), il ne tarda pas à devenir son concurrent et à le surpasser. Il avait l'imagination féconde et la diversité de ses exercices assura la persistance de son succès. Il jouit d'une vogue retentissante. Les acrobates s'inspirèrent de son exemple et ses prouesses furent pour eux une raison de plus de les égaler et de lui ravir sa place. Ils demandèrent à la fantaisie les moyens de transformer le caractère d'un spectacle qui conservait la sécheresse et la rigidité d'une époque défunte. Avec Auriol, le romantisme pénètre au cirque et les journalistes peuvent broder sans limites sur la grâce, la fécondité, la légèreté, la souplesse, etc., du nouveau venu.

⁂

Il n'est en effet pas de comparaison qu'on ne se permette, ni de qualité qu'on ne lui attribue. On le nomme l'homme-oiseau, l'homme-écureuil, etc. Il se montrait, paraît-il, d'une agilité telle dans ses exercices d'équilibre, ses sauts et ses cascades inattendues, que la surprise tournait bientôt à l'émerveillement.

Auriol, dit l'un de ses admirateurs, c'est l'être le plus aérien de tout ce qui voltige dans le cirque des Champs-Elysées (2). Dès son arrivée, il fait entendre un léger bruissement de grelots et quelques mots à peine articulés par une petite voix glapissante, comme celles des ténors de la chapelle Sixtine, en jetant pour bonjour au public son petit rire méphistophélique. Et au moment où on s'y attend le moins, Auriol fait un saut d'une légèreté et d'une sûreté inattendues (3).

« Tenez, le voilà perché sur une échasse de quatre mètres de haut... Là, le petit homme au bonnet diabolique ressemble à un colibri sur un roseau ! Et le voilà qui

(1) Programme du 23 mars 1835.

(2) En 1835, Adolphe Franconi qui avait exploité le cirque Olympique le céda à M. Dejean. Celui-ci continua ses représentations pendant l'été dans une vaste tente, dressée sur le carré Marigny aux Champs-Elysées, où l'érection d'un cirque fut décidée en 1840.

(3) *Les Mystères des Théâtres de Paris, par un vieux comparse.* Paris, Merchant, 1844.

s'avance, entraînant avec lui l'unique échasse qui le tient dans l'air... »

Il n'est pas de notre intention de décrire les exercices exécutés par Auriol et de les analyser du point de vue de la difficulté. Ils ne touchent au comique que dans leur présentation. On en a donné la liste : les chaises, les bouteilles, les pantoufles, la gavotte sur la corde raide, le clown-hercule, le saut périlleux, le cercle des bougies et des pipes, la pyramide des tables, le singe fashionable, le moulin, la béquille, les échasses, le grand tremplin. L'iconographie en a fixé le mouvement sans en préciser les détails ; elle révèle quelques prouesses supplémentaires, celle où Auriol, par exemple, franchit d'un saut plané vingt-quatre soldats croisant leur fusil baïonnette au canon. Ces exercices étaient alors tenus pour exceptionnels.

M. Legrand-Chabrier les a scrutés du point de vue technique. Il confirme qu'Auriol était un sauteur précis, « comme il appert de son tour favori, lequel consistait en arrivant, chaussé de mules, de s'en dégager par le saut périlleux et de retomber les pieds dedans (1) ». Strehly, qui ne manque jamais d'avouer, remarquons-le en passant, son peu d'estime pour ceux des acrobates qui truffent leurs exercices d'anecdotes comiques, prétend que ce tour d'adresse n'a rien d'extraordinaire (2).

Auriol, dit-il encore, excellait dans les sauts périlleux, favorisé en cela par l'exiguïté de sa taille (3).

Jules Claretie salue Auriol, à l'occasion de sa mort, comme un acrobate bien français. Il avait inventé un type, une manière, un costume. C'était le Paillasse aux vêtements quadrillés des places publiques, mais rendu plus coquet par le petit bonnet de fou garni de sonnettes qui tintaient joyeusement autour de son front et — lorsqu'il sautillait lestement sur sa chaise — semblaient résonner comme un gai pépiement d'oiseaux (4).

(1) *La Rampe*, numéro spécial. 15 novembre 1931.

(2) *L'Acrobatie et les Acrobates*, Paris, Delagrave, 1903, p. 118.

(3) *Ibidem*, p. 112.

(4) Nous avons vu que Jean Gontard portait aussi le bonnet de fou agrémenté de clochettes. Avant Auriol, constate C. d'Amezeuil (« Les clowns célèbres ». *Le Moniteur universel du soir*, 4 et 28 mars 1866), Gontard et Guertener ont joui pendant quelque temps d'une certaine réputation. Il est probable que Gontard précéda Auriol dans le port du bonnet et des clochettes.

⁂

Auriol, qui ne pouvait souffrir de concurrent, fit engager Charles Voisin, un grotesque cascadeur qui ne brillait guère par l'agilité et qui lui donnait toute tranquillité dans les acrobaties. Il ne craignait pas de lui voir prendre sa place. Voisin travaillait le plus souvent avec un grand diable de cheval qui ruait copieusement et qu'il avait dressé à le poursuivre en piste et à le mordre. Une des manies du cheval était en effet d'empoigner le clown à la nuque et de le secouer rudement. Il y avait eu déjà pas mal d'accidents, et le directeur du cirque, M. Dejean père, obligeait Voisin à porter une perruque renforcée qui lui couvrait la nuque. Mais il arrivait que, serré de trop près, Voisin faisait des grimaces de douleur que le public croyait dans le programme. Le clown fit tant et si bien, malgré sa souplesse dans ses culbutes, qu'il mourut des suites d'une ruade qu'il refusa de soigner, reçue en jouant *Rognolet et Passe-Carreau*, l'intermède habituel du pauvre Voisin.

En 1842, Auriol apprit que M. Dejean venait d'engager un clown, Victor Chabre, dit l'Eclair, de réputation acquise dans les fêtes foraines, et qui, faisant le double saut périlleux, devait rivaliser avec lui.

Craignant de se voir distancer, Auriol s'entraîna sans rien dire à réussir le même exercice, et le jour des débuts de l'Eclair, manœuvra de manière à le précéder sur le programme. Il attira l'attention du public sur l'exercice qu'il allait accomplir. Il réussit facilement plusieurs fois de suite le double saut périlleux, on peut dire au nez de son compère, qui n'en obtint pas moins par la suite beaucoup de succès dans divers sauts à la batoude et grâce à ce même double saut périlleux, dont il augmenta la difficulté en l'exécutant à travers un cerceau.

Néanmoins, l'Eclair ne s'acclimata pas dans le milieu de la piste, qui ne convenait pas à ses anciennes habitudes de saltimbanque. Il quitta le cirque au bout de trois ans. Il y réapparut plus tard, en 1855. Mais le goût du public avait changé. Les joyeuses improvisations des clowns anglais, qui provoquaient l'hilarité des spectateurs, créaient une atmosphère encore plus étrangère à celle de ses goûts. Il se convainquit rapidement de l'inutilité de ses efforts, dans un cirque où les facéties verbales commençaient à être goûtées. Il n'était plus le même et ne semblait briller que par les paillettes dont son costume était couvert. Il avait l'air contraint à côté des clowns ; il se sentait effacé et paraissait embarrassé de sa personne. Bref, il trompa toutes les espérances qu'après la mort de Kemp, le premier clown anglais proprement dit qui ait paru au cirque, on avait fondées sur lui. Après un séjour de courte durée, il partit pour la Belgique.

Il mourut misérable, après quelques fortunes diverses, dans un petit village des environs d'Anvers (1).

Auriol disparaît des cirques parisiens et part à l'étranger. En 1858, il est engagé au cirque Fortuné Lalanne, un cirque ambulant. Il passait, en première partie du programme, dans un intermède ; en seconde partie, dans une parodie : *L'Incroyable*, scène équestre (2).

Il fit sa rentrée à Paris, au cirque Olympique, qui avait pris le nom de cirque Impérial. Il laisse alors aux plus jeunes et aux plus audacieux des culbutes et des exercices qui ne sont plus de son âge. C'est vraisemblablement à l'heure où il sentit ses forces décroître qu'il manifesta de plus en plus de goût pour les scènes comiques et que s'accrédita une légende qui le voulut clown autant qu'acrobate. D'autres bouffons l'avaient précédé : Boswel et Price jeune dans *Le Duel entre deux clowns* ; Chadwick, Leroy et Montero père dans *Le Barbier*, et Chiarini, transfuge du théâtre des Funambules, dans *Pierrots mannequins*, qu'il jouait avec Price jeune, Chadwick et Leroy. Auriol, cependant, défend sa place dans *Le Clown et sa grand'maman*, scène équestre ; *La Cavalerie improvisée*, *L'Escamotage du clown*, *Le Nain*, véritables entrées comiques, desquelles il ne nous manque que les détails de l'interprétation pour savoir ce que leur doivent les sketches d'aujourd'hui.

Théodore de Banville, qui l'a dépeint quand il portait le gilet de velours mordoré et céleste, six chaînes d'or,

(1) *Le Cirque Franconi*, *op. cit.*

(2) Au même programme un clown, Despart, donnait un sketch, *Le Clown et son élève*, et Amoros faisait le singe dans une bouffonnerie intitulée *Zam-Zam*.

de corail, d'argent, et des bijoux divers, tout un attirail de banquiste à son déclin, précise qu'il avait la figure blanche semée de pois écarlate, bleu de ciel, jaune vif. Les clowns anglais avaient apporté cette habitude d'un grimage multicolore imité de Joe Grimaldi. Mais avant d'être clown, Auriol dédaignait, à l'instar des gymnastes et des disloqués comme Van Cattendik, Francisque Populaire (1), Baptiste Lefosse, de se grimer. Il paraît donc à peu près certain que la qualité de clown attribuée à Auriol repose sur un malentendu, perpétué par des littérateurs qui ont appliqué à un artiste qui en portait le costume le nom d'un métier qu'il ne remplit vraiment que sur la fin de sa carrière. Et le pli est pris aujourd'hui de citer en exemple aux clowns, qui ne sont que des comédiens, Auriol qui servit les clowneries moins que toutes les autres spécialités du cirque. Est-il nécessaire de rappeler que G. Strehly a dit d'Auriol que, artiste universel, il réussit dans toutes les branches sans jamais acquérir la perfection dans aucune (2) ? Et Strehly, qui ne visait à aucun effet littéraire, ne peut en la circonstance être accusé de partialité.

Marié très jeune à une artiste étrangère, Amélie-Jeanne-Georgina-Christine Billing, Jean-Baptiste Auriol eut deux enfants : Francesca, née le 8 juin 1829, qui épousa Richard Flexmore, clown très populaire en Angleterre. Né en 1822, il avait travaillé dès son jeune âge pour aider sa mère comme garde-magasin le jour et veilleur la nuit. Il débuta dans un rôle de rustre, dans un music-hall, et il apprit à danser. Son extraordinaire agilité, sa voix enrouée et son humour faisaient de lui, décidément, le clown le plus drôle, le plus original et le plus doué depuis l'époque de l'inoubliable Grimaldi. Il imitait à la perfection la Taglioni et d'autres danseuses. Il joua en France aux Variétés. Richard Flexmore mourut le 20 avril 1860 (3). Francesca Auriol mourut l'année suivante, le 9 novembre 1861.

Le second enfant d'Auriol, Jean-Baptiste Guillaume, né

(1) Francisque Populaire, peut-être le même Popular qui avec Lawrence et Rédisha fut l'un des premiers disloqués anglais qui jouèrent à Paris dans *Les Pilules du Diable* et parurent au cirque des Champs-Elysées.

(2) *L'Acrobatie et les Acrobates, op. cit.* p. 38.

(3) W. Disher, *op. cit.*

le 3 mai 1834, suivit les traces de son père, dont il n'eut ni la grâce ni la légèreté. Il mourut des suites d'un accident, à 23 ans, le 3 février 1857.

Auriol, dans ses dernières années, parcourut la province avec un cirque voyageur dont il était directeur. Il parut une dernière fois à Paris, aux Variétés, en 1873, dans une revue : *Le Tour du cadran* (1). Il mourut en 1881 (2).

(1) « Auriol, le clown », par Gustave Fréjaville. *Le Journal*, 18 février 1937.

(2) M. Fréjaville a précisé qu'Auriol Jean-Baptiste est décédé à son domicile, 10, rue Copernic, Paris (XVIe) le 29 août 1881, à 3 heures et demie du soir, âgé de 75 ans, célibataire. Ces indications reportent bien sa naissance à l'année 1806 et contredisent le *Trombinoscope* qui fait naître Auriol en 1802, le Larousse en 1808 et Strehly qui le fait mourir en 1875.

III

INFLUENCE DES COMIQUES POPULAIRES SUR LE DÉVELOPPEMENT DU CLOWN

L'ARLEQUIN ANGLAIS. Avec Kemp commence la lignée des clowns remarquables qui, au-delà du XIXe siècle, jusqu'à Géo Foottit, Charley Ilès et Busby, entretiennent la petite flamme vacillante de la pantomime anglaise mise à la mode par Grimaldi et dont les reflets ont aujourd'hui perdu beaucoup de leur éclat.

La tradition du clown anglais remonte à l'époque de la République où, descendant du fou des sotties médiévales, le nigaud apparut au théâtre.

Le rôle fut rempli par les Merry-Andrew, sorte de personnage que l'esprit du peuple gratifiait de tous les travers de ses concitoyens. Le Hollandais appelle le sien Pickled-Herrings ; le Français, Jean Farine ou Jean Potage ; l'Italien, Macaroni ; l'Allemand, Hanswurst. Merry-Andrew fut nommé Jack Pudding. L'un des plus célèbres fut William Philipp qui portait la bavette, partie du costume conventionnel des fous de la foire, jusqu'à ce que, suivant l'exemple des amuseurs parisiens de plein vent au commencement du XVIIIe siècle, les uns et les autres imitent Scaramouche et Arlequin.

Bien qu'influencé par les bateleurs des parades de la foire anglaise qui remplissaient aussi bien que ceux du Pont-Neuf le rôle de comique et le service du domestique, Jemmy Warner de Sadler-Wells conserva le costume de Merry-Andrew, mais le clown des fantaisies jouées dans les théâtres de Drury Lane et de Covent Garden, n'avait pas de costume approprié. Souvent, son emploi même n'était qu'un nom et il était le plus souvent le valet mal bâti de Pantalon.

Quand les artistes italiens passèrent en Angleterre, le bouffon de caractère national anglais s'intégra dans les scènes de leur répertoire et il devint un acteur spécialisé dans un travail de force ou d'art particulier. Hippisley, Spiller et Machlin jouent leur partie ; Johannot et Decastro sont connus comme chanteurs comiques. Rédigé, dit le Petit Diable, et Pietro Bologne comme danseurs de corde, Laurent, Dubois et Delpino comme Pierrots.

***

Le promoteur de la pantomime anglaise, signor Giuseppe Grimaldi (1), les réunit tous. Grimaldi avait longtemps travaillé en France quand, en 1758, il reparut à Londres comme danseur et acrobate. Il eut immédiatement beaucoup de succès et les critiques ne lui reprochèrent qu'une chose : d'être trop comique. Tout amuseur d'aujourd'hui voudrait mériter ce reproche.

Avant lui, les pantomimes et les arlequinades conservaient un caractère respectable jusque dans la bouffonnerie. On trouvait que Grimaldi prenait trop de liberté avec la tradition. Mais les spectateurs populaires, qui n'avaient pas les mêmes raisons de considérer les formes du comique comme immuables, incitèrent Grimaldi à continuer. Sa notoriété fut immense. Il avait l'imagination fertile. Il porta tous ses efforts vers l'invention d'accessoires truqués et rien ne l'arrêta dans cette voie. Dans une entrée, il se transformait en un volumineux melon ; dans une autre, en oie dont la queue se déployait comme celle d'un paon. Il était surprenant en toute chose. Il ne quitta son rôle qu'obligé par l'âge. Il mourut en 1788 à 75 ans.

Joe Grimaldi, né en 1778, avait alors dix ans. Quand son nom parut sur les affiches, Mercerot, Laurent, West et Williamson étaient annoncés comme les seuls élèves de Guiseppe Grimaldi. Et le véritable nom de Joe Grimaldi était Brookers. Il maintint facilement le renom de

(1) Son père, Grimaldi, dit Jambe de Fer, débuta sur le théâtre de la Comédie-Italienne à Paris. Il était danseur, sauteur, acrobate et mime.

son père, étant la fantaisie même. Tout en lui était comique : sa figure grasse, ronde « comme une pleine lune » et potelée comme un fromage de Hollande, son corps musclé tout en rondeurs et gonflé à cause de ses vêtements. Son sourire commençait au coin de ses yeux ronds et malicieux, montant au-dessus de ses sourcils bien arqués jusqu'aux taches de couleur de ses joues grasses. Il était celui qui vraiment joue le rustre, mais, à la satisfaction du public du pays tout entier à l'époque des guerres napoléoniennes, il leur chantait :

John Bull est mon nom.
Personne ne peut soumettre mon esprit.

ni d'autres sentiments britanniques tels que la vertu du rire et de l'embonpoint.

Il portraitura tout ce qui était drôle dans l'activité humaine et ses grimaces étaient indescriptibles. Dans toutes les pantomimes on lui confiait le rôle le plus important parmi les plus drôles, mais il excellait, paraît-il, dans la tragédie autant que dans les clowneries. Tous les types de clowns se rencontraient en lui. Il fut la synthèse des originaux de l'époque. Grimaldi mourut le 31 mai 1837 à 58 ans (1).

***

La pantomime anglaise et les clowneries s'affinèrent grâce à ses successeurs. Tom Matthews, W.-H. Payne, Dewhurst, Charles Stilt, Jefferini, Richard Flexmore donnèrent à la comédie clownesque un tour à la fois moins caricatural et moins théâtral, un tour, si l'on veut bien, plus littéraire. Ils s'inspirèrent des fous de cour et tendirent à l'interprétation de motifs et de scènes plus directes, en contact avec la réalité et partant plus humaines. Ils favorisèrent l'éclosion d'un clown humoriste et bavard, pénétré de son importance, volontiers moraliste, qu'on appela clown shakespearien, ensuite

(1) Son fils Young-Joe Grimaldi disparut le 9 décembre 1832 âgé de 30 ans. Dickens a raconté les raisons de sa fin prématurée, dans *Les Papiers posthumes du Pickwick Club*, chapitre III, « Histoire d'un comédien ambulant ».

plus prosaïquement, clown parleur. Dewhurst, le principal parleur parmi les grotesques et les bouffons, qui avait remplacé le plaisantin irlandais Tom Barry (1) fut le représentant le plus distingué de cette nouvelle tendance.

Nous n'analyserons pas ici les qualités particulières de ces amuseurs qui, après la disparition de Joe Grimaldi et le déclin des arlequinades, maintinrent un demi-siècle encore les clowns anglais au premier rang de ceux d'Europe (2). Mais Clément-Philippe Laurent introduisit en France les caractéristiques essentielles de la pantomime anglaise : la recherche des accessoires truqués, la transformation de la scène du théâtre en cabinet fantastique et nous devons nous arrêter avec lui un peu plus longtemps.

⁂

Le père de Clément-Philippe Laurent était considéré comme un élève du vieux Grimaldi. Plus agile que Joe, il n'en possédait ni l'originalité ni la diversité dans le talent. Il était inspiré par une malice méchante, ingénieuse. Il manquait d'humour, mais en ce qui concerne l'habileté, il finit bien au-dessus de la vogue de ses confrères. Il fut l'élève de Philippe Astley. Il se sauva en France et fut retrouvé par son maître près du Pont-Neuf où il montrait des marionnettes. Astley le ramena et fut payé de ses peines puisque Laurent devint l'un des premiers clowns de son époque. Mieux payé, il était plus à l'aise que Grimaldi, mais il dépensait au fur et à mesure ses économies dans des entreprises de spectacles infructueuses.

Son fils, Clément-Philippe Laurent, né à Londres le 29 septembre 1801, vint à Paris en 1820 et débuta comme mime au théâtre de M. Conte. Lors de l'association momentanée des Funambules et du théâtre de Mme Saqui, Philippe Laurent, dit Laurent aîné, fut engagé avec son frère, dit Laurent jeune. Ils avaient été

(1) Il avait la force de Twist comme bouffon, de signor Félix Carlo comme contorsionniste.

(2) La tâche dépasserait le cadre de celle que nous nous sommes fixée. Nous ne pourrions d'ailleurs que répéter M. Wilson Disher auquel nous avons largement emprunté et auquel nous renvoyons le lecteur.

remarqués deux années auparavant au théâtre de la Gaîté, chez Nicolet, pour leurs excentricités acrobatiques, leur facilité dans les dislocations et leurs équilibres extraordinaires. Engagé aux Funambules, Laurent aîné remplit les rôles d'Arlequin et de Matamore avec un succès qui fit pâlir Gaspard Deburau alors à l'apogée de son talent. Il apportait d'Angleterre nombre de « trucs » et de pantomimes inconnus à Paris, ce qui lui valut l'estime du public et le surnom de l'Homme-Truc.

En 1829, Laurent, qui s'était vite familiarisé avec la langue française, composa *Le Bœuf enragé*, pantomime-arlequinade en 12 tableaux dans le genre anglais. Elle fut jouée aux Funambules et quelques scènes transformées furent reprises plus tard dans *Les Pilules du diable* qui passèrent pour un événement sensationnel quand elles purent, grâce à la collaboration de Ferdinand Laloue et Anicet Bourgeois, être données au cirque Franconi le 1er février 1839.

Si Laurent aîné, clown, mime de premier ordre et danseur, réunit toutes les qualités requises pour faire un remarquable arlequin et influencer les clowns en instance d'épanouissement dans les cirques, des artistes du théâtre des Funambules n'en inspirèrent pas moins leurs confrères quand, engagés chez Franconi, ils mirent leurs capacités et leurs connaissances à contribution pour animer les intermèdes de leurs excentricités acrobatiques et de leurs mimiques bouffonnes (1).

⁂

Avant l'apparition de Jean-Gaspard Deburau, Arlequin avait seul le privilège de dérider les Parisiens et Lange Chiarini, qui en tenait l'emploi aux Funambules, était l'animateur le plus habile du personnage.

Quand Deburau donna au rôle de Pierrot une extension qu'il n'avait jamais eue jusqu'alors dans les pantomimes, les rapports s'envenimèrent entre les familles Chiarini et

(1) Philippe Laurent ne retourna pas en Angleterre. Il mourut à Vareddes le 14 juillet 1872, où il s'était retiré. Il eut un fils qui devint artiste dramatique. Louis Péricaud : *Le Théâtre des Funambules*. Paris, Sapin, 1897.

Deburau (1) à un tel point que le directeur d'alors, M. Fabien, jugea prudent de remercier les deux compagnies, à l'exclusion de Jean-Gaspard et de Marion Chiarini. La plupart des Chiarini et Vincent, le fils de l'un d'eux, émigrèrent dans les cirques. Vincent joua plus tard avec Chadwick, Leroy et Price dans un sketch, *Pierrots mannequins*, dont le titre indique assez les sources. Félix Chiarini, son fils, danseur de corde au cirque Olympique, et toute la famille Vincent Chiarini, Constance, Félix, Maria-Rose, Louise, Henriette, parurent au cirque Fernando après son installation boulevard Rochechouart.

Lors de leur séparation au théâtre des Funambules, Nieumensek Deburau, qu'on appelait Frantz, entra au cirque peu de temps après la mort de son père en province (2). Etienne devint directeur du cirque où il acquit une haute réputation. Quand, après la mort de Charles Deburau (fils de Jean-Gaspard) et la disparition du théâtre des Funambules, les mimes durent chercher des emplois dans les cirques, celui de clown leur convint plus spécialement et la technique du mimodrame et de la pantomime sautée s'intégra dans celles des clowneries et de la pantomime parlée. L'arlequin et le pierrot revêtirent la souquenille du clown.

⁂

LE PIERROT FRANÇAIS. — Le pierrot ne datait évidemment pas de Deburau. Il avait été créé par Giuseppe Giaratoni. Il portait le costume blanc très large aux boutons énormes, le serre-tête noir et, par-dessus, un grand chapeau blanc. Il avait le visage enfariné et les joues carminées. De caractère simple et crédule, il personnifia, comme le Jack Pudding à sa naissance, le paysan. Mais

(1) La famille Chiarini comprenait Pepe Chiarini, danseur de corde ; Lange Chiarini, danseur de corde et arlequin ; Joigny Chiarini, danseur de corde ; Léandre ; Nanette, danseuse de corde et Colombine ; Marion, danseuse de corde et soubrette. La famille Deburau se composait du père, de Nieumensek Deburau, de Jean-Gaspard Deburau et d'Etienne Deburau.

(2) Nieumensek et ses deux fils jouaient en 1860 à l'Hippodrome quand, par suite d'une chute inattendue au cours de leur numéro de funambules, le fils aîné se tua sur le coup. Le père et le fils cadet, grièvement blessés, succombèrent peu de temps après.

on prétend que Giaratoni n'aurait fait que rajeunir et adapter le Pedrolino de la comédie italienne.

Sur les théâtres forains, les plus remarquables Pierrots furent : Prévot en 1707, Amoche en 1712, Belloni de 1715 à 1721, Dujardin en 1720, Breon, Maganox, Dourdet en 1741, Pietro Sodi en 1749 (1).

Quand Deburau (2) remplaça Chiarini aux Funambules en 1825, à la suite du désaccord survenu entre les deux familles, Deburau transforma l'esprit du personnage primitif, à la fois crédule et sceptique, sensé et naïf, railleur et bavard. Il lui donna tour à tour les défauts et les qualités des héros de la comédie italienne, poltron et téméraire comme le Matamore, sot comme Arlequin, rusé comme Brighella, fourbe comme Scapin, orgueilleux comme Polichinelle, avare comme Pantalon. Il incarna non seulement les caractères connus de la comédie, mais il les costuma en types sociaux : soldat, charbonnier, chiffonnier, ramoneur, juge, poète, philosophe, toutes gens de noble condition. Ainsi le Pierrot de Deburau annonce le clown qui reprendra d'abord son costume et personnifiera selon les entrées comiques tel ou tel représentant de la hiérarchie sociale.

Comparé à ses confrères populaires, comme le père Rousseau, paradiste du boulevard du Temple, Deburau avait l'élégance et la distinction du grand monde. La figure rougeaude, bourgeonnante, Rousseau descendait en droite ligne de Jeannot (3), de Jocrisse, de Bobèche et de Galimafré. Il personnifiait la gaîté du peuple dans tout son débraillé, l'esprit populaire dans sa polissonnerie, sa versatilité et sa turbulence. Il a pour petits-neveux, et ceux-là le rappellent dans leurs attitudes et dans leur grimage, les augustes à faces enluminées, rubicondes ou terreuses.

Paul Legrand, qui succéda à Gaspard Deburau après sa mort en 1846, soutint sur le théâtre des Funambules et aux Folies-Nouvelles la double tâche de rivaliser avec le souvenir de son prédécesseur et avec Charles Deburau

(1) Maurice Sand. *Masques et Bouffons*, Paris, A. Lévy, 1862.

(2) Brazier, dans *Les Petits Théâtres de Paris*, et Baudelaire écrivent « Debureau ». Maurice Sand, qui les cite, rétablit « Deburau ».

(3) Jeannot, personnage de la Foire créé en 1719 par l'acteur Volange, avait eu des précurseurs dans les badins des farces françaises. Voir Maurice Sand, *op. cit.*

qui continua les efforts de son père dès 1847 (1). Ils jouèrent plus tard en concurrence *Les Deux Pierrots*, puis avec Dimier, dit Calpestri, *Les Trois Pierrots*, pantomime qui fut reprise par Félix Chiarini au cirque Olympique.

Par son passage des tréteaux forains au théâtre, le Pierrot s'était à la fois affiné et compliqué. Il retourne on peut dire à son existence première en reparaissant en piste où, nous l'avons vu, il avait réussi à se faire tolérer comme écuyer comique chez Astley. Retour à la tradition peut-être. Retour à la simplicité, sans aucun doute. Car le clown n'est pas un personnage aussi compliqué que l'était le Pierrot animé par les Deburau et leurs confrères. Et pareillement le clown d'outre-Manche, dès son acclimatation en France, perd de son importance. Il devient un numéro secondaire du spectacle. Son caractère s'effrite. Il s'amalgame au clown français pour n'en faire qu'un seul avec lui.

⁂

CARACTÈRE DU COMIQUE FRANÇAIS. — Au moment où les clowns anglais Kemp et Boswell sont au cirque Olympique, le clown n'est pas, comme personnage, totalement inconnu en France. Il n'en vaut pourtant guère mieux.

Parlant des mimes et des Pierrots anglais dans *L'Essence du rire et généralement du comique*, Baudelaire, qui avait le souvenir des mimes qu'il avait vus (2) quelques années auparavant dans une pantomime anglaise jouée aux Variétés, pouvait définir leurs caractéristiques sans prononcer le mot de clown. Leur signe distinctif, dit-il, était la violence.

« Le Pierrot n'était pas ce personnage pâle comme la lune, mystérieux comme le silence, souple et muet

(1) Paul Legrand appelé à Londres, en décembre 1847, par Mme Céleste, directrice du théâtre Adelphi, y resta un an sans pouvoir plaire au public anglais qui ne comprenait rien aux expressions du Pierrot français et préférait les gros effets de la pantomime acrobatique.

(2) Probablement Tom Matthews et Richard Flexmore qui jouèrent aux Variétés et à la Porte-Saint-Martin dans un numéro qui annonçait vingt-cinq ans plus tôt celui des Hanlon-Lee. On disait, remarque Baudelaire, pour expliquer leur insuccès, que c'étaient des artistes médiocres et vulgaires, des doublures.

comme un serpent, droit et long comme une potence, cet homme artificiel, mû par des ressorts singuliers, auquel nous avait accoutumés le regrettable Deburau. Le Pierrot anglais arrivait comme la tempête, tombait comme un ballot, et quand il riait, son rire faisait trembler la salle ; ce rire ressemblait à un joyeux tonnerre. C'était un homme court et gros ayant augmenté sa prestance par un costume chargé de rubans qui faisaient autour de sa jubilante personne l'office des plumes et du duvet autour des oiseaux, ou de la fourrure autour des angoras. Pardessus la farine de son visage, il avait collé crûment, sans gradation, sans transition, deux énormes plaques de rouge pur. La bouche était agrandie par une prolongation simulée des lèvres, au moyen de deux bandes de carmin, de sorte que, quand il riait, la gueule avait l'air de courir jusqu'aux oreilles.

« Là où Deburau eût trempé le bout du doigt pour le lécher, il (le Pierrot anglais) y plongeait les deux poings et les deux pieds. »

Emportement et vertige dans l'exaspération, telles étaient les marques du comique anglais.

Cependant si Baudelaire parle d'Arlequin, de Pierrot, de Cassandre et de Colombine, il semble ignorer le clown français. Disons même le clown tout court.

Pourtant le clown d'inspiration française était en instance de maturation, ce clown dont on a pu dire que, malgré sa nature gaie et vulgaire, il était le plus élégant, souple comme une baguette élastique, souvent gracieux, brillant acrobate et la plupart du temps virtuose instrumental (1).

Il avait pu, en effet, s'assimiler sans perdre de son originalité et de ses qualités acrobatiques le caractère des paillasses de la foire et des pierrots chassés des scènes funambulesques à leur disparition. Mais, d'autre part, il avait résisté aux empiétements de la pantomime anglaise. Celle-ci, faite d'un mélange d'audace, de force et de brutalité, fut incapable d'entamer le comique français, tout d'équilibre, de grâce et de subtilité familière. Les intentions fantasques, artificielles, volontairement exagérées des mimes anglais heurtèrent les habitudes et

(1) Joseph Halperson. *Das Buch vom Zirkus*. Ed. Lintz, Dusseldorf, 1926.

les goûts parisiens. Ce fut au contraire en appuyant sur le côté spirituel, disons humain, de la farce et de la bouffonnerie que le clown anglais put atteindre au succès sur les scènes de notre pays.

⁂

LE CLOWN ANGLAIS D'IMPORTATION. — On peut considérer ce clown comme l'héritier direct de l'humour mystificateur shakespearien.

L'esprit du bouffon de cour n'était pas tout à fait éteint dans ceux des clowns qui remplacèrent Joe Grimaldi. Bien que descendu de la cour aux écuries, du palais au manège, le clown anglais conservait des manières de gentilhomme. A défaut d'éloquence, tout à fait indifférente aux spectateurs quand il s'agit d'acrobaties, même équestres, il usa volontiers d'une faconde que son accent mal assuré rendait cocasse et son comique de caractère n'eut rien de comparable à celui du clown drôle dont les facéties portent leur fin en soi.

Le clown parleur jouait sa partie dans un style intimement lié à sa nature propre. Son état d'esprit, ses sentiments, ses idées ajoutaient à son comique, selon les circonstances et les réactions qu'elles faisaient naître, gaîté ou amertume, scepticisme ou tristesse. Rien chez lui qui rappelât le ton véhément et parfois ordurier des bateleurs de plein vent. Il n'oubliait jamais qu'il se trouvait en bonne compagnie. Tout juste se permettait-il — cela ne tire pas à conséquence — quelques allusions aux événements du jour et quelques réflexions dont le bon sens échappait aux auditeurs, cachées qu'elles étaient sous une tirade empruntée à un poète connu et récitée d'une voix plus ou moins ridicule. Ne se contentant pas de débiter quelques répliques puisées dans le répertoire du théâtre classique, il savait encore y ajouter de son cru, tirer sa révérence, saluer d'une cabriole et souligner son comique de caractère d'un coup de maître par le comique de situation. Quand il trouva inutile de se mettre en frais pour plaire à un public qui ne comprenait pas ses intentions et ne réagissait pas à ses traits aigus de vérité, le clown parleur se fit volontiers dresseur. Il eut des chiens, des chats, des oiseaux. Il leur raconta dans son langage imagé les mystères de son cœur et de sa passion et garda pour eux les déclarations que l'écuyère trouvait inintelligibles parce qu'elles étaient marquées au sceau de la fantaisie qui est la faiblesse des timides et des poètes.

Les clowns dresseurs comiques qui sont de cette veine-là ont trouvé leur expression moderne dans le clown politique qui jouit d'une vogue certaine dans les pays centraux au début du XXe siècle et dont le succès de quelques-uns, comme le Russe Anatoli Dourow, s'étendit bien au-delà de leur pays natal.

⁂

LE COMIQUE ITALIEN. — Le comique italien laissait suffisamment de traces visibles avec Arlecchino, Pagliacio et Pedrolino, les cousins latins d'Arlequin, de Paillasse et de Pierrot, pour n'avoir point besoin d'intervenir dans le brassage qui précéda la naissance du clown français. Il ne pouvait plus, dans tous les cas, influencer sur un sol étranger à sa nature le type d'amuseur que chaque peuple crée à sa convenance de siècle en siècle quand celui qu'il a acclamé commence à ne plus évoquer pour lui que des souvenirs et ne répond plus à ses désirs de raillerie. Si Polichinelle n'avait plus aucun rôle à jouer dans la piste française, le type italien essaya de se perpétuer sous les traits du Pulcinella napolitain aux manifestations verbales duquel les spectateurs du début du siècle pouvaient encore s'émerveiller (1).

Aussi, tandis que par un échange continuel et par la confrontation de leurs qualités et de leurs ressources particulières, les comiques de cirque allemand, anglais et français façonnaient les caractères d'un personnage comique nouveau capable d'enthousiasmer un public de plus en plus large, les cirques italiens errant, mais essentiellement nationaux, en dehors des grands courants qui entraînaient les grandes vedettes de France en Russie, donnaient naissance à des bouffons essentiellement

(1) Henry Lyonnet. *Le Théâtre hors de France. Pulcinella et Cie*. Paris, Ollendorf, 1901.

populaires, d'un style local plus accentué comme le signor Tonin Bonagrazia de la comédie vénitienne.

Les chapiteaux italiens recèlent encore aujourd'hui des clowns dont l'esprit s'inscrit dans le cadre d'une région et perd tout son sel quand ils en dépassent les limites (1). A plus forte raison leurs ressources s'avèrent-elles insuffisantes, sinon nulles, devant le public des grandes salles, plus exigeant et dépourvu de sentiments particularistes.

Quant au Gracioso, le représentant espagnol de la farce, d'un caractère plutôt élégiaque et timide, il n'eut pas plus que le grotesque italien aucune influence appréciable sur le développement du clown français. Mais les clowns italiens et espagnols eurent plus tard leur revanche. E. de Perrodil disait que sur vingt clowns il fallait compter, vers la fin du siècle dernier, quinze Anglais, deux Espagnols, un Italien, un Français et un *divers*.

On peut dire aujourd'hui que sur vingt clowns il y a six Espagnols, autant d'Italiens, et huit Français, et l'accent en a changé pour cette raison.

⁂

LE BOUFFON ALLEMAND. — Depuis le déclin de la popularité de l'Hanswurst par suite de son expulsion de la scène allemande par la troupe de Gotsched et grâce aux efforts de la Neuberin (2) qui mit à la mode le drame classique, le public populaire allemand était à la recherche d'un bouffon et le trouva dans le Kasperle, variante autrichienne du vieil Hanswurst qui le remplaça quand il fut

(1) Ce type de clown régional se retrouve aussi dans les chapiteaux du midi de la France. Le cirque ambulant des frères Fedrizzi possède en Edmond et Carlo Fedrizzi des comiques habiles et, dans Bouboule, un auguste purement local doué d'un sens parfait de la farce et plus plaisant que maints bouffons huppés. Voir chap. XXIV.

(2) Frédérique-Caroline Neuber, née le 9 mars 1697 à Reichenbach, morte le 30 novembre 1760. Fille d'un avocat, elle s'enfuit avec le gymnaste J. Neuber en 1718 dans la troupe des comédiens de Spiegelberg, puis dans celle de Haacke Hoffmann, où elle attira les meilleurs talents. Entrant dans les idées de Gotsched, elle chassa de la scène l'Hanswurst d'esprit grossier et d'un langage parfois ordurier. Goethe dans la *Vocation théâtrale de Wilhelm Meister* donne un portrait physique de la célèbre artiste qu'il mit en scène sous le nom de Mme de Retti.

banni des planches. Le comique Johann Laroche (1) passe pour en être le premier représentant. Le personnage du Kasperle régna longtemps au Théâtre Municipal Léopold à Vienne à côté de son pendant, le Thaddael, figure comique des drames populaires viennois dont le dernier connu fut Anton Hasenhut (2). Il y avait encore le Liperl et le Staberl, bouffon local créé par A. Bauerle imitant un type de la bourgeoisie locale, le fabricant de parapluies qui se comporte gauchement dans des conditions étranges et qui se tire toujours d'affaire avec bon sens.

Aussi quand Wilhelm Qualitz débuta chez Renz en 1846, il bénéficia presque immédiatement d'une faveur extraordinaire. Né en 1819, tout d'abord peintre d'intérieur, puis élève de Rudolf Brillof, l'écuyer renommé qui fut le maître du vieux Renz (3) et directeur d'une compagnie équestre d'écuyers de S.M. le roi de Prusse, Qualitz, doué d'une remarquable facilité d'imitation, s'avéra d'un comique qui, sans hausser le ton, fut assez populaire (4). Il connut un réel succès dans la parodie de *Pépita* et sur les scènes des villes d'eaux comme patineur apeuré d'un comique inimitable.

***

LE CLOWN, SYNTHESE DES BOUFFONS DISPARUS. — Les dates sont intéressantes à ce sujet. Wilhelm Qualitz est chez Renz en 1846. Auriol, qui a laissé des traces de ses exemples dans tous les cirques d'Europe, s'y trouve en 1847. Quand il revient à Paris en 1860, Kemp et Boswell, après une fulgurante destinée, viennent d'y disparaître, laissant des traditions, un enseignement, une mode. Dans un milieu où la démarcation et le plagiat sont de règle, un clown nouveau devait jaillir de la synthèse des tendances diverses. Les attitudes joviales, les plaisanteries parfois brutales, l'esprit, les capacités acrobatiques réduites à des culbutes comiques du grotesque

(1) Mort en 1807.
(2) Mort en 1741.
(3) Ernest-Jakob Renz, né le 18 mars 1815, fils de Cornélius Renz, le danseur de corde.
(4) Halperson, *op. cit.*

allemand, l'humour maladif, les excentricités infernales, les dislocations inattendues, la volubilité narquoise du clown anglais ; l'agilité surprenante, la recherche de la difficulté, le désir de faire de plus en plus fort et de mieux en mieux du bouffon français font un alliage qui, décanté, constitue le précieux terrain de l'évolution du clown de cirque moderne.

IV

LES CLOWNS ACROBATES

Le grotesque français, lui-même de caractère autochtone, ne résista pas à l'influence des comiques étrangers. Il disparut du manège en tant que représentant de la tradition comique et funambulesque d'un spectacle issu du théâtre de la foire. Au fur et à mesure que le clown anglais perdait de son importance dans les pantomimes de Christmas, il émigra sur le continent et envahit les cirques français. Le succès, qui ne lui était pas ménagé, incita nombre d'artistes à l'imiter. La profession de clown fut encombrée, et parmi les grands seuls les noms légendaires nous sont parvenus.

Thomas Kemp (1), le premier clown proprement dit qui parut au cirque Olympique, naquit en 1819. Il apportait en France les traditions du clown anglais, et son apparition fut tout d'abord froidement accueillie. Mais il était gai, vif, alerte. Clown de reprise, il agrémentait ses jeux de quelques tours de sa façon qui plaisaient aux spectateurs, tandis que Victor Franconi laissait reposer ses chevaux dressés. La toupie qui tournait sur son menton et la plume de paon qu'il lançait en l'air et rattrapait en équilibre sur son nez donnent une idée de la préciosité de certains de ses exercices. Il était vêtu d'un maillot collant multicolore. Les joues carminées, la tête surmontée d'une perruque d'un rouge ardent prolongée par une petite queue raide, rappelant assez le Stenterello florentin, Kemp tenait des discours très bouffons et ne manquait ni de force ni de vivacité dans les acrobaties. Il était

(1) Kemp ou Kemps.

arrivé à se faire une place fort enviable parmi les comiques et à faire adopter la manière des clowns anglais sur la piste, quand ses habitudes d'intempérance hâtèrent la fin d'une carrière glorieuse s'ouvrant devant lui. Il mourut dans la maison de santé où il était enfermé, à 36 ans, le 18 septembre 1855.

⁂

Il appartint à James Clement Boswell (1), le successeur de Kemp, de vaincre tout à fait la répugnance du public parisien, qui s'habituait difficilement à la mimique réservée et au grimage tragique des clowns d'origine anglaise. Il cumulait la spécialité de clown avec celle de dresseur de chiens et de singes. Il eut, dès son arrivée au cirque, les honneurs des journaux illustrés. Contrairement à son prédécesseur, il reçut du public l'accueil le plus chaleureux. *Le Journal amusant* (2) le représente avec ses animaux. Dans le défilé panoramique des faits qui ont fixé l'attention des Parisiens en 1857, on trouve à la fois la mise en scène de *Tartufe*, *Madame Bovary* et son amour réaliste, et la parodie admirable du clown Boswell par Brasseur, dans *Les Vaches landaises*, clownerie probablement à l'origine de celle qu'on appelle aujourd'hui *La Course de taureaux*.

Il est impossible, dit Maurice Sand, de voir Boswell sans admirer sa force et son adresse et sans crever de rire à ses lazzis si variés et si bizarres (3).

Jules Claretie, dans un article nécrologique qu'il a consacré à Auriol, prétend que Boswell n'aurait jamais été remplacé au cirque...

« Cet être falot, barbouillé de blanc, peinturluré comme un sauvage, avait des facéties macabres qui faisaient courir à ceux qui devinaient un frisson dans le dos. Il y avait chez ce bouffon de cirque quelque chose de vaguement terrible. Son rire sonnait le brisé comme une cloche fêlée.

« Parfois, lorsque quelque belle jeune fille en jupe

(1) Boswel, Boxwel ou Boswell.
(2) N° 152.
(3) *Masques et Bouffons, op. cit.*

courte, les épaules et les bras nus, toute triomphante sous les bravos de la foule, s'arrêtait au milieu de ses exercices et, tandis qu'on lui préparait les banderoles et les cerceaux, flattait de sa petite main son cheval en sueur, Boswell, froidement, venait se planter devant les draperies qu'il devait tendre sous les souliers roses de l'écuyère, et là, face à face, lugubre, effrayant, pendant que le public se tordait de rire, il récitait en anglais, à la jolie créature, quelque passage du monologue d'Hamlet. Le public ne comprenait pas, l'écuyère souriait. Lui, parlant avec une sorte de frénésie nerveuse, à la fois grotesque et féroce, de

That is a discover'd country from whose born
No traveller return...,

et, drapé dans l'étoffe blanche rayée de rouge, sa face enfarinée à la large bouche saignante comme les lèvres d'un enfant barbouillé de mûres, il ressemblait à quelque spectre caricatural enveloppé dans le suaire ensanglanté d'un mort.

« Boswell prenait parfois plaisir à la narguer, lui retirant brusquement le cerceau de papier vers lequel elle allait bondir, et la regardant d'un air bizarre, les yeux fixes, en poussant quelque cri guttural accompagné d'un sautillement nerveux.

« L'écuyère haussait les épaules et pensait que cet homme était fou (1). »

« Il accomplissait un travail d'équilibre assez rare pour qu'il ne se soit pas, à notre connaissance, renouvelé depuis. Il grimpait à une échelle tenue droite et, à mesure qu'il s'élevait, il en détachait les échelons. Parvenu au sommet, il rejetait l'un des montants et exécutait sur l'extrémité de l'autre l'équilibre de tête (2). »

« Boswell avait définitivement intronisé en France la pasquinade d'outre-Manche, implantée par son prédéces-

(1) Jules Claretie, *La Vie à Paris*, 1881.

(2) Edouard de Perrodil, *Monsieur Clown*. Paris. Camille Dalou, 1889. Il répétait cet exercice, confirme C. d'Amezeuil, *art. cit.*, à l'extrémité d'une perche, et les jours de représentation à son bénéfice, il l'exécutait au milieu d'un feu d'artifice.

seur Kemp, un autre farceur mort de nostalgie, celui-là », dit Anatole France.

Se référant à un article d'un journal du 7 mai 1859, il ajoute (1) :

« Il paraissait : aussitôt, le feu prenait aux poudres du gros rire ; il bondissait et les bravos bondissaient avec lui ; il se mettait la tête en bas au bout d'une perche et toutes les têtes se penchaient pour voir cet homme qui, pour un quart d'heure, vivait à contresens. »

C'est paraît-il dans cet exercice que Boswell trouva la mort. « Il me souvient, dit G. Strehly (2), que jadis, au cirque Franconi, un clown dont j'ai oublié le nom faisait tous les soirs une station prolongée en équilibre de tête au bout d'un montant d'échelle planté en terre. La prolongation de cette situation anormale lui fut un soir funeste. On le vit tout à coup s'affaisser et on dut l'emporter au foyer des artistes, où l'on ne put que constater son décès par congestion cérébrale, le 1er mai 1859. Il avait 33 ans. » Selon un autre chroniqueur, Boswell ne serait pas mort immédiatement. Emporté chez lui, inanimé, il aurait résisté près d'un mois, assisté de son chien-lion qui le veillait fidèlement et le suivit jusqu'à la tombe (3).

Il resta dans le souvenir des amateurs de cirque de l'époque comme l'un des types les plus excentriques de la fantaisie burlesque. La Valatiana, danse ultra-fantaisiste, dans laquelle il paraissait habillé en gitane, avec sa perruque rousse, dansant et jouant d'énormes castagnettes, fut souvent reprise après lui.

Est-ce lui, est-ce Kemp qui inspira en 1857 Théodore de Banville, quand il écrivit dans ses *Odes funambulesques* le « Saut du tremplin » ? La parole est aux érudits.

***

Boswell avait parfois un partenaire non moins célèbre, Wheal. C'est avec lui que Boswell donnait la parodie des *Vaches landaises*.

(1) Bibliothèque de l'Arsenal. Fonds Rondel.
(2) *Les Acrobaties et les Acrobates, op. cit.*
(3) Cette fin brutale a été beaucoup controversée. Jules Claretie raconte qu'étant revenu à lui après une congestion Boswell se tira un coup de pistolet.

Little William Wheal, né à Londres en 1822, était le fils de Zephora, la belle amazone. Aussi populaire que Boswell, il fut le clown shakespearien par excellence. Ayant assez d'originalité, il put continuer F. Wallet, un clown anglais d'un humour malicieux et d'une faconde mystificatrice, et par ses qualités acrobatiques n'être pas en reste avec les sauteurs français. Il ne pouvait être question à l'époque de donner la primauté aux clowneries. Pire encore qu'aujourd'hui, on eût crié à l'hérésie qu'un clown se fût contenté de facéties pour acquérir du succès. On laissait ça aux funambules et, comme nous l'avons vu, Deburau, Legrand et Calpestri y pourvoyaient aisément. Le cirque n'avait de rapport avec la comédie qu'à l'occasion d'un bénéfice, quand il s'agissait de prêter au théâtre des animaux savants. Les acteurs du théâtre de Mme Saqui étaient traités de saltimbanques. Comment n'eût-on pas traité ceux du cirque Olympique !

Wheal était donc d'abord, selon la formule consacrée, le plus adroit danseur sur les mains et l'auteur de sauts périlleux comme on n'en avait jamais vus. A 50 ans, il exécuta encore, au bénéfice de sa mère, dans un cirque américain, cent sauts périlleux en arrière, performance unique dans l'histoire du cirque.

Mais son mérite fut d'avoir entr'ouvert le cirque au théâtre par le truchement de la parodie comique. Il devint inégalable dans celle d'*Hamlet*. Shakespeare était décidément à la mode. Son théâtre avait été consacré en France, lors de la représentation d'acteurs anglais, à la fin du règne de Charles X. Celle de 1827, à l'Odéon, avait bénéficié d'un engouement prodigieux pendant six semaines. Suivant l'usage, le cirque Olympique donna, immédiatement après, *Hamlet*, « pantomime tragique en trois actes », et *Les Sorcières d'Ecosse*, qui étaient une espèce de *Macbeth*, et un *More de Venise*, pantomime entremêlée de dialogue.

Partout, on blague, on pille, on copie, on parodie à tour de bras. Dans les scènes jouées dans le manège, on trouve, dès 1840, *L'Ecossais et la Sylphide*, rôle qui consacra Marie Taglioni.

Comment William Wheal utilisa-t-il le canevas d'*Hamlet*, pantomime tragique, pour en tirer une parodie bouffonne qui n'a pas cessé depuis cette époque de figurer au répertoire des clowns ? La question demeure sans réponse. Bien qu'on le considère comme l'inventeur de cette parodie, aucune preuve n'a été fournie jusqu'alors de cette affirmation. La légende attribue à Wheal des connaissances fort étendues. Il aurait fait, paraît-il, des études classiques. Rien n'est moins certain, et l'on en a dit autant de beaucoup d'autres. J. Halperson, qui mentionne ce détail pour en montrer l'improbabilité, accorde que Wheal connaissait quelques rudiments de latin. Cependant, il avait l'esprit vif et assez d'intelligence pour faire de ses fils Ernest et David des mimes incomparables sous l'habit de Pierrot.

***

Après Kemp, Boswell, Wheal, on peut mentionner encore Candler comme ayant été particulièrement remarqué au cirque Franconi. Il exécutait le travail de la perche avec son compère Laristi.

Il termina sa carrière d'amuseur pour retourner en Angleterre, où il monta une entreprise de roulage et de déménagement. Laristi eut beaucoup moins de chance. Engagé en Amérique, il mourut dans un naufrage, au cours d'un voyage à La Nouvelle-Orléans.

Mais si les clowns anglais ont laissé de nombreux témoignages de leur talent, et si les échos de leurs rivalités avec leurs concurrents remplissent la chronique amusante des journaux de l'époque, on ne connaît leurs confrères que par ouï-dire ; l'activité d'Edward, Sylvester, Leroy, Whytoine, Franck, Claude Gontard, Gaultier, François demeure dans l'obscurité. Les uns sont mentionnés dans la liste des clowns publiée par Edmond de Manne dans son livre sur le cirque Franconi (1). Les autres sont parfois cités sans qu'on sache au juste pourquoi et par quoi ils se distinguaient parmi les autres.

Certains, comme Chadwick, occupèrent une place en vue. Né en 1838, Chadwick avait débuté dès 1863 aux cirques d'Hiver et d'Eté, et il partagea maintes fois, avec Price jeune, Alfano, Leroy, Montero père et Henry, l'inter-

(1) *Op. cit.*

prétation des intermèdes (1). Il était l'auteur du leitmotiv : Miousic, qu'il adressait après chacune de ses facéties au chef d'orchestre des établissements où il jouait. Il devint régisseur du Nouveau Cirque, à son ouverture, jusqu'en 1889, où il mourut (27 juillet).

On ne peut guère opposer aux précédents qu'Adolphe Montero, moins connu qu'eux, mais représentant des clowneries d'influence latine, faites d'agilité dans l'acrobatie, de finesse dans la bouffonnerie.

***

Adolphe Montero est né le 11 avril 1819, à Bordeaux. Il avait franchement dépassé l'âge des prouesses acrobatiques quand il commença d'être remarqué comme clown. Mais il était entré au cirque Olympique de très bonne heure et jouait dans *Jocko ou le Singe du Brésil*, qui avait vu le succès de Mazurier et qui avait rendu les singes tellement sympathiques que ce fut pendant des années, aussi bien en France qu'en Angleterre, à qui reviendrait l'honneur de faire « le singe » et que l'expression est restée dans la langue. Montero, sur lequel on connaît peu de chose, jouait dans *Le Barbier*, avec Leroy ; dans *La Grenouille* (1846). Il mourut le 24 juin 1888, à Auteuil.

Montero eut un fils, Eugène-Stanislas Montero, né à Paris le 2 mai 1849. Il débuta le 2 janvier 1859 au cirque Napoléon. Leroy l'apportait plié au milieu d'un mouchoir et, après le travail, le remettait plié, puis sortait avec. Il devint écuyer dans le même établissement.

Montero fils devint un clown bien parisien, dans l'esprit du gavroche. Un loustic du faubourg Saint-Martin, dit de Perrodil. Il avait imaginé, avec ses partenaires Verrek, un nouveau venu, et Leroy, de se faire apporter une vaste boîte à oublies, comme il en voyait dans les jardins de la capitale, et de s'installer sur le couvercle, à la place de l'aiguille tournante indicatrice des numéros gagnants ou perdants. Et il tourbillonnait sur le pivot, fallait voir ça !

(1) Ce qu'on sait de ses interventions en piste laisse supposer qu'il y remplissait un rôle équivalent à celui de clown de reprise. Il faisait en outre la mouche du coche, vaquant inutilement pour amuser les spectateurs. Il peut, à ce titre, se flatter d'avoir été le précurseur de l'auguste dont le type n'allait pas tarder à s'épanouir.

Eugène Montero aimait les facéties drôles. Vient de lui l'histoire de l'homme à la fourchette, ce spectateur que le directeur ne voulait pas laisser entrer parce qu'ayant déjà avalé une petite fourche trouvée dans les écuries, il était à craindre qu'il n'avale maintenant la cuiller (l'écuyère).

En 1889, Montero fils entra au Nouveau Cirque et travailla avec Paul Loyal et Géo Foottit. Il mourut à Courbevoie, le 10 décembre 1922.

Nous citerons encore les frères Nicolet, qu'on désignait pour les reconnaître par un numéro : 1, 2 et 3. Comme leur illustre ancêtre (1), ils étaient considérés comme des clowns de plus en plus forts. Ils dépassaient comme sauteurs la moyenne de leurs confrères. « Ils sont là (au cirque Napoléon) trois qui semblent avoir pour mission de détruire tous les préjugés que le public nourrit concernant le centre de gravité. Je ne suis pas bien sûr que ces gens-là ne soient pas trois hommes en caoutchouc. Et le public ahuri, épouvanté, charmé, enthousiasmé, devant de tels exercices, les acclame énergiquement.

« Que vouliez-vous qu'il fît contre trois ?

« Qu'il applaudît (2). »

⁂

Strehly cite comme exemples de clowns acrobates les frères John et William Price, dits Price aîné, et Price jeune ou le petit Price qui, à d'autres égards, passent pour être les plus vieux clowns musiciens. Des membres de cette famille renommée étaient déjà au XVIIIe siècle des artistes exercés, non seulement dans le ballet et les scènes musicales mimées, mais aussi dans l'équitation et dans la gymnastique. Les frères réunissaient le triple talent d'équilibristes, de sauteurs et de musiciens. Ils

(1) Ce Jean-Baptiste Nicolet devint le directeur du théâtre des Grands Danseurs du Roi qui prit plus tard le nom de théâtre de la Gaîté. Il était situé boulevard du Temple. Nicolet y fit jouer un singe qui devint un objet d'admiration pour les Parisiens.

Nicolet avait débuté avec des marionnettes. Puis il fit jouer des acteurs. Il avait pris pour devise « De plus en plus fort ».

(2) Albert Monnier, *Le Journal amusant*, 1858.

portaient un costume de clown qui ne les gênait pas dans leurs exercices. Mais c'est à ce costume, à leur figure enfarinée, à leur perruque à un seul toupet chez l'un, aux frisures ébouriffées chez l'autre, tels qu'un dessin de Carlo Gripp les représente, qu'ils semblent avoir été considérés comme des clowns.

Ils étaient d'abord et surtout des acrobates musiciens. Ils formaient, disait-on, un mélange d'Auriol et de Paganini. G. Strehly les vit à plusieurs reprises, entre les années 1858-1867 au cirque Loyal qui venait annuellement s'établir à Strasbourg. Ils se surpassaient dans les échelles animées musicales, numéros qui consistent pour chacun d'eux à gravir une échelle maintenue verticale par la légère trépidation qu'ils lui imprimaient et à y rester debout en équilibre tandis qu'ils exécutaient un duo de violon ou de flûte.

Le numéro, repris depuis par beaucoup d'autres et ces dernières années encore exécuté par Benito Bedini et deux femmes, n'est plus considéré aujourd'hui comme un numéro de clown.

Les frères Price étaient aussi les inventeurs des violons sauteurs, duos acrobatiques agrémentés de sauts périlleux et de contorsions, entremêlés d'airs de violon exécutés dans les positions les plus invraisemblables. Ils ont, dans ce genre, été imités par les frères Conrad (1). Ceux-ci, deux violonistes extraordinaires, eurent pendant longtemps la vogue aux cirques d'Hiver et d'Eté. On les entendait de la salle jouer du violon dans la coulisse. Puis ils apparaissaient en trombe, dans leurs maillots pailletés, pirouettant, culbutant, roulant l'un par-dessus l'autre, se bousculant, et tout cela sans cesser de gratter sur les cordes de leurs instruments. Les Plattier présentent à notre époque encore ce numéro d'exercices ahurissants qui comptent parmi les prouesses de tous les clowns musicaux qui se respectent et qui continuent de rendre hommage aux acrobates.

A la mort de son frère, John Price continua seul le métier de clown. Selon la coutume anglaise, il portait les côtelettes. Il dédaignait la parole. Petit, raide, froid et

(1) L'un des frères Conrad se nommait Brézenger. L'autre fut le père d'Etoced (Decote ?) qui avait un numéro de chiens dressés.

méthodique, il personnifiait le type impassible du bouffon britannique (1). Clown, il eut notamment pour partenaire occasionnel en France Boswell, Chadwick et Fernando.

(1) J. Halperson cite les frères Ferdinand et Adolphe Price, musiciens et gymnastes, et Pierre Price, clown musical avec ses enfants. Un tableau de Roset-Carré, appartenant à la collection de Mr. Thomas-Moret, représente Pierre Price et Harry Busbee (Busby) dans une entrée au cirque Medrano. Nous laissons aux patients généalogistes le soin de déterminer les liens de parenté des Price entre eux.

V

LA PANTOMIME ACROBATIQUE

LA période extraordinaire, propice aux amusements, que connut l'Empire à l'apogée de son développement économique fut suivie, après la guerre de 1870-1871, d'une époque plus difficile et durant laquelle l'insouciance et le goût des frivolités ne furent plus de saison. Le cirque pâtit de cet état d'esprit et le clown abandonna la partie. La politique de recueillement inaugurée nuisit à l'expression naturelle d'un comique libéré de toute contrainte et d'arrière-pensée.

Il semble que le comique ne puisse produire son ébranlement qu'à la condition de tomber sur une surface d'âme bien calme, bien unie. L'indifférence est son milieu naturel. Le rire n'a pas de plus grand ennemi que l'émotion (1). Le clown se replie sur lui-même et attend une nouvelle vogue pour reprendre une place qu'il cède momentanément à la pantomime acrobatique, dernière incarnation de la pantomime anglaise avant qu'elle daigne mettre au monde son ultime rejeton : l'excentrique, fruit de sa vivacité maladive et de son dynamisme hallucinant.

D'ailleurs, le clown, aussi habile et surprenant qu'il soit en ses exercices, ne dépassait pas en perfection celle des spécialistes, et sa manière de les accommoder perdait vivement de sa saveur. La tâche était bientôt remplie. Tel avait été le clown écuyer, tel parvint au point mort le clown acrobate. La diversité de ses ressources était pour

(1) Henri Bergson. *Le Rire. Essai sur la signification du comique.* Paris, Félix Alcan.

lui la condition première d'un succès durable. Mais il ne pouvait briller partout avec autant de maîtrise et de facilité. Et le clown, même doué d'originalité, lassa bientôt un public qui par nature aime le changement. Il y eut alors moins d'amateurs pour remplir un métier aux horizons incertains et l'emploi de clown, qui avait eu pourtant ses vedettes et ses excellences, fut confié à qui voulut bien, parfois même à des acrobates dénués de toute nature comique. Or, contrairement à l'opinion de G. Strehly qui le prétend destiné uniquement aux exercices de force et d'adresse, le clown a pour ancêtre un bouffon et ne doit jamais oublier qu'il est créé pour faire rire. Aussi le clown privé du sens de la facétie, sans lien avec la fantaisie, perdit-il, sinon de sa valeur, du moins son utilité.

La défaillance du clown devait permettre à des troupes homogènes et disciplinées de réussir une synthèse des acrobaties et de la comédie, synthèse qu'aucune personnalité ne se sentait capable d'entreprendre à elle seule. D'autre part, la pantomime sautée, morte avec les théâtres funambulesques, demandait à revivre. L'école anglaise était prête à fournir au continent des troupes d'excentriques en mesure de satisfaire à ces exigences. Elles n'avaient pas enthousiasmé les Parisiens depuis la venue en France de Tom Matthews et de Richard Flexmore aux Variétés et à la Porte-Saint-Martin. Mais dès leur apparition, les Hanlon-Lee trouvèrent un climat favorable à leur succès et le clown shakespearien, réciteur de tirades, bavard et passant du coq à l'âne fut relégué, avec le clown acrobate et le clown musicien, pour quelques années à un rôle plus que secondaire, bien qu'il eût pu prétendre à une situation meilleure étant le seul acteur du spectacle à utiliser pour son travail les ressources de l'intelligence et des idées.

La comédie burlesque revient aux acrobates qui s'en croyaient dépossédés. Elle retrouve avec eux le sens de l'imprévu, de l'inattendu, de la surprise. Elle a pour support les jeux du corps ; elle est marquée du triple sceau de la force, de l'adresse et de l'exactitude. Mais d'influence anglaise, elle est plus diabolique que spirituelle. Elle dénature le vrai ; elle est en cela fantaisie, truquage et supercherie. Elle recrée un monde illusoire, fait d'accessoires, de miracles, un monde à l'envers, violent, tyrannique et infernal qu'elle rend tellement sensible, dans une atmosphère mouvementée, pleine d'embûches et de contradictions qu'elle étonne d'abord le goût du public français féru de logique, de précision et de légèreté, puis, qu'elle l'emballe quand il comprend qu'elle ressortit à l'expansion du machinisme, qu'elle participe à la naissance d'un rythme de vie plus accéléré. Parlant des Hanlon-Lee, la plus célèbre de ces troupes, D.-L. Murray peut dire que, philosophes cyniques de la fin du siècle, ils furent l'incarnation de l'âge de l'invention mécanique et les prophètes inconscients du fracas de la civilisation (1).

⁂

En 1847, les frères Hanlon (Thomas, Georges, William nés à Liverpool et Alfred, Edmond et Frédéric nés à Manchester) firent leurs débuts à Londres, au théâtre Adelphi, dirigé par la célèbre Mme Céleste. Ils travaillaient sous la direction de leur maître, Lee, un habile gymnaste et plus encore habile homme d'affaires qui avait réglé leur numéro de trapèze et de jeux icariens, jeux mis à la mode en Angleterre par Risley (2).

En France, Risley avait été imité par Sand au Palais Royal et par Hemmings, au cirque. Aussi, quand les Hanlon-Lee vinrent en France, leur directeur-manager jugea que leur succès serait moins facile. Il ajouta quelques difficultés supplémentaires aux voltiges antipodistes et trouva un engagement à l'Hippodrome. Mais bref fut leur passage à Paris qu'ils quittèrent avant la révolution de février 1848, attirés à l'étranger par des contrats plus intéressants.

En 1855, alors qu'ils se trouvaient à Chicago, formant une troupe nombreuse comprenant un dresseur de chiens, Tanner, et une danseuse de corde, ils rencontrèrent Agoust.

Agoust avait débuté sur la place publique comme

(1) *Clowns and Pantomimes. op. cit.*

(2) Risley se suicida à la suite d'une représentation où l'un des enfants avec qui il jonglait fit une chute mortelle.

bâtonniste (1). Il était parti de la rue en sabots pour arriver à une situation enviable. Il avait eu pour maître Blanc, directeur d'une salle de spectacle au Havre, et il avait étudié de près et joué la pantomime avec succès. De plus, il était jongleur. Il proposa aux Hanlon-Lee de mettre leur talent à l'épreuve de la pantomime et leur conseilla de tirer parti de deux canevas de Deburau, *Arlequin statue* et *Arlequin squelette*, que, directeur du Théâtre du Jeune-Henri, mime et maître de ballet, il avait eu lui-même le temps d'étudier. Ils se mirent tous au travail et dès leur retour à Paris en 1867, ils purent présenter une pantomime intitulée le *Frater au village* (2).

Le sujet ne brillait pas par l'originalité. Un barbier de province épris d'une jolie Colombine que les parents veulent marier à un riche étranger se promet d'obtenir sa main. Tandis que le Cassandre de père et sa famille dînent paisiblement, le barbier amoureux poudré de blanc et ciré à l'œuf, armé d'un gigantesque plat à barbe écumant de mousse et d'un rasoir formidable, entreprend de les raser après d'invraisemblables péripéties. Il finissait par leur couper la tête pour avoir le plaisir de la recoller avec des pains à cacheter appuyés de gifles sonores et de coups de pied hypocrites, jusqu'à ce que le père de Colombine, coiffé d'un seau d'eau de savon, consentît à donner sa fille en mariage.

Il n'y avait point là matière à succès. Pourtant, engagés au Cirque d'Hiver, les Hanlon-Lee y jouèrent *Les Trois Fils de l'air*, et la guerre de 1870 les ayant séparés d'Agoust, volontaire dans un bataillon de marche, ils repartirent pour l'Angleterre avec la troupe Strandges, installée au Châtelet.

En 1876, au Walhalla de Berlin, Agoust retrouva ses anciens partenaires. Thomas Hanlon, qui était mort des suites d'un accident (3), laissait une place vacante dans

(1) L'un des plus célèbres bâtonnistes fut Pradier, qui jonglait sous l'Empire, place des Pyramides, et devant la Madeleine.

(2) L'une des premières pantomimes jouées au Théâtre des Funambules.

(3) Hugues Le Roux, d'après Agoust, accrédite la légende d'un Georges Hanlon, tortionnaire de son frère aîné Thomas, qui souffrant de douleurs atroces à la tête, après son accident, n'en devait pas moins, étant porteur dans un numéro d'acrobate, recevoir tous les autres en équilibre sur le crâne. (*Les Jeux du cirque et la Vie foraine*. Paris, Plon, 1889.)

une pantomime nouvelle imitée des musiciens nègres, intitulée *Do, mi, sol, do* (1). Primitivement grimé en minstrel, Agoust régla la pantomime autrement et incarna un stupéfiant chef d'orchestre.

D'accord avec eux, il s'installa au pupitre. Selon Coquelin cadet (2). *Do, mi, sol, do* était une critique des plus excellentes de la musique charivarico et cacophonico-wagnérienne.

Un chef d'orchestre conduisait des musiciens impossibles qui voulaient s'emparer ambitieusement de son pupitre. Le maestro continuait de diriger sans se soucier le moins du monde de leur indiscipline et de leur manquement continuel aux règles de la musique. Il ne s'apercevait pas qu'ils se conduisaient mus par le souci de la blague et non de l'harmonie. N'ayant pas réussi à le déposséder des instruments de sa maîtrise, ils s'attaquaient à son habit, déchiraient les basques de sa redingote, tandis qu'il dépensait en pure perte les ressources d'une mimique étrange pour attirer leur attention sur les incidents du morceau en cours d'exécution. Le chef tenait à sa place. Pour la lui ravir, ils en venaient aux coups, gifles, bris de violons sur le nez, perruques hérissées et fuyantes, manches d'instruments qui se dressent ou qui crépitent, jambes gigantesques qui apparaissent comme dans un cauchemar, sérénades pleines de pâmoison, musiciens qui veulent chanter et dont le vent emporte le chapeau, qui veulent s'asseoir et qui voient leur chaise s'enfuir, trains qui passent en sifflant, tout était emporté dans un rythme forcené et ahurissant.

Le chef d'orchestre restait abîmé dans sa partition ; alors, pour lui faire abandonner la place, ses musiciens l'attachaient par les jambes et le tiraient par un câble qui cassait, les envoyant rouler les uns sur les autres, tandis que le maestro satisfait saluait et s'en allait.

Tel était le sujet de *Do, mi, sol, do* que les Hanlon-Lee jouèrent treize mois de suite et qui leur valut des appointements de 15.000 francs par mois.

Quoi qu'en pense Hugues Le Roux, ce n'était pas la pre-

(1) Les ménestrels, pseudo-nègres, ou minstrels, étaient fort à la mode à l'époque. O'Shea, qui fut quelque peu clown, en dirigea une bande fort habile.

(2) Coquelin cadet. *La Vie humoristique*. Paris, Ollendorf, 1883.

mière fois que la pantomime anglaise se révélait aux Parisiens. Mais c'était la première fois qu'elle rencontrait autant de succès. « Cet art exotique, dit-il, provoquait le seul rire dont nous fussions capables, à ce moment-là, un rire sans gaieté, convulsif, plein d'épouvante. » Frappé du triomphe que les Hanlon-Lee, ces mimes merveilleux, écrit Emile Zola, obtenaient aux Folies-Bergère, le directeur des Variétés a eu l'idée heureuse de commander une pièce, une farce dans laquelle les auteurs leur ménageraient une large part d'action. Il s'agissait donc de leur fournir un thème, de les placer dans un cadre dialogué où ils puissent se mouvoir avec aisance... C'était produire les Hanlon devant le grand public et élargir leur drame muet d'un drame parlé qui soutiendrait l'attention des spectateurs (1).

MM. G. Blum et Toché se chargèrent du scénario du *Voyage en Suisse*, un banal vaudeville. Il s'agissait d'un voyage de noces où les invités faisaient des blagues aux mariés. La diligence se cassait en deux, le chemin de fer éclatait et les Hanlon-Lee, dans leur rôle de domestiques ou de contrôleurs de sleeping, chargés de semer d'incidents imprévus le voyage de nuit des mariés, surpassèrent tout ce qu'on avait vu jusque-là comme précision et intelligence scéniques. Chaque geste était réglé chez eux au millième de seconde.

Au troisième acte, ils tombaient d'un plafond au milieu d'une table d'hôte et se mettaient à jongler avec les plats, les bouteilles, dans une furie telle que, par esprit d'imitation, les convives, entraînés par le mouvement de démence qui semblait les emporter tous, se mettaient à jongler aussi. Par ailleurs, ils narguaient l'autorité sous les traits d'un gendarme auquel ils faisaient subir toutes les avanies et mimaient deux ivrognes qui, voulant de la lumière, perdaient tour à tour les allumettes, la bougie, le chandelier sans ne jamais retrouver qu'un des objets à la fois.

Ils mettaient dans tout — aux dires de Zola — une perfection d'exécution incroyable. Dans la scène de *La Diligence* qui s'entr'ouvre et verse, les Hanlon-Lee, par un

(1) *Le Naturalisme au Théâtre. La Pantomime.* Œuvres complètes d'Emile Zola.

prodigieux mouvement simultané, se retrouvaient tous devant la rampe, rangés en ligne correcte sur leur derrière.

Le répertoire des Hanlon-Lee se composait en outre de plusieurs pantomimes dont les sources étaient connues.

Champfleury (1), dans *Pierrot, valet de la mort*, pantomime macabre dont il était l'auteur et qui fut jouée la première fois le 19 septembre 1846 au théâtre des Funambules, avait fait dresser les cheveux sur la tête des spectateurs de cet établissement, pourtant peu enclins à se laisser épouvanter. Dans *Pierrot, menuisier*, des Hanlon-Lee, Pierrot préparait des cercueils, de bons cercueils en chêne ornés d'une inscription prometteuse : « Je suis capitonné ». Mais il s'agissait de les vendre. A défaut de persuasion, Pierrot assommait ses clients pour leur prouver qu'ils avaient tort.

— Vous voyez bien que vous avez besoin d'un cercueil !

La plaisanterie était d'un burlesque grand-guignolesque.

Dans *Marchand d'habits*, pantomime en quatre tableaux (2), Pierrot tue d'un coup de sabre dans la rue un fripier pour lui dérober ses habits. Il cachait le cadavre en le poussant dans le soupirail d'une cave. Mais le spectre de sa victime surgissait brusquement, enveloppé d'un long suaire, la pointe du sabre passant par sa poitrine et, poursuivant Pierrot de son cri professionnel, criait d'une voix sépulcrale :

— ... archand d'habits.

La victime de *Pierrot, menuisier* se dressait dans son cercueil et marchait avec. Le criminel saisissait un fusil pour en finir une bonne fois avec le mort, mais les gendarmes survenaient tandis que Pierrot tuait une chatte endormie sur le toit et qu'une collection de chatons servaient de projectiles inattendus, mais suffisants pour chasser tout le monde, y compris le mort réapparu.

A part *Viande et Farine*, dans laquelle les scènes se déroulaient d'abord chez un tailleur, puis dans une bou-

(1) Champfleury venait de faire paraître *Chien-Caillou* que Victor Hugo, parmi d'autres, considérait comme un chef-d'œuvre. Il fut le fondateur de l'école réaliste.

(2) Créée le 1er septembre 1842.

cherie et permettaient d'accumuler des accessoires truqués pour dérouter un client venu se faire habiller, au boucher de tailler sa pratique en pièces, tandis que les têtes de moutons éternuent, baissent les yeux et tirent la langue, au boulanger d'enfourner un garçon venu acheter des croissants, toutes les pantomimes des Hanlon-Lee se distinguaient par de grosses ficelles. L'imagination de ces acrobates comiques était peu fertile. *Les Cascades du Diable* se terminaient par l'arrivée de Satan armé d'une fourche ; *Le Dentiste*, par une avalanche de légumes tombés des nues pour activer un arrachage de dents laborieux ; *Le Duel*, par l'extermination générale des témoins et du docteur par les adversaires réconciliés. Quant aux *Quatre Pipelettes*, elles empruntaient largement aux précédentes et n'avaient même pas le caractère d'une adaptation (1).

La vogue des Hanlon-Lee s'éteignit aussi vite que leur succès avait été rapide.

De ces étranges et vertigineux représentants de l'art mimique anglais, que reste-t-il ? demandait Michel Sangor en 1892.

Rien. Même plus le merveilleux plafond que Clairin peignit pour l'Eden-Théâtre ouvert en 1883, rue Boudreau, à deux pas de l'Opéra. Le peintre, rompant avec la tradition des apothéoses et des allégories, avait représenté entre des ballerines, des clowns, une écuyère et des amours, les silhouettes sataniques des Hanlon-Lee, de noir vêtus, rappel de leur pantomime *Une soirée en habit noir*, d'un modernisme exagéré pour l'époque. L'Eden-Théâtre, plusieurs fois transformé, disparut et avec lui le souvenir des Hanlon-Lee. Trois des frères Hanlon étaient morts. Agoust était devenu régisseur du Nouveau Cirque.

En 1919, parurent à l'Alhambra Fred et William Hanlon, fils de Georges Hanlon. Sous le nom des Hanlon-Bros, ils avaient le mérite de faire revivre avec une habileté et une délicatesse consommées l'art de leurs père et oncles. Leur numéro pourtant ressortissait davantage à la pantomime burlesque qu'à la pantomime acrobatique. On y

(1) Coquelin cadet a donné une analyse de ces pantomimes. Elle diffère un peu de celle des Mémoires des frères Hanlon-Lee publiés par Bertrand Lesclide (Préface de Théophile Gautier).

retrouvait à la fois une adaptation du *Miroir brisé*, l'entrée du *Décapité* venu tout droit du cabinet fantastique de Robert Houdin, et des scènes ramassées dans la pantomime anglaise : une locomotive pénétrait dans le hall d'un hôtel et les bagages se mettaient à marcher comme le cercueil dans *Pierrot, menuisier.* Mais rien ne leur manquait de cette harmonie et de cette précision supérieures, cette absolue justesse d'exécution qui donnait à Banville cette impression délicieuse d'une chose d'art parfaitement réussie (1).

***

Les Hanlon-Lee firent école. Pourtant leurs imitateurs purent difficilement soutenir au même degré l'intensité de leurs jeux, le dynamisme de leurs évolutions, la qualité acrobatique de leur numéro.

Les Pinaud eurent une conception différente de la pantomime. La composition de leur répertoire se ressent d'un manque absolu d'unité. Ce ne sont que bouts d'entrée, de scènes disparates sans rapport entre elles et dont le rebondissement est assez décousu. C'est avec des changements de costume instantanés, des poursuites folles, des déguisements grotesques, une succession d'actions sans liens, juxtaposés (2). Elles sont une fin en elles-mêmes et se développent indépendamment de la construction du numéro tout entier. On sent dans la conception des Pinaud un retour sensible à l'interprétation libérale d'un numéro, non plus en fonction des acrobaties, mais des ressources comiques de chacun des interprètes. L'influence des clowneries plus que celle de la pantomime est indéniable. Elle marque à la fois chez ces grotesques la fin de l'influence du clown acrobate et de la pantomime excentrique de tradition britannique.

Un monsieur joue de la guitare, interrompu à chaque moment par l'arrivée et la sortie de personnages étranges qui traînent avec eux des animaux qui se transforment, pour accompagner le guitariste, en instruments de musique. Un paysan tire un cochon. Il est poursuivi bien-

(1) G. Fréjaville. *Au Music-Hall.* Paris, Editions du Monde Nouveau, 1923.
(2) *Les Jeux du cirque, op. cit.*

tôt par un taureau noir auquel il présente la muleta écarlate et dont il finit par se débarrasser. Pendant que le toréador s'octroie un repos bien gagné, un mauvais plaisant met le feu à son chapeau qui éclate et s'envole pour retomber en pluie de couvre-chefs informes. Chute de chatons, de légumes, de chapeaux, voilà qui nous ramène à l'une des plus habituelles sorties de clown.

Par la volonté des Pinaud, la pantomime trouvait dans la musique le moyen de prolonger une existence vouée infailliblement à la disparition. Avec Mack et Dixon, elle avait accompli son cycle. Après l'envolée infernale des Hanlon-Lee, les métamorphoses des personnages et des accessoires des Pinauds, les sketches exaspérés des Mack et Dixon ne pouvaient que restituer à l'entrée classique du clown son importance primitive.

⁂

Coquelin cadet (1) relate une scène burlesque jouée par Mack et Dixon, qui ressemble plutôt à un canevas de mélodrame et pendant lequel, dit-il, se passent les choses les plus terribles et les plus compliquées.

Deux amis, deux nègres vêtus de noir, comme les domestiques de Malborough mort, se présentent, très élégants, jambes lourdes, pleines de coups de pied, le chapeau haut de forme très noir sur l'oreille.

Ils chantent à tour de rôle, c'est-à-dire que chaque fois que l'un a chanté une phrase, un coup formidablement appliqué l'arrête et le donateur reprend la chanson où l'autre l'a laissée jusqu'à ce qu'il encaisse à son tour une bourrade qui lui coupe la parole. Quand ils en viennent aux mains, ils exécutent des cabrioles et des pirouettes qui les envoient en l'air avec leur chapeau haut de forme et les font retomber brutalement dans des situations impossibles.

Ils rentrent en chantonnant dans une villa avec fenêtres en papier. Ils en sont brusquement expulsés par une explosion qui les transforme en loques, déchirés et meurtris. Alors, en guenilles, les voici en minstrels, en vagabonds, se relevant pour recommencer à chanter et

(1) *La Vie humoristique, op. cit.*

jongler avec leur chapeau, l'un avec sa main, l'autre avec son pied. Dixon envoie son couvre-chef de cette façon à des hauteurs respectables. Puis il continue à chanter, un cigare allumé dans la bouche où il disparaît pour revenir, toujours allumé, plusieurs fois de suite au bout des lèvres.

Mais Mack se fatigue d'entendre son ami qui n'en finit pas avec ses couplets interminables et lui assène, à l'aide d'un madrier, des coups de plus en plus forts que Dixon supporte sans avoir l'air de les sentir jusqu'à ce que le frappeur s'affaisse de fatigue sous le poids de sa batte d'hercule.

La scène se termine par un épisode du *Barbier* : savon mousseux, rasoir gigantesque, serviette sale. L'apprenti arrivait à point pour être précipité dans le plat à barbe ; l'homme rasé, ci-devant noir, devenait tout blanc et le barbier conservait son teint d'ébène.

Jonglerie et chanson, tels étaient les signes sous lesquels cette pantomime développait ses péripéties heurtées, sa violente bouffonnerie, sa fantaisie pleine d'angoisse dans l'esprit anglo-saxon.

Ainsi, tout avait été dit dans la pantomime. Portée à un tel degré de paroxysme qu'on ne distinguait pas plus chez les Hanlon-Lee que chez leurs devanciers ou leurs successeurs la démarcation entre la gaieté et la surprise, entre la comédie et le drame, devenue une caricature exagérée de la bouffonnerie au point qu'elle était comme rejetée en dehors de la vie, d'une véhémence angoissante, la pantomime, après le dernier sursaut dans lequel elle tentait de ramasser ses dernières chances de survie, s'abîmait dans l'énormité. Elle puisait néanmoins par habitude et sans honte dans le répertoire des clowneries tout juste de quoi adoucir sa fin. Mais elle était à bout.

L'acrobatie recèle en soi un pouvoir de suggestion esthétique tant qu'elle conserve un aspect humain. Débarrassée de ce caractère, l'émotion se transforme et la satisfaction fait place au malaise. D'autre part, les gros effets comiques, par leur exagération, ne parviennent pas à restituer au spectateur le sentiment d'harmonie qu'il éprouve aux mouvements d'une pantomime acrobatique où l'équilibre de l'action correspond à l'équilibre des situations.

Malgré l'habileté surprenante de ses interprètes, en raison même de l'excès de leurs prouesses, de l'abus d'accessoires truqués, de la surabondance des scènes à transformations, de la multiplicité de ses péripéties extraordinaires, la pantomime ne tarde pas à faire regretter la simplicité des entrées comiques telles que, sous son habit multicolore, le clown les avait acclimatées au cirque.

Là, le clown, un instant oublié, avait accompli la même révolution que la pantomime. Le clown dresseur, le clown musical avaient concurrencé le clown acrobate. Le clown comédien se cherchait encore. Mais un nouveau venu, l'auguste, le clown à défroque de citadin, à figure hilare, allait lui venir en aide pour trouver son chemin.

Le comique de la farce, le paradiste du boulevard du Temple, le blagueur des tréteaux de la foire n'attendait que cette occasion pour reprendre son essor.

VI

NAISSANCE DE L'AUGUSTE

LES origines de l'auguste sont imprécises. Ses débuts restèrent inaperçus et l'on ne peut invoquer de témoignages certains sur la date même approximative de son apparition sous sa forme primitive.

Plus tard, à l'heure où son succès n'était plus discuté, ce personnage grotesque, d'une facture aussi bizarre qu'étrangère au cirque, fit abondamment parler de lui et de son geste ahurissant. C'est alors qu'on chercha à qui attribuer le mérite d'une création que tout le monde trouvait alors originale. Mais cette recherche était devenue difficile et aussi incertaine à déterminer que la source des entrées qui composent la totalité du répertoire clownesque. Néanmoins, aussi ardue à l'époque qu'elle pût paraître, il eût été bon que quelqu'un l'entreprît. Elle ne tenta personne. Le cirque était déjà du point de vue de la critique considéré comme une famille pauvre dont les enfants — ils s'en passent fort allégrement d'ailleurs — n'ont pas besoin de généalogie.

La naissance et les premiers pas de l'auguste n'ont donc fait l'objet d'aucune relation. Son histoire remarquable commence avec James Guyon qui parut à l'Hippodrome de l'Alma, à la fin des années 80, et anima un auguste qui devint le prototype de tous les autres. Le fait est qu'on ne rencontre après James Guyon plus un seul cirque qui compte sans que le programme comporte un auguste plus ou moins comique, mais si peu différent de son modèle que chaque imitateur peut se prétendre l'original. Le rôle fut d'autant plus vite copié qu'il bénéficiait d'un succès immédiat par sa nouveauté et assurait momentanément une place enviable à celui qui le remplissait. Cette particularité permit d'autre part aux clowns qui considéraient malgré tout l'auguste comme un type comique d'ordre inférieur (1), étranger aux traditions de la banque, de se targuer d'avoir porté l'idée du personnage en puissance et, bien qu'ils l'eussent abandonnée, d'avoir été quelque chose dans son éclosion. A les entendre, à défaut d'en avoir été le créateur, ils en avaient été le promoteur. Autant dire, d'après eux, que l'auguste était non l'œuvre d'une inspiration personnelle, mais le résultat inattendu d'une commune improvisation.

La participation plus ou moins prétendue, plus ou moins véritable des clowns à la création de l'auguste embrouilla singulièrement la question et égara les recherches entreprises plus tard sur des pistes incertaines. Faute d'un père, on ne ménagea pas les parrains à l'auguste. D'imprécises, les circonstances de sa naissance devinrent légendaires. Elles le sont restées.

On ne reprochera pas aux spécialistes de l'époque d'avoir été curieux. Ils ne s'embarrassent pas de difficultés. Ils les ignorent. Ils auraient pu, au moins, recueillir les données d'un problème alors actuel. Il leur parut, comme à certains encore aujourd'hui, secondaire, alors qu'il a, pensons-nous, son importance puisqu'il touche à l'histoire du spectacle en France et, plus encore, d'un spectacle populaire. Quelques questions prudentes, quelques recoupements judicieux, un peu de sens critique eussent suffi pour découvrir une vérité plus à leur portée qu'elle le fut de leurs successeurs qui négligèrent, avec le même désintéressement, d'aborder des recherches, inutiles pour eux, et se contentèrent de reprendre à leur compte sans les contrôler, au contraire, comme des certitudes, ce que les premiers avaient émis comme des présomptions. Nous nous excuserons de pro-

(1) Edouard de Perrodil peut écrire en 1889 :

« Avec le personnage (de l'auguste) nous descendons d'un degré dans l'échelle sociale.

« Ne vous oubliez jamais au point de donner à un clown en sa présence le nom d'auguste, il vous tiendra pour le plus méprisable des ignorants, pour un vulgaire et inintelligent malappris. Je vous autorise en revanche à donner à un auguste le nom de clown, il en sera flatté et vous tendra sa main en signe de reconnaissance. »

céder à de nombreuses et abondantes citations afin de laisser à leurs auteurs la responsabilité entière des légendes qu'ils ont accréditées.

***

Les documents écrits suivent de très près les légendes orales, uniques sources d'information pour les commentateurs. Ces légendes contiennent une part de vérité qu'il faut extraire du reste, parce qu'on a beaucoup brodé et même imaginé ce qui a dû se passer, pour donner de la vraisemblance à des faits qui n'en avaient guère.

Edouard de Perrodil, l'un des premiers, rapporte l'aventure du premier auguste sans la passer au crible de la critique. En 1889, date de la parution de son livre (1), le succès de l'auguste était récent. Ce qu'on savait de cette création, ce qu'on en pouvait connaître de plus ne s'était pas encore déformé. Véritable ou légendaire, l'histoire de la naissance de l'auguste, encore à l'état pur, pouvait être précisée, vérifiée, contrôlée.

De Perrodil connaissait d'ailleurs bien les clowns. Il n'ignorait pas que les uns, parce qu'ils sont accessibles aux joies de la mystification, les autres parce qu'ils pensent acquérir plus d'importance en exerçant leurs facultés imaginatives, altèrent les faits sans scrupule aucun. Il fit état sans la contrôler de la tradition orale qui passait alors pour sérieuse. Il ne semble pas, dans tous les cas, avoir eu des doutes sur l'authenticité de son information. Il ne crut pas nécessaire de susciter des témoignages différents pour appuyer la véracité de ses déclarations. Car il n'eût pas manqué de les relater et d'en tirer parti.

Son livre, en effet, écrit sans prétention littéraire aucune, dans le style généralement lâché des journaux, ni légers ni graves de l'époque, eût gagné en intérêt en rapportant, même sous forme d'échos, les nouvelles d'un monde qui demeure pour le grand public entouré de mystère et pour lequel il a toujours la même curiosité.

Pourtant, les renseignements que de Perrodil tient

(1) *Monsieur Clown*, illustrations de J. Blass. Paris, Camille Dalou, 17, quai Voltaire.

pour exacts ne le sont pas. Nous verrons plus loin dans quelle mesure ils contribuèrent à épaissir le voile sur une question qu'il croyait résolue et qui ne cessa depuis d'être controversée.

⁂

De Perrodil prétend que ce fut au cirque Renz et à Berlin (1) que l'auguste se révéla pour la première fois.

Le directeur du cirque avait pris pour le service de la piste un garçon qu'au premier abord on pouvait supposer taillé sur le modèle de tous les autres. Il s'appelait Auguste (2).

« Sans doute, sa physionomie indiquait chez son possesseur un défaut d'intelligence...

» Le premier soir, le malheureux fut à un tel point ahuri qu'il n'osa à peine toucher aux tapis ou agrès, objets de son service. Jusque-là, il était encore naturel de penser que le nouveau venu était peut-être sous le coup d'une impression pénible, causée par la présence d'un nombreux public. Mais le second soir, l'ahurissement d'Auguste resta le même.

» Notez que ce burlesque personnage faisait de son mieux et se remuait comme un beau diable, mais quant à faire la moindre besogne, impossible ! Ses moyens n'allaient pas jusqu'au déplacement d'un tapis, d'une planche ou d'un morceau de bois.

» Vous jugez si le régisseur impatienté eut cent fois l'occasion de le réprimander sur la piste même et d'apprendre aussi son nom au public qui ne tarda pas à faire chorus.

» Le directeur du cirque sut merveilleusement mettre à profit l'incalculable bêtise d'Auguste. Il lui donna un costume spécial qui s'est conservé depuis et que tout le monde connaît : habit noir démesuré, à basques invrai-

(1) Achille-I. Dalsème situe l'aventure à Bruxelles. *Le Cirque à pied et à cheval*, Paris. A la Librairie illustrée, 7, rue du Croissant, 1888.

(2) Nous nous contenterons de cette affirmation bien qu'elle n'explique pas la fortune d'un nom qui donna l'expression, faire l'auguste, faire le gugusse, etc., et que d'autres avaient porté. Nous citerons notamment le paillasse grotesque de la compagnie équestre Guillaume, Auguste Dallot qui en 1880 amusait le public de Péra, le quartier français de Constantinople, Mecque des amuseurs.

semblables, costume d'une gaieté douteuse, mais qui, pour le populaire, n'enlève rien, paraît-il, au comique achevé de l'individu. »

Hugues Le Roux publie à la même date *Les Jeux du cirque et la Vie foraine* (1). Mais, soit méconnaissance du personnage, soit dédain de ses devanciers, l'existence de l'auguste lui semble si peu importante qu'il ne la mentionne pas.

En 1900, G. Strehly, peu suspect de sympathie pour les comiques de caractère, aborde la question sans la poursuivre davantage.

« Quel est le créateur de ce genre devenu si populaire qu'il tend à détrôner tous les autres représentants du genre clownesque ? demande-t-il. C'est une question débattue. »

Aucun nom n'est prononcé. Pourtant, c'est à Tom Belling que, d'après les déclarations des Fratellini, M. Pierre Mariel attribue le mérite d'avoir créé le type de l'auguste (2).

« Un soir, en 1864 ; un écuyer anglais, engagé dans un cirque berlinois, trébuche en sortant de la piste où il vient de poser un accessoire. Tom Belling, dit Auguste (c'est le nom de l'écuyer), était connu, *urbi et orbi*, pour son intempérance. Aussi ne doutant pas qu'il ne doive sa chute, au reste assez comique, à un état d'ébriété endémique, quelques loustics l'interpellent : "Auguste, Auguste".

» Il se relève et regarde le public en riant... Devant son air bête et son nez rouge, la salle répète dans un élan de folle gaieté :

» — Auguste, dumm (3).

» Le lendemain, Tom Belling refaisait son personnage et obtenait cette fois un succès consciemment provoqué qu'il sut entretenir en s'habillant d'une manière ridicule, se grimant largement et en acceptant placidement les

(1) 1889, *op. cit.*

(2) *Les Fratellini. Histoire de trois clowns,* recueillie par Pierre Mariel. Illustrée de 115 dessins d'Edouard Elzingre, gravés sur bois par Paul et André Baudier et de huit portraits en héliogravure des trois Fratellini au cirque et à la ville. Préface de Jacques Copeau. Société Anonyme d'Editions, 71, rue de Provence, Paris, 1923.

(3) Auguste, idiot, bête.

soufflets que les clowns en pied lui distribuaient pour augmenter sa confusion.

» Belling, poursuivent les Fratellini, vint chez Franconi en 1874 (1), mais son flegme britannique n'y obtint guère de succès.

» C'est en 1878 seulement que James Guyon importa ce rôle en France où il fit durant de longues années la joie du public de l'Hippodrome (2). »

⁂

Tom Belling était connu comme un parfait écuyer. Sous le nom de Tommy Voltige, en compagnie de Louis Gotz, il avait parcouru les pays centraux d'Europe dans le cirque de son père, Fred Belling, et il ne semble pas, vu sa renommée, qu'il dût occuper habituellement chez Renz une place de grotesque inférieure à sa condition d'écuyer. Qu'il eût à remplacer au pied levé un employé défaillant appartenant à l'écurie paternelle ou directoriale ; qu'il remplît même les fonctions d'aide en piste, de surveillant de manège pendant les évolutions de la cavalerie du cirque Renz ou de sa famille et qu'il endossât pour ce faire l'uniforme de garçon d'écurie marqué au chiffre de l'établissement, l'éventualité ne nous surprend pas. Le fait est commun : les fils servent les pères jusqu'à ce que ceux-ci, devenus moins habiles, servent à leur tour leurs enfants.

Mais à l'origine, c'est-à-dire quand l'aventure racontée par Pierre Mariel, d'après les Fratellini, survint à Tom Belling, il eût fallu qu'un nombre assez important de spectateurs connussent le nom d'emprunt de l'écuyer pour pouvoir l'interpeller bruyamment. Or, de deux choses l'une : ou Tom Belling remplissait un rôle de paillasse sous un pseudonyme, chose très habituelle encore et la naissance de l'auguste n'apparaît plus spontanée et n'est plus due à une circonstance décisive, ou bien Tom Belling fait une chute à l'occasion d'un banal travail de

(1) Non en 1874. En 1877, voir plus loin.

(2) W. Disher, dans *Clowns and Pantomimes*, *op. cit.*, reprend la thèse développée par M. Pierre Mariel. James Guyon n'avait pas importé le genre puisque Belling, engagé au cirque Franconi, s'en chargea lui-même.

piste pour lequel il n'a plus besoin de cacher sa personnalité d'écuyer sous un prénom d'emprunt et les spectateurs n'ont pas à le prendre à partie en l'affublant du nom qui lui est resté.

Nous avons tout lieu de supposer que le baptême du personnage suivit de loin sa naissance.

Tom Belling débuta pour la première fois en France au cirque Franconi, le 7 janvier 1877, dans un intermède : *L'Ecuyère 1820*. Le 17 janvier de la même année, apparaît officiellement, si l'on peut dire, le nom de l'auguste. Notre écuyer figure au programme de ce même établissement sous les caractéristiques suivantes : Belling dit Auguste.

C'est donc à cette date précise que Tom Belling, qui n'est peut-être pas le créateur de l'auguste, lui donne son nom. Et c'est peut-être de là que vient la confusion entre le père et le parrain et qu'on attribue à l'un ce qui appartient à l'autre.

Cependant le numéro : Belling dit Auguste n'est encore qu'un intermède, qu'une scène dans le manège, qu'une entrée comique. Le type n'a pas encore de caractère suffisamment défini, pour lui permettre d'interpréter un rôle dans n'importe quel sketch. Les entrées à deux sont jouées par des clowns traditionnels. Et Tom Belling joue le 27 janvier avec Chadwick l'intermède *Mort et vivant* dont les péripéties ne nous ont pas été rapportées. Le 5 juin 1877, engagé au Cirque d'Eté, Belling joue dans le *Clown-Obus* avec Conrad, Chadwick, Buisselay, Rafin, Ducros, Bogeni, Leroy, Tony, Vidal et Gauthier.

Ainsi le caractère épisodique de l'apparition du personnage baptisé Auguste est-il bien déterminé. C'est un numéro de circonstance et non pas un rôle comme on avait connu ceux du Docteur, du Pierrot ou du Matamore.

Mais revenons aux origines de l'auguste et voyons si les sources allemandes infirment ou confirment l'une des thèses que nous avons rapportées.

***

Selon J. Halperson (1), si le créateur de l'auguste passe pour être Tom Belling, il doit y avoir avant lui un modèle

(1) *Das Buch vom Zirkus, op. cit.*

de palefrenier lourdaud et maladroit qui ressemble à celui décrit par de Perrodil.

D'après une version qu'Halperson rapporte sans indiquer d'où il la tient, Chadwick aurait créé un type d'auguste avant la lettre, à l'imitation d'un autre Anglais, Widdicombe, qui avait tenté d'exprimer la niaiserie (1) sans parvenir à lui donner une forme durable. Tom Belling, au contraire, aurait mis sur pied le personnage qui met la main partout et ne réussit rien, se trouve sur le pas de chacun, mais réclame fièrement le succès pour lui en tenant la main droite entre la chemise et l'uniforme comme un triomphateur, le bras gauche derrière le dos...

Belling travaillait à la fin de 1860 chez Renz comme comique, l'appellation de clown n'étant pas à cette date en usage dans les cirques allemands. Sauteur dans les sketches et plus spécialement dans les « pas de deux », il avait, dit-on, des dispositions pour des équipées aventureuses et il devait à la boisson, dont il abusait à cette époque, d'avoir été préposé par représailles à la garde du vestiaire par le père Renz qui ne badinait pas avec la discipline.

Là, un soir, pour s'amuser, Tom Belling s'affubla d'un costume déguenillé et rencontra par surprise son directeur qui, soit pressentant le parti à tirer d'un pareil accoutrement, soit pour punir son employé en le ridiculisant — Halperson n'est pas affirmatif, mais on peut le supposer —, l'obligea de paraître en piste en le houspillant avec sa béquille.

L'aventure est trop morale pour ne pas avoir été inventée. De plus, si Tom Belling jouait déjà les comiques, on s'explique mal comment une tenue ridicule pouvait le ridiculiser autrement qu'à son avantage, et le succès qu'il devait provoquer n'aurait pas été une punition pour lui, mais au contraire une revanche sur son directeur autoritaire et vindicatif.

La fragilité de cette explication n'a pas échappé à J. Halperson qui a proposé une version qu'il tient, pré-

(1) Un article ne portant aucune date de *Tout Paris*, mais antérieur à 1900, figurant dans la coll. Rondel (Bibliothèque de l'Arsenal), mentionne Chadwick comme ayant fait l'auguste avant sa création par Tom Belling.

cise-t-il, d'une source digne de foi et qu'il prise, croyons-nous, plus que la précédente.

La scène se passe toujours au cirque Renz, non plus à Berlin, mais à Saint-Pétersbourg, au commencement de 1870.

Le chef du manège, qui avait les jambes torses et s'appelait Machline (Mac Leane ?), remplaça un soir à l'improviste un écuyer absent. Machline se présenta en piste dans un habit si défraîchi de palefrenier pour passer les cerceaux à l'écuyère, et le clown de reprise l'entreprit si adroitement, pour amuser le monde à ses dépens, qu'il le poussa vers les tonneaux tendus de papier de soie et l'y fit culbuter.

Le public accueillit l'incident avec d'autant plus de gaîté que Machline, furieux, prit mal la plaisanterie et poursuivit le clown jusqu'aux banquettes pour lui faire payer son incartade.

Le père Renz, qui avait assisté à la scène, la trouva cocasse et invita les auteurs à recommencer. Cette trouvaille, car c'en était une de nature à servir de point de départ d'une entrée complète, fut par la suite oubliée. Machline mourut. Mais Renz, se rappelant cette scène, la raconta à Tom Belling et lui demanda d'en tirer parti dans son rôle d'écuyer comique.

Un soir de l'année 1873, Belling se présenta, son costume lui allant très mal dans un étrange accoutrement, la perruque ébouriffée, le nez rougeâtre dans un visage stupide et malin, des yeux étrangement clignotants. Encore indécis sur la manière dont il arrangerait son rôle, il buta sur le bord du manège et tomba. Il fut apostrophé par un jeune homme de la galerie par le mot d'auguste (1). Il lança, par plaisanterie, mais très sérieusement, un regard furieux vers la galerie, ce qui augmenta naturellement le comique de la situation.

Nous ne saurions à ce sujet passer sous silence la version que nous a contée César Guillaume (2) (le clown Bébé, frère d'Antonet) de l'origine de l'auguste. Elle est

(1) Pourquoi « auguste » plutôt que Paul ou Néron ?

(2) César Guillaume était alors speaker des clowns à Medrano pendant les deux dernières années de la direction Bontem. Il avait pris la succession de Goddard qui présentait, par ailleurs, un numéro d'auguste semblable à celui décrit par Halperson.

presque identique à celle que Halperson considère comme authentique.

D'après César Guillaume, ce fut le père Frediani, le père de Beby (Aristodemo Frediani), qui, en tenue de soirée, au cirque Renz, passant les cerceaux à une écuyère, eut l'idée de faire une pirouette pour amuser le directeur présent dans une loge et lui faire apprécier ses qualités. Cette épreuve eut le succès escompté. Renz fut satisfait et Frediani récidiva plusieurs jours de suite. D'autres l'imitèrent et Tom Belling dégagea peu à peu le personnage dans ses grandes lignes (1).

⁂

Essayons maintenant de faire quelque lumière sur la psychologie et le jeu du personnage.

De Perrodil définit son rôle : paraître fabuleusement occupé tout en ne faisant rien, tout en entravant même, si telle est sa fantaisie, l'ouvrage des servants chargés des arrangements de la piste.

L'auguste primitif avait donc su réunir, sous les traits d'un garçon de piste, les personnages de l'ahuri et de l'important qui composent en définitive les deux qualités distinctives signalées par les commentateurs de l'événement, avec cette variante indiquée par les Fratellini qu'il s'agissait d'un écuyer ahuri par un état d'ébriété de nature chronique.

Si, dans sa première version, Halperson parle d'un Tom Belling abusant de boissons alcooliques, la seconde version donne au personnage des attributions d'un ordre plus sérieux. Il prête à la plaisanterie, mais ne l'accepte pas. Maladroit, trébuchant, il relève les apostrophes moqueuses d'un air provocant et affronte les quolibets. Il est fier, non ahuri, et si son costume défraîchi contraste avec sa mine d'orgueilleux blessé dans son amour-propre, l'homme est décidé à se faire respecter et à ne pas supporter passivement son état.

(1) Nous citerons encore l'opinion de Mlle Antoinette Gontard, la célèbre écuyère de haute école de l'Hippodrome de l'Alma. Elle nous la confia en 1930. Pour elle, le premier auguste était un artiste du nom de Chapline, homonyme du comique de cinéma connu. Machline, Frediani, Chapline, voilà des consonances voisines qui ne laissent pas d'être curieuses.

On ignore malheureusement pour la mise au point de cette question le contenu exact du numéro que Tom Belling présenta au cirque Franconi quand il joua la première fois le rôle de l'auguste en France. Nous saurions alors si ce rôle consistait à jouer l'inutile, la mouche du coche, l'amusant touche-à-tout, cinquième roue du carrosse, qui, n'ayant rien fait, ne revendique pas moins les applaudissements, ou si son jeu se limitait au trébuchement excitant l'hilarité des spectateurs, à laquelle il répond par une mauvaise humeur feinte.

C'est en Allemagne que devront s'orienter probablement de nouvelles recherches susceptibles d'éclairer le mystère qui entoure la création de l'auguste. Mais nous espérons que la presse française nous livrera quelque jour, grâce à un article oublié et retrouvé, le schéma des péripéties comiques exécutées par Tom Belling. Elles fixeront une fois pour toutes le caractère psychologique du personnage et la technique de son interprétation.

***

A l'époque où G. Strehly écrivait son livre (1), le costume habituel de l'auguste consiste en un habit à queue trop large, un gilet blanc trop long et un pantalon noir trop court. Un gibus défoncé et des guêtres en piqué blanc complètent l'accoutrement avec une mèche de cheveux soigneusement cirée formant paratonnerre sur un crâne rasé de près.

C'est sous cet aspect séduisant au possible, qu'apparaît Cabane dit Fil de Fer (2), à cette précision près que, pour achever le ridicule de sa tenue, l'auguste porte des pantalons qui l'étriquent, des revers de dentelle à son habit et des gants démesurés.

D'après Porto, qui la tenait de son oncle Tonyto, dit le petit Tony, l'élève de Tony Greace, l'origine du costume de l'auguste viendrait de la coutume suivante.

Dans les anciens cirques, comme actuellement encore

(1) *L'Acrobatie et les Acrobates*, *op. cit.*, p. 112.

(2) Cabane ou Sestac, l'identification du document que nous possédons étant douteuse. Un portrait dessiné de James Guyon, paru dans *Fantasio* (février 1908), présente une figure identique, à part la proéminence de la lèvre inférieure avec laquelle James Guyon pouvait se recouvrir le nez.

dans les cirques de province, les artistes se tenaient, avant et après leur numéro, à la barrière, c'est-à-dire à l'entrée du manège. Revêtus de l'habit de garçon de piste, ils honoraient de leur présence et servaient à l'occasion leurs collègues au travail.

A Berlin, particulièrement chez Renz, un soir par semaine, le jour de gala, les artistes à la barrière échangeaient l'uniforme de l'établissement pour l'habit de soirée, frac, cravate blanche, gants immaculés, pantalon à ganse de soie ou d'argent, tombant sur des souliers vernis.

C'est dans cette tenue, un peu fripée toutefois, que, si on en juge une illustration reproduite dans l'ouvrage de J. Halperson (1), Tom Belling parut en auguste. L'habit trop large pour ses épaules et trop long pour ses jambes semble avoir été décroché dans la garde-robe d'un cirque forain. Mais, par contre, les frères Weldeman (2), racontent les Fratellini (3), adoptèrent la tenue de soirée dès la naissance de l'auguste (5). Chez eux, le clown était le plus mal vêtu des deux ; l'auguste était d'une tenue impeccable. C'est dans cette tenue qu'après beaucoup d'autres clowns tels que Little Walter, Grock, Paul Fratellini, E.-P. Loyal, apparaissait Lucien Goddard. Et s'il est exact que Tom Belling narguait le public avec ses prétentions à se faire admirer et respecter dans son rôle de directeur des travaux finis, comme on dit en langage populaire, Lucien Goddard aurait été le plus consciencieux de ses imitateurs, comme nous le verrons plus tard.

⁂

Ainsi, si nous résumons la question, d'après les versions connues, le créateur de l'auguste fut primitivement, dans les unes comme dans les autres, soit un employé de la piste (régisseur ou garçon), soit un homme du manège (écuyer, garçon d'écurie ou palefrenier), soit enfin une personnalité qui prend son rôle au sérieux (Machline ou

(1) *Das Buch vom Zirkus*, *op. cit.* L'auguste de la collection Rondel (Bibliothèque de l'Arsenal) porte la même livrée.

(2) Deux Français qui régnèrent sans rivaux dans les cirques allemands. *Mémoires d'un clown*, par Beby. *La Liberté*.

(3) *Histoire de trois clowns*, *op. cit.*, p. 185.

Frediani) et qui l'interprète ou trop bien ou trop mal, mais chaque fois pour le plaisir du directeur.

D'autre part, si les sources françaises admettent Berlin ou Bruxelles comme lieu de naissance du personnage, les sources allemandes mentionnent Berlin ou Pétersbourg.

Mais il y a unanimité en ce qui concerne l'établissement. C'est au cirque Renz que l'événement s'est accompli.

Pour le reste, les circonstances ne sauraient avoir été inventées de toutes pièces. Elles ont un point de départ commun : un incident comique, une attitude bizarre, un costume étrange, une situation anormale autour desquels des commentateurs étrangers au cirque ont imaginé à leurs commodités, tandis que, poursuivant leurs occupations, les clowns et les comiques de cirque ont grossi l'incident, démarqué l'attitude, exagéré le costume, transformé la situation pour multiplier les causes du rire et les chances de succès. La trouvaille primitive, enrichie, est devenue la matière d'une reprise, puis d'une entrée. Le cadre de son activité étant trouvé, l'auguste put l'emplir et s'y fixer, et devint un personnage.

L'auguste, ce cousin germain des clowns, ne pouvait pas jaillir spontanément de l'imagination féconde d'un écuyer ou d'un artiste quelconque appelé par les circonstances à remplir au pied levé le rôle d'un grotesque pour lequel il ne se sent, et c'est le cas pour Tom Belling, aucune disposition. Halperson fait justement remarquer que Tom Belling n'émergea pas particulièrement comme comique et que, plus tard, ses confrères, aussi étonnant que cela paraisse, lui dénièrent toute *vis comica*. Pourtant, quand il se montrait à l'improviste, dans le haut des gradins du cirque, épiant maladroitement une pause de l'orchestre et remplissant la salle d'un éternuement sonore pour disparaître aussitôt, la foule était saisie d'un fou rire de surprise. Belling touchait un peu à tout. Dans sa parodie de *L'Ecole d'équitation*, il régalait son cheval, qui était tout sauf un pur-sang, de sel en barre. Il était acrobate et écuyer, mais au contraire, sa carrière de comique fut occasionnelle et courte. Quand il dut quitter le cirque et entrer pour gagner sa vie dans les établissements de variétés, il se fit escamoteur et illusionniste. S'il avait été capable de fixer le type et de remplir le rôle d'un auguste, il n'eût certainement pas choisi d'autre spécialité pour se tenir sur des positions qui lui auraient donné le succès.

Tom Belling lui-même, à qui fut attribué l'invention du personnage, n'a point, que nous sachions, réclamé de son vivant le droit de s'en prévaloir (1). Mais d'autres que lui n'ont pas hésité à s'en attribuer la paternité, d'autant plus que l'enfant était arrivé à son complet développement.

Nous nous étonnerons qu'aucun comique de cirque, alors que chacun dans cette corporation est si âpre et si jaloux à défendre sa plus petite trouvaille et sa moindre invention, et qui plus est à s'approprier les réussites des autres, n'ait pu, quand il en était temps encore, fournir la preuve indiscutable d'avoir incarné le premier auguste. C'est qu'à tous il était impossible de le faire.

Le type ne jaillit pas de l'imagination d'un seul comique. Son épanouissement quoique rapide ne fut pas l'effet du hasard. L'auguste fut à ses débuts un personnage falot, sans consistance aucune et la diversité des hypothèses émises à son endroit prouve que sa maturité demanda plusieurs années de recherches attentives.

Qu'on ait voulu voir en Tom Belling, en James Guyon surtout, un commencement, une apparition spontanée, un événement sans rapport avec de précédentes tentatives parce que nul ne les avait remarquées, le fait est normal. Longtemps le personnage resta à l'état stationnaire. Quand, après son développement plus ou moins régulier, on s'aperçut de son originalité, il fut accepté dans la grande famille du cirque d'autant mieux que les paradistes du boulevard et les comiques des tréteaux de la foire avaient laissé de bons souvenirs et qu'ils ressuscitaient en quelque sorte sous la défroque de l'auguste.

D'autre part, l'auguste ne heurtait ni les traditions ni l'état d'esprit du cirque. Quel qu'ait été son véritable initiateur, Chadwick, Widdicombe, Belling ou un autre, c'est

(1) Tom Belling eut trois fils : Gobert, Thomas et Clémens. Gobert Belling, original clown américain, parut à Paris en 1905 au Grand Cirque Beketow, installé au Nouveau Cirque. Il avait comme partenaire l'auguste Fips. Il eût fallu interroger Gobert sur cette question. Nous n'avons pas dans tous les cas retrouvé de déclarations attribuées à Gobert donnant des éclaircissements sur la création de son père. Thomas Belling, qui reprit le nom de Tom Belling, travailla avec Schow, un auguste irlandais.

à l'imitation et à la parodie qu'il avait recouru pour acquérir son droit de cité. Clown-écuyer, clown-acrobate, clown-dresseur, clown-musicien, nous avons vu que, les uns comme les autres, les clowns prenaient les détours de la comédie pour exécuter des exercices que leurs modèles accomplissaient sur un mode grave. L'imitation d'une danseuse ou d'un dompteur, d'une écuyère ou d'un funambule, d'un agent de police ou d'un pompier, tous personnages mêlés intimement ou non à la vie du cirque, était chose courante. Toutes les personnalités du cirque se devaient d'être tour à tour imitées, caricaturées, moquées. Le chef d'orchestre avait eu ses plagiaires, et le moniteur au manège dans son numéro de dressage en liberté. La parodie, quand elle n'est une charge, est une manière d'honorer ses prédécesseurs et les clowns ne se privaient pas d'y recourir.

Les versions allemandes et françaises de l'origine de l'auguste admettent la présence d'un personnage jouant ici l'important, autre part l'affairé.

Celui qui met la main partout et ne réussit rien, se trouve sur les pas de chacun, mais réclame fièrement le succès pour lui en tenant la main droite entre la chemise et l'uniforme comme un triomphateur, le bras gauche derrière le dos, n'est-elle pas la caricature même du régisseur de piste ? Pourquoi l'artiste à la recherche de nouveau et, qui sait ? peut-être aussi en représaille, par désir de manifester ses sentiments sous la forme inoffensive pour lui de sa profession, ne se fût-il pas inspiré du personnage pour se moquer ?

La comédie au cirque ne se joue pas toujours exclusivement pour le spectateur. On y rencontre parfois des gestes, des attitudes, des phrases qui ont à l'usage des initiés une double signification, une pour le public et une pour eux. Des discussions commencées dans les coulisses se poursuivent parfois dans la piste, s'entremêlant aux dialogues. Le portrait-charge d'un régisseur de piste exécuté par simple malice ou volontairement rageur parce qu'au travail l'artiste se sent à l'abri de toute riposte paraît répondre aux conditions techniques de la parodie et aux mœurs du cirque.

Qu'aucun auguste n'ait éprouvé le désir d'avouer l'arrière-pensée d'une caricature et de rapprocher sa silhouette dépenaillée et son activité superfétatoire de la superbe et des fonctions d'un régisseur de piste, ceci n'est pas pour nous surprendre.

Le chef, à la barrière, est un personnage tout-puissant avec qui il vaut mieux être en bons termes car sa susceptibilité a des revanches qui ne lui coûtent rien.

Il peut faciliter par la chaleur de ses attitudes un succès auquel les spectateurs tardent à souscrire ou arrêter par une moue dédaigneuse des applaudissements qui manquent d'unanimité (1). L'auguste au rôle dédaigné s'en serait voulu d'encourir par des aveux inopportuns le risque d'être la bête noire du régisseur de piste qui, à chaque instant de la parodie, se fût senti piqué au vif par les rires saluant la charge dont il était l'objet. La caricature est d'autant plus réussie que le modèle s'ignore et si c'est là le secret de la naissance de l'auguste, le secret fut bien gardé.

Quant au garçon de piste dont la maladresse est la source des aventures comiques qui ont engendré l'auguste, il se peut qu'il ait fourni la matière d'une explication après avoir été transformé pour la commodité de l'argumentation en amateur de bonnes bouteilles ou en niais. Qu'il ait servi de modèle, l'hypothèse est plus difficile à admettre. Dans cette école d'imitation qu'est le cirque, le sens du plagiat ne va pas du meilleur au pire. Et pour provoquer le rire, la caricature doit s'appliquer non pas à un personnage insignifiant en soi, dont l'activité ne prête à aucun ridicule, mais à une personnalité de plus grande autorité dont la dignité peut facilement devenir risible dès qu'on lui donne l'aspect d'un automate. Il semble bien plus probable que celle du régisseur de piste, pour les raisons précédentes, était entre toutes indiquée et que la parodie d'un garçon de piste ou d'écurie, personnalité insignifiante, à peine remarquée parmi les spectateurs, ne fut qu'une variante du type primitif.

(1) Pierre Hachet-Souplet. *Le Dressage des animaux et les combats de bêtes*, Paris, Firmin-Didot, 1895. Cet auteur qui juge assez bien les artistes du cirque donne une idée de la prépondérance du régisseur de piste dans le succès d'un spectacle. « Il arrive, dit-il, que la barrière monte des cabales contre le directeur artiste ; alors il n'a qu'à faire maison nette... mais la chose n'est pas toujours facile. »

***

L'hypothèse de l'irruption d'un comparse, lourdaud, insupportable et embarrassé de ses mains, étranger au personnel du cirque (garçon de café, habitué d'un bar voisin, etc.) appelé à remplacer un accessoiriste défaillant ne mérite aucun crédit. Bien que les garçons de piste soient payés à la journée, ils sont attachés au cirque. N'entre pas qui veut en piste. A plus forte raison, n'en sort pas paré du premier coup des lauriers de la légende. L'honneur fait à cet introducteur inconscient d'un personnage si extraordinaire qu'il bouleversa la technique des clowneries et l'architecture des programmes, participe d'un esprit romantico-comique, comme l'aventure de l'enfant perdue qui devient la plus belle écuyère du monde. La tradition demeure depuis Scarron en passant par le Capitaine Fracasse, dans les caravanes et les chapiteaux baladeurs. De temps en temps, la tradition bourgeonne et refleurit sous la plume d'un journaliste qui ne sait pas encore qu'au cirque, déjà et depuis longtemps, la fantaisie a tout épuisé.

N'importe qui au cirque étant au moins capable de remplir le rôle d'accessoiriste ou de garçon, il n'y avait aucune raison d'aller quérir un serviteur supplémentaire au-dehors pour exercer des fonctions plus que secondaires. L'un des artistes en station à la barrière ne serait pas considéré comme déchu d'aider l'un de ses confrères, soit à monter les agrès, soit à passer les cerceaux ou les rubans à l'écuyère. Et qu'aux dépens de ce comparse impossible un habitué de la piste eût voulu rire en lui faisant commettre quelque sottise, l'explication est ingénieuse. Elle a l'avantage de mettre tout le monde d'accord sur le créateur de l'auguste qu'il n'y aurait pas lieu, dans ces conditions, de rechercher au cirque. Mais l'ingéniosité même de cette solution contraste avec les habitudes du milieu. Une maladresse ou un état d'ébriété ou une niaiserie aussi évidente eût été suffisamment remarqué pour valoir à un débutant qui n'a l'appui de personne le conseil de ne plus revenir et non pour inspirer un comique à la recherche de nouveauté.

⁂

Nous avons démontré que la création de l'auguste ne pouvait être que la conséquence d'une parodie. Le créateur de l'auguste ne peut être qu'un artiste de cirque et plus précisément qu'un artiste remplissant le rôle de clown de reprise.

Toutes les sources écrites ou orales concordent pour admettre que l'auguste fit ses premiers pas pendant le temps nécessaire au repos des chevaux après les exercices de voltige et d'acrobatie ou pendant la mise en place des agrès ou du tapis. Le rôle de celui qu'on appelait clown de reprise, qu'on appelle aujourd'hui pompeusement « auguste de soirée » et plus prosaïquement « amuseur du tapis » était le plus souvent tenu par le clown en pied de l'établissement quand il ne se croyait pas trop huppé pour se commettre en des facéties insignifiantes. A défaut de clown en pied qui consentît à maintenir l'attention des spectateurs durant les moments inoccupés du programme, l'amuseur du tapis était un comique de moindre qualité qui trouvait là le moyen d'apprendre le métier et d'augmenter son importance. C'est ainsi que de nombreux comiques purent raisonnablement prétendre qu'ils avaient tenu l'emploi d'un auguste avant que celui-ci ait reçu son acte de naissance et son nom de baptême.

Dans les cirques de petite dimension et de renommée secondaire il n'y avait pas toujours de clown spécialisé. Le rôle était tenu par un écuyer ou un acrobate, un disloqué ou un dresseur d'animaux. Les gens du voyage possédaient alors le métier sur le bout du doigt. Ils remplissaient même à l'occasion les attributions du régisseur de piste.

Clown en pied, aide-grotesque, écuyer, régisseur, acrobate, élève de haute école, garçon d'écurie en instance de devenir cavalier, l'un ou l'autre pouvait, selon les circonstances, paraître en piste, entre deux numéros, pour y assurer les mêmes responsabilités, soit comme clown « amuseur de tapis », soit comme régisseur de piste, inspecteur des travaux finis.

Qu'il y ait eu, à l'occasion d'une gageure, d'une imitation improvisée, d'une parodie intentionnelle, superposition des deux emplois, facétie d'un clown en habit de régisseur, acrobatie comique au tapis d'un écuyer, blague d'un grotesque à l'égard du maître de manège, voici des circonstances diverses qui ont pu, quand la question de l'origine de l'auguste fut posée, donner à chacun l'impression qu'il avait été quelque chose dans la création du personnage, mais qui prouvent d'une manière indiscutable que le type d'une niaiserie congénitale et d'un aspect si ridicule n'a pu être inventé que par des artistes connaissant les ressources de la comédie clownesque et la technique de la farce.

Ainsi la fable de l'intervention d'une personne étrangère au cirque est inacceptable. L'auguste a pour origine les recherches empiriques des clowns et des comiques qui, tenus dans une situation inférieure, eurent le désir d'occuper une situation plus en vue d'abord par le jeu des illusions dans la parodie, ensuite en vérité quand le succès vint couronner leurs efforts.

Avant de déterminer à partir de quelle époque l'auguste parvint à être accepté sur un pied d'égalité avec le clown et devint son ombre inséparable, voyons — à tout seigneur tout honneur — quels furent les premiers augustes qui ont laissé des traces de leur passage.

VII

LE CLOWN + L'AUGUSTE =

LA PANTOMIME DIALOGUÉE

LE succès de l'auguste était né d'une réaction du public populaire contre le style solennel et par trop fabriqué de la pantomime acrobatique. Par sa liberté d'action et la spontanéité sans lesquelles il ne pouvait remplir son rôle, l'auguste élevait une protestation contre le milieu select et guindé des cirques du second Empire.

Mais bien qu'il ressortît à l'esprit du temps, l'auguste minable, aux vêtements fripés, tel que l'avait indiqué Tom Belling, ne tentait personne. Les gens du voyage ne jouent qu'à coup sûr. Ils n'entreprennent rien de nouveau qu'ils ne soient certains de réussir. Il ne leur suffisait pas que l'auguste ait un nom. Il n'était encore qu'une caricature, qu'une carcasse qu'il fallait nourrir et animer. Le problème n'était pas impossible à résoudre. L'auguste arrivait dans une époque aux conditions favorables à son développement. Mais les comiques avaient des prétentions moins terre à terre que de faire rire à leurs dépens.

La nécessité d'un comique à gros effets se faisait sentir au cirque plus qu'ailleurs. Expliquée, démontée, la mécanique des Hanlon-Lee et de leurs successeurs devenait banale. Les spectacles de cirque de fréquentation distinguée devenaient sérieux et le peuple commençait à s'y ennuyer. L'abus de la pantomime et des tableaux à grand spectacle lassait les amateurs.

La dégénérescence des théâtres funambulesques avait eu des raisons identiques. Les pantomimes acrobatiques qui s'y jouaient au temps de J.-G. Deburau et de Mme Saqui avaient été remplacées par des mimodrames où l'argument sentimental dominait l'action considérée du point de vue théâtral et non plus physique. Depuis la disparition du théâtre des Funambules, le 15 juillet 1863, les danseurs de corde avaient obtenu des engagements ailleurs. Mais les interprètes de la comédie sautante, du burlesque, de l'héroï-comique et de la farce ne pouvaient être employés sur les théâtres parisiens. Il ne leur restait que les cirques et les établissements de second et troisième ordre en province.

Parce que trop grossier pour le public second Empire, le rôle de lourdaud, de niais qu'avait rempli avec des variantes psychologiques le clown primitif, affublé d'habits de paysan et ahuri par le tohu-bohu de la foire, n'avait révélé aucun artiste fort en comique et personne ne l'avait repris. Pressentant la place qu'ils pourraient occuper au cirque, les Cassandres et les Pierrots, les sauteurs grotesques et les bas-comiques ne demandaient qu'à grossir la troupe déjà importante des clowns de cirque. Ce n'était pas les concurrencer, au contraire. Les clowns cherchaient justement, en s'essayant au dressage, à la musique, au jonglage, à se libérer de la condition tenue pour inférieure du pitre. Il ne leur déplaisait pas que les nouveaux venus prissent le soin de remplir avec les utilités le rôle de grotesque et que, dignité mise à part, chéris d'un public populaire qu'ils avaient enthousiasmé, ils le retrouvassent disposé en leur faveur par la seule expression d'un comique facile. Une gaîté naturelle, obtenue sans emphase, devait rendre au cirque sa mission bienfaisante. Malgré les Price, les Cavalini, les Bellezza, les Conrad, les Benhamo, les Dumos, les Elliot, la piste gelait les spectateurs populaires faute de comiques de classe. Pourtant des établissements s'ouvraient partout dans la périphérie. L'état de restriction mentale qui avait prévalu sous le régime de l'Ordre Moral après la guerre de 1870-1871 touchait à sa fin. Le monde cherchait les amusements simples et pensait les trouver dans les cirques nouveaux qui tendaient leur toile au vent du succès.

***

En 1873, Fernando et ses fils Louis et Adolphe vinrent installer, boulevard de Rochechouart, à Paris, dans un terrain inoccupé et « imbâti », le cirque qu'ils avaient monté l'année précédente à Vierzon avec le concours de Gillardoni, un acrobate du double trapèze et de l'échelle horizontale, et de Bertoletti, écuyer et premier mime. A Châlons, ils s'étaient adjoint le clown Sigrist (1).

La troupe de Fernando (2) n'était pas inconnue à Paris. Elle avait « fait les portes » et donné des représentations à Vaugirard, à Batignolles et à Neuilly. Quand elle débuta le samedi 9 août 1873, en bas de la Butte Montmartre, si rien ne lui prédisait le succès qu'elle eut par la suite, la troupe mérita suffisamment d'éloges pour qu'un courant de curiosité et de sympathie se dessinant, elle obtînt l'appui de la presse parisienne. Ce qui prouve, contrairement à ce que certains directeurs pensent, que les journalistes décèlent parfois avant leur consécration des réputations naissantes.

Six mois après, Mme Fernando, qui cumulait les fonctions de caissière et d'administrateur et avait économisé sur les recettes, songeait à construire un cirque en pierre.

La troupe du cirque Fernando comprenait alors des

(1) Sigrist ou Siegrist, de la famille de François Siegrist dont on retrouve la trace en 1850 et plus tard au cirque Franconi avec Siegrist aîné, Baptiste et Auguste Siegrist.

(2) Fernand Baert, dit Fernando, était né à Courtrai (Belgique). Il s'engagea à 17 ans dans la troupe du cirque Gauthier. Ce directeur, voyant ses dispositions, le fit exercer. Quinze jours après, Fernando faisait *La Perche*, *L'Ascension de la boule*, *L'Escamotage du clown* et *Le Singe du Brésil*. *Le Cirque Fernando*, par Gladiateur II, Imprimerie Paul Libéral et Cie, 1875.

Louis Fernando, né à Bourges en 1851, fils du précédent et de Mlle Marie de Seck, succéda à son père et mourut, paraît-il, représentant en cravates, dans la gêne. Sa fin donna lieu à bien des suppositions. On raconta qu'il avait été gardien de lavoir, chasseur dans un grand hôtel. Gladiateur II ne donne pas de renseignements précis sur la famille Baert, mais il s'attarde volontiers sur le rôle bienfaisant d'une dame d'un certain monde qui attire la clientèle de choix au cirque Fernando, et sur les qualités nutritives des rossignols selon qu'ils sont attrapés en liberté ou élevés à l'engrais. Il parle (p. 54) de Louis et Adolphe Fernando et dit (p. 113) que Louis, resté fils unique, fait le pas de deux avec sa sœur Marthe. Fernando Baert aurait donc eu en réalité, de Mlle Marie de Seck qui fut son élève, puis sa femme, et conçut le dessein de monter à Montmartre le cirque à demeure qu'on connaît, deux fils et deux filles (Marthe et Eugénie).

artistes dont les parents avaient connu les beaux jours du théâtre des Funambules, notamment les frères Loyal, Secretain (ou Segrestain), Vallier (ou Valhié), premier mime ; les Chiarini, dont le père avait été le rival de Jean-Gaspard Deburau.

Elle comptait de nombreux clowns, parmi lesquels Bugny, dresseur d'une troupe de singes ; William Aguimoff qui exécutait de plus le travail à cheval sans selle (1), Verrek qui, pendant le siège, avait, comme aéronaute, quitté Paris dans le ballon *La Poste de Paris* ; Segrestain, sauteur grotesque, le dernier des polichinelles ; Paston, un clown anglais spécialisé dans *Les Echasses* ; Philippe Bertoletti, qui, vieilli, continuait de mimer les scènes à cheval et à jouer les premiers rôles dans les pantomimes ; Bonaventure, qui arrachait alors des bravos frénétiques lors de ses périlleux équilibres sur les tabourets.

Le cirque Fernando, précisait-on (2), en dépit d'un laisser-aller dans la tenue que comportaient les relations du voisinage dues à sa situation et à sa popularité qui rayonnait des Batignolles à la Villette et à Belleville, a eu parfois la main heureuse dans le choix de ses numéros.

Pendant un moment, la vedette de ses programmes fut Jumbo, un curieux éléphant présenté par Louis Fernando qui faisait valoir avec habileté les talents de son élève. Mais une autre vedette devait se révéler bientôt au public à la bonne franquette qui sympathisait avec les artistes de l'établissement. Ce fut Medrano qui, bien que le plus jeune, ne devait pas tarder à devenir le clown-étoile de l'établissement et par la suite avoir une importance dans l'histoire des cirques parisiens.

(1) W. Aguimoff était bon clown et sauteur remarquable. Il fait, dit un chroniqueur, le double saut périlleux et franchit quinze chaises à la file l'une de l'autre. En 1876, il joua dans *Le Barbier frétillant*, pantomime burlesque où Medrano jouait l'Incroyable. De ses deux frères, Théodore et Alexandre, clowns tous deux, ce dernier exécutait la double pirouette sur saut d'obstacles. Un E. Aguimoff était engagé en 1905 au Nouveau Cirque pour les exercices équestres et dans la pantomime.

(2) A. de Saint-Albin. *Les Sports à Paris*. Paris, Librairie Moderne, 1889.

⁂

Medrano était d'origine espagnole. Il avait appris le métier sous la direction de Balaguer, le « trapézien » et le sauteur sans rival, et il débuta au Prince's Theater à Manchester en 1872.

Engagé avec Léopold Salonne en 1873 au cirque des Champs-Elysées, par Victor Franconi, il y travailla toute la saison comme trapéziste volant. Mais peu disposé à suivre une carrière aérienne, il préféra se présenter à Fernando qui lui offrit une place plus terre à terre de clown (1) dans son établissement où, dès 1874, le public le surnomma « Boum-Boum », exclamation que Medrano adressait au chef d'orchestre et qui n'était qu'une démarcation du célèbre « Miousic » de Chadwick dont il avait apprécié les mérites au cirque des Champs-Elysées.

En 1879, avec Baptiste Gillardoni (2), son camarade de piste chez Fernando, Medrano présente un numéro de double trapèze à l'Hippodrome de Paris. Du 1er août au 14 décembre 1897, nous retrouvons « Boum-Boum » clown au Nouveau Cirque où il joue dans divers intermèdes, notamment avec Chocolat alors au début de sa carrière, dans la parodie de *L'Eléphant*. Il est le compère dans la revue *Paris au galop* et tient le rôle de Saturne dans *fond de train*, Foottit y jouant la belle-mère.

Devenu régisseur dans le même établissement sous la direction Raoul Donval, Medrano, commandité par Emilio Onra (3), reprit pour son compte le cirque Fernando en difficultés, lui donna son nom et en fit l'établissement universellement connu du monde de la banque. Medrano y parut quelquefois en clown, mais il se consacra surtout à ses fonctions de directeur. Grâce à lui, la formule du cirque gai prévalut définitivement.

Il n'admit jamais, par exemple, qu'un artiste se vêtît de

(1) Il fit les entrées à deux avec Pascale.

(2) Baptiste Gillardoni, né en Lombardie, élève de Napoli, le fameux athlète italien, débuta à Vienne où il obtint son premier grand succès dans le double trapèze et l'échelle horizontale.

(3) Emilio Onra était le fils d'Henri Maitrejean, ancien régisseur des cirques d'Hiver et d'Eté. Onra père exécutait le saut du tremplin avec une élasticité et une vigueur qui le laissaient sans rival en ce genre. *Le Cirque Franconi*, *op. cit.*

noir. Tout devait, pour Medrano, les attitudes comme les couleurs, concourir à la joie. Son établissement devint une véritable pépinière de comiques aux talents multiples et originaux. Il aida, découvrit et encouragea tous les clowns connus, ne refusant jamais à un inconnu de débuter à l'essai chez lui. Passer chez Medrano était pour eux comme un brevet professionnel, une consécration définitive. Si la pantomime française parvint à s'imposer et à recueillir les dernières splendeurs de la comédie improvisée, à débarrasser la piste du clown d'esprit britannique, bouffon spleenétique et personnage d'un humour sans éclat, c'est à Medrano qu'on le doit.

⁂

En 1869, l'Hippodrome de l'Etoile (1) élevé près de l'Arc de Triomphe avait brûlé. Reconstruit sur le même emplacement, il avait, par suite du percement d'avenues nouvelles dans le XVIe arrondissement, été transporté près du pont de l'Alma en 1878.

C'est là que James Guyon (2), intéressé par le type de bouffon importé par Tom Belling, donna une réplique de l'auguste encore à l'état primitif et parvint à l'animer par ses attitudes cocasses et les jeux de grimaces. Il rompait délibérément avec le type de comique balourd et empoté. Et sa nature lui valut d'être considéré comme le créateur du genre et surnommé le « vrai gugusse », comme si le personnage en avait engendré autant de faux qu'il eut d'imitateurs.

James Guyon, dit Jimmy Guyon, n'avait pas que le don d'être particulièrement apte aux grimaces. C'était un sauteur remarquable dans le genre comique. Il était l'auteur, dit Strehly (3), de petites pantomimes fort drôles à un ou deux personnages telles que *La Chambre d'auberge*, *La Pêche*, qu'il jouait avec son confrère Gougou Loyal.

James Guyon savait faire une pirouette régulière sur sa

(1) L'hippodrome de l'Etoile avait remplacé un précédent hippodrome détruit par un incendie le 27 juillet 1846.

(2) Un Alphonse *Guyon* figure comme jeune premier et un Alexandre *Guyon* comme premier comique et mime parmi les artistes du théâtre des Funambules. Cf. Louis Péricaud, *Le Théâtre des Funambules*, *op. cit.*

(3) *L'Acrobatie et les Acrobates*, *op. cit.*

tête. Remis sur ses jambes, il saisissait sa lèvre inférieure, qui était proéminente et développée, et en recouvrait son nez. La mobilité de cette lèvre qui allongeait le menton vers le front en faisant disparaître la bouche donnait à la figure de James Guyon une impression de satanique cocasserie et de poignante hilarité.

C'est sans doute à ses dons de remarquable sauteur, plus qu'à ses grimaces, que Guyon dut d'être remarqué dans l'arène de l'Hippodrome qui, par ses dimensions écrasantes, réduisait l'artiste solitaire à des proportions misérables.

Qui écrira l'histoire des augustes, dont le plus célèbre fut, il y a près de quarante ans, celui de l'Hippodrome de l'Alma ? dit G. Astruc.

La piste avait cent mètres de long. L'entrée des artistes était à l'une des extrémités, les troisièmes à l'autre bout. Quand Auguste apparaissait tout au lointain, noyé dans un large frac, avec son énorme cravate blanche et son toupet pointu, pygmée dérisoire dans cette immense arène, petit point noir dans ce vaste champ clos, alors, des places à vingt sous montait une formidable clameur qui gagnait les secondes, les premières et les loges constellées de diadèmes :

— Auguste ! Auguste ! Auguste !

La rumeur allait croissant à mesure que le nain, en faisant la roue, avançait dans l'arène. Très nettement, dans ce grand prix de l'Hippodrome, Auguste battait de vingt encolures la bonne Lorraine et l'empereur incendiaire. Et c'est lui qui pouvait s'écrier :

— *Qualis artifex* (1) !

James Guyon travailla pendant plus de dix ans à l'Hippodrome de l'Alma (2). Ses habitudes d'intempérance le firent renvoyer. A la suite d'un séjour qu'il fit à Londres, où ses affaires ne furent pas très brillantes, la direction lui imposa une diminution lors du renouvellement de son engagement. Il se refusa à l'accepter et partit pour Bruxelles qu'il dut quitter bientôt, ses prétentions n'étant

(1) Gabriel Astruc, *Le Pavillon des fantômes. Souvenirs.* Paris, Grasset, 1929. Allusions aux grandes pantomimes telles que *Jeanne d'Arc* (1890) et *Néron* (1891) qui firent de brillants succès à l'Hippodrome de l'Alma.

(2) Le *Larousse du XXe siècle* dit de 1877 à 1888, ce qui est improbable puisque l'établissement, reconstruit, n'ouvrit qu'en 1879.

pas en rapport avec ses succès. Pourtant, doué d'une agilité aussi prodigieuse que peu commune, Guyon en remontrait au plus disloqué des acrobates, au plus fantastique des « hommes caoutchouc ».

Ceux qui lui succédèrent à l'Hippodrome ne furent aux dires de De Perrodil que de pâles continuateurs (1).

James Guyon était marié à une demoiselle Gauthier qu'il rendit malheureuse à la fin de son existence. Il avait monté un café au Point du Jour à l'enseigne « Au Vrai Gugusse », pas bien loin du gymnase en plein air dirigé par les Alex et du café tenu par Bonhaire.

On raconte que, tandis que mal en point il se trouvait à l'hôpital britannique de Levallois-Perret, James Guyon trompa son infirmière, enfila ses vêtements et alla voir Foottit et Chocolat qui triomphaient au Nouveau Cirque. Il mourut d'une crise cardiaque, content de son escapade (2).

James Guyon se disputait avec l'auguste de Fernando l'honneur d'avoir inventé le personnage. Nous ignorons quel était l'auguste en titre de Fernando. Aux cirques d'Hiver et d'Eté, c'était Buisselay.

⁂

Nous avons vu qu'au cours de la représentation du « clown obus » un artiste nommé Buisselay jouait parmi d'autres avec Tom Belling.

Buisselay, dont le nom s'écrit aussi Buislay, Buisley ou Buislais, mais qui s'appelait en réalité Ernest Delhomme, a prétendu être aussi « le seul, l'unique, l'incomparable auguste » des cirques d'Hiver et d'Eté, cette mouche du coche, ce niais encombrant qui force le rire chez les plus moroses. C'est ainsi du moins que Louis Péricaud nous le présente (3).

Delhomme, qui avait débuté sur le théâtre des Funambules en 1849, devint après son service militaire acrobate et sauteur. En 1851, il travaillait à la salle Bonne-Nouvelle avec Bardoux sous le nom des frères Buislay. Ils

(1) *M. Clown, op. cit.*
(2) *Clowns and Pantomimes, op. cit.*
(3) *Le Théâtre des Funambules, op. cit.*

acquirent ensemble une forte et honnête réputation d'acrobates, surtout comme perchistes. Bardoux finit sa vie concierge d'un immeuble rue de Belleville. Buislay, l'auguste, mourut le 24 novembre 1895. Sans sa prétention d'avoir été l'« unique » auguste et sans Péricaud qui l'a rappelée, Buislay aurait, dans l'histoire des clowns, passé inaperçu.

⁂

Buislay ne fut ni le seul ni le dernier avec James Guyon à avoir perfectionné le type de l'auguste. William Bridge, qui mourut au cirque Busch, à Dresde, en 1894 (1), fut connu lui aussi sous le nom d'auguste. Il créa le type de l'auguste distingué. Alors que jusqu'alors les clowns s'ingéniaient à mettre les spectateurs en joie au moyen d'acrobaties comiques ou d'improvisations, William Bridge limita son rôle à celui de gentleman. Il fut le clown pince sans rire. Embarrassé par des habits impeccables mais trop grands, le cou pris dans un col aux pointes prudhommesques, cravaté de mousseline, coiffé d'une perruque rousse, William Bridge acquit de la réputation par un air de respectabilité sévère qui contrastait avec l'inutilité de sa fonction puisqu'il ne faisait rien. Ses attitudes composaient non seulement la caricature dans ses aspects les plus reconnaissables du régisseur de piste, mais encore la caricature de M. Prudhomme déchu de son rang, serviteur des bonnes manières, plein d'une réserve hautaine. Ce type d'auguste petit-bourgeois qui devait s'acclimater si bien dans les cirques français convenait mieux aux goûts du public moyen que l'auguste dépenaillé que Tom Belling avait tenté de mettre à la mode. James Guyon, William Bridge, par leur conformisme vestimentaire, annoncent le type de gommeux dont Little Walter allait, délaissant le type d'auguste balourd et niais, lancer la mode au cirque. Ils expliquent, par leur volonté à conserver la considération des spectateurs d'un milieu où tout est digne d'amuser, pourquoi

(1) *L'Echo de Paris* (21 août 1894) prétend qu'il y a lieu de croire que le clown auguste, tué à Dresde d'un excès de sa clownerie (?), n'ait été qu'un auguste de second ordre.

Foottit habillera Chocolat comme un danseur mondain et non comme un garçon de piste endimanché quand il le lancera dans l'arène et donnera, grâce à ce second personnage, plus d'importance à la comédie clownesque et à la pantomime dialoguée.

⁂

La faveur avec laquelle le public français accueillit l'auguste montre qu'il s'adaptait assez bien à ses idées et à ses goûts. Bien qu'il ne fût jusqu'alors qu'un comparse et que parallèlement à son évolution le clown est obligé d'aller de l'avant pour conserver un rôle que l'autre va lui disputer, l'auguste s'impose d'autant plus facilement que son accoutrement est toujours ridicule. D'abord, il est peuple. Il conserve la simplicité des bateleurs et le vocabulaire rudimentaire de l'homme de la rue. A côté de lui, le clown à face blanche semble un aristocrate. Mais il appartient à ce dernier de guider l'auguste et de l'aider à sortir des difficultés qui gênent l'épanouissement de sa personnalité. Réduit à un rôle solitaire, l'activité de l'auguste est privée de grands horizons. Pour répondre aux besoins nouveaux que suscite l'apparition de l'auguste comme comique dialoguant, le clown entreprend de devenir à son tour un spécialiste du rire indépendamment des qualités qu'il peut posséder dans les disciplines voisines, acrobatie, dressage ou équitation. L'auguste est un concurrent trop sérieux pour que le clown n'entreprenne pas immédiatement de lui opposer sa tradition, sa fantaisie et sa volonté de renouvellement.

⁂

Au moment où James Guyon triomphe à l'Hippodrome de l'Alma comme auguste, le clown Georges Loyal défendait des positions compromises avec autant d'énergie que Guyon mettait à les lui prendre.

Petit-fils de Blondin-Loyal, le fondateur de la dynastie des Loyal au cirque, fils de Glod-Loyal, Georges Loyal, dit Gougou Loyal, naquit en 1853. Tour à tour écuyer et gymnaste, il se fit clown à 25 ans. Il eut un très gros succès avec ses cochons dressés en liberté.

— Courissez ! Galopissez ! Trottissez ! disait-il à ses élèves. Et surtout ne travaillez pas comme des cochons.

Engagé successivement à l'Hippodrome de l'Alma et au cirque Rancy (sa sœur Olive, née en 1854, était mariée à Théodore Rancy), Gougou Loyal avait emprunté sans scrupule à Boswel son a, e, ou, u ? (avez-vous vu ?) par lequel il demandait leur avis aux spectateurs après chacune de ses facéties.

Gougou Loyal était énorme. Pourtant, son obésité ne l'empêchait pas, paraît-il, de faire le saut périlleux (1). De Perrodil assure qu'il avait la face ensoleillée et rebondie. Roi de la farce, type de la jovialité placide, dont on disait que chaque mot annonçait l'olympienne sérénité d'âme épanouie dans le rebondissement de toute sa personne, Gougou était un clown français. Oiseau rare.

Son importance et sa grosseur le firent surnommer le « clown soleil », surnom qu'il n'omit pas d'honorer en brodant sur les parties les plus visibles de sa souquenille des soleils d'or magnifiques prolongeant leurs rayons, devant et derrière, jusqu'au bout de ses manches et de ses bas de chausses.

Il ne s'attarda pas à profiter de son succès en France ; l'influence qu'il exerça durant la dizaine d'années qu'il connut une renommée sans partage aux ailes beaucoup plus légères que lui se prolongea longtemps après qu'il eut quitté Paris. Il fut le prototype du clown gras (2) aux attitudes flegmatiques, influencées par les clowns anglais, clown qu'on nomma débonnaire, parce que tout en rondeur, en vaillance et en bonne humeur. Pierantoni, Pinta, William Ilès, Bob O'Connor sont, dans ce genre-là, les exemples les plus caractéristiques (3). Gougou Loyal ne se préoccupa nullement, d'ailleurs, du sort de ses imi-

(1) Strehly, *op. cit.*

(2) Henry Thétard, dans *Coulisses et Secrets du Cirque*, dit que Gougou Loyal pesait dans les 220 livres quand il exécutait son saut périlleux de pied ferme. Le clown Gougou, remarquable excentrique d'un goût très sûr qu'Henry Thétard vit en 1928 au Zoo Circus, est le fils de Gougou Loyal. Pourtant l'arbre généalogique dressé par M. Paul Haynon dans *l'Intermédiaire forain* limite la progéniture de Gougou Loyal à une fille, Antoinette, dite Léris-Loyal, née à Amiens le 19 juillet 1883.

(3) Une étude plus poussée de la question nous ferait retrouver le style de Gougou Loyal dans des clowns plus récents, tels que Bijoux, Carlo, Mylos et Cairoli.

tateurs. Il trouva au cirque Wulf, à Bruxelles, une situation telle que les chroniqueurs locaux le célèbrent dès 1888 comme le clown favori de S. M. la Reine de Belgique.

Gougou Loyal termina sa carrière d'amuseur populaire en tenant la chambrière dans le numéro de comédie équestre présenté par sa fille Antoinette qui exécutait des acrobaties à cheval en mimant la femme ivre, et parcourut l'Europe tout entière. Puis il se retira à Liège où il mourut le 25 janvier 1925 à l'âge de 72 ans (1).

***

Cette année, écrit de Saint-Albin en 1889, malgré la concurrence, les recettes ont été en grandissant : l'art de la voltige, du dressage panaché d'acrobaties ne semble pas près de tomber dans le marasme. Un des principaux attraits du cirque est de reposer des autres spectacles (2).

L'exemple de Fernando qui n'avait pas hésité à s'installer boulevard de Rochechouart et à concurrencer Victor Franconi, directeur de la Société des Deux-Cirques (Cirque d'Hiver et Cirque d'Eté), héritier d'une renommée obtenue après plusieurs générations d'efforts soutenus et pas toujours couronnés de succès, devait provoquer d'autres tentatives.

En 1886, Oller avait transformé l'ancienne salle du bal Valentino, rue Saint-Honoré, afin d'y ouvrir le Nouveau Cirque dont l'originalité était d'être *entièrement* éclairé à la lumière électrique et d'abriter sous la piste même

(1) Nous trouvons pour la première fois mention de la famille Loyal lors de son engagement aux Funambules, lors du départ forcé, après leur dispute, des familles Charigni et Deburau. En effet, pour remplacer les deux familles, dont la discorde menaçait de faire sombrer l'établissement, les directeurs Bertrand et Fabien engagèrent deux compagnies nouvelles : la famille Blondin et la famille Loyal.

C'est vraisemblablement d'une union entre ces deux familles qu'est issu Blondin-Loyal, grand-père de Gougou-Loyal. Son nom ne proviendrait donc pas, comme on le supposait jusqu'ici, de la couleur de ses cheveux.

Ses deux enfants, Glod-Loyal et Lamy-Loyal, portent non pas des prénoms, mais probablement les noms de leur famille d'alliance. Il y a, en effet, parmi les danseurs de corde des Funambules, un François Lamy et des frères Claude, engagés en même temps que les Loyal, comme « première force ».

(2) *Les Sports à Paris*, *op. cit.*

une grande piscine qui, dans l'esprit de son créateur, devait servir, l'été, de bassin de natation. La fréquentation de la piscine n'ayant pas donné les résultats escomptés, le Nouveau Cirque assura son succès en montant des pantomimes nautiques dont les plus célèbres furent *La Grenouillère*, *La Foire à Séville*, *La Noce à Chocolat*. Elles empruntaient les unes comme les autres tous leurs effets aux procédés de la pantomime acrobatique lancée par les Hanlon-Lee, à laquelle leur ancien partenaire Agoust, alors régisseur de l'établissement, apportait les conseils de son expérience et de son autorité.

Paris possédait alors cinq cirques : cirques d'Hiver, d'Eté, Fernando, Hippodrome de l'Alma, Nouveau Cirque. La concurrence ne se bornait pas à la recherche et à la présentation de nouveautés. Ces établissements se disputaient non seulement les troupes équestres et les compagnies d'acrobates, mais déjà les clowns. Si Gougou Loyal et Jimmy Guyon triomphaient à l'Hippodrome, et Medrano chez Fernando, Billy-Hayden demeurait aux deux cirques d'Hiver et d'Eté leur maître à tous avant d'être engagé au Nouveau Cirque.

⁂

Hugues Le Roux (1) et Henry Frichet (2) font naître Billy-Hayden à Birmingham. D'après le premier, sa vocation daterait de sa première enfance. Un jour, grimpé sur les épaules de son père, il assista aux exercices d'un acrobate en plein vent qui montait à la perche mobile. Selon Henry Frichet, Billy-Hayden était employé à l'usine à gaz de la ville quand il se mit à étudier l'acrobatie avec un autre ouvrier de l'usine, Benhamo, qui, quelque vingt ans plus tard, devait franchir, sur la piste, de l'ancien Hippodrome, quatorze chevaux de front en faisant le double saut périlleux. Mais tandis que Benhamo promettait de devenir un acrobate des plus distingués, Billy s'affirmait de plus en plus comme homme d'esprit.

Au début de sa carrière, il courut le monde barbouillé de noir, comme un ménestrel anglais. C'est en Allemagne

(1) *Les Jeux du cirque et la Vie foraine, op. cit.*
(2) *Le Cirque et les Forains.*

qu'il eut l'idée de s'enfariner le visage. La finesse de son masque, assure Hugues Le Roux, jusque-là perdue dans la suie, apparut subitement sous la farine. Par la suite, il se spécialisa comme clown parleur et clown dresseur. Il était spirituel, amusant et dédaignait les effets de dislocation et les figures d'acrobatie qu'il considérait comme incompatibles avec le flegme tout britannique de son travail. Pourtant Halperson le cite comme un extraordinaire sauteur de cerceaux.

Billy-Hayden était d'un humour agressif. Quand le compère qui lui donnait la réplique tardait à s'exprimer, Billy, avec un imperturbable sang-froid, l'interpellait :

— Eh bien !... tu dors, Marseillais ?

Il portait un costume bouffant marqué dans le dos du mot « confiture », se moquant ainsi des clowns qui ne se contentaient plus de broder leurs initiales comme motifs décoratifs, sur leur souquenille, mais y inscrivaient leur nom tout entier. Il passe pour avoir apporté la mode des chaussures d'une longueur extravagante ou des longs escarpins en peau simulant les orteils, trucs qui ont été repris par Charlie Chaplin et par Paul Fratellini.

Billy-Hayden était fort bon comédien. Il lui suffisait d'un habit fait en toile de sac et de quelques poupées de bois pour obtenir les plus grands succès de rire. Les habitués des deux cirques goûtaient son jeu très varié, soit qu'il présentât son cochon, son âne ou qu'il conversât avec ses poupées.

Il racontait l'histoire du cheval qui lui avait coûté fort cher.

— Combien ? lui demandait-on, cinq cents francs ?

— Plus !

— Mille !

— Vous n'y êtes pas !

— Alors ?

— Il m'a coûté six mois de prison, parce que je l'avais acheté comme ça en passant. Il était attaché à un arbre et j'ai pensé qu'il n'était à personne.

Billy-Hayden partagea longtemps la faveur du public des Deux-Cirques avec Charles Fillis, le neveu de James Fillis, grand ami de G. Clemenceau au temps où celui-ci fréquentait assidûment son manège, avenue de la Grande-Armée. Puis Billy fit de courtes apparitions dans les nouveaux cirques parisiens. Son nom ne faisait plus recette. Le dressage d'un porc et d'un âne n'avait jamais certes été une nouveauté. Il y avait fort longtemps qu'un certain dresseur avait été brûlé en Grève avec sa truie pour sorcellerie. Mais, d'autre part, tous les clowns présentaient un cochon et Billy-Hayden n'amusait plus. Il dressa encore un coq, puis l'on n'entendit plus parler de lui.

Il s'était fait rapatrier en Angleterre dans le plus complet dénuement. Inconnu dans son pays et vieilli, il trouva difficilement des engagements qui pussent le désigner à l'attention de ses compatriotes. Il dut à des circonstances particulières de ne pas mourir comme un vagabond, mais de finir ses jours dans un asile de vieillards.

Alors qu'il était, au début de sa carrière, engagé chez Sangers, Billy-Hayden, à l'issue d'une représentation, avait été sollicité par un tout jeune homme à qui il plaisait beaucoup et qui lui avait demandé un autographe. Billy n'était pas toujours d'humeur à se rendre aux désirs des importuns, mais le jeune admirateur avait mis tant de gentillesse et s'était exprimé avec tant d'émotion pour obtenir un souvenir de Billy que, contrairement à ses habitudes, celui-ci n'hésita pas. Il griffonna quelques mots sur le papier que l'enfant lui présenta et, les lui remettant, Billy le serra dans ses bras.

Alors que le clown devenu vieux et presque aveugle vivait retiré du monde dans un état voisin de la misère, il se rendait souvent à la gare pour y retrouver l'atmosphère des départs qu'il avait connue et tenter de se faire confier quelque course qui lui permette de gagner quelques sous.

Un soir, à l'arrivée tardive d'un train, il fut interpellé par un voyageur qui, ne trouvant pas de porteur, lui demanda de se charger de ses bagages jusque chez lui.

— Bien volontiers, dit Billy-Hayden. Pourvu que vous m'indiquiez le chemin car je vois difficilement.

Le client accepta et put s'assurer en cours de route que le vieillard avait en effet la vue faible. Il en eut pitié et arrivé au bout de leur course il le fit monter chez lui.

— Voici bien longtemps, dit Billy-Hayden, dans un anglais fort correct qui sentait son gentleman, que je ne me suis assis dans un fauteuil aussi confortable.

Son hôte l'écoutait curieusement. Billy continua :

— Car je n'ai pas toujours été, croyez-moi, ce que je suis à présent. On s'est disputé aussi, autour de moi, pour porter mes bagages.

L'inconnu, qui était journaliste, se sentit en présence d'une existence curieuse. Il interrogea Billy si adroitement que le vieux clown laissa plus facilement encore échapper ce qu'il ne demandait qu'à raconter.

— Mais qui êtes-vous ?

— Je suis Billy-Hayden, avoua humblement le vieillard.

— Vous êtes Billy-Hayden ? répéta le journaliste, tandis que son visage prenait l'expression de la plus vive surprise et de la compassion la plus désintéressée. Vous êtes Billy-Hayden ?

— Je suis Billy-Hayden.

— Vous rappelez-vous le petit garçon que vous tîntes dans vos bras, chez Sangers, un soir que vous y aviez particulièrement brillé et que la foule de vos admirateurs se pressait autour de vous pour obtenir des autographes ? Ce petit garçon, c'était moi.

Billy-Hayden se leva et, tristement, serra la main que le journaliste lui tendait. Il ne cacha pas sa détresse. Sans se plaindre, il exposa sa situation, de plus en plus angoissante à mesure qu'il perdait la vue. Quand il serait complètement aveugle, il ne lui resterait plus qu'à se laisser mourir.

Le journaliste l'abrita chez lui toute la nuit ; il lui promit, sans lui dire qui il était, de s'intéresser à son sort. Le lendemain, il signala par une campagne de presse la précarité grandissante des ressources de Billy-Hayden. Il ouvrit une souscription en sa faveur. Le peuple anglais, qui chérit, honore et respecte les clowns dans leur âge le plus avancé, répondit à l'appel à la solidarité lancé par le journaliste. Billy-Hayden fut d'abord tiré de la misère immédiatement, tandis que son protecteur entreprenait des démarches urgentes pour le faire entrer comme pensionnaire dans l'asile de vieillards où il acheva une vie désormais sans histoire.

⁂

Tony-Grice (ou Greace), premier clown grotesque du Nouveau Cirque, ainsi qu'il l'indiquait sur ses cartes de visite, finissait dans cet établissement de remplir une carrière abondante et diverse. Il s'était fait un nom dans la parodie et était doué d'une imagination féconde. Il était un autre exemple de clown débonnaire personnifié par Gougou Loyal. Comme lui, Tony-Greace avait une face épanouie et une stature rebondie. Il était digne, déclare de Perrodil, d'occuper à lui seul la piste tout entière (1). Il ne s'en privait pas, du moins quand, à l'imitation de ses devanciers, il y faisait travailler son cochon Charlie. Par ailleurs, il était le clown parleur dont les facéties verbales tenaient lieu de ressources acrobatiques. Tony-Greace marque le commencement de la séparation entre le travail du clown et celui de l'acrobate. A partir de Tony-Greace, le clown commence à perfectionner sa technique, indépendamment des autres spécialités. Celles-ci auront de moins en moins de rapports, même lointains, avec les clowneries, le comique de cirque se rapprochant du comédien au fur et à mesure qu'il utilise comme compère l'auguste, toujours à l'affût d'une tâche à remplir pour se rendre indispensable.

Le clown assure toujours le rôle principal dans l'interprétation d'une entrée, et il distribue les emplois secondaires à ses collègues moins renommés. Chadwick donne par exemple au cirque Olympique *Le Mélomane* avec Price jeune, *Le Cheval en liberté* avec Alfano ; Medrano joue *Le Guillotiné* avec Dubouchet, chez Fernando. Le clown change de partenaire aussi souvent que la composition du programme l'exige. Les clowns d'un même établissement ne se sentent pas liés par un intérêt commun, par l'esprit d'équipe. L'intermède achevé, chacun reprend sa liberté et retourne à d'autres travaux dans le manège. On ne trouve d'association fortement charpentée que chez les membres d'une même famille : les Chiarini, les Siegrist, les Aguimoff, les Price, les Aragon,

(1) *Monsieur Clown*, *op. cit.*

les Mazzoli (1), et encore dans des conditions précises, pour des exercices où ils sont reconnus maîtres. Le programme annonce l'intermède d'abord, ses interprètes ensuite.

Tony-Greace jouait à l'ancienne mode, c'est-à-dire le plus souvent solitaire, et son genre le plus habituel se cantonnait suivant l'usage et comme source d'inspiration la plus facile, dans la parodie. Celle du *Prestidigitateur* était une farce assez confuse : elle dénotait chez son auteur l'indigence des moyens, l'amour du quiproquo et du coq-à-l'âne n'ayant jamais été pris au cirque pour une brillante qualité.

— Un mouchoir bien blanc, demandait-il aux spectateurs.

Quelqu'un lui tendait l'objet demandé.

— Il est d'une parfaite blancheur, en effet, constatait-il, en le promenant sous les yeux du public intéressé.

« De quelle couleur voulez-vous que je vous le rende, demandait Tony-Greace au propriétaire, jaune, bleu, vert, rouge, orange ? »

Le spectateur donnait son goût, tandis que le clown plaçait le mouchoir sous son chapeau de laine blanche.

— Vous le voulez rouge ?

» Eh bien, continuait Tony-Greace, après avoir simulé quelques signes cabalistiques et retiré le mouchoir de sous son couvre-chef, vous n'avez qu'à le porter demain chez le teinturier. »

Tony-Greace exécutait encore la parodie du *Cheval en liberté*, celle de *La Danseuse*, que sa corpulence anormale contribuait à rendre caricaturale, celle du *Chef de gare*, qui traite les voyageurs selon leur aspect. Tony-Greace ne s'inquiétait pas des clients de première, deuxième ou troisième classe. Il avait une autre mesure. Sa sollicitude était différente, selon qu'il s'agissait d'un Anglais, d'un Italien ou d'un nègre. Le nègre, c'était Chocolat, qui n'était pas encore le partenaire attitré de Foottit, mais qui semblait déjà promis aux horions, puisque,

(1) Achille et Gachino Mazzoli. L'un d'eux parut dans la revue de Fernando, *A bride abattue*, où il personnifiait tour à tour un homme de loi, un architecte, un soldat.

voyageur de troisième classe, il était gratifié d'une distribution de coups de pied et de poing.

La notoriété de Tony-Greace ne dépassa pas les milieux du cirque. Mais il suscita de nombreuses vocations de clowns ; une quantité respectable d'élèves lui prirent ses tics, et son nom même devint la racine du leur. Le succès de Pierantoni et Saltamontes, deux nouveaux venus, puis celui de Foottit et Chocolat, éclipsèrent Tony-Greace.

Le fils de Tony-Greace reprit le nom de son père et se fit appeler Tony-Griss. Il parut plusieurs fois en France au début du siècle. La réputation qu'avait eue son père ne laissait pas de le gêner. Bien qu'il n'eût pas moins de qualités, il ne laissa aucune trace d'originalité, nul souvenir d'un mérite exceptionnel. En 1937, il revint au cirque d'Hiver, faisant l'auguste dans un numéro où son fils Jean était le clown parleur.

⁂

Pierantoni et Saltamontes n'avaient jamais joué ensemble quand Félix Gontard, successeur comme auguste de Jimmy Guyon à l'Hippodrome, qui les avait vus travailler à Lisbonne, les incita à se faire engager au Nouveau Cirque, où Raoul Donval embauchait les bons clowns pour concurrencer Fernando.

Dès leurs débuts, ils durent travailler comme rivaux de Foottit et de Chocolat. Ils triomphaient dans la parodie des *Chats*. Ils se mettaient à quatre pattes et commençaient à miauler. Leur duo d'amour était d'un comique si intense que la salle était saisie d'un délire panique. Par moments, les deux clowns s'arrêtaient, se regardaient dans les yeux et, pendant une longue pause, étaient euxmêmes secoués d'un rire inextinguible.

C'est vraisemblablement Pierantoni et Saltamontes qui furent le premier exemple d'un couple de clowns non plus occasionnellement rapprochés pour l'interprétation d'un intermède ou d'une entrée, mais réunis par un esprit d'équipe et capables de jouer la totalité du répertoire selon leurs jeux propres et leurs propres idées.

Alexandre Pierantoni avait la tête rasée, blanche, avec une houpette de cheveux dressés. C'était un clown blagueur ; il pesait 120 kilos, c'est dire qu'il laissait loin derrière lui Tony-Greace et Gougou Loyal.

Pendant six ans, Pierantoni et Saltamontes travaillèrent au Nouveau Cirque avec Foottit et Chocolat. Pierantoni eut pour partenaire Sydney (1) et quelquefois Chocolat. Il quitta le Nouveau Cirque pour Medrano. Luigi et Paul Fratellini, qui étaient engagés en même temps, jaloux de Pierantoni et Saltamontes, les firent siffler. Medrano prit des sanctions radicales. Il renvoya Luigi et Paul de son établissement.

Saltamontes qui était malade se sépara de Pierantoni qui s'associa avec Cherry-Lewis (2).

Pierantoni quitta le cirque pour devenir directeur d'un cabaret artistique à Vesoul. Puis il se retira à Lons-le-Saunier où il tint un hôtel meublé.

***

Pierantoni et Saltamontes, Foottit et Chocolat sont les points de départ d'une ère nouvelle dans l'histoire des comiques de cirque et dans la présentation des entrées clownesques. Jusqu'à ce qu'ils imposent au Nouveau Cirque le couple formant équipe, association d'intérêt durable, les entrées à deux ou à trois étaient interprétées au petit bonheur. Le clown n'avait pas de partenaire attitré. L'auguste, prêt à tout faire et à tout supporter, va rendre au clown ce service de devenir son compère habituel, de lui donner la réplique. Et les succès qu'ils vont remporter dépendront étroitement de leurs moyens à exprimer la comédie clownesque, de leur facilité à se compléter mutuellement par des qualités, des tendances, des caractères le plus souvent contradictoires, mais harmonieusement répartis.

(1) James Sydney, clown d'origine anglaise. Strehly le cite dans son livre et Lavata dans ses *Mémoires*. Acrobate sur échasses, Sydney débuta à Medrano en 1889. Il travailla tour à tour avec Kesten (*le Duel improvisé*, Nouveau Cirque, 1894), avec Pierantoni (*les Virtuoses*), avec William Ilès avant d'avoir Chocolat pour partenaire.

(2) Cherry-Lewis devint clown par la suite. Il portait des costumes très élégants et travaillait avec Cri-Cri, un auguste dont la moindre originalité est d'avoir monté un numéro comique avec le clown Fourmi. On ne peut avoir plus d'à-propos. Lewis travailla encore avec son fils, Coco, premier du nom.

Dès lors, le clown suit le même chemin que l'auguste. Et celui-ci l'entraînera fort loin jusqu'à abandonner ses prérogatives d'improvisateur et de soutien. La composition des entrées va se transformer, l'interprétation du répertoire se renouveler, le développement de la technique de la farce s'accélérer.

L'apparition d'un second personnage comique en piste, qui double le clown, facilite l'échange de paroles. L'auguste permet la blague, sert de tête de Turc, pose des questions saugrenues, provoque le quiproquo. Grâce à lui, la pantomime dialoguée envahit la piste, refoule le clown parleur, dernier représentant de la pantomime monologuée et donne de l'intérêt à l'entrée classique, qui reste clownesque de fond, mais s'étend, s'enfle, prend les proportions du sketch de la comédie et devient théâtrale de forme.

L'histoire du clown est désormais inséparable de celle de l'auguste. Nous ne pourrons dès maintenant parler du premier sans parler du second.

VIII

FOOTTIT ET CHOCOLAT

HENRI DUVERNOIS précise dans la préface qu'il écrivit pour les *Mémoires de Foottit et Chocolat*, recueillis par Franc-Nohain (1), que Foottit (2) est né à Nottingham. Selon les déclarations de l'intéressé lui-même à un rédacteur du *Temps*, son père était propriétaire d'un cirque en représentation à Manchester quand il lui fit, dit-il, la petite farce de naître. C'était le 24 avril 1864. Et selon Foottit encore, son nom véritable était Tudor Hall (3).

Avant de monter un cirque, le père de Foottit, qui s'appelait aussi Géo, avait joué de longues années à Drury Lane dans les pantomimes de Noël où il avait été « Funny Foottit, the clown ». Il portait alors la perruque de filasse à trois pointes, des virgules rouges sur les joues et des larmes noires sous les yeux.

Devenu directeur du *Foottit Great Allied Circus*, le père Foottit, comme tout artiste qui se respecte, habitua son fils aux émotions de la piste. A trois ans, quand ce fut nécessaire, le gosse déposé dans un mouchoir, dont les dimensions ne laissaient pas deviner ce qu'il contenait, attendait le moment voulu pour commencer à

(1) Illustrations en couleurs de René Vincent. Paris, Pierre Laffitte, 1910. Ces Mémoires avaient paru dans *Jeunesse*, à partir du numéro 3 (28 décembre 1905).

(2) Nous utiliserons cette orthographe qui a prévalu par la suite.

(3) Les descendants de Foottit, notamment Lily Foottit, sa fille, prétendent tout ignorer de cet état civil. De Perrodil, dans *Monsieur Clown*, parle d'un Tom Hall. Est-ce le premier pseudonyme de Tommy, le fils aîné de Foottit ? Pierre Loti mentionne par ailleurs dans son *Journal* (1880) un Jacob Hall qu'il a vu au cirque Pierantoni.

remuer et à sortir de sa position difficile. Le jeune Foottit paraissait alors habillé comme son père. Le truc n'a pas varié et obtient toujours des succès de surprise indiscutables.

« Vêtus de même, du costume jadis traditionnel chez les clowns, maillot collant, veste blanche ajustée, parsemée de motifs rouges et noirs, nous faisions notre entrée, calmes et dignes. Les joues balafrées au charbon ou tatouées de dessins fantastiques, sur la tête une perruque flamboyante, les deux poings magistralement campés sur les hanches, nous avions, ma foi, fort bon air et le public nous applaudissait à tout rompre. On saluait, puis on commençait le travail. Mon père faisait des exercices de force, des sauts de carpe. Je répétais après lui les mêmes sauts, les mêmes exercices. Comme il m'avait enlevé par le fond bouffant de ma culotte, je l'enlevais... ou faisais semblant, et la foule amusée se tordait. » Elle se tordait encore plus quand elle voyait le marmot, enfiévré par les applaudissements, flanquer une gifle à son père, et le père, avec sang-froid, prendre son rejeton, le plier en deux d'un coup sec et l'emporter avec sérénité, comme un paquet sous son bras (1).

Après avoir été dégrossi par un clarinettiste de l'orchestre auquel fut confiée la tâche ingrate de lui apprendre les rudiments de la musique et du savoir, Foottit jeune fut envoyé au collège d'Arnold, près de Nottingham, en novembre 1872. Il avait alors huit ans. Sa mère l'en fit revenir à la mort de son père, survenue le 28 avril 1874. Peu encline à assumer les responsabilités de la direction du *Foottit Great Allied Circus*, elle ne tarda pas à se remarier avec Thomas Batty, le célèbre écuyer qui était devenu propriétaire du cirque, et dont la femme était décédée, on peut dire pour arranger les choses, le 4 février 1875.

Le jeune Foottit venait d'avoir douze ans. Son beau-père l'initia aux pratiques de l'art équestre qui font les artistes de cirque éprouvés. Mais l'enfant rejoignit sans tarder son oncle Sanger, dont la cavalerie était honorablement connue sur tout le continent et qui le fit débuter comme écuyer en lui confiant un cheval, Tom O'Shan-

(1) *La Confession d'un Clown.* (*Le Temps*, 9 avril 189... ?)

ter (1), que Foottit conserva jusqu'à ce qu'à son tour il devint clown.

Quand Foottit eut dix-huit ans, le directeur du cirque Continental lui offrit un engagement à raison de 700 francs par mois qu'il accepta par désir d'indépendance. Il avait eu du succès dans ses exercices de voltige à cheval et son oncle Sanger qu'il quittait lui faisait, en souvenir, cadeau de son cheval.

C'est au cirque Continental et à Bordeaux que Géo Foottit débuta comme clown. On discerne mal parmi les raisons qui décidèrent de sa vocation de clown celles qui méritent crédit. On ne comprend guère, s'il est vrai qu'il était déjà un écuyer renommé au début de sa carrière, qu'il abandonne une position certaine pour celle de clown, pleine de surprises et subordonnée à des épreuves nombreuses. Les raisons données sont assez amusantes.

Foottit a déclaré à plusieurs reprises que, joueur enragé, il avait perdu son cheval Tom O'Shanter sur une relance malheureuse au poker. Le gagnant n'attendit pas le lendemain pour emmener l'animal. Le soir, Foottit, privé de son instrument de travail, ne trouva rien de mieux pour se faire pardonner que de narrer son aventure au directeur et de paraître en piste sous les traits d'un paillasse et de faire oublier par ses drôleries l'embarras de sa situation. Dans tous les cas, ce directeur était de bonne composition. Car si un clown peut remplacer un écuyer, il ne saurait de toute façon remplacer le cheval !

Certains prétendent qu'assez laid pour tenter d'échapper à la disgrâce de la nature, Foottit avait caché ses traits sous un grimage réparateur. Il se serait un jour élancé dans la piste, un papillon brodé dans le dos, une perruque blanche à flammes rouges sur la tête.

Perte au jeu, laideur physique, la vérité est sans doute plus simple. Foottit comprit probablement qu'il n'atteindrait jamais dans sa spécialité une haute fortune : il préféra abandonner la voltige et recommencer l'apprentissage d'un métier moins pénible, dans lequel, à défaut de succès, l'on vieillit moins vite.

(1) *Tom O'Shanter* était déjà le titre d'une pantomime jouée en Angleterre en 1849.

Toutefois, grimage et costume mis à part, il est de fait que, si l'on s'en réfère à un portrait du temps où il jouait *Pierrot à la lune* (1), Foottit n'était pas beau. Ses traits sont durs et dissymétriques, le nez fort, la moue déplaisante, l'œil droit démesurément petit. « D'une taille un peu au-dessus de la moyenne, trapu, avec un cou de taureau, Foottit avait cependant, dit Henry Frichet, l'apparence de la maigreur. Sa figure était osseuse, comme taillée au couteau, avec un pli très accentué entre les deux sourcils, les yeux noirs, la bouche toujours dédaigneuse. C'est une physionomie pleine de contrastes, passionnée et têtue. » Mais nous ne connaissons pas de portrait plus vrai que celui du *Monde Moderne*, et celui-ci nous montre un Foottit plutôt élancé que trapu.

Le grimage diffère aussi de celui qu'une iconographie abondante nous a transmis. C'est sur son masque blafard, en deux coups de pinceau, la double virgule de carmin qui rehausse les lèvres et l'accent circonflexe noir des sourcils disparus sous la poudre. Et peut-être faut-il chercher en effet dans un manque d'agrément physique la raison qui le fit plus tard se composer un masque de douleur tragique, exagérant la commissure tombante des lèvres et au moyen de sourcils redressés les rides verticales du front (2). C'est le Foottit que les dessinateurs ont montré fâché et menaçant, soucieux et colère, mais rarement souriant et satisfait. La moue dédaigneuse de Foottit fut le signe distinctif de ceux qui l'imitèrent et s'inspirèrent de son masque. Averino, Tonytoff, Palisse, Delfa, tentèrent avec assez d'originalité, mais avec des fortunes diverses, de perpétuer ce qu'on peut appeler la tradition de Foottit.

⁂

Quand il abandonna les acrobaties à cheval, et si les dates assignées à ses débuts comme clown sont exactes, Foottit n'avait pas 20 ans. La tâche n'était pas légère. A part Medrano, Billy-Hayden et Tony-Greace, le métier n'avait que de petits maîtres et rien ne les signalait à l'at-

(1) *Le Monde moderne*, 1901.
(2) Rodolphe Darzens, *Le Journal*, 4 septembre 1901.

tention du public. Le clown, personnage comique, en dehors de ses qualités acrobatiques, était considéré comme un rôle insignifiant, à la portée du premier venu. Beaucoup qui s'étaient cru du talent n'avaient en vérité qu'une besogne de remplissage et de bouche-trou, et bien des artistes, obligés contractuellement de l'exercer avant ou après avoir exécuté leur numéro, s'efforçaient de le remplir aussi bien que possible, mais sans chercher à y obtenir un succès qui les eût obligés plus longtemps. Pour beaucoup, quitter l'équitation pour le métier de paillasse était déchoir.

Mais Foottit avait le secret espoir de vaincre les résistances des uns et des autres et de donner du relief à un métier qui le séduisait beaucoup.

Il parlait très mal le français, et son jargon fut pour le public une cause d'amusement extraordinaire. Les Bordelais l'applaudirent et l'adoptèrent, ce qui lui permit de persévérer sans trop de regrets dans ses intentions. Le cirque Continental augmenta ses appointements et le retint pendant plus d'un an, jusqu'à ce qu'il fit faillite, hélas ! malgré le succès de Foottit.

Foottit fut engagé à Londres, à Covent-Garden, quand le Great International Circus, sous la direction d'Hollander, était l'attraction de Noël, avec des clowns comme Daniel le Drôle et Cinquevalli, le meilleur jongleur de l'époque. La place était difficile à tenir. Foottit jouait en concurrence au milieu d'une troupe d'une trentaine de clowns plus acharnés les uns que les autres à se faire valoir et à conserver leur gagne-pain. Il prétend que c'est au Covent-Garden qu'il eut l'idée de faire la parodie de *L'Ecuyère de panneau*. Gardant la face blanche du clown, habillé en femme, déguisement pour lequel nombre de comiques anglais ont une attirance particulière, corsage pailleté, décolleté et jupe de gaze, Foottit fit tant de grâces qu'il amusa tout le monde (1).

Jouant tour à tour en France et en Angleterre, au Cirque Franco-Américain ou à l'Hippodrome de l'Alma, Foottit

(1) Il ne faut pas confondre cette parodie de *l'Ecuyère de panneau* avec la parodie de *l'Ecuyer* qu'Hugues Le Roux a décrite en partie et que Tony-Greace avait interprétée avant Géo Foottit.

assista, avant de le conquérir lui-même, à la conquête du public parisien par James Guyon l'auguste.

Camille Blanc et Oller engagèrent Foottit pour l'ouverture du Nouveau Cirque, où son succès, déjà établi, ne fit que croître. D'abord concurrent de Billy-Hayden, clown vedette chez Franconi, puis de Tony-Greace, son chef de file sur la piste du Nouveau Cirque (1), Foottit ne tarda pas à les supplanter et devint premier clown en 1890. Mais son triomphe ne date réellement que du jour où il s'attacha Raphaël, dit Chocolat, comme partenaire.

⁂

Raphaël, dit Chocolat, prétendait être originaire de La Havane (Cuba). Franc-Nohain ajoute qu'il n'avait jamais connu ses parents. Il ignorait même son âge exact (2). Recueilli par une grande et forte négresse qu'il nommait sa « mère de lait », acheté par le senor Castanio, qui faisait le commerce du riz et des céréales avec les Antilles, Raphaël fut emmené à Bilbao, où le riche négociant possédait des comptoirs, et attaché comme serviteur à la personne de Mme Castanio mère, résidant dans une grande propriété, à Castrosopuelta.

Raphaël, qui n'avait jusqu'alors vécu sous les ordres de personne, s'habitua difficilement à sa nouvelle situation. Préférant l'atmosphère de Bilbao, où il savait trouver la liberté, il quitta sans prévenir la dame Castanio. Il vécut d'expédients. Après avoir été porteur de bagages en compagnie d'un gamin de son âge qui le trompait sur le

(1) Foottit joue en mars 1889 au Nouveau Cirque dans un intermède, *le Bandit*, avec P. Loyal et Montero.

(2) Raphaël n'est qu'un prénom. Aucun document ne mentionne de nom réel. Les recherches que nous avons faites à ce sujet nous ont conduit à l'acte de décès de Raphaël Chocolat, dressé le 5 novembre 1917 à Bordeaux. Il porte : Rafael Padilla, âgé de 49 ans. Ce qui le fait naître en 1868. Si l'on tient compte que de son vivant Chocolat n'a nulle part déclaré s'appeler Padilla, la déclaration de décès bien que faite par Georgey Foottit, le fils de Géo Foottit, ami d'enfance et alors partenaire du défunt, ne nous paraît pas la preuve définitive que Raphaël s'appelait Padilla. Il faudrait savoir au moyen de quelles pièces d'état civil appartenant à Chocolat, qui a toujours déclaré n'en pas avoir, l'acte de décès a été établi. Nous savons, d'autre part, qu'Eugène, le fils de Chocolat, n'a prononcé nulle part le nom de Padilla. Il s'appelait lui-même Grimaldi, du nom du premier mari de sa mère qui, jusqu'à sa mort, porta le nom de Mme veuve Raphaël Chocolat ainsi qu'en témoigne le faire-part de son décès.

partage des bénéfices, Raphaël entra comme manœuvre aux mines de Bilbao.

Un jour que dans un café il exerçait sa force, sa couleur attira l'attention de Tony-Greace qui cherchait un garçon qui pût le servir en piste et devenir son élève. Raphaël avait 16 ans.

Il accepta pour vingt sous par jour d'être le nourri-couché-blanchi, c'est une façon de parler, de la famille et de devenir le domestique de Tony-Greace, alors partenaire et maître de Tonyto, dit le Petit-Tony, ou encore Tonyto-Greace (1).

Tony-Greace ayant été engagé au Nouveau Cirque y débuta dans la parodie du *Maître de manège* avec un cheval postiche dans les pattes duquel se tenaient Tonyto et Chocolat.

Chocolat ne servait d'ailleurs pas que Tony-Greace. Il était l'auguste de la troupe. En 1889, il est le second de Medrano ; en 1890, il joue avec Pierantoni. Dans *L'Île des bossus*, une pantomime où Foottit est en Pierrot, Chocolat a un rôle d'eunuque. Il faisait encore le voyageur de troisième classe dans l'entrée du *Chemin de fer*, et il recevait, avant de connaître son métier, autant de horions qu'il en devait recevoir de Foottit quand il le sut davantage. Les rôles passifs lui allaient déjà à ravir.

Tony-Greace se sépara des services de Chocolat par suite de sa maladresse. Il avait, paraît-il, au baptême du jeune Greace, répandu le contenu d'une saucière sur la robe de Mme Tony-Greace. Foottit, invité à la cérémonie, trouva admirable l'expression de physionomie de Chocolat, ennuyé de l'incident, et lui conseilla de conter l'aventure au directeur du Nouveau Cirque. On ne dit pas ce que le bonhomme en pensa, mais, grâce à l'insistance de Foottit, le directeur engagea Chocolat aux appointements de 5 francs par jour.

On tient pour exactes les circonstances de la séparation de Tony-Greace et de Chocolat. Bien qu'il prétende s'être fait un scrupule de chercher à priver un confrère

(1) Est-ce le Tonyto qui devint plus tard Tonytoff quand l'alliance franco-russe et l'enthousiasme qu'elle avait déchaîné donna l'idée aux clowns de changer l'assonance de leur pseudonyme ? Toujours est-il que le prénom de Tonyto était Antonio comme celui de Tonytoff (Antonio Pilar-Jarques).

de la collaboration de Chocolat, Foottit n'attendit pas plus longtemps et se l'attacha comme partenaire habituel. A l'instar du garçon de café de la légende promu garçon de piste, qui donna naissance à l'auguste, Chocolat devint bientôt un personnage comique très en vue (1).

C'était au temps où dans les bals et les réceptions, quelques élégants, donnant le ton, s'efforçaient de mettre à la mode l'habit de couleur et les culottes courtes.

Un beau soir, Chocolat parut au Nouveau Cirque dans le galant équipage d'un mondain qui s'apprête à conduire le cotillon dans un milieu chic, souliers vernis, bas de soie, culotte de satin, habit rouge à la boutonnière fleurie, et sur la tête un chapeau haut de forme brillant comme un phare.

Cet accoutrement, qui n'avait à l'époque rien en soi de ridicule, fut un peu modifié. Le huit-reflets fut abandonné pour un canotier de grosse paille, aplati et tourmenté, et parfois par un melon démocratique et cabossé.

⁂

Il apparut bientôt que Foottit et Chocolat étaient faits pour se compléter. Ils possédaient des qualités contradictoires. Foottit, intelligent, nerveux, léger, était l'antithèse de son partenaire, borné, lent à s'émouvoir et prêt à tout supporter. Imperturbable et d'une gaucherie qui n'avait d'égale que sa stupidité, d'une bonhommie si stoïque qu'elle paraissait une force de la nature et tirait honorablement son auteur des situations les plus ahurissantes, Chocolat seconda Foottit, qui restituait aux intermèdes comiques et aux entrées dialoguées la place et l'intérêt que la pantomime acrobatique des Hanlon-Lee leur avait ravis.

Grâce à Géo Foottit, l'entrée comique, le sketch clownesque devinrent des réalités. Il débarrassa le répertoire de l'éloquence décousue qu'entretenaient les clowns adipeux par leur respect de la tradition des clowns anglais,

(1) Foottit déclara que Tony-Greace avait rencontré Chocolat dans une plaza de toros où il était employé comme petit domestique. (*Mémoires d'un clown*, art. cité). Ainsi les Mémoires de l'un contredisent les Mémoires recueillis par Franc-Nohain.

introducteurs dans les cirques français de leur façon de baragouiner des tirades mi-philosophiques, mi-dramatiques, qu'aucun spectateur ne comprenait, mais qui fleuraient, paraît-il, un incomparable parfum shakespearien.

Foottit régla le répertoire. Non pas qu'il sût bien parler. Au contraire et par nécessité personnelle. Il souffrait d'un accent anglais irrémédiable. De plus, la pauvreté de son vocabulaire lui épargnait les facilités verbales. Il dut apprendre le dialogue des entrées. Elles avaient un corps. Il leur donna une vie originale, un développement. Elles n'étaient pas de lui, tant s'en faut. Il ne fut, à ce point de vue, ni plus ni moins créateur que ses prédécesseurs. Il les imita. Il composa sans doute quelques canevas ; chacun des clowns de ce monde, y compris le plus mauvais, inventant bien, avec un peu de bonne volonté, quelque chose. Celles d'entre elles qui nous ont été conservées gardent aujourd'hui la même saveur. Privés de la spontanéité, à laquelle par analogie avec la comédie italienne on veut que les clowns fassent appel, les intermèdes, les entrées, les reprises joués par Foottit et Chocolat perdirent leur facture à l'emporte-pièce et gagnèrent en finesse et en perfection.

⁂

Foottit ne pouvait d'ailleurs pas compter sur les facultés improvisatrices de Chocolat. Il dut à des répétitions nombreuses la qualité et la forme des entrées comiques de son répertoire. Il tenait que l'essentiel pour le clown est d'être observateur.

Il y a une discrimination à faire entre la parodie et le plagiat. Leurs sources sont quelquefois communes et les clowns eux-mêmes ne s'y reconnaissent plus. Nous verrons plus tard le mécanisme de leur développement. Disons pour l'instant qu'on ne peut qu'approuver la parodie qui est création, et regretter le plagiat qui, quoique dans les habitudes du cirque, n'est jamais recommandable.

L'origine de toute entrée clownesque est une parodie. C'est d'abord en transposant sur le ton du burlesque, l'écuyer et l'acrobate, le funambule et le montreur de bêtes, que le clown fut jockey, sauteur, danseur de corde ou dresseur comique. La gamme était fort réduite. Le clown mit alors à contribution les spectacles voisins. De sautantes, la pantomime dialoguée et la comédie bouffonne tolérées après de nombreuses interdictions sur les tréteaux des acrobates forains, admises sous condition dans les théâtres funambulesques, émigrèrent dès leur fermeture dans les pistes naissantes.

Doué d'une facilité à tirer des effets cocasses de la gravité naturelle de son masque, Foottit conçut qu'il suffisait par une projection sur le plan de la bouffonnerie de la fatalité de l'homme d'être le jouet de ses propres aventures, de les reprendre en les ridiculisant pour qu'à son tour, après la comédie, le drame s'acclimatât au cirque sous l'aspect inattendu du rire ironique et méchant.

Consciemment ou non, en tordant les bribes effilochées d'un répertoire assez pauvre, en les intégrant à des situations nouvelles, en les développant, Foottit réussit à réaliser l'unité des deux aspects sous lesquels se présente simultanément toute action, quel que soit le domaine dont elle relève, le concret et la fantaisie.

C'est en effet vers les années 1890 qu'en France, et grâce à Foottit, le répertoire clownesque dépend, en première instance, de la personnalité de ses interprètes. Le répertoire échappe au dynamisme du cirque ; il n'est plus fonction, il ne dépend plus des acrobaties équestres ou des acrobaties à terre. Les clowneries ne sont plus soumises à la composition du spectacle, à son architecture. Elles évoluent non plus en relation avec les nécessités d'un programme, d'une équipe de comiques constituée occasionnellement pour l'interprétation d'un intermède bouchant un trou de la représentation, mais en raison de la conception et des ressources individuelles des clowns unissant des efforts communs et des idées communes pour un succès à longue échéance.

C'est au cours des années 1890 qu'on commence à dire Pierantoni et Saltamontes, Foottit et Chocolat, qu'on commence à parler d'équipes et d'esprit d'équipe, comme s'il était impossible dès lors de dissocier le clown à figure blanche de l'auguste aux traits multicolores, impossible de les comprendre l'un sans l'autre, de les séparer de leur succès simultané, alors qu'il n'avait été précédemment question que de Gougou Loyal, de Tony-Greace, de Billy-

Hayden, de Wheal, de Boswell ou d'Auriol, pris chacun séparément à l'exclusion de leurs confrères occasionnels au cours d'une collaboration d'un numéro.

Foottit ne négligea pas le répertoire de ses prédécesseurs.

Dans un monde fermé, si naturellement enclin à utiliser l'héritage accumulé pendant les cinquante années précédentes et dont il connaissait empiriquement la valeur, tant au point de vue de la qualité que du succès, Foottit ne pouvait faire fi d'habitudes qui dataient au moins de l'époque de Nicolet ou de la dame Saqui. Le métier de clown avait ses obligations. A l'exemple des clowns acrobates, Foottit devait savoir sauter par-dessus au moins une douzaine d'écuyers serrés les uns derrière les autres et sortir de piste en traçant des rondades (1). En s'exécutant, il n'accomplissait cette gageure que par coquetterie d'artiste pour qu'on ne se méprît point sur la diversité de ses capacités, démonstration que les clowns actuels ne tiennent plus à faire. Mais Foottit fut d'abord un clown d'entrées. Il les para du prestige d'un talent fait d'amertume et d'ironie, de familiarité et de rudesse, persuadé qu'il tiendrait par surcroît, au moyen du contraste, plus longtemps le spectateur sous le charme.

⁂

En dehors de la parodie, la comédie des claques fut sa plus habituelle ressource.

Il est deux sentiments dont Foottit excelle, entre tous, à exprimer l'excès : la colère et la terreur (2). Il n'usait pas moins de sentiments moins exagérés, s'ingéniant à trouver des états d'esprit compatibles avec le caractère de Chocolat. Il en faisait volontiers sa dupe et son souffre-douleur. Il ne faut rien exagérer, ni rien prendre au tragique. Les spectateurs du Nouveau Cirque n'y

(1) Contrairement à ce que prétend de Perrodil (*M. Clown*), A. S. Dalsème *(Le Cirque forain)* assure que le talent de Chocolat comme acrobate n'était pas dénué d'intérêt. Il paraîtra même qu'il avait une spécialité : le saut du singe. Si la chose est possible, elle n'est pas certaine.

(2) *Mémoires de Foottit et de Chocolat, op. cit.*

voyaient nulle malice et trouvaient la chose très drôle (1).

« J'entends encore Foottit dire à Chocolat, impassible : "Espèce d'idiot !", lui répéter dix fois la même injure, sous le nez, dans un porte-voix, en lui montant sur les épaules, en lui martelant le crâne, en lui crevant le tympan avec une énorme vrille, et je le vois s'arrêter avec un profond découragement parce que Chocolat, souriant béatement, lui répondait avec calme : « J'avais entendu la première fois. »

L'animation de Foottit et sa malignité, la passivité de Chocolat et son air niais, étaient les moyens les plus solides de leurs créations. Ce n'était pas toujours au même de recevoir les gifles, ni de jouer les imbéciles : l'injustice eût été trop flagrante. Chocolat prenait quelquefois sa revanche devant le public et Foottit témoignait qu'il avait l'étoffe pour remplir un rôle qui n'était pas celui d'un personnage intelligent.

A l'époque où, par suite d'un différend avec leur administrateur du « Chat Noir », Jacques Ferny, Paul Delmet, Jules Jouy, J.-B. Meusy chantèrent dans les dépendances du Nouveau Cirque, « Au Chien Noir », qui venait de s'y installer, Foottit, pour se moquer des chansonniers montmartrois dont le répertoire ne se renouvelait pas souvent, donna la parodie du *Chansonnier*.

Il paraissait en piste et prévenait le public qu'il allait chanter *La Petite Maison*. Il commençait :

A la maison nous n'irons plus.
A la maison nous n'irons pas.
A la maison nous n'irons jamais plus.

Cette scie continuait entrecoupée par les impatiences de Chocolat qui tentait d'abord d'arrêter Foottit gentiment puis, après l'avoir giflé, le rossait à coups de pied. Foottit, dérangé, recommençait le premier couplet de sa chanson d'une voix « aigre et mordante », teintée du plus pur accent anglais. Chocolat continuait de frapper, dix fois, vingt fois, de la jambe gauche, de la jambe droite, sans qu'un seul instant Foottit parût s'en apercevoir ou

(1) Astruc, *Le Pavillon des fantômes*, *op. cit.*

se fatiguer. A la fin, Chocolat, n'en pouvant plus, les jambes fourbues, s'affaissait épuisé. Il fallait, pour faire taire Foottit, l'intervention de plusieurs garçons de piste auxquels il résistait et qui, le soulevant, l'emportaient dehors.

Chanson à part, cette parodie n'était en somme qu'une réédition du chanteur si plein de passion pour le chant, qu'il supportait sans faillir les coups d'une botte énorme que son compère lui décernait jusqu'à ce qu'il tombât lui-même éreinté dans une pantomime jouée par Mack et Dixon, deux nègres qui, dit Coquelin cadet, eurent du sang des Hanlon-Lee dans les veines (1).

Que Foottit et que Chocolat fussent tour à tour victimes, il y avait dans le jeu de Foottit une prédisposition à la violence qui rétrécissait le rôle de Chocolat à être un encaisseur de premier ordre. A la violence et à son cortège : la canaillerie, la méchanceté, la joie de tourmenter. Foottit, dit Ernst Nomis, est le maître despote, entêté, d'une intelligence bornée, sur certains points, mais très fine sur d'autres, mauvais, taquin, lâche avec les grands, autoritaire avec les petits.

L'autorité de Foottit sur Chocolat fut considérable, impérieuse, tyrannique.

— J'ai soif, dit Chocolat.

— Avez-vous de l'argent ? s'informe Foottit.

— Je n'ai pas d'argent.

Alors Foottit, péremptoire :

— Vous n'avez pas d'argent ? Alors vous n'avez pas soif !

C'est tout juste s'il n'y ajoutait pas un élément de ses drôleries habituelles.

— Chocolat, je vais être obligé de vous gifler (2).

(1) Voir chap. V. *Op. cit.*

(2) *Mémoires de Foottit et de Chocolat, o.c.* N'est-ce pas Foottit, rapporte Franc-Nohain, qui a donné à Chocolat cette définition de la pensée : Penser c'est laisser monter des paroles jusqu'à sa bouche et en fronçant les sourcils, en serrant les dents, en pinçant les lèvres, les retenir. Leçon de stoïcisme dont la servitude professionnelle de Chocolat n'avait que faire. On raconte même, dit Ernst Nomis que, afin de l'avoir mieux sous la main, Foottit donnait à Chocolat quarante sous tous les soirs pour recevoir sans broncher, au début de sa carrière, toutes les gifles qu'il lui plaisait de lui administrer.

Il y avait, dans ces situations-là, quelque chose de maléfique chez Foottit.

Par ailleurs, pourtant, la plus banale des circonstances prenait en piste, grâce à Foottit, une intensité extraordinaire. Il les rendait sublimes. Chocolat se prêtait au jeu avec une sensibilité bienveillante qui n'était pas la moindre de ses facultés. Sans elle, la personnalité de Foottit eût sombré platement dans le ridicule. Au comique de l'intention, entretenu par Foottit, Chocolat ajoutait, par un pressentiment étonnant de ses aptitudes à lui faciliter la tâche, le comique de situation. Les inventions de Foottit ne portèrent jamais à faux. Disons cependant qu'il avait la cote ; à cet égard, le public était généreux et lui pardonnait tout, même ses faiblesses.

Il était à l'aise dans le mimodrame. Dans une pantomime de Caran d'Ache, où il représentait, vêtu d'un costume exactement reconstitué, un grenadier de la garde impériale de faction dans la steppe russe, Foottit, sous une pluie de morceaux de papier figurant la neige, avait peur d'une angoisse si vraie que la piste devenait l'immense Russie, que les petits papiers blancs donnaient froid. Quand la redingote grise et le petit chapeau porté par un figurant quelconque passaient devant ce factionnaire affolé, les spectateurs étaient empoignés par la situation comme dans les drames les plus éloquents (1).

⁂

Foottit ne s'en tenait pas là. Il avait des dispositions particulières à incarner des rôles de femme et il n'y avait pas de travers qu'il s'efforçât d'y relever. De la parodie de *Cléopâtre*, qu'il lança en octobre 1890, au rôle de la suffragette qui lui était dévolu dans *La Reine du Nouveau Cirque en* 1910, il créa de nombreux types féminins, patronne d'auberge, soubrette, dame de compagnie, cuisinière à l'Elysée, etc. Toutes les situations lui étaient bonnes.

Sa parodie de Cléopâtre (2), par les intentions carica-

(1) Pierre Soulaine.

(2) *Le Pavillon des fantômes*, *o. c.* Saltamontes était Marc-Antoine et Chocolat, l'esclave.

turales qui s'y manifestaient, n'avait pas été sans soulever des protestations dans les milieux à la dévotion de Sarah Bernhardt qui venait de créer triomphalement le rôle au théâtre de la Porte-Saint-Martin. Foottit s'était grimé avec des cheveux crépus rouges, comme l'illustre tragédienne. Il portait une chaîne d'or, des colliers, des bracelets. Il parodiait Sarah dans la scène de la mort, où elle paraissait au théâtre avec un aspic véritable, et Foottit brandissait au cirque un serpent en caoutchouc. Chocolat le soutenait pour mourir. Dans le cirque, le public exultait lorsque, d'un rétablissement, Foottit mort se redressait et se mettait à courir autour de la piste, la traîne sous le bras.

« C'est idiot à raconter, mais l'effet de Sarah, Sarah l'éternelle agonisante poétique, se mettant à ressusciter et à danser le rigodon, était énorme... le succès de la parodie égala le succès de *Cléopâtre*, on voulut voir la Sarah-Foottit dans la scène de la résurrection ! Cela devint une sorte de scandale qui gagna tout Paris (1). »

Malgré les démarches de Victorien Sardou et de Maurice Bernhardt et les conseils de son directeur qui craignait un duel, Foottit ne changea rien à la parodie.

Un soir, alors que le clown allait entrer en piste, le directeur arriva tout pâle.

— Voilà où nous en sommes avec votre entêtement, Foottit, Sarah Bernhardt est dans la salle.

Il se rappelait qu'elle avait cravaché Marie Colombier qui l'avait ridiculisée dans les Mémoires de Sarah Barnum.

— Où est-elle ? demanda Foottit.

Quand il entra dans la piste, il salua l'artiste dramatique d'une révérence respectueuse, puis il commença aussitôt sa parodie. Et, comme chaque soir, il mourut empoisonné entre les bras de Chocolat, tandis que les esclaves se lamentaient et que le serpent en baudruche, tiré par un fil invisible, disparaissait dans les coulisses. Puis, brusquement, il bondit, sa traîne ramassée en bouchon, la perruque de travers, poursuivi par Chocolat, terrifié par cette résurrection. Le rire devint si contagieux que Sarah Bernhardt, jusqu'alors figée, fut gagnée par

(1) Maurice Verne, *Les Usines du plaisir*. Editions des Portiques, Paris, 1930.

l'hilarité générale et qu'elle pardonna à Foottit sa caricature outrageante.

***

C'est à Chocolat qu'étaient confiés, d'autre part, dans les pantomimes, les emplois d'empereur nègre, d'esclave, d'eunuque ou de serviteur. Comme ceux-ci sont heureusement au monde plus nombreux que les rois, même d'opérette, on trouve Chocolat domestique à peu près dans toutes les revues où il fut engagé, soit au cirque, soit au théâtre. Il était décidément destiné à être domestique toute sa vie.

Il lui fallait des rôles où il n'eût pas à parler beaucoup. Avec lui, on était loin, comme on le voit, des Scapins et des Mascarilles, dont l'intelligence était une condition première de leur état. Et dans la *Noce à Chocolat*, où, bien entendu, notre pauvre clown avait la vedette, le rôle cérémonieux qu'il remplissait le dispensait d'être loquace, qualité qui n'était pas son fort et qu'il lui eût été pénible d'entretenir longtemps.

***

Le succès de Foottit et de Chocolat dura le temps de leur association, plus exactement le temps de leur engagement au Nouveau Cirque.

Quand ils changèrent d'établissement, ils se rendirent compte que le public n'avait pas partout la même conception des rapports entre les individus et réagissait différemment aux facéties de Foottit. Ses leçons de morale dominatrice et narquoise furent accueillies moins chaleureusement qu'au Nouveau Cirque. Elles irritaient, en effet, la sensibilité chatouilleuse des spectateurs des cirques de la périphérie pour qui les relations de maître à serviteur ne sont pas un sujet d'amusement. L'heure de la comédie italienne, où l'on rit des protestations du serviteur rossé, est depuis longtemps sonnée. D'être trop battu, Chocolat n'était plus drôle et sa condition trop à plaindre pour que Foottit fût trouvé amusant.

Sans doute était digne de compassion le nègre souffre-douleur, qui obéit, infortuné, sans se plaindre et dont le masque impassible laisse le spectateur indécis de savoir s'il a devant lui un être sans cervelle ou, au contraire, un malheureux assez intelligent pour concevoir sa déchéance morale et qui ne dit rien parce qu'il sait que son sort est de se soumettre (1).

⁂

Non, la situation de Chocolat n'était pas brillante. L'incertitude du lendemain, le manque d'engagement de longue durée, le plongèrent, dès qu'il se sentit éloigné de Foottit, dans une détresse morale voisine du désespoir. Le Nouveau Cirque était sa terre d'élection et, malgré ses origines vagabondes, il n'était pas de taille à mener la vie errante des artistes internationaux. Qu'eût-il pu faire d'ailleurs en tout autre endroit qu'au Nouveau Cirque ?

Malade, ayant à subvenir aux besoins d'une femme et de deux enfants, Chocolat, à qui l'on déniait déjà tout caractère comique, dut aux journalistes, qui saisirent l'opinion publique, de retrouver un emploi. Il était demeuré en bons termes avec Foottit qui l'avait quitté pour travailler avec ses fils, mais il n'en était pas moins découragé. C'était en 1905.

Cette année-là, Hippolyte Houcke, qui avait succédé à Donval, directeur du Nouveau Cirque depuis 1897, avait cédé la place, le 4 juin 1905, à Mathias Beketov (2), qui vint installer, rue Saint-Honoré, son Grand Cirque Russe.

(1) Ernst Nomis *art. c.* Franc-Nohain a pris quelque liberté avec l'article d'Ernst Nomis qu'il a complété en lui enlevant de sa force.

(2) Mathias Beketow avait débuté comme clown à Orel en Russie. Il avait vingt ans et s'était engagé dans une troupe de cirque ambulant qui parcourut la Russie, le Danemark, la Norvège et la Suède. Là, il parvint à se faire une renommée et à réunir autour de lui une troupe équestre. Il devint lui-même dresseur en liberté et écuyer de haute école. En 1900, il s'installa à Vienne. En 1905, il loua le Nouveau Cirque, en 1908 celui de Buda-Pest qui avait été sous la direction de Wulff et qu'il garda jusqu'à la Commune de Buda-Pest en 1919. Il le reprit en 1924 puis loua également le cirque Renz à Vienne. Beketow s'était marié trois fois. Ses trois femmes étaient écuyères de haute école. L'une d'elles fut Mlle Hélène Gérard, fille de M. Gérard et Mme Gérard, née Mazelli. De ses trois mariages, il avait eu six enfants. Beketow finit d'une façon tragique. Après avoir pris place sur un vapeur faisant le service entre Buda-Pest et Mohacz, sur le Danube, il se jeta dans le fleuve à deux heures du matin sans que personne se fût aperçu du drame. Ce n'est que le matin que l'on découvrit sa disparition et divers papiers parmi lesquels une lettre qui annonçait sa décision de se suicider.

Il avait une troupe de clowns assez nombreuse ; Adolf Olchansky (1), Gobert Belling et Fips, Albano et Dale, la clownesse Gerbola, Tonitoff et Seiffert, tous personnages assez remarquables pour que Beketov pût se passer de Foottit et de Chocolat. Pourtant, ceux-ci étaient si peu oubliés que, dès la reprise du Nouveau Cirque, l'année d'après, par Jean Houcke, ils réintégrèrent leur domaine et qu'en février 1907, *La Noce à Chocolat* figurait en reprise au programme — véritable hommage à son ancien succès.

« On se rappelle le sujet, disait le communiqué à la Presse : il s'agit des noces légitimes du clown Chocolat, si aimé du public parisien. Les noces sont contrariées par un groupe d'étudiants en partie fine qui enlèvent la mariée et ne la rendent à l'infortuné Chocolat qu'après de multiples et burlesques péripéties. »

Ce ne sont que gifles, sauts de carpe, dégringolades le long des escaliers, poursuites folles, pugilats terribles au milieu d'une inénarrable jonglerie de saucissons, gigots et cervelas en délire et, finalement, baignade générale dans la rivière où tous les invités de la noce se précipitent pour sauver la mariée qui s'y est jetée, affolée.

On ignore jusqu'à quel point cette « bouffonnerie nautique » prétendait à la nouveauté. Mais que la personnalité de Chocolat en soit le motif central prouve tout au moins que sa présence faisait encore recette.

Par la suite, Foottit et Chocolat se retrouvèrent encore ensemble, au Nouveau Cirque, au moment où le premier y travaillait avec ses fils. On applaudissait Foottit et Chocolat en première partie, Foottit et ses fils en deuxième (prog. du 16-7-1907). Mais leur collaboration ne fut plus continuelle ; la raison sociale Foottit et Chocolat était disparue des programmes, des affiches, des journaux.

Pourtant, dès qu'ils se séparèrent, ces inséparables perdirent leurs moyens d'émouvoir, et les partenaires qu'ils rencontrèrent ne parvinrent jamais à réveiller des qualités qui ne paraissaient s'épanouir que par leur volonté. En 1908, Chocolat travaille avec Daniel's. Il tient le rôle d'un marchand de nougat dans *Il pleut... Il pleut...*, pantomime burlesque et nautique où il remplace

(1) Voir chap. XXV, *Les augustes de soirée.*

encore, le jour de son inauguration, la statue volée la veille (prog. du 31-1-1908). Puis Chocolat a pour partenaire James Sydney, « original english clown ».

Raphaël Chocolat s'occupait entre-temps de pousser dans la carrière Eugène Grimaldi, celui qu'il a toujours reconnu comme son fils.

Eugène travaillait sous ses yeux. Il figure souvent au programme dans un numéro de voltige à la Richard, tandis que son père, dans les revues, incarne Légitimus (prog. du 16-10-1908), un domestique cocasse, dans *Cocoriquette* (prog. du 2 avril 1909) et donne la réplique à son camarade revenu pour la circonstance dans *Foottit réserviste* (prog. du 18-6-1909).

Dans cette fantaisie comique, spécialement montée pour mettre en valeur ses ressources, Foottit, lors de l'appel des réservistes, était absent. Il entrait peu après dans une voiture avec son domestique Chocolat et toute la caserne le prenait pour le ministre de la Guerre en tournée d'inspection. Le quiproquo n'est pas nouveau. Il a été souvent utilisé au théâtre. Il plaisait tant qu'il fut repris dans le même cirque l'année suivante sous un autre titre : *Les Joies de l'escadron*. Mais le ministre, M. Chéron, de *Foottit réserviste* n'était plus dans la seconde version que sous-secrétaire d'Etat et Foottit était absent.

⁂

En 1910, Foottit, ses fils et Chocolat figurent encore en vedettes au Nouveau Cirque, après les frères Albano à côté des Rainat, les trapézistes volants, des Lécusson, famille équestre renommée, et des Frediani, acrobates, les seuls exécutant à trois la colonne à cheval, disait le programme. Et c'était vrai. Ce sont les derniers feux de joie du Nouveau Cirque. De moins en moins capable de fournir d'autre effort que celui auquel il a été prédestiné, Chocolat joue le domestique dans *La Chasse au cerf*.

Pour la réouverture de la saison 1910-1911, ni Foottit ni Chocolat ne figurent au programme, bien que le fils Chocolat, Eugène, qui a commencé à faire le clown avec son père sous le nom de Tablette, s'y trouve encore.

C'est approximativement vers cette époque que

commence la décadence de Foottit et de Chocolat. Malgré sa bonne volonté, des tentatives de toutes sortes pour attirer l'attention sur lui et conserver une position qu'il sent chanceler, Chocolat inspire de la crainte aux directeurs. Aucun d'eux ne tient à l'engager. En 1911, il est dans la misère. Il est question d'organiser une matinée à son bénéfice. Quand on en est là, la gloire n'est bientôt plus que souvenir.

⁂

Peu à peu, les frères Goretti, dits les Albano, supplantèrent au Nouveau Cirque Foottit et Chocolat. L'un d'eux avait d'abord eu Dale, auguste d'origine anglaise, pour partenaire, vers 1905. Puis Henri et Alfred Albano présentèrent en 1908, sous la direction Debray, un numéro de clowneries acrobatiques parmi les meilleures. Les Albano restaient dans la tradition de Foottit, clowns parleurs, mimes et comédiens. L'un d'eux, par la seule ressource des doigts, par une moue, une torsion des lèvres, rendait évidente la plus délicate des situations.

— Mettez-vous là, ordonnait le clown à son frère Alfred. Je suis très fort au pistolet. Je vais trouer successivement votre chapeau, votre blouse...

— Vous les gâterez !

— Je vous en paierai des neufs.

— Vous allez me blesser !

— Ne craignez rien.

Henri Albano tirait et perçait, en effet, chaque partie du vêtement d'Alfred et payait, après un marchandage comique.

— Ah ! Pour votre pantalon, mon cher auguste, je ne le remplacerai pas. Il était trop bas. Je ne l'ai point tiré.

Alfred s'approchait alors avec pudeur. Par d'habiles indications, sans autre moyen que les signes, le regard, il confessait qu'il avait eu peur et qu'en conséquence naturelle de son émotion, il devait aussi changer de pantalon. Pendant des années, les Albano furent les vedettes indéracinables du Nouveau Cirque et tinrent les principaux rôles dans les pantomimes.

Les Albano étaient d'origine espagnole. Un de leurs homonymes, Adolf Albano (Adolf Goebel, dit), clown allemand, né le 7 juillet 1865, à Barmen, fut leur élève et il prit leur nom. Il débuta au cirque Corthy en Allemagne en 1874 et joua plus tard avec son fils Victor.

⁂

S'il est vrai que Chocolat n'eût rien été et ne fut plus rien sans Foottit, celui-ci séparé de son partenaire de près de vingt ans, ne retrouva jamais la verve, le ton et le mouvement qui avaient fait de son interprétation un modèle de vivacité et de vigueur.

Foottit aurait déclaré un jour :

— J'ai eu du talent... J'aurai peut-être encore besoin un jour d'en avoir... Mais pour l'instant, j'ai mieux que cela, j'ai Chocolat.

Il est de tradition au cirque que dès qu'ils en sont capables, les enfants travaillent avec leurs parents. Solution pratique à un problème économique. Ainsi les appointements d'une troupe ne se trouvent plus partagés. Ils rétribuent les membres d'une même famille et grossissent une caisse commune. Foottit ne fut sans doute pas insensible à la voix de l'intérêt quand il associa à son succès défaillant ses deux fils : Thomas, dit Tommy Foottit, né en 1884, et Georges, dit Georgey Foottit, né en 1886.

Toujours est-il qu'à défaut d'un partenaire qui s'effaçait devant lui, l'originalité de Foottit trouva bientôt des limites à son expansion. Chocolat consentait d'autant plus volontiers à des sacrifices de prestige qu'il n'avait pas d'illusion sur ses ressources personnelles. Ahuri, mais douloureusement humain, gauche, mais accessible aux mouvements du cœur, Chocolat avait été entre les mains de Foottit l'instrument dont il avait su tirer parti, le véritable accessoire pas très compliqué, mais dont il fallait bien connaître les ressorts.

Les fils de Foottit, par une réaction bien compréhensible, s'efforcèrent de se différencier autant qu'ils purent de la manière de Chocolat et se plièrent à contrecœur à la discipline d'une méthode que, par un jeu devenu habituel chez lui, leur père devait incliner à leur imposer.

Aussi, bien qu'ayant été leur maître, Foottit ne rencontra en ses fils ni la soumission ni la compréhension capables de prolonger son succès. Pour vaincre ces difficultés, il eût fallu du génie à Foottit ; il eût fallu qu'il renouvelât sa manière, qu'il s'orientât vers un type de clown qui ne fût plus, comme lui, autoritaire, sarcastique et méchant.

Hélas ! les grands clowns se révèlent en une seule fois ; c'est leur demander trop que de recommencer.

D'autre part, pour accepter le rôle peu honorable d'éternel offensé, il fallait le consentement, l'acceptation dégradante dont Chocolat seul fut capable et dont la chronique du cirque n'a fourni, en France du moins, aucun autre exemple.

L'autorité de Foottit n'était pas, avec ses fils, aussi décisive qu'avec Chocolat. On a, quoi qu'on en dise, un peu plus d'attention pour les siens. Il ne s'en prit plus ni aux choses ni aux gens. Il s'en tint aux saynètes drôlatiques, paris, fanfaronnades qui finissaient toujours par le triomphe de son compère, l'auguste qui était son fils.

Puis il se retira du cirque, après, prétend-on, fortune faite.

⁂

Cette autorité sur les siens manqua de même au fils de Chocolat pour faire valoir son père. Il y atteignit par la suite, car il fut intelligent, adroit, spirituel et travailleur, mais malheureusement pendant un court moment, pendant son association avec Porto (1). Mais elle lui fit défaut tout le temps qu'il forma avec son père le couple Tablette et Chocolat, association qui ne fut pas drôle, où Chocolat perdit jusqu'aux derniers restes de ce qu'il avait été. Il travailla en 1913 avec Jacky. Chocolat ne paraissait plus depuis longtemps en danseur mondain. Il se vêtit comme tous les augustes, avec le costume mis à la mode par Little Walter (2).

Mais de quelque façon qu'il s'y prît pour ressusciter le passé, la Première Guerre mondiale relégua définitivement Chocolat parmi les personnalités curieuses et populaires du commencement du siècle.

(1) *Porto*, voir chap. XVII.
(2) Little Walter, voir chap. X.

***

En 1910, Foottit eut son cirque, un petit chapiteau forain qui ne payait pas de mine. Jusqu'en 1914, Foottit vécut auréolé des derniers rayons de gloire qui le tiraient de temps en temps hors de l'obscurité et de l'oubli. D'autres clowns montaient, éclipsant la gloire de Foottit. Mais le pli était pris chez les journalistes et les chroniqueurs. Ils ne pouvaient parler des nouveaux venus sans laisser échapper quelques regrets sur Foottit et Chocolat qu'ils n'avaient pas connus au temps de leur triomphe, mais dont ils entretenaient le culte avec un parti pris d'accorder à ce qui n'était plus que souvenir un éclat plus durable que le présent.

Foottit et Chocolat devinrent légendaires. Et la légende estompa la réalité. Foottit devint l'irremplaçable. Ce qui était exagérer beaucoup (1).

Il fut engagé dans la revue des Folies-Bergère, où, Compère n° 2, il fut, si l'on s'en réfère aux critiques, un bon comédien et un fantaisiste remarquable, tandis que Chocolat, pour ne pas faire exception à son rôle habituel, était garçon de laboratoire.

Pendant la guerre 1914-1918, Foottit parut plusieurs fois au cours des représentations du Théâtre aux Armées. En 1916, il joue à l'Athénée dans *L'Ecole des civils*. La guerre terminée, Louis Delluc, auteur de *Fièvre*, drame cinégraphique, lui confia le rôle de « l'Homme au chapeau gris ».

Géo Foottit, comme tous les clowns qui, après avoir eu une situation brillante, ne peuvent se faire à l'idée de leur décadence, s'était mis à boire. Il buvait sans cesser de garder son flegme britannique. Son ivresse froide donnait le frisson (2). Il parut une dernière fois au Théâtre des Champs-Elysées dans une pièce de Maurice Verne, *Les Mille et Une Nuits*, dans un rôle de clown-philosophe

(1) Georges Pioch s'est élevé contre certains dithyrambes où non seulement les clowns, mais tous les admirables laborieux du cirque et du music-hall sont projetés à des étages qui donneraient le vertige à Dieu lui-même, dit-il, si pour sa disgrâce, il existait quelque part. *Le Soir*, 24 Avril 1930.

(2) *Les Usines du Plaisir*, *op. cit.*

écrit pour lui (1). Elle fut reprise aux Variétés où il joua encore. Mais il était impossible de compter désormais sur Foottit.

L'obligation de suivre un scénario lui coûtait trop. Dans son rôle de philosophe, il avait un rôle muet. Il l'oubliait parfois. Il bavardait à l'impromptu sans tenir compte de la situation. En tout autre endroit, l'incident eût été comique. Il ne pouvait passer inaperçu et Foottit, à qui la lucidité revenait tout à coup, confiné à un rôle de mime qu'il ne pouvait plus remplir, donnait l'impression d'un comique désespéré.

Raphaël, dit Chocolat, appartenait avec Georgey Foottit et Bob O'Connor à la troupe des clowns du cirque Rancy, quand cet établissement s'installa à Bordeaux à l'occasion de la Foire aux Attractions d'octobre, en 1917. Les chapiteaux et les voitures du cirque voisinaient avec ceux de la Ménagerie Laurent et du Théâtre Moderne. Que se passe-t-il alors exactement ? Le dimanche 4 novembre 1917, dernier jour de la Foire, Chocolat fut retrouvé mort dans la chambre qu'il occupait dans un hôtel de la ville. Le médecin légiste conclut à une mort naturelle, paraissant être due à une angine de poitrine (2).

Il fut enterré au cimetière protestant de la rue Judaïque, à Bordeaux.

***

Géo Foottit parut la dernière fois dans le spectacle d'ouverture de *L'Oasis*, chez Paul Poiret, où il imitait les attitudes d'une danseuse de Degas. On annonça un jour

(1) *Le Pavillon des Fantômes, op. cit.*

(2) C'est grâce à la diligence de M. Antoine Borie, instituteur à St-Médard-en-Jaille que nous avons pu retrouver la date de la mort de Chocolat père. Raphaël Grimaldi, son fils, a indiqué à tort la date du 27-9-1917 sur une fiche de renseignements que possèdent actuellement les archives de la Seine. (Cote D. 28 Z.) L'acte de décès est ainsi libellé : le quatre novembre mil neuf cent dix-sept à dix heures trente du matin est décédé, rue Saint-Sernin, 43, Raphaël PADILLA né à l'Ile de Cuba (Amérique) âgé de quarante-neuf ans, clown de cirque (sans autres renseignements)...

Dressé le cinq novembre mil neuf cent dix-sept à neuf heures du matin sur la déclaration de Georges Foottit et Charles Barbier, artiste rue Castelnau-d'Auros, 6.

dans la presse qu'il était frappé d'aliénation mentale. Il n'en était rien. Il mourut le 29 avril 1921, à cinquante-sept ans, 6, rue Montaigne, où il tenait un bar-restaurant. Les critiques furent unanimes : un grand clown disparaissait, le grand clown de l'époque facile, primesautière, pendant laquelle la bourgeoisie parisienne trouva dans cent établissements différents, du café-concert aux cabarets montmartrois, de quoi satisfaire ses goûts pour la légèreté, la fantaisie et son inaptitude à s'intéresser à des projets à longue échéance.

Jamais un clown n'avait reçu avant Foottit autant de marques d'admiration. Paul Adam, Stéphane Mallarmé, Rodolphe Darzens, Jean Lorrain, Jules Renard, en ont parlé. Paul Acker, dans *Humour et Humoristes*, lui avait consacré des lignes caractéristiques. Jean de Tinan ne put se dispenser de le citer dans sa chronique du *Mercure de France*, quand il brossa le panorama de la société fin du siècle dernier. Lunel, dans le *Courrier français*, fut l'un des premiers à le remarquer. Seurat fit son portrait. Toulouse-Lautrec laissa de lui des silhouettes mouvementées et sarcastiques. H.-Georges Ibels le croqua souvent dans ses *Demi-Cabots* (1). Tout Paris avait défilé devant lui lors de ses triomphes au Nouveau Cirque. Il fut enterré, avec les grands hommes, au Père-Lachaise.

Depuis longtemps, la retraite de Foottit avait annoncé la fin de la prédominance du clown d'inspiration anglaise dans les pistes françaises.

⁂

Bien qu'il appartînt aux trois fils de Foottit de maintenir la tradition de leur père, ni Thomas, ni Georges, ni Harry ne furent capables de le remplacer, et leur activité passa inaperçue.

Thomas, dit Tommy, avait bénéficié pourtant des leçons de son père au moment même où il était à l'apogée de son succès. Foottit vieilli, ayant acquis de la philosophie, se croyait assuré de survivre dans son fils aîné, auquel, disait-il, il laissait pour sa célébrité l'honneur d'avoir le dernier mot en piste. Mais leur collaboration

(1) *Les Demi-cabots*, Paris, G. Charpentier et E. Fasquelle, Paris, 1896.

fut peut-être trop une affaire de famille pour être féconde. Les annales n'en parlent guère.

Marié à une demoiselle Lamy, fille du célèbre directeur de cirque forain, Thomas Foottit s'engagea en 1914 au 21e bataillon de marche étranger, d'où il fut versé bientôt dans le corps expéditionnaire anglais.

La guerre finie, Tommy continua sa vie d'amuseur, vie difficile. Le père n'était plus là, qui avait des relations, facilitait les engagements, rappelant des promesses et brisant des résistances. Des comiques nouveaux occupaient les places. Tommy dut accepter des contrats médiocres. Découragé, las de ne pouvoir servir la mémoire de son père comme il l'espérait, malade, incapable de résister plus longtemps aux adversités, Tommy Foottit, le fils préféré du grand Foottit, le petit-fils de Funny Foottit, the clown, fatigué d'une vie vagabonde, entra à l'hôpital. Guéri, on le renvoya. Mais la tête restait malade. Peu de jours après, mourant de faim, désireux d'attirer l'attention sur la malédiction qui le poursuivait et sur l'indifférence du monde, il se fit servir à manger au buffet de la gare la plus proche, alors qu'il n'avait pas un sou en poche. Quand on lui présenta la note, il se mit à rire :

— Je suis le fils de Foottit.

Le gérant ouvrait de grands yeux. Qu'est-ce que le client voulait dire ? Tommy continuait de rire aux éclats. Le rappel de ses origines devait, pensait-il, lui servir de viatique. D'un signe, le gérant ordonna au garçon d'aller chercher la police. Tommy Foottit se laissa emmener.

— Je suis le fils de Foottit.

Il fut arrêté pour grivèlerie, condamné pour vagabondage. Aux magistrats, il répondait inlassablement :

— Je suis le fils de Foottit.

Il fut condamné sans appel. Libéré, on le conduisit à l'hôpital. On avait compris enfin. Examiné par les docteurs, le fils aîné de Foottit fut reconnu fou. Il mourut en 1927.

Le journaliste qui relate cette fin douloureuse (1), le confondant certainement avec son père, ajoute :

(1) *Grand Echo de l'Aisne*, 9 avril 1927.

— Foottit a fait rire tout le monde, et sa mort n'a fait pleurer personne.

Antithèse facile et insultante pour les siens. Car Tommy a deux fils, Victor, né en 1920, et Georges, en 1921, qui sont actuellement au cirque Lamy, chez leurs grands-parents.

⁂

Georges Foottit, dit Georgey, fut, avec son frère Tommy comme premier auguste, le second partenaire de Géo Foottit dans un temps où le trio existait en principe sans avoir été consacré en fait par la vogue des Fratellini.

Dans la parodie classique du *Maître de manège*, Tommy et George animaient les pattes du cheval postiche. Leur père disparu, ils poursuivirent leur carrière et obtinrent quelques éphémères succès chez Fanni et chez Zanfretta, cirques forains qui furent pour beaucoup d'artistes en attente d'engagements durables des refuges accueillants. En 1917, il était attaché au cirque Rancy avec Bob O'Connor et Chocolat père, quand celui-ci mourut subitement (1).

Georgey poursuivit seul dans les chapiteaux voyageurs sa fonction sans grandeur de receveur de gifles. Pendant la Seconde Guerre mondiale, il fut pendant l'occupation allemande interné à Vittel, comme sujet britannique. Il approchait alors de la soixantaine.

Géo Foottit avait eu deux autres enfants, Lily, née en 1888, mariée à Jules Aviet, acrobate de la troupe « Les Jakly's ». J. Aviet travailla dans le numéro des Hilario, au Nouveau Cirque, et présenta un numéro de sauteur comique à la batoude, avec Alonzo, un des plus forts sauteurs du cirque du même nom. Il devint le partenaire de Bob O'Connor, sous le pseudonyme de Coco (2). Il monta avec sa femme Lily Foottit un numéro de jockey, interrompu par la guerre de 1914-1918, sous le nom de « Miss Foottit and her Comic Derby ». Puis il se spécia-

(1) Georgey joua aussi au cirque Métropole (Cirque de Paris) avec Mamy, un nain, qui avait été le partenaire d'Isidore (?).

(2) Il ne faut pas le confondre avec Raoul Jouin dit Coco qui fut son successeur et, après J. Aviet, l'auguste de Bob O'Connor.

lisa dans le dressage des animaux jusqu'à ce qu'il reprît à la mort de son beau-père le bar de la rue Montaigne. Il est actuellement propriétaire, à l'Isle-Adam, d'un café à l'enseigne de « Chez Coco », où les perroquets qu'il a éduqués continuent de vieillir parmi les innombrables photographies et les souvenirs personnels de Foottit qui garnissent les murs de l'établissement.

***

Harry Foottit, né en 1892, le dernier fils de Foottit, eut comme son frère aîné une fin prématurée. Les cirques voyageurs où il avait essayé, sans succès autre que celui de curiosité, de tenir modestement un rôle d'auguste à tout faire, refusèrent les uns après les autres de l'engager.

Alors, il se maria. Il défraya bientôt la chronique des tribunaux pour des discussions accompagnées de voies de fait envers sa femme. Il trouva quelque travail comme clown de parade et comme automate dans les loteries à vaisselle des fêtes foraines. La mort le libéra de la servitude de la misère en 1935.

Il laissait une fille qui fut recueillie par sa tante, Lily Foottit.

IX

APRÈS FOOTTIT

TROP d'intellectuels s'intéressèrent aux choses du cirque à l'époque de Foottit pour qu'il n'y eût pas de réaction en faveur du théâtre.

Après avoir fait la part trop belle aux gens du voyage, on remarqua que le cirque n'était, tout bien considéré, qu'une survivance, sous un aspect moderne et adouci par la civilisation, du culte de la force auquel se vouaient les anciens, grands amateurs d'athlètes et de gladiateurs. Par rapport au théâtre, son spectacle, d'ordre inférieur, était en somme tout juste bon à flatter les instincts élémentaires des masses. Les belluaires, les hommes-serpents, les acrobates et les casse-cou, prétendait-on, trouvaient suffisamment leur place dans les baraques foraines sans venir encombrer le manège et concurrencer le théâtre par des exhibitions d'un goût un peu primitif.

Les écuyers et les clowns bénéficiaient pourtant de plus de sollicitude : les premiers parce que l'art équestre était de noble origine ; les seconds parce qu'étant au service de la pantomime dialoguée, ils avaient des points de contact avec la comédie, l'un et l'autre ayant eu par ailleurs des sources et une destinée communes. Depuis que les facéties, notes comiques mêlées aux exercices du corps, s'étaient développées jusqu'à devenir une intrigue, les gens pardonnaient aisément aux clowns d'avoir été des acrobates avant que d'être des bouffons. La révélation de ce changement d'opinion avait été rapide. Vingt-cinq ans à peine s'étaient écoulés depuis que les clowns, dédaignant les valeurs émotionnelles de l'acrobatie, avaient substitué à la souplesse du corps, et toute proportion gardée, la finesse d'esprit. On leur tenait compte de cette évolution et l'on n'était pas fâché que, grâce à eux, les joies du cirque se fussent spiritualisées.

Au milieu du concert de louanges qui salua Foottit et ses imitateurs, G. Strehly (1), qui reprochait en général aux clowns leur manque de qualités acrobatiques, était en somme une exception. Néanmoins, aussi particulière qu'elle fût, son opinion était, du point de vue du cirque pur, indiscutable. Aussi fit-elle et fait-elle encore autorité. Les circomanes, grands amateurs de prouesses physiques, se référant à Strehly, n'oublient jamais d'invoquer son témoignage et confirmer leur indifférence pour les clowns, les trapézistes volants occupant, comme il se doit dans la hiérarchie des valeurs, la première place.

Les acrobates, frappés par l'opinion des intellectuels et des courriéristes, ne furent pas les derniers à considérer les pitres comme quantité et qualité négligeables. Les clowns furent exclusivement jugés dans les limites de leur spécialité de grimaciers, de bavards et de paillasses, pris dans leur sens péjoratif. Ainsi, loués par les uns, parce que survivaient dans leurs jeux l'esprit et le charme de la comédie italienne, dédaignés par leurs collègues parce que le bavardage et la blague ne ressortissent pas aux professionnels du banquisme, les associations (duos et couples de clowns) durent, pour défendre leur position, procéder comme l'avait fait l'auguste lors de son intrusion sur la piste, faire flèche de tout bois, recourir aux spectacles voisins et chercher dans le chant, la musique, le concert, de quoi s'enrichir et faire figure d'indispensable.

Le programme des cirques est chronométré. Les clowns perfectionnèrent leur travail et empiétèrent sur le temps des autres. Les petits bouts de comédie qu'on appelle des « entrées », parce que primitivement elles se jouaient pendant les parades, à l'entrée du cirque, se développèrent et devinrent des sketches à deux, trois, quelquefois plus, le clown à figure blanche et l'auguste à masque bariolé ayant les rôles principaux.

L'heureuse disposition du public à leur égard leur valut un redoublement d'éloges, parfois immérités, souvent

(1) *L'Acrobatie et les Acrobates*, *op. cit.*

publicitaires, qui les enorgueillirent un peu d'abord et les rendirent insupportables ensuite, tant il est vrai que, d'être comparés aux artistes de théâtre, les clowns se hâtèrent d'imiter leurs travers.

Il faut le dire ici. Les clowns ne sont pas, tant s'en faut, des amuseurs capables de constituer à eux seuls tout un programme. La cause tant de fois exposée est entendue. Que les acrobates aient des qualités limites proportionnées à leurs capacités physiques et que les péripéties d'une farce, même grossière, possèdent au contraire des possibilités de développement infinies ne signifie pas que les clowns puissent se substituer aux acrobates. Ceux-ci ont, outre leurs droits à l'ancienneté, la supériorité d'être indispensables à l'architecture d'un programme harmonieusement conçu. Privé d'acrobates, le cirque est vidé de sa substance. Faute de clowns, dont ils sont en quelque sorte la décoration, un programme de cirque peut être incomplet, mais non moins viable.

Nous nous doutons pourquoi le snobisme eut sa part dans l'exaltation du clown. On apprécie difficilement les mérites d'un exercice exécuté dans les règles d'un art qu'on ne pratique pas. Le plaisir ressenti à la vue d'un numéro d'acrobatie demande, pour être total, une connaissance précise de ses difficultés. Les clowns, eux, touchent directement, sans qu'il soit nécessaire pour les apprécier de posséder d'initiation préalable. Les commentaires dont les parèrent les esthètes et les journalistes bienveillants, mais peu préparés à la critique, se ressentirent des effets d'une littérature à la mode, à laquelle le répertoire symboliste prêtait alors ses mots précieux et ses phrases enluminées. Le clown spleenétique et lunaire, parmi d'« incandides féeries » (1), devait, au milieu des exercices d'acrobatie exécutés comme les mouvements d'une mécanique surhumaine, être un sujet d'imprécises rêveries et d'épithètes rares.

Il serait ridicule pourtant d'attribuer au snobisme la cause déterminante de la vogue des clowns. L'évolution même du spectacle y fut surtout pour quelque chose.

Le fait est que par suite du progrès général du goût, par une recherche qualitative dans la présentation, par

(1) H.G. Ibels. *Les Demi-Cabots, op. cit.*

l'effort continuel des artistes à triompher des difficultés et à se surpasser, les programmes de cirque attirèrent une clientèle de plus en plus large et de plus en plus exigeante, qui, sevrée du théâtre à thèse et à tendances philosophiques, retrouva dans la piste des plaisirs à l'état de nature et un renouvellement de ses plus élémentaires émotions.

Ces couches nouvelles de spectateurs qui s'éloignaient du théâtre et auxquels, dix ans plus tard, le cinéma naissant devait apporter le goût de la forme et du mouvement préfèrent aux acrobates les clowneries, en quoi ils retrouvaient le souvenir et l'habitude des spectacles voisins.

Qu'ils y aient été précédés ou suivis par des intellectuels, hommes de lettres, peintres, etc., là n'est pas la question. Ceux-là n'hésitèrent pas à s'intéresser à un milieu qui leur apportait dans son rythme, dans sa couleur, dans la composition, de quoi satisfaire leurs recherches esthétiques et picturales. Il procurait encore à certains théoriciens de l'art pour l'art les éléments fondamentaux d'une unité entre la pensée et l'action, entre la ligne et le mouvement, entre la plastique et la peinture.

Des Goncourt à André Suarès, de Jules Claretie à Gomez de la Serna, de Toulouse-Lautrec à Pablo Picasso, des critiques aux fantaisistes, des essayistes aux courriéristes dramatiques, la liste serait longue à épuiser de ceux qui n'ont pas dédaigné, en servant la cause du cirque, et aussi la leur, de montrer une tendresse, inexplicable pour le vulgaire, à l'égard des clowns.

L'extraordinaire notoriété de Foottit avant 1910, des Fratellini après 1920, de Grock, amuseur aussi précis qu'un mouvement d'horlogerie, sur qui les louanges de la presse et l'acquiescement du public se sont concentrés comme le faisceau lumineux des réflecteurs qui laissent dans l'ombre et à côté d'eux tous les clowns de leur époque, n'a pas d'autre raison que le besoin pour un public charmé de cristalliser sur quelques personnages représentatifs la reconnaissance qu'ils doivent à tous les autres.

C'est pourquoi il serait injuste de ne pas mentionner un peu plus longuement qu'une brève énumération ceux des clowns qui n'ayant pas connu la même notoriété que

Géo Foottit ont laissé cependant parmi leurs successeurs des traces de leur influence.

⁂

Le cirque, nous l'avons dit, ne serait pas le cirque si l'on n'y plagiait pas. Les clowns sont passés maîtres en cette matière. L'originalité de Foottit suscita de nombreux imitateurs. Sa morgue aristocratique, sa rudesse professionnelle, sa malicieuse ironie, son dédain sarcastique devinrent les caractéristiques d'un type de clown qu'on appela le clown autoritaire, par contraste avec le clown gras et bonhomme baptisé clown débonnaire.

Mais du temps de Foottit, aucun de ses imitateurs n'eut la chance de rencontrer sur sa route, pourtant fertile en imprévus, un partenaire qui voulût le servir aussi humblement et avec autant de désintéressement et de soumission presque animale qu'un Chocolat.

Celui que dans le milieu du cirque on oppose le plus généralement à Géo Foottit, comme pour en obscurcir la gloire et qui le rappelle le plus, est Orlando Averino.

Orlando Averino appartenait à une famille de cirque très connue. Il était allié à la famille Hassan qui, pour n'être point d'une famille de cirque hautement titrée, occupait dans le cirque une place importante. Thomas Hassan, le beau-frère d'Averino, fut après M. Emilio longtemps régisseur de piste à Medrano et les Hassan-Averino ont figuré longtemps dans les programmes comme funambules et acrobates-cyclistes (1).

Orlando Averino rappelait trop Foottit dans l'expression de son caractère et dans les jeux de physionomie pour qu'on n'ait pas songé à l'époque à le lui opposer comme un rival. Rictus dédaigneux, sourcils provoca-

(1) Thomas Hassan, régisseur de piste et homme de confiance de l'établissement, assista à la fois à la mort de Medrano (Boum-Boum) et à la naissance de M. Jérôme Medrano, l'actuel directeur (1945) du cirque.

Ernest Hassan, fils de Thomas, qui épousa sa tante, la veuve d'Averino, est célèbre comme funambule cycliste. Il monta un numéro de clown avec sa sœur, maintenant mariée au clown Despard-Plège. Michel Sellier, dit Averino, marié à une Averino en reprit le nom. Longtemps auguste de soirée dans les cirques parisiens, il ne faut pas le confondre avec Orlando.

teurs, bouche amère, tous les caractères extérieurs de Foottit se retrouvaient chez Orlando.

Malheureusement, Orlando Averino n'était point engagé au Nouveau Cirque, qui depuis la disparition du cirque d'Eté, aux Champs-Elysées, était devenu l'établissement préféré des gens du monde. Il travaillait chez Medrano, considéré alors comme un établissement de moindre importance, où sans doute sous la direction du maître ès-clowneries Boum-Boum de talentueux comiques prenaient le départ, mais ne méritaient de louanges indiscutables qu'après avoir affronté les spectateurs du Nouveau Cirque.

Les succès obtenus par Orlando Averino au cirque Medrano n'eurent jamais le retentissement de ceux de Foottit.

Les vieux amateurs n'ont pourtant pas encore oublié Averino. Il avait été formé à l'école de Georges Loyal qui présentait un numéro de renards et son chien sauveteur et qui lui avait conseillé de devenir auguste. L'emploi n'était pas très reluisant et Orlando préféra celui de clown qui présentait beaucoup plus d'avantages et où il obtint avec Antonio comme partenaire la consécration des critiques (1).

Antonio Lozano, né à Madrid en novembre 1877 (2), était le fils d'un industriel. Son père, propriétaire d'une huilerie-savonnerie, le destinait à la carrière commerciale. Thomas Hassan, qui travaillait avec Averino et qui avait la spécialité de dresser de nombreux acrobates, remarqua un jour le jeune Lozano qui venait régulièrement s'entraîner dans le manège et, l'ayant rompu aux

(1) Nous avons tenté en vain d'obtenir des éclaircissements et des précisions par Michel Averino, par Mme Despard-Plège, sur Orlando Averino. Nous n'avons pu toucher Ernest Hassan qui aurait sans doute pu nous fournir des renseignements sur son oncle. D'autres que nous parviendront-ils à apporter leur contribution à une biographie plus complète d'Orlando Averino ? Nous le souhaitons puisqu'il fut le rival de Foottit et mérite, au moins à ce propos, d'être mieux connu. Nous avons rencontré encore dans nos recherches un Guillaume Averino (époque 1905-1910) que nous ne savons à quelle famille rattacher.

(2) Louis Lavata dit dans ses Mémoires (*Trente ans de Cirque*, *Le Quotidien*, 4 décembre 1930 au 28 janvier 1931) qu'Antonio Lozano fut célèbre en Allemagne, son pays d'origine. Nous nous rapportons aux déclarations de Mme Antonio Lozano, sa veuve, que nous remercions ici de l'accueil que nous avons trouvé auprès d'elle pour composer les éléments de cette biographie.

difficultés du métier, le persuada de choisir une carrière pour laquelle il lui sentait des dispositions. Antonio y consentit sans trop se faire prier et devint l'auguste d'Orlando Averino. Ils furent bientôt inséparables et sans l'habitude qu'avaient prise tous les clowns d'assujettir l'auguste à des conditions de salaire dérisoires, leur collaboration eût duré plus longtemps.

Antonio, qui avait beaucoup de succès, voulut profiter de son mariage pour demander à Averino d'élever ses appointements à un niveau correspondant à sa situation. Averino émit toutes sortes de prétextes pour refuser une augmentation. N'ayant aucun espoir de l'obtenir jamais, Antonio quitta son partenaire et s'associa avec C.-W. Ilès, dont le jeune et pétulant caractère de clown débonnaire venait d'être remarqué chez Medrano. Ils partirent immédiatement pour la saison d'été en Suède, où ils reçurent un accueil triomphal. On raconte qu'ils durent réapparaître trente fois de suite en piste, réclamés par les spectateurs qui ne se lassaient pas de les applaudir et refusaient, entraînés par leur enthousiasme et peut-être aussi par malignité, de laisser jouer les autres artistes.

Antonio, qui pratiquait les acrobaties, se distinguait dans la parodie de *l'Ane*, du *Chien Sauteur*, de *la Lutte* dont C.-W. Ilès revendique aussi la création. Dans la parodie du *Chien*, Antonio portait un costume de caniche, race à la mode à cette époque. Il avait un jeu aux ressources développées. Pourvue de beaucoup d'expressions, sa physionomie possédait une mobilité extraordinaire. A l'étranger, il arrivait à se faire comprendre par une incomparable mimique qui suffisait à exprimer tous ses sentiments.

Engagés ensemble, dès leur retour de Suède, à Medrano, Ilès et Antonio partagèrent jusqu'en 1914 leurs succès entre la France et la Scandinavie, où ils se rendirent régulièrement chaque année pendant l'été. Ils se séparèrent par suite d'un différend savamment entretenu par des confrères comme il s'en rencontre aussi bien au cirque qu'ailleurs et qui ne perdaient pas l'espoir de partager, soit avec l'un, soit avec l'autre, les avantages pécuniaires que leur procurerait la discorde.

C.-W. Ilès partit en Angleterre avec un jeune auguste, Bario (Manrico Meschi) qui n'était pour rien dans la cabale et qui arrivé récemment chez Medrano y avait suscité beaucoup d'intérêt en collaboration avec Léandre (1).

Antonio gagna la Suède avec le clown Théodor (Théodore Delfin) (2). Mais privés tous les deux de leur partenaire habituel, trouvant difficilement des contrats, aucun directeur ne voulant les engager l'un sans l'autre, ils jugèrent préférable de se rapprocher, tandis que Bario et Théodor trouvant une solution à leur situation s'entendaient pour composer une nouvelle équipe de leur côté.

La Première Guerre mondiale sépara de nouveau Ilès et Antonio. A la réouverture du Nouveau Cirque, Antonio fut engagé avec Jean Cairoli, clown. Ils interprétèrent une série d'entrées prétendant à la nouveauté, comme *Antonio toréador*, *Antonio détective*. En 1918, Antonio Lozano mourut laissant deux enfants qui n'exercent pas le métier de leur père.

⁂

L'habitude qu'avait prise Foottit d'être le directeur de l'équipe qu'il composait avec Chocolat devait se perpétuer chez les clowns moyens pendant de nombreuses années. Averino procède avec Antonio comme Foottit avec Chocolat. Il le paye, mais mal. Le pli est pris. Le clown, comme bon lui semble et après avis du directeur, engage l'auguste qui lui convient. Il le prend à son goût et aux conditions qu'il entend. Le plus souvent le partenaire du clown est un jeune auguste qui débute, un aspirant grand artiste qui s'en est laissé imposer par l'espoir d'une vie moins mouvementée et par la possibilité d'obtenir à l'avenir des contrats de plus longue durée. Il a

(1) Léandre avait été le clown de Luigi Castellani et un moment d'Antonio après la séparation de ce dernier avec Orlando Averino. Léandre, qui participa à ce qu'on appela la guerre des costumes, brillait davantage par sa tenue que par son originalité et la qualité de son interprétation. Il possédait une garde-robe très remarquée pour l'époque. Ses costumes brodés faisaient une impression fort agréable. Mais cela ne suffit pas et après la guerre 1914-1918 Léandre ne reparut plus dans les cirques parisiens.

(2) Voir chap. XV. *Dario, Bario et Cie*.

l'espoir de devenir un clown. Il faut passer, croit-il, par le métier d'auguste. La situation de clown est réservée à l'ancienneté.

Dans tous les corps, le rôle d'apprenti est un peu, quand il ne se confond pas avec, celui de serviteur. L'auguste n'est pas dispensé d'une fonction déplaisante et les services qu'il rend au clown ne se limitent pas à la piste. Nous avons vu Tony-Greace engager Chocolat, à raison d'un franc par jour et le renvoyer parce qu'il a renversé le jus d'un rôti sur la robe de cérémonie de madame, le jour d'un baptême. Foottit double ses gages pour en faire un tout-à-souffrir, ce qui tout de même durait le temps d'un numéro. Pour apprendre son métier, Dario, auguste de soirée, touchait dans un cirque ambulant un litre de lait, des pommes de terre et un sou par jour. Nous pourrions citer d'autres exemples. Seuls les augustes de race, les « as » ès-pitreries se libèrent très tôt d'une servitude que toutes les victimes dénoncent, mais continuent d'accepter parce que le clown est alors un seigneur tout puissant. En 1910, Léandre fait souscrire à Bario (Manrico Meschi), qu'il prenait pour auguste, un contrat de travail en bonne et due forme par quoi ce dernier s'interdit de travailler avec un autre clown pendant un délai de deux ans. Le fait est peut-être unique, mais il est dans l'esprit du temps. Et la contrainte morale qu'il croit ses compères les clowns capables de lui imposer s'il ne tient pas ses engagements avec Léandre, incite Bario à les remplir intégralement, bien que le contrat n'ait juridiquement aucune valeur, n'étant pas, heureusement, consacré par l'usage.

Pour ne pas payer son auguste, le clown alléguera qu'il a des frais de représentation. Il se trouve dans l'obligation d'entretenir une garde-robe choisie. C'est en partie exact. Au fur et à mesure que le rôle du clown grandit et que la place se trouve de plus en plus disputée, les clowns à défaut de ressources personnelles vont essayer de briller par leur toilette et payer cher un vestiaire abondant et régulièrement enrichi.

L'auguste réplique que l'usure de ses habits est plus rapide que celle des habits du clown. Il est tenu à des excentricités qui achèvent de rendre loqueteux des habits de circonstance, certes, mais qu'il faut remplacer quand même. Le costume d'un clown dure toute une vie ; une défroque d'auguste dure une saison.

Au fond, le clown veut profiter de sa suprématie sur l'auguste pour le faire travailler beaucoup et le payer le moins qu'il peut. Que l'auguste ait quelque intelligence et que ses prédispositions comiques le fassent remarquer, alors le conflit entre le clown et son partenaire surgit.

C'est en effet ce qui arrive. L'auguste prend chaque année plus d'importance et ceci d'autant plus qu'en vertu de la loi du moindre effort, le clown déjà bien payé considère son partenaire comme un accessoire, comme une mécanique, comme un automate, dont il suffit de remonter les ressorts pour le mettre en mouvement. Le clown ordonne, dirige et bientôt ne faisant plus grand'chose en arrive à ne plus pouvoir se passer de l'auguste.

Assuré que le clown ne peut plus rien sans lui, l'auguste va pouvoir désormais étendre ses prérogatives jusqu'à se libérer, sans dommage pour lui, de la tutelle du roi de la piste.

Quelques clowns comme Antonet, à caractère autoritaire dans la tradition de Foottit, résisteront jusqu'à leur dernière représentation à l'emprise de l'auguste sur un jeu dont ils sentent que la direction peu à peu leur échappe dans la piste d'où rien ne leur assure qu'ils ne seront pas à l'avenir exclus.

Certains augustes, comme Little Walter, se prennent si bien au sérieux que leur originalité éclipse celle du clown dès leurs premières passes avec lui. Fiers de l'assurance que leur personnalité leur confère, ils n'acceptent en aucun moment la loi du clown. Ils refusent de se soumettre à ses exigences. Ils n'admettent pas que, par droit d'ancienneté, il remplisse le rôle glorieux de régenter les pitreries. L'auguste a des idées à faire valoir, des trouvailles à exprimer. Si le clown est plus fort que lui, qu'il le montre. Sinon, qu'il ne se rende pas insupportable. La lutte commence entre les deux compères. Elle durera quelque trente ans. Little Walter sera le premier des grands augustes. Antonet, le premier et le dernier des grands clowns de l'école de Foottit, maintiendra la tradition et retardera la décomposition de la pantomime dialoguée amorcée par Little Tich, Bagessen, excentriques solitaires, et couronnée par Grock.

X

LITTLE WALTER

LITTLE WALTER, qui fut le premier auguste dont l'originalité émergea en dehors de celle du clown, s'appelait Ulrich Alexandre. Il était né à Liège le 18 janvier 1879. Fils et petit-fils d'écuyers, à dix ans, il débutait comme acrobate de tapis dans la troupe Bourbonnel. Au cours de ses engagements en Europe, Walter, pour toucher quelque argent de poche supplémentaire, vêtu en clown, faisait volontiers le numéro des chapeaux volants qu'illustrèrent les frères Léopold et une affiche que Chéret leur consacra. Appartenir à une troupe d'acrobates pour ne remplir qu'un rôle secondaire ne paraissait pas très brillant à Walter et il hésitait sur le parti qu'il devait prendre quand il rencontra Pinta en Hollande.

Pinta avait alors Arduino Barsali (1) comme auguste. Averti des dispositions du jeune Alexandre pour les rôles comiques, il le fit répéter. Il put bientôt monter avec lui un numéro « d'excentric comedian » sous le titre aussi inattendu que publicitaire de « Roll and Mops ». Nous ne connaissons pas la nature de leurs excentricités. Une mauvaise reproduction d'une lithographie nous révèle un Pinta énorme, vêtu d'une veste de marin à gros boutons, soutenant un ventre gonflé à l'excès dans des pantalons rayés à grands carreaux tombant court sur des souliers gondolés. Pinta sous son béret de marin paraît jouer les

(1) Arduino Barsali était un auguste dans le genre du tramp américain. Il se présentait sous un grimage gros d'expression, yeux cernés de blanc, cou en avant, tendons accusés par de larges traits verticaux rendant la tête minuscule sur un cou énorme.

ingénus. Près de lui Walter porte impeccable un petit chapeau melon à bords fortement retroussés sur des cheveux séparés par une raie, un col aux coins largement écornés, un veston d'étoffe épaisse, une canne légère qu'on remarquera plus tard chez Charlot et des chaussures irrémédiablement pointues. A côté du costume traditionnel de l'auguste en habit de cérémonie, Little Walter lança la mode du costume de l'excentrique anglais.

Walter prétend qu'il eut la révélation de son personnage alors qu'il interprétait à Londres, dans une pantomime, le rôle du fils de famille ignare envoyé comme ambassadeur aux Indes. Il accusa les traits de son modèle et prépara pour le cirque une caricature de gandin désargenté, de George Brummell sortant de l'échoppe d'un retailleur de nippes. Mais les gens de cirque ont des façons si fantaisistes d'expliquer leurs créations qu'il est parfois prudent de les passer au compte de l'imagination et non de la vérité.

Il est plus vraisemblable que Little Walter dut à un séjour en Angleterre d'avoir été influencé par Dan Leno, « the great Little Dan Leno » (1), un comédien de music-hall qui portait alors un costume ample de commerçant cossu et content de sa situation et remplissant d'autre part des rôles de femme selon la bonne tradition des clowns anglais. Il existe dans l'iconographie waltérienne des coïncidences si troublantes qu'on peut conclure que Dan Leno inspira Little Walter au commencement de sa carrière.

Engagé au Nouveau Cirque, Little Walter, étant donnée la qualité du public, ne pouvait pas se présenter sous l'aspect d'un mal vêtu. A côté de la veste rouge flamboyante de danseur mondain portée par Chocolat, une tenue de gentleman était de rigueur. Les années 1900 avaient lancé le type de la « gommeuse », Walter incarna le « gommeux ». En outre, dédaignant le modèle d'auguste à dégénérescence mentale que Chocolat avait beaucoup de mal à ne pas être, Walter anima un type si prétentieux, si bouffi d'orgueil, si optimiste et si plaisant qu'il fut, on

(1) Dan Leno avait débuté à l'âge de 4 ans en dansant dans un concert d'Edgware Road à Londres. En 1880, il remporta le premier prix de *clog dance*, sorte de gigue. Il mourut en 1904 à 41 ans.

peut dire, aux antipodes du précédent. Il amusa par sa faconde, sa malice toujours en éveil. Car les prétentions de ce gandin du commencement du siècle n'étaient pas moins comiques que les attitudes de l'important ou de l'inutile, du lourdaud ou du niais, signes extérieurs de l'auguste inintelligent dont la piste s'était encombrée.

Ainsi Walter ne faillissait pas à la tradition récente, mais à travestir le gentleman en plaisantin ridicule, son rôle comique, en devenant burlesque, montait de grade et rendait du goût à des entrées qui n'en avaient plus. Sans doute, prétentieux de nature, Walter, bien qu'il dût tout d'abord l'accepter, trouva incompatible avec son rôle la situation qui lui était faite d'encaisser invariablement comme conclusion à ses attitudes des gifles plus ou moins sonores et des coups donnés plus ou moins mal à propos. Quoi qu'il en coûtât à sa dignité, il ne put se soustraire à la comédie des claques, puisque Foottit et Chocolat en usaient et qu'ils étaient, de par leur situation, le modèle de tous les autres. Il en passa par là. Question de principe pour lui sans doute, car le gros et bon Pinta, de la lignée des clowns débonnaires, d'une bonhomie souriante, n'avait rien de commun avec l'opiniâtreté autoritaire de Foottit. Cependant, mécontent que son rôle d'orgueilleux fût diminué, rebelle aux coups, Walter chercha des dénouements nouveaux aux situations comiques et trouva des « sorties » plus dignes à ses yeux des aventures clownesques qui se terminaient jusqu'ici par des poursuites ou des pugilats mouvementés mis à l'honneur par les Hanlon-Lee et leurs successeurs.

⁂

La psychologie du type créé par Little Walter oscillait donc du « gigolo » au « gommeux », de l'orgueilleux au « dandy ». Complété par un costume approprié, le personnage satisfit Walter le temps qu'il lui fallut pour l'insérer dans la comédie clownesque. Dès qu'il l'eut adapté au répertoire, Walter laissa à d'autres le soin d'en tirer parti.

Grâce aux documents nombreux que Little Walter mit précieusement de côté, nous savons qu'il ne poussa pas l'étude de la caricature du gommeux au-delà d'une certaine habileté à le rendre sympathique au public du Nouveau Cirque. L'effort ne fut pas pénible, on s'en doute. Il ne devait pas manquer de spectateurs pour qui le gigolo satisfait de sa condition avait du charme. La tâche fut plus ardue ailleurs. Dans tous les cas, dès que le type s'avéra antipathique, Walter l'abandonna à son sort comme il lâcha par la suite chacun des types qu'il anima successivement.

Walter en effet ne s'intéressait à la genèse et à la vie de ses personnages que pour retrouver l'exaltation qui lui permit de nouvelles recherches et de nouvelles créations. Mais le fond était le même ; la veine était abondante et facile à exploiter. La sottise plus ou moins consciente de l'auguste ne devait pas atteindre à des résultats extraordinaires quant à l'enrichissement du répertoire clownesque. Mais elle gardait l'attrait particulier de la simplicité. Accessible au plus grand nombre, elle s'avérait un éternel élément d'hilarité, l'aliment le plus riche du comique de cirque, la bêtise ayant la qualité de ne jamais lasser les spectateurs, pourvu que les clowns sachent l'accommoder diversement.

D'autre part, le type de gommeux subit le sort des nouveautés qu'un succès pare indûment de tous les mérites pour leur attirer bientôt le reproche de la banalité.

Mais à suivre de trop près la mode on risque de perdre le sens de la vie. Quand le portrait de la gommeuse arrangée au goût de tous les spectacles n'attira plus l'attention, on fut bien obligé de trouver autre chose. Le « gommeux » imaginé par Little Walter perdit alors sa raison d'être.

⁂

Derrière sa superbe, sa fatuité, sa vantardise, Little Walter suivait donc comme tous les augustes la plus banale aventure des sots. En jouant le satisfait, le content de soi, le toujours prêt à se proposer à l'admiration, à nier l'évidence pour se rendre intéressant, en raison même des nécessités de son jeu, de la nature première de son activité, du milieu de son évolution, Walter était obligé, malgré ses velléités d'y échapper, de revenir au type d'idiot unique et uniformément admis au cirque. Bien qu'intelligent, Walter ne put parvenir à réaliser un type essentiel, comme Charlot, comme le « tramp », le vagabond anglo-saxon, ou comme le pochard, ce type populaire bien français.

Sous son costume de gommeux impeccable, Walter cachait les ficelles qui tenaient son pantalon et ses manchettes retenues sous les manches de son habit. Il ne tenait qu'à un fil aussi que, sous l'assurance de son jeu, n'éclatât sa stupidité.

⁂

Ce n'est pas que Walter ne fît pas tous ses efforts pour incarner un type dont la vie soit de plus longue durée que le succès qu'il remporte. Il avait de l'audace et ne craignait pas la nouveauté. L'auguste n'était pas un personnage chez qui la réalité se retrouvait créée pour les besoins du cirque ; il ne s'apparentait à aucun des types populaires entrés déjà dans la littérature avec leurs tics et leur langage. Le théâtre s'accommodait du naturalisme. *Les Mystères de Paris*, *La Porteuse de pain*, *Les Deux gosses* débordaient du centre jusqu'à la périphérie, de la porte Saint-Martin au théâtre de Belleville.

Il y avait quelques lustres déjà qu'en Angleterre Alfred Lester, sous les traits du coiffeur, du garçon de magasin ou du portier d'hôtel, avait exprimé les joies et les triomphes des petites gens. Dan Leno avait orné quelques personnages de femmes du peuple du plus bel orient prolétarien.

En France, les cirques et les music-halls retardaient sur le développement presque général des interprètes de la comédie clownesque parce que le succès de Foottit et Chocolat paralysait les autres clowns qui se contentaient de les imiter.

Mais, à Lisbonne, Angelo Pinto créait le type du mauvais garçon. A Porto, José Ricardo, l'enfant gâté des Portugais, comique avisé qui, sans ouvrir la bouche, avait le don de mettre en joie toutes les salles, se révélait aussi bien sous le costume d'un cireur de bottes ou d'un décrotteur de rue que dans celui d'un des innombrables types qu'une ville cosmopolite peut receler (1).

(1) Henry Lyonnet. *Le Théâtre au Portugal*, Paris, Ollendorf.

Little Walter, appelé à Lisbonne par plusieurs engagements consécutifs, composa une série de personnages tels que le porteur d'eau, le chevrier, l'allumeur de becs de gaz. Pour peu qu'il y ait été convié par le public, Walter eût épuisé dès son retour à Paris tous les sujets, du tondeur de chiens au raccommodeur de porcelaine. Mais l'heure n'était pas venue du succès d'un Tramel, d'un Michel Simon ou d'un Raymond Souplex. Little Walter se résigna à concurrencer le clown dont le monde réel n'est nulle part en reprenant le rôle de l'auguste purement et simplement.

⁂

Little Walter avait débuté en portant la houppette de cheveux à la manière de Foottit et l'habit de soirée de l'auguste : haut-de-forme, gilet blanc, gardénia à la boutonnière. Mais il ne s'attarda pas plus longtemps à ce genre qu'au chapeau melon crème, à la perruque rousse, à la cravate papillon et aux souliers palmés dont Billy-Hayden avait, antérieurement à Little Tich et Charlot, consacré la nouveauté.

Walter, à l'imitation d'Antonet devenu après Pinta son partenaire, changea de costume aussi souvent qu'il put, afin de garder intact dans son genre une réputation d'imbattable costumier. Il en imagina de toutes les formes, il en tailla de toutes les longueurs ; il en porta d'invraisemblables, de drôles et de cocasses, mais jamais de ridicules. Audacieux, il se permit toutes les exagérations. Le gilet blanc s'allongea démesurément, s'échancra jusqu'aux genoux ; les manches de l'habit s'étirèrent, subtilisèrent les mains qu'on retrouvait découpées et raides en guise de cravates ; les pantalons s'amincirent en grêles torsades d'étoffe ou se transformèrent en accordéons aux plis ravagés. Sous ces accoutrements successifs, l'artiste disparaissait un peu. Mais on le retrouvait bientôt sous l'habit d'un noceur, d'un valet d'écurie, d'un artilleur, d'un toréador, d'un boxeur, d'un chanteur tyrolien (1), autant de costumes que d'entrées. Nous voilà

(1) Type repris plus tard par Grock.

loin d'un type immuable dont les réactions sont identiques, quelle que soit l'entrée qu'il interprète.

Le costume de soirée, tenue primitive de l'auguste, fut, grâce à Walter, laissé de côté et remplacé par le costume de ville et les étoffes à carreaux admises en piste. Pour qu'elles fussent acceptées, il les fallait de coupe singulière. Walter lança les pantalons croisés qui donnent l'illusion de jambes emmêlées ; la culotte à fond ballant descendant jusqu'aux genoux ; la chemise à manches interminables ; les souliers à clous énormes qu'il sortit au moment de la parodie du *Cake-Walk*, pantomime dansée qui fit courir tout Paris au Nouveau Cirque et dans laquelle Walter et sa partenaire, Mme Andrée Rancy, obtinrent tous les éloges, autant par la grâce déployée que par leur bonne humeur.

Le succès permettait à Walter de tout entreprendre et de tout oser. Mais aussitôt ses trouvailles publiées, il les abandonnait. En grand seigneur, il laissait à ses imitateurs le soin de les développer, sûr qu'il était de ne pas manquer d'idées pour se renouveler. Mais il entendait qu'on lui reconnût la paternité de ses créations et qu'on ne discutât point de l'originalité de son interprétation. Il avait l'orgueil de ses qualités. Il créa un état d'esprit parmi ses confrères et le public ; pendant les quinze ans qui précédèrent la Première Guerre mondiale, il ne se fit rien de neuf qu'on ne lui attribuât. On le gratifia, à tort bien entendu, de trouvailles qu'il n'avait point faites. Il n'en demandait pas tant. Avant lui, la livrée de l'auguste n'était en tout et pour tout qu'une défroque fripée ; celle de Chocolat sacrifiait tout à la mode. Grâce à Walter, les augustes prirent l'habitude de se composer un costume de piste qui fut pour eux comme le décor de leur action, le cadre de leur personnalité. Tels furent, entre les plus caractéristiques, Alex (Alexandre Briatore), Ceratto (Leonardo Ceratto), Porto (Arturo Mendez), Rhum (Henri Sprocani), etc.

Le geste de Little Walter était une source où chacun puisait. Ses accoutrements composaient un riche magasin où le moins capable était certain de trouver quelque détail à sa convenance. Il y eut les culottes à la Walter, les souliers à la Walter, et des augustes à la Walter entrèrent dans les cirques pour autant qu'ils purent en absorber. Si le grand clown de l'époque fut Foottit, le grand auguste de l'époque suivante fut Little Walter. Il savait que le succès a de ces exigences et n'était pas jaloux que ses confrères en profitassent. Ni les plagiaires, ni les plagiats ne le gênaient. Il ne lui serait pas venu à l'idée de les poursuivre parce qu'ils serraient de trop près son procédé et qu'ils enfilaient le même costume. Walter ne vivait pas sur sa réputation. La publicité n'était pas un procédé dont il se préoccupait.

Combien d'autres, plus grands que Walter et qui ne l'en ont pas moins servilement copié sans jamais citer son nom, n'ont eu ni son courage, ni sa philosophie.

⁂

Pinta, le partenaire de Little Walter, avait débuté dans les acrobaties. Il avait eu successivement comme auguste Guido (Guido Manetti) (1), Futelais (2) et Ardouin Barsali (3).

Devenu d'un embonpoint respectable, Pinta, qui pesait cent vingt kilos, se spécialisa dans le dressage. Il présenta un numéro d'oies dressées ; la tradition veut qu'il ait été le premier à le faire, mais nous n'en croyons rien. Il dressa encore un coq anglais, puis à la fin de son existence de cirque, des autruches. Il abandonna le métier pour prendre la gérance du Grand Hôtel de Zurich où il mourut en 1919.

Sa collaboration avec Little Walter dura peu d'années et ne fit pas épanouir chez ce dernier de dons exceptionnels. Aucune relation de leur travail ne nous est parvenue et il est malaisé de s'en faire une idée même approximative.

Walter, qui a pris soin de fixer par la photographie toutes les circonstances de sa vie de famille et tous les types différents qu'il incarna, n'a pas songé à indiquer les phases des entrées de son répertoire.

Pourtant, quand il s'associa avec Antonet, Walter

(1) Guido Manetti, père de Charles Manetti. Voir chap. XVIII.

(2) Futelais était un comédien amusant. Il ressemblait d'une façon extraordinaire au préfet de police Lépine, qu'il incarnait toujours dans les pantomimes du Nouveau Cirque où il avait fait de longs séjours. (Louis Lavata, *op. cit.*)

(3) Voir note page 143.

arrangea quelques sketches qui n'ont pas été oubliés, qu'Antonet enseigna à Grock et que ce dernier fit siens, telle la parodie musicale *Kubelick II et Rubinstein* qui, modifiée, romancée, aboutit plus tard à l'entrée du *Piano*. On sait encore qu'avec *La Clarinette*, qui fut l'une des bonnes entrées du couple Antonet-Beby, la parodie d'*Hamlet* fut celle où Antonet et Walter dépensaient leurs meilleures qualités. Ils ne ratèrent jamais l'occasion de la présenter sous forme d'un pot-pourri baptisé « parodie burlesque, un célèbre drame et une scène tragi-héroï-comique ».

La verve créatrice de Little Walter ne se borna pas à se manifester dans la parodie et dans la composition de ses costumes, caricature plus ou moins réussie de la réalité. Il ne négligea pas d'apporter sa quote-part au répertoire commun des entrées et d'ajouter au capital accumulé par ses devanciers de nouveaux sujets d'amusement, des situations bizarres et des reparties drôles. Il enrichit l'entrée du *Soldat*, du *Biniou*, de *La Course de taureau*, que Max Linder vit en Espagne et qu'il adapta au cinéma ; du *Rossignol* qui avait fait le succès de bien d'autres clowns musicaux comme les Miovsky (1) avant Walter et qu'après lui, des clowns tels que les frères Plattier, les Arnaut-Bros, ont perfectionné jusqu'à lui donner le caractère d'une pantomime sifflée, et que les derniers en date, les Novelle Bros, interprètent dans un cadre réaliste (2).

Walter créa encore la parodie de *Chantecler* quand,

(1) Les Miovsky seraient les créateurs de la parodie du *Rossignol*. Leur numéro, composé de deux clowns et de deux femmes, sous le nom de *The acrobatie Musical Miovsky*, était fort connu dans les pays centraux. Les clowns portaient la chemisette, le col de dentelle et le boléro. Ils avaient la tête rasée surmontée d'une touffe de cheveux à la tartare.

(2) Les Novelle-Bros excentriques musicaux parurent au Cirque d'Hiver en mai 1930. Annoncés comme clowns américains pour la première fois en France « leur succès tint plus à la publicité qu'à l'estime que le public déçu par une publicité mensongère leur témoigna ». Nous ignorons si leur méconnaissance de la langue française les obligea à se borner à deux parodies mimées : celle des *Chats* qui rendit célèbres Pierantoni et Saltamontes, et celle du *Rossignol*. Dans cette dernière, ils arrivaient avec une grande cage à barreaux flexibles où l'un deux prenait place. Leur interprétation pécha par son mouvement désordonné et par sa forme.

Les Arnaut Bros, clowns hongrois, présentèrent à l'Alhambra en février 1936 un mélange d'acrobaties musicales et le sempiternel duo du *Rossignol*, ressource désespérée, a écrit Maurice Verne, de tant de clowns.

avec Tonitoff, il fut engagé au cirque Ciniselli ; et *La Ballerine*, dans laquelle Walter, se souvenant du succès du cake-walk et dansant avec des castagnettes, imitait une excellente troupe de danseurs nègres, les Walker, dont le nom pouvait prêter à confusion.

***

Antonio Pilar-Jarques, dit Tonitoff (1), n'avait pas encore un nom très connu quand il fut, après Tonyno Aragon, le clown d'Antonet qui avait débuté comme auguste et qui devint son beau-frère par la suite. Son succès et son nom dataient de son séjour en Russie au cirque Beketow. Plus tard, il remplaça Antonet comme clown auprès de Little Walter.

Tonitoff a laissé le souvenir d'un artiste original au masque bizarre. La tête rasée et portant une mèche à la tartare, dressée sur le sommet du crâne, la bouche aux plis tombants comme celle de Foottit dont il s'inspira, il avait beaucoup d'allure (2). Très empressé auprès des dames, ses aventures amoureuses animèrent longtemps les conversations des loges. En piste, il portait de fort beaux costumes qui l'aidaient dans son succès et augmentaient son prestige. Tonitoff eut encore pour partenaire Seiffert, un auguste d'origine allemande qui, plus tard, devint clown à son tour et qui, plus masculin qu'Antonet, fut peut-être le plus beau clown qui ait jamais existé (3).

Lors de la Première Guerre mondiale, Little Walter fut mobilisé dans l'armée belge, et sa connaissance des langues étrangères lui valut d'importantes missions confidentielles et périlleuses.

Quand, à la fin des hostilités, il voulut reprendre sa place au cirque, il s'aperçut que le public, devenu plus

(1) Une fille de Tonitoff, vedette de music-hall, d'une grande beauté, nommée Tina de Jarque, fut bêtement assassinée dans les premiers jours de la guerre civile en Espagne.

(2) Citons encore parmi les clowns les plus connus qui s'inspirèrent encore du maquillage de Foottit, après Averino, les clowns Ovaro, Emilio Cavalini, Palisse, Little Joe (clown de Big-Ernest dans le couple les Fillis-Bros), Moriss (Manrico Mariani) et Joseph Delfa.

(3) Seiffert mourut à Madrid où il était propriétaire d'une pension de famille.

difficile, chérissait d'autres clowns dont le travail d'équipe était plus complet dans la diversité, plus poussé dans le sens de la perfection, plus harmonieux dans la conception. Quelles qu'aient été encore les qualités de Little Walter, elles ne suffisaient plus à l'imposer. S'il avait été connu du grand public en France, il était bien oublié. Ses collaborations avec Pinta, Antonet, Tonitoff avaient eu du retentissement, surtout dans les milieux de clowns. Ses idées, ses aventures, ses relations à la cour du Portugal étaient souvent rappelées. Walter tenta ses dernières chances et engagea de nouvelles batailles à la réouverture du Cirque d'Hiver, sous la direction Desprez, avec C.-W. Ilès et E.-P. Loyal comme partenaires. La mode était au trio. Nous verrons dans un chapitre suivant (1) comment et pourquoi leur entreprise ne réussit pas. Loyal abandonna après une saison d'inutiles tentatives pour s'accorder au diapason de ses confrères. Puis ce fut au tour de C.-W. Ilès de laisser Little Walter jeter les dernières étincelles de son talent.

Little Walter avait formé son fils, Eugène-Alexandre, dit Joe Walter. Avec Chocolat fils (Eugène Grimaldi), l'ancien compagnon de Porto, et Joe Walter, Little Walter essaya encore d'animer un trio qui fût homogène. Le mélange fut pitoyable. Il ne suffisait pas d'être trois pour réussir comme les Fratellini. Joe Walter, pourtant, mettait en œuvre des ressources de musicien. Il apportait dans son numéro d'échasses un dynamisme cocasse dans l'imitation d'un pochard fort en couleur et en équilibres. Mais Chocolat fils s'enivrait réellement. Joe Walter, qu'un mariage conditionnel éloignait de la piste, abandonna la partie. Désabusé, Little Walter, se rendant compte de la vanité de poursuivre une tâche au-dessus de ses moyens et de se maintenir à un rang qu'il n'était plus de taille à disputer à ses successeurs, chercha à retrouver dans l'ivresse la vie extraordinaire du bouffon qu'il avait menée.

Il avait été le plus fort auguste de son temps. Moins goûté en France que célèbre à l'étranger, il avait été dans les pays latins d'Europe et d'Amérique l'animateur en dehors de qui rien ne se fait, rien ne réussit. Aucune

(1) Chap. XIII.

entrée n'existait sans qu'on lui eût demandé son appréciation, sans qu'il y ait ajouté un grain de malice, l'ait rendue plus vive et plus cocasse. Aucun costume d'auguste ne fut composé qui n'eût été taillé sur ses patrons. Little Walter avait découvert Grock quand celui qui ne s'appelait encore qu'Adrien Wettach était caissier au cirque Suisse et demandait humblement avis aux artistes de la caravane. Il avait été le premier partenaire sérieux d'Antonet à ses débuts comme clown. Ami personnel du roi de Portugal, les gardes lui rendaient les honneurs militaires quand il franchissait les grilles du palais. Premier comique à Lisbonne, il avait été révéré à l'égal d'une majesté. Il portait des diamants sertis au milieu de ses dents. Il avait été directeur de cirques, propriétaire de terrains au Portugal, d'un grand café à Bordeaux, mandataire d'affaires industrielles en Amérique du Sud.

Aussi était-il difficile à Little Walter de tout oublier. Rendu amer parce que personne ne se souciait plus de ses jours de gloire et ne le considérait qu'à la valeur de ce qu'il était aujourd'hui, Walter retourna au Portugal. Il y reprit la route. La chance le favorisa une dernière fois. Il gagna un gros lot à la Loterie nationale portugaise. Il acheta un cirque ambulant, recommença d'espérer.

Il avait assisté naguère à la mort de Bob O'Connor (Charles Barbier), à l'Hôtel-Dieu de Paris. Dans la fièvre, Bob O'Connor se croyait au cirque et faisait des grimaces aux spectateurs. Le soir de l'enterrement, alors qu'il sortait de la piste, dans la demi-ivresse où Walter était le plus naturel et le plus confiant des hommes, il nous avait fait part de sa crainte de mourir éloigné du milieu où se trouvaient réunis tous les plaisirs de sa vie.

— Mourir à l'hôpital tout seul. Faire sa dernière sortie devant personne, devant les banquettes vides quand on a fait rire des millions de spectateurs au cours de toute une vie, je ne m'y résigne pas. Un clown devrait mourir en pleine gloire.

Il parlait pour lui et, morose, Walter commandait un nouveau cocktail pour achever de voir en lui-même s'il n'avait pas, avant l'heure de la mort, laissé passer l'heure de la gloire.

Il voyait se fermer tour à tour les cirques qu'il avait connus à l'époque de son succès.

— Quand je n'aurai plus de travail, disait-il, je recommencerai à faire la parade comme pitre ou comme musicien.

Sans doute y avait-il encore chez lui quelque volonté d'être drôle et d'étonner. Dans tous les cas, le sort ne le voulut pas descendre si bas. Il paraît qu'il eut, si l'on peut dire, une joie dernière. Cet étonnant bouffon, qui avait fréquenté le palais des rois, mourut au cours du voyage dans la roulotte où, après avoir distrait les petites gens de la province, il se retrouvait auprès de sa femme, Emilie Brun-Lécusson, ancienne écuyère, de ses filles Léna, filleule de Pinta, et Nina, toutes deux danseuses, de son second fils, acrobate et musicien, qui l'avaient accompagné jusqu'au bout du voyage. Mais il manquait Joe Walter, celui en qui Alexandre Ulrich, dit Walter, avait mis tous ses espoirs, celui qui le doublait dans les Walter-Bros, le numéro de clowns musicaux qu'ensemble ils avaient mis debout, celui qui, dans le jazz-orchestre réuni par Walter, était le musicien universel, jouant de tout, touchant n'importe quel instrument, et comique par surcroît.

Si la légende est menteuse une fois de plus, et si Walter n'est pas mort, comme on le dit, dans la caravane, il est permis de croire que l'idée de « sortir » au milieu des applaudissements le berça jusqu'à sa dernière minute et que c'est accompagné de Joe, son partenaire, qu'il s'avança dans la piste au-devant du public pour saluer une dernière fois avant la dernière culbute.

*
**

Joe Walter reparut au cirque et au music-hall sous le titre de « fou musicien » et sous les traits d'un inspiré mélancolique et prétentieux, guindé dans son costume. Sous l'ample manteau à épaules carrées, les pantalons à sous-pied, le maniaque surgit bientôt sous l'original, tirant d'une douzaine d'instruments à vent et à cordes les plus harmonieuses comme les plus discordantes symphonies. Les fantaisies musicales se suivent sans se ressembler, toujours couronnées de quelques réflexions cocasses où l'esprit le dispute à l'inattendu. Numéro varié qui change d'année en année. Il change de détails, mais le fond, basé sur des connaissances instrumentales étendues, reste identique. Travail dont l'originalité et le dynamisme relèvent de l'excentrique plus que du clown.

Artiste solitaire, Joe Walter cependant a repris le nom de Little Walter. Nous espérons bien le voir un jour, parmi les clowns, retrouver la place que son père occupait. Joe a prouvé ses qualités de comédien dans la pantomime dialoguée. Il ne tiendrait qu'à lui d'affirmer son talent multiforme grâce au concours d'un clown à figure blanche qu'il ne serait pas en peine de trouver.

XI

D'ANTONET A BEBY

ANTONET, qui fut le premier et le dernier grand clown de tradition foottitienne, s'appelait Umberto Guillaume. D'origine italienne, né à Brescia en 1872, il était le troisième fils de Natali Guillaume, directeur de cirque. Ses deux frères, Honorato et Cesare, sont connus. Le premier fut jongleur (1), le second, dit Bébé (2), né le 28 octobre 1861, donc de onze ans plus âgé qu'Antonet, fit une carrière de pitre assez mouvementée. Mais, aussi respectable qu'elle ait été, elle fut très loin d'être aussi brillante que celle de son frère.

Bébé débuta comme écuyer dans le cirque familial et travailla plus tard chez Renz, Ciniselli et Salamonsky. Décidé à faire sa carrière comme clown, il prit son frère Umberto comme élève, le fit travailler sous sa direction comme auguste et lui inculqua, bon gré, mal gré, les rudi-

(1) Natalino Guillaume et son frère Fernandino, celui-ci plus connu au cinéma et dans les films italiens sous le nom de Polydor, sont les neveux d'Antonet et de Cesare. Sont-ce les fils d'Honorato ? Nous posons la question sans pouvoir la résoudre. Natalino mourut dans un accident d'aviation alors qu'il tournait un film.

(2) Bébé comme il y eut Beby, Bimbo, Biberon, Babylas. Pour choisir leur pseudonyme, les clowns obéissent surtout à des motifs et des influences insoupçonnés. Ils recherchent surtout des similitudes de consonances pour bénéficier à l'occasion du succès d'un de leurs confrères. Bébé a prétendu avoir choisi son nom au souvenir de Billy-Bell, un jockey anglais qui travaillait au cirque Natali Guillaume. Artiste de premier ordre, Billy-Bell excellait dans tous les rôles et se faisait annoncer sur les affiches par ses initiales B. B., ce qui, en Angleterre, est le signe d'une grande notoriété. Cesare Guillaume, qui avait profité des leçons de Billy-Bell, s'appropria ses initiales. Il y eut en même temps plusieurs Bébé. L'un fut Ferdinand Lambert, directeur de cirque et clown de parade ; l'autre, Charles Moustier, père des frères Moustier, dont l'un épousa une fille Bouglione.

ments du métier de paillasse, rôle que le gosse considérait comme un pis-aller, tout dénotant dans son caractère, ses goûts, ses aptitudes des prédispositions pour occuper des emplois plus nobles. Umberto, qui avait pris le nom d'Antonet (1), se fatigua très vite de sa situation et quitta son frère pour tenter sa chance selon ses propres vœux.

Bébé fut engagé à l'essai pendant un mois par Victor Franconi, aux cirques d'Hiver et d'Eté, en 1892, à l'époque où Lavater Lee s'y trouvait (2). Lavater Lee, fils de Stephen Lee, était acrobate et sauteur de cerceaux. Il franchissait un nombre imposant de chevaux par un saut périlleux qu'il exécutait en deux temps : il sautait d'abord huit chevaux et retombait sur un tremplin élastique qui le renvoyait, sitôt disparu, par-dessus les chevaux restants. A vivre parmi les clowns réputés, Lavater Lee s'était fait une réputation de clown d'entrée et de mime qui balança celle des Billy-Hayden, des Tony-Greace et des Foottit mais dans le genre auguste dont il porta l'habit de cérémonie fripé traditionnel et le chapeau haut de forme en accordéon.

Bébé s'associa avec Joé Roussel, dit Toto (3), un auguste catalan, et tous deux réussirent si bien à amuser le public qu'ils restèrent pendant sept ans attachés aux deux cirques.

Nanti d'un contrat pour le Portugal, Bébé se rendit seul au Coliseo de Recreios, de Lisbonne, où triomphaient Pinta et Little Walter, car, inquiet en raison de la guerre hispano-américaine, Toto préféra éviter de traverser l'Espagne de peur d'y être mobilisé. Bébé s'entendit alors avec Kerwich (4), puis partit au cirque Brown, en Amérique du Sud, où il eut d'abord Cyerillo, puis Pastor, comme partenaires.

(1) Le nom d'Antonet prend place dans la série des Tony-Greace, Tonitoff, Tonyno, Tonyto, Tonin, Antonio, etc. Deux autres comiques avaient porté le nom d'Antonet avant Umberto Guillaume : Galliati et Arturo Magri qui, écuyer, avait été encore l'auguste de Bébé.

(2) *Le Monde artiste*, 32e année, nº 20 du 15 mai 1892.

(3) Toto fut par la suite partenaire de Seiffert et d'Adolphe (Nouveau Cirque, mars 1911).

(4) Nicolas Kerwich, grand-père maternel de Charles Manetti, fut aussi l'auguste de Félix Gontard. Sa fille, Jeanne Kerwich, obtint des succès à l'Odéon.

Cyerillo était alors auguste. D'origine anglaise, il avait d'abord été marin dans la marine marchande. Lors d'un voyage en Amérique du Sud, il négligea de regagner son bâtiment et jugea prudent de changer de milieu. Cyerillo fut surtout, comme clown, le partenaire de son compatriote Harry Busby (1). C'est à ce titre qu'il acquit en France une certaine notoriété. Quand Busby, rappelé à Londres par un héritage aussi inattendu qu'important, laissa Cyerillo à Medrano, où ils formaient un couple fort sympathique, ce dernier constitua avec Coco (Raoul Jouin), avec qui il avait joué jadis, et Charley Meyer (2) un trio qui s'affirma péniblement au Cirque de Paris. Cyerillo était cardiaque. Un soir, au cours d'une représentation, le clown se trouva indisposé et on dut l'aider à sortir de piste.

Bob O'Connor, qui se trouvait là, lui dit en plaisantant :

« Mon vieux, quoi, tu t'abandonnes ? Faut pas te laisser aller, sinon on te ramassera à la cuiller. »

Cyerillo répondit difficilement aux plaisanteries de son vieux camarade. Le lendemain, il était mort.

Joé Pastor était d'origine italienne. Il fut l'un des meilleurs imitateurs de Little Walter, qui n'y voyait aucune malice et lui donnait des conseils pour que l'imitation fût mieux réussie (3). Pastor quitta Bébé pour devenir le

(1) L'aspect seul de Busby, dit M. G. Fréjaville, bon géant empêtré dans une défroque personnelle, suffisait à déchaîner les rires. La brutalité des soufflets qu'il échangeait avec son camarade paraissait enchanter les spectateurs. Au Music-Hall, *op. cit.*

(2) Charles-Julien Meyer, dit Charley, né à Bruxelles le 26 septembre 1884, débuta au cirque comme acrobate et comme comique dans les pantomimes. Il fit partie du charivari célèbre des clowns du cirque Medrano, où se trouvaient Léon, Lavater Lee, Pinoccio en 1909. Auguste, Charley eut à plusieurs reprises Adolphe comme clown en 1910-1911, au Nouveau Cirque, et après 1914-1918 aux cirques Palisse et Périer. Après un court passage à Medrano où il reprit un rôle d'auguste de soirée, il fit partie des trios Cyerillo-Coco et Charley, Manetti-Coco et Charley, Manetti-Charley et Pastor. Puis il entra au service du cirque Amar où il travailla avec Robert Despard-Plège, clown.

(3) Pendant son association avec Pastor, Bébé qui avait un costume amusant où l'on remarque, brodés, un clown anglais et un cheval sautant l'obstacle, paraît tantôt avec un béret piqué d'un pompon, tantôt avec un chapeau pointu à rebord de paille tressée. Antonet eut le même chapeau au temps où il fit équipe avec Little Walter. On s'étonne qu'Antonet, qui avait du goût, acceptât de porter cette espèce d'attrape-mouches du plus mauvais effet. Mais Bébé était alors plus célèbre que lui et le cadet n'avait pas de scrupule à imiter l'aîné.

clown de Seiffert. Alors Biberon (1) s'associa avec Bébé, de retour d'Australie où il avait été au cirque Wurst Bros. Mais Bébé ne faisait pas équipe pendant longtemps avec ses partenaires. Après de courts passages aux cirques Ciniselli, Shumann et Sidoli, Bébé ne chercha plus de compère attitré et laissa le soin aux établissements qui l'engageaient de lui trouver un auguste. C'est ainsi qu'il joua pendant une saison avec Atoff (2), au cirque Chevalier-Charles.

Bébé vieillissait. Il monta alors un numéro avec son chien Lowe et se fixa au cirque Cassuli pendant cinq ans. Il se trouvait au Nouveau Cirque lors de sa fermeture, où il avait accepté un rôle d'auguste avec Calino (3) comme clown.

A la mort de Goddard (4), Bébé le remplaça comme speaker des clowns à Medrano, tant que la direction de cet établissement resta entre les mains de M. Bontem. A la reprise du cirque par M. Jérôme Medrano, beau-fils de M. Bontem, Bébé, vieilli, dédaigné, accepta une place d'auguste de soirée et termina sa carrière d'amuseur dans l'indifférence la plus ingrate.

Cesare Guillaume, dit Bébé, accomplit le tour complet de la vie d'un clown, vie toujours fertile en incidents, souvent pauvre en résultats. Il changea trop de fois de

(1) Biberon, clown d'origine espagnole, s'appelait en réalité Thomas Garzon, ce qui n'allait évidemment pas mal avec la collection de clowns qui s'affublèrent de noms de boissons plus ou moins alcoolisées. Né à Madrid, il était le seul de sa famille à avoir choisi un métier de cirque. Ses autres frères étaient des artisans. Il avait le caractère exceptionnellement rare d'un auguste non flegmatique, mais au contraire très nerveux. Il dut changer de nom à cause du tapage fait par les spectateurs facétieux qui l'interpellaient du haut des gradins comme un garçon de café. Engagé avec Bébé, il trouva spirituel de prendre le nom de Biberon. Il travailla ensuite avec Brozon, au cirque de Colon. Il fut surtout connu comme clown au cirque Sidoli, un cirque roumain où il eut Tony Markulescu comme auguste. Biberon mourut en 1936 chez Jean-Marie Cairoli à Jouy-en-Josas où il avait trouvé refuge. Il eut deux fils et une fille. Ses deux fils montèrent un numéro de clowns : les Garzoni. Porto les trouvait très fins et très sympathiques. L'un d'eux, Enrique, l'auguste, fit par la suite un numéro de jonglage avec sa sœur, les Garzoni, « Jongleurs modernes ». Biberon eut encore pour partenaire Ausude, clown très élégant de chez Pinder. Devenu régisseur de piste au Nouveau Cirque, Ausude mourut d'une embolie alors qu'il assistait à la répétition des lions appartenant à Debray et que le dompteur William, qui en terminait le dressage, était blessé très grièvement.

(2) Voir chap. XXIV, *Les Femmes clowns*.

(3) Calino forma plus tard un trio avec Théodor et François.

(4) Voir chap. XXV, *Les Augustes de soirée*.

partenaires pour atteindre à une maîtrise et à une unité qui auraient fait de lui un clown distingué, élégant et racé comme le fut Antonet, son frère. Quand Bébé paraissait, raidi par l'âge, au milieu de vieux habits flottants sur ses membres grêles, parmi les jeunes augustes actifs et facétieux du cirque Medrano, personne ne se doutait qu'il avait devant lui le frère d'Antonet dont le nom, en grandes capitales, figurait sur le même programme (1).

Pourtant Bébé survécut à Antonet. Le sort a de ces coïncidences. Antonet n'eut pas une fin meilleure. Elle fut seulement rapide et plus tragique. Au moins, celui-ci disparut-il dans l'auréole d'un succès qu'il n'avait pas démérité.

***

Quand Umberto Guillaume, dit Antonet, quitta son frère Bébé, il gagna d'attirer l'attention de quelques clowns huppés qui l'avaient remarqué. D'abord auguste de Tonyno Aragon (Arturo Aragon dit) (2), puis de Tony-toff (Antonio Pilar Jarques), qui devint son beau-frère, Antonet eut presque immédiatement l'autorité et le coup d'œil de la situation nécessaires à la présentation d'une entrée. Il avait pris part à des courses de taureaux comme banderillero, son frère étant premier espada. Il conservait de l'atmosphère de la plazza un air de suprême indifférence qui donna, certes, un peu de sécheresse à ses attitudes, mais une distinction qui fut, en partie, le secret de sa réussite.

Son service militaire accompli, Antonet travailla au cirque Gatti-Manetti, comme auguste de soirée et prenant part aux intermèdes comiques, comme celui de la *Course de taureaux*, avec le nain Pietringa et le chien Pacha.

Habillés tous les deux en augustes, tels que Chocolat, en livrée rouge, venait d'en indiquer la mode, Antonet

(1) Bébé était d'autre part allié par Paola Jeretti, sa première femme, aux clowns anglais les Jeretti. Il mourut en 1942.

(2) Peppino Aragon et Arturo Aragon, dit Tonyno, deux frères d'origine espagnole, composèrent un couple de bons comiques. Peppino eut deux fils connus en France sous le nom des Pompoff (Pompoff et Teddy). D'autre part, les Aragon-Allegris, deux excentriques et un clown, ont paru au cirque d'Hiver en 1924-1925 comme acrobates et musiciens.

et Pietringa portent aux ailes de leurs grandes cravates brodées des cadrans d'horloge dont les aiguilles ne marquent pas la même heure. Les clowns n'ont aucune mesure, mais ils n'avaient jusqu'alors pas poussé si loin l'inutilité dans l'exagération.

Antonet rencontra Little Walter fatigué de sa collaboration avec Pinta et prêt à s'associer, pour rajeunir la traditionnelle aventure des clowns, avec un compère que l'exemple de Foottit eût touché. Antonet, pressenti, hésita un peu. Il ressentait quelque inquiétude à endosser l'habit de clown qu'il n'avait jamais porté, solution qu'il ne pouvait, d'autre part, laisser à Little Walter, avantageusement connu d'un public nombreux comme auguste.

Jusqu'alors Antonet se maquillait peu. Une tache de carmin à la base du nez constituait tout son grimage. Clown, il conserva cette pointe rouge et l'équilibra audessus de l'œil gauche par un accent brisé d'une fantaisie si nue qu'elle donnait, on peut dire, toute sa signification au jeu dépouillé d'Antonet.

En vérité, satisfait de son maquillage, Antonet ne le modifia jamais. Pas plus qu'il ne changea jamais son jeu auquel concoururent, pour lui donner une pureté classique, une expression dénuée de toute extravagance et de tout artifice, et une assurance de tous les instants.

Antonet ne tarda pas à se placer parmi les étoiles de la piste. Il était beau, fin et volubile. Adroit et légèrement ironique, il sut conserver ses distances, éviter la familiarité, provoquer le respect. En piste, influencé par le style de Foottit, il devint facilement autoritaire, parfois violent. Ses partenaires ne lui pardonnèrent pas toujours sa nervosité et sa mauvaise humeur.

Little Walter, qu'une intelligence très vive et un dynamisme comique rendaient rébarbatif à l'idée d'une soumission totale à Antonet, finit, à bout de patience, par refuser de continuer de travailler avec lui. Pourtant, leur collaboration avait duré près de dix ans. Mais Walter se sentait capable de nouvelles créations ; il se sentait promis pour d'autres réussites. Tandis qu'Antonet, satisfait d'une harmonieuse et fructueuse collaboration, n'était pas pressé de chercher des sujets de nouveaux succès.

Walter, étonné que l'enseignement de Foottit contribuât à servir de frein à toute tentative d'originalité, quitta donc Antonet. Il trouva en Tonitoff un clown moins sévère qui lui permit de se renouveler, tandis qu'Antonet rencontrait Grock sur le bateau qui les menait en Amérique.

⁂

Grock n'était pas encore le clown (l'auguste, devrait-on dire) dont la présence dans l'un des établissements parisiens fait courir à la fois les amateurs, les curieux et les snobs, c'est-à-dire à peu près tout le monde. Il n'avait pas encore réglé le numéro d'une harmonieuse composition, fruit d'une longue patience dont il ne sied pas de préciser la durée si l'on veut donner du prix à ce qui en fait le charme (1).

Quelques années avant, Grock faisait piètre figure dans le charivari des augustes de soirée de Medrano. Il avait monté un numéro d'excentricités musicales qui avait laissé les spectateurs indifférents et ses auteurs sans grand succès. Mais il s'était beaucoup donné de mal pour devenir un musicien agréable en jouant à la perfection un choix de partitions connues. Dans un couple de clowns, il pouvait tenir sa partie très correctement.

De son côté, Antonet ne figurait pas parmi les vedettes internationales. Il n'y avait en lui rien qui puisse intimider Grock. Lequel proposa à l'autre de s'associer ? Il est malaisé de le savoir. Les rapports entre ces deux artistes, qui publiquement paraissaient entretenir des relations dénuées de toute envie, furent plusieurs fois rompus par des dissentiments graves, mais Antonet et Grock ont toujours été, à ce sujet, aussi discrets sur leur entente que sur leur rupture.

Le travail en commun avec un homme dont la finesse du jeu est contagieuse, dont la nervosité entraîne à une action enlevée et sans cesse renouvelée, offrit à Grock, dit Beby dans ses Mémoires (2), les possibilités d'une émulation féconde.

Leur communauté d'intérêts et leur succès n'entamèrent pas leurs velléités d'indépendance. Pourtant, bien

(1) Voir chapitre XXII, Grock.
(2) *Mémoires d'un clown*. La Liberté.

qu'ils eussent, dans leur conception de l'interprétation des entrées, des opinions différentes, Grock avait trop à apprendre d'Antonet pour lui tenir tête. Ils évitèrent de s'opposer. Mais Antonet, comme avant, comme après, subordonnant tout, y compris ses partenaires, à l'esprit d'équipe qu'il confondait facilement avec son propre jeu, obligeait Grock à se plier à des règles qui ne participaient pas toujours de la discipline des clowneries. Grock les accepta comme des nécessités tant qu'il nourrit l'espoir d'y échapper pour atteindre aux sommets lumineux où l'artiste solitaire se sent d'autant plus fier de l'ivresse qui l'entraîne vers le but qu'il a choisi, qu'il ne devra sa victoire qu'à lui seul et ne la partagera avec personne.

Dès que Grock sentit qu'il n'avait plus besoin d'Antonet pour tenter son aventure, après un conflit tumultueux, né d'un différend d'ordre personnel, Antonet et Grock se séparèrent.

Le fait passa inaperçu. Malgré leurs qualités, Antonet et Grock laissèrent moins de traces de leur passage à Paris que d'anecdotes dans un milieu où ils jouissaient d'une estime partagée. Ils suscitèrent beaucoup plus d'intérêt et de curiosité quand réapparurent après la guerre Antonet avec Beby et Grock paré d'un prestige nouveau.

C'est, en effet, de son association avec Aristodemo Frediani, dit Beby, que date en vérité l'incontestable succès d'Antonet (1).

***

Fils d'une famille de cirque originaire d'Italie, Beby naquit au cirque Blumenfeld, à Bielefeld, dans la Ruhr, où ses parents avaient été engagés momentanément (2). Il reçut donc, de bonne heure, sous la dure direction de

(1) Antonet eut encore pour partenaire Emilio Cavalini. Né à Florence le 26 décembre 1867, celui-ci forma avec ses deux frères le premier trio des Cavallini qui furent engagés au cirque Franconi. Emilio Cavallini eut cinq enfants, dont Rudolf et Gobert, qui formèrent avec lui un nouveau trio, au cirque Sidolt et au cirque Knie, en Suisse. Il mourut le 5 janvier 1938 quelques jours après avoir fêté l'anniversaire de ses 70 ans. (*La Suisse*, 6 janvier 1938).

(2) Beby a publié des *Mémoires* muets sur la date et sur le lieu de sa naissance. Il s'est d'ailleurs toujours abrité derrière des obligations professionnelles pour cacher son âge. On sait que Beby est resté très jeune. Ce serait lui faire beaucoup de peine que de dévoiler un secret si bien gardé.

son père et sous la surveillance constante de son frère Willy, l'aîné de la famille, l'éducation désirable pour faire de lui, au plus tôt, un personnage utilisable dans la troupe équestre du cirque Toscan, le cirque paternel. Il y parut indifférent de son sort jusqu'au jour où, après une dislocation dont tous avaient le pressentiment, le père Frediani dut consentir à laisser ses enfants courir après la fortune, comme bon leur semblait.

Depuis fort longtemps, Beby avait choisi le chemin de la comédie qui, pour lui, était plus périlleux encore que les acrobaties, car le père Frediani, bon et honnête saltimbanque, ne voulait pas entendre parler de clowns et de clowneries. Dès qu'il apercevait Beby affublé d'un costume de comique, le père Frediani entrait dans des colères noires, mais dans la mesure où, dès qu'il se trouvait en piste, il échappait momentanément à la tyrannie paternelle, Beby donnait un tour comique à son rôle d'écuyer ou de jongleur et n'hésitait pas à en prendre à son aise, quitte à reprendre un rude contact à sa sortie du manège, avec les volontés familiales.

Avec cette sensibilité qui, sous le couvert déconcertant d'une nature assez fruste et brutale, cache beaucoup de cœur, Beby a raconté ses débuts quand, enfant, il connut les difficultés de l'existence avant de se mettre en ligne pour conquérir le brevet d'artiste forain. On lui a, à ce sujet, reproché sa franchise, son manque de fantaisie, la part trop belle qu'il avait faite à ses origines en disant la vérité. Il a parlé simplement de ceux qu'il avait connus. Il n'a caché ni la sévérité de son père, qui adorait ses fils en fonction de l'argent qu'ils lui rapportaient, ni les angoisses de la mère plongée continuellement dans le gouffre où le père Frediani, pour sauver le cirque de l'anéantissement, engloutissait les fruits du travail de toute sa famille.

« Notre cirque, écrit Beby, ne formait pas un grand équipage : deux voitures pour le matériel, une où habitaient mes parents, une autre pour mon frère Willy et sa femme. Les artistes supplémentaires, dont la plus grande vedette n'a jamais touché qu'un cachet quotidien de dix francs au maximum, adjoignaient leurs véhicules à la caravane. Mais nous possédions une importante cavalerie : une vingtaine de chevaux tarbais, vifs, lestes et souples. Les pauvres bêtes ! Elles aussi souffraient des difficultés de la vie... Leurs rations étaient mesurées à l'échelle de nos possibilités financières. »

Aussi, la caravane du cirque Toscan ne devait pas en imposer aux attelages qu'elle rencontrait, ni aux foules villageoises qui se réunissaient à ses appels. Mais que Beby ait été honnête, qu'il n'ait pas trafiqué ses *Mémoires* pour présenter la vie errante des cirques ambulants sous un ciel romantique propre à tromper tout le monde sur la rude et réelle existence de la « banque », voilà qui le caractérise. Et lui, qui est le plus capable et le plus divers des comiques de cirque, n'a pas voulu cacher qu'il ne différait pas des autres enfants et qu'il exécutait le saut périlleux, chez l'épicier, pour avoir un sucre d'orge, et chez le boulanger, pour avoir du pain peut-être, bien qu'il dise un gâteau.

M. Henry Thétard avait, antérieurement à ces *Mémoires*, fait état des références de Beby : « L'homme qui a su tout faire au hasard du "voyage", successivement acrobate, jongleur, écuyer et, quand l'âge est venu raidir ses muscles, clown ou bien auguste, selon la tradition. D'ailleurs, en dehors du spectacle, capable de dresser un chapiteau, de mettre une pièce à la toile ou un essieu à une roue de caravane. »

⁂

Les cirques ambulants italiens recèlent toujours des artistes comiques, dont la verve spontanée jaillit librement. Le cirque Toscan des Frediani devait confirmer la règle ; bien que tournant dans le midi de la France, il n'en était pas moins italien. Et si le père Frediani ne tenait pas à voir Beby devenir clown, il ne pouvait l'empêcher de s'intéresser à la comédie des claques. Il avait vu travailler Billy-Hayden, Foottit et Chocolat. Il était lié d'amitié avec Little Walter. Il connaissait le répertoire des clowns suffisamment pour décider un « ancien » à le faire travailler. Aussi n'en fallait-il pas davantage pour intéresser Antonet quand ils se rencontrèrent en Espagne, où la guerre les avait fait prudemment se réfugier.

L'examen que faisait subir Antonet à ses futurs partenaires portait sur la musique. Il s'assura que Beby était capable de gratter sur la guitare et de souffler dans un trombone. L'expérience fut concluante. Ils débutèrent à Tarragone puis Beby quitta définitivement sa famille.

Le couple Antonet-Beby dura près de quinze ans. Au contact d'Antonet, la personnalité de Beby s'affina, s'allégea. Leur collaboration leur valut des éloges nombreux. La critique opposa leur style à celui des Fratellini. On les cita volontiers comme des exemples, sinon comme des rivaux du trio célèbre, parce que le succès grandissant d'Antonet et de Beby permettait d'espérer le retour à l'interprétation clownesque sous la forme du duo, considérée comme la seule acceptable par des chroniqueurs qualifiés. Ils avaient acquis, en effet, une habileté professionnelle d'autant plus poussée que leur registre était volontairement limité à une dizaine d'entrées conçues logiquement, qu'ils reprenaient en les interprétant avec le maximum de finesse comique et le minimum de trivialité exubérante. Ils étaient « cirque » de la façon la plus classique, épurée, stylisée, choisie (1).

⁂

Le caractère d'Antonet était très difficile. Sa nervosité, qui était une qualité en piste, devenait une calamité pour ceux qui étaient obligés de le supporter. Les partenaires faisaient loge à part. Une fois le travail achevé, Antonet et Beby restaient des semaines sans s'adresser la parole, sinon pour décider quel sketch ils interpréteraient à l'occasion d'un changement de programme. Il leur arriva de débuter quelque part sans s'être revus depuis leur dernière représentation, à Berlin, à Florence ou à Vienne. Lors d'une réouverture, un directeur demandait à Beby si Antonet allait bien :

— Je crois, dit Beby en souriant.

Le directeur, surpris, ouvrit des yeux interrogateurs.

— Bien, oui ! Je l'ai quitté, il y a six semaines, à Barcelone. Il était enrhumé ! Il doit être guéri depuis.

La vérité est qu'il n'y avait entre eux aucune familia-

(1) M. Legrand-Chabrier. *La Volonté*. Leurs entrées dialoguées. *Une course de taureaux* et *Le Cheval et la Belle-Mère* ont fait l'objet d'un enregistrement sonore chez Pathé (N° X.94023).

rité. Bien qu'Antonet fût la ponctualité même, Beby craignait toujours, lors d'un début et jusqu'à la dernière minute, de ne pas le voir arriver. Maquillé, il s'impatientait et se demandait chaque fois dans quelle disposition il allait retrouver Antonet. Celui-ci apparaissait vêtu très correctement, avec recherche même, élégant et distingué. Il jetait un bonjour banal à Beby, comme s'il l'avait vu la veille.

— Tu es déjà là, toi !

— Antonet, qu'est-ce que nous faisons ce soir ?

Antonet réfléchissait une minute.

— *La Clarinette.* Ça va ?

— Ça va ! disait Beby, toujours d'accord par une habitude respectée de ne jamais contrarier Antonet en quoi que ce soit.

Et leur travail commençait quelques minutes après, sans répétition, sans préparation. Puis Antonet disparaissait jusqu'au lendemain soir, sans plus se soucier de Beby.

Antonet était ennemi de tout changement dans ses habitudes. Les imprévus lui étaient odieux. Il fuyait toute complication et supportait difficilement la présence de quelqu'un. Il faisait rarement l'honneur aux journalistes de les recevoir. Mais il y avait des soirs où, la fortune l'ayant favorisé, Antonet, possédé par le démon du jeu, était charmant. Le lendemain, il vous saluait à peine.

Un jour qu'Antonet avait mal aux dents, Beby, qui le voyait souffrir, émit timidement l'avis que, peut-être, les soins d'un dentiste le soulageraient. Antonet se tourna dédaigneusement vers son conseilleur.

— Tu en connais, toi, un dentiste qui ne fait pas mal ?

— Euh ! dit Beby, parfaitement. Celui qui m'a soigné.

— Et où il est ce dentiste qui ne fait pas mal ? Où est-ce qu'il habite ? Dis-moi ça tout de suite.

Beby donna l'adresse.

— On peut y aller de ta part ? C'est sûr qu'il ne fait pas mal ?

— Oui, Antonet, vous pouvez vous présenter de la part de Beby.

— Bon ! c'est bien. Mais je te promets. Gare à toi, si je sens quelque chose.

La nuit et le jour suivants, la vie de Beby fut remplie

d'inquiétude. Il regrettait d'être intervenu. Si le dentiste avait le malheur d'être moins habile et moins doux que d'habitude c'en était fait, pour quelques semaines, de la tranquillité de Beby. Que devrait-il entendre !

Quand Beby arriva au cirque, le soir, Antonet l'attendait déjà. Il avait son air des mauvais jours. Beby essayait de faire bonne mine pour demander des nouvelles. Mais, avant qu'il le pût, Antonet l'interpellait :

— Viens ici, imbécile. Ah ! tu connais un dentiste qui ne fait pas mal ! Pas celui, dans tous les cas, chez lequel tu m'as envoyé. Tu t'es fichu de moi. Regarde...

Il montrait sa bouche, un emplacement vide dans la denture.

— Fait pas de mal ! Attrape la dent avec des tenailles. Vous arrache la gueule. L'as fait exprès, salaud. N'y retournerai plus. Le paieras, ton ami... Il est propre, ton dentiste. Tiens. Tu lui donneras ce que je lui dois.

Et il n'avait pas assez de dédain pour poursuivre Beby de ses malédictions.

Antonet supportait difficilement la douleur, et la moindre contrariété tournait à la manie de la persécution. Il était superstitieux ; il jouait aux courses. Il croyait au hasard.

⁂

A Bruxelles, à l'issue d'une représentation, Antonet, entraîné par la colère, poursuivit Beby, une arme à la main. Après avoir fait le tour du cirque, Beby se réfugia dans le manège, heureusement vide, et, plus leste qu'Antonet, parvint, en escaladant les gradins, à se tenir à distance. A courir et à sauter d'un rang à l'autre, Antonet, qui n'avait plus sa souplesse d'antan, n'arrivait pas à rattraper Beby, plus jeune. Antonet, fatigué, rendu furieux par son échec, continua la poursuite jusqu'au moment où il fit une chute qui permit à Beby de s'éclipser par un vomitoire. Antonet, qui s'était fait mal, rentra chez lui sans se plaindre à personne et s'alita.

Le lendemain, à l'heure de leur représentation, Antonet ne parut pas et Beby dut jouer seul, situation dont il se tirait fort bien.

Le jour suivant encore.

— Qu'est devenu Antonet ? demanda le directeur.

— Je ne sais pas, répondit son partenaire.

— Il faudrait voir ça, Beby !

Beby se rendit à l'hôtel où logeait Antonet. Il apprit que le clown gardait la chambre et interdisait à quiconque d'y pénétrer.

Beby attendit encore un jour ou deux, puis, sur les instances du directeur, se décida à aller prendre des nouvelles.

— M. Antonet a défendu que je laisse monter qui que ce soit, dit l'hôtelier.

— Mais monsieur, je suis son collègue, je suis Beby...

— M. Antonet ne veut voir personne. Pas même la femme de chambre.

Mais Beby n'écoutait pas.

— Je dirai que je ne vous ai pas vu.

Arrivé devant la porte, il frappe.

— Qui est là ?

— C'est moi.

— Qui, toi ? Qu'est-ce que c'est ?

— Beby ! Votre collègue, Antonet.

— Qu'est-ce que tu veux ? Entre !

Sur la pointe des pieds, Beby se dirigea vers un lit où Antonet, allongé, ne faisait aucun mouvement.

— Je suis venu voir comme vous allez, Antonet.

— Comment je vais, imbécile. Regarde dans quel état tu m'as mis.

— Mais ce n'est pas moi, Antonet, c'est vous qui vouliez me tuer...

— Regarde...

Dans la demi-obscurité de la salle aux volets clos, Beby avait du mal à distinguer la longue silhouette d'Antonet immobile.

— C'est ta faute !

Mais, protestait Beby, je ne vous ai rien fait !

— Comment, tu ne m'as rien fait ?

Brusquement, Antonet, se détendant comme un ressort, se redressait sur son séant. Beby, croyant à une nouvelle algarade, battait prudemment en retraite vers la porte restée entrebâillée. Mais non, Antonet rejetait les couvertures sur le pied de son lit. Il montrait à Beby son abdomen enveloppé par plusieurs ceintures de flanelle.

Puis il retombait sur l'oreiller en geignant comme un enfant.

— Je me suis froissé les muscles du ventre. Je ne peux plus bouger. C'est ta faute, imbécile ! Tu me le paieras. Laisse-moi me remettre debout ! Tu ne perds rien pour attendre.

— Vous devriez voir un médecin, Antonet. Un médicament, des massages...

— Un médecin ! Ah ! oui, comme ton dentiste ; un médecin qui ne fait pas mal. Et qui m'arrachera tout, comme l'autre m'a enlevé toutes mes dents. Tu viens encore me narguer, imbécile !

— Antonet, je viendrai vous revoir demain. Vous n'avez pas besoin...

— Laisse-moi tranquille. Je n'ai besoin de personne. Salut ! Va-t'en.

Beby s'en allait à pas de loup, tirait doucement la porte, poursuivi jusque dans les escaliers par Antonet, qui exhalait son amertume d'être cloué au lit pour plusieurs jours. Et le lendemain la scène recommençait. Dès que Beby parlait de médecin, de soins, de médicaments, Antonet enrageait. C'étaient les mêmes insultes, les mêmes reproches, les mêmes invectives. Il y avait un mot : voyou, qu'il affectionnait particulièrement et dans lequel il croyait condenser tout son dédain, tout son jugement.

Quand Antonet revint, guéri, il paraissait avoir oublié. Et le silence recommençait, infranchissable, entre eux.

***

Beby en avait pris son parti, sans toutefois cesser de craindre que l'irascibilité d'Antonet se manifestât brutalement dans le travail. Beby sortait parfois de piste ayant reçu des coups qui lui laissaient des bleus.

— Antonet, vous faites mal. Regardez, vous m'avez marqué.

— Pas possible ! disait Antonet. Je ne sais pas comment vous êtes faits, vous les jeunes, aujourd'hui. Vous avez la chair de poule.

Antonet châtiait toute défaillance de Beby par une mauvaise humeur renforcée. Il ne tolérait aucune remarque. Lui seul avait le droit d'user de paroles hostiles. Les récriminations les plus fondées se heurtaient immédiatement à une colère blanche qui lui faisait du mal et l'indisposait davantage. Il était sensible. Mais la nature un peu hautaine, le caractère distant d'Antonet l'avaient rendu inaccessible à beaucoup de ses collègues qui lui eussent bien volontiers demandé des conseils. Certains avaient peur de lui et le flattaient, lui donnaient bonne opinion de soi et le poussaient à des jugements qu'il croyait justes. Il était brutal dans ses critiques et emporté dès qu'on le contredisait. Beby en souffrait. Il le respectait au point de ne l'avoir jamais tutoyé. Chose rare au cirque, où la familiarité des artistes, presque tous parents entre eux, exclut toute politesse de commande. Mais, dès la présence en piste, tous les travers d'Antonet s'effaçaient. Il avait une voix chantante, un timbre douceâtre pour un homme. Son jeu était subtil, son interprétation vivante et enjouée.

L'accord Antonet-Beby se ressentait évidemment de la différence des caractères des partenaires. Beby avait un cœur d'or. Rien ni personne ne pouvait le diminuer dans l'estime d'Antonet. Aussi, les collègues mal intentionnés avivèrent les rancunes, dénaturèrent les incidents, pour les dissocier.

En 1931, alors qu'Antonet et Beby étaient engagés à Medrano, les jaloux profitèrent d'une soirée organisée en l'honneur d'Antonet, à qui Grock servait exceptionnellement d'auguste, pour blesser l'amour-propre de Beby et continuer des manœuvres qui ne visaient qu'à séparer à tout jamais les deux artistes.

La chose arriva bientôt. Il y avait trop longtemps que la malignité entretenait une animosité inexcusable entre deux clowns de cette qualité, qui ne pouvaient plus rien l'un sans l'autre, mais à laquelle ils cédèrent parce que les qualités morales font souvent défaut à des gens qui sont à la fois de grands sensibles et de grands naïfs. A laquelle, surtout, Beby céda, écœuré de voir qu'attaqué tous les jours, Antonet ne prenait jamais sa défense. Beby avait des illusions. Il ne faut pourtant pas demander aux hommes d'être plus grands qu'ils ne peuvent.

Ils remisèrent dans leurs bagages comme des défroques désormais sans vie les patrons des sketches qu'ils avaient ajustés à leur mesure, souvent raccommodés et pas encore usés tant ils savaient d'une représentation à l'autre en ménager les couleurs et les rendre chaque fois plus étincelantes.

En se quittant, durent-ils au moins jeter un regard en arrière et mesurer le chemin parcouru. Avoir tant travaillé pour en arriver à la rupture, était-ce là toute leur satisfaction ? Ils ne pouvaient pas dans tous les cas ne pas se rappeler leur triomphale sortie lors de la dernière représentation (1) du Cirque de Paris, voué à la destruction.

Tous les habitués de la rive gauche étaient venus les saluer une fois encore. Antonet et Beby, émus par le spectacle d'une salle pleine à craquer, furent merveilleux de grandeur et de simplicité et, quand ils quittèrent la piste, les spectateurs écrasèrent, dans une suprême ovation, leurs dernières paroles et leurs remerciements sanglotés, car Antonet et Beby pleuraient.

***

Soit. Il faut laisser aux psychologues le soin d'expliquer quelles raisons poussent les couples de clowns les mieux équilibrés à se séparer et à perdre en même temps bien de leurs qualités. Mais divisés, Antonet et Beby restent inséparables dans l'histoire du cirque. Ils surent maintenir l'interprétation des entrées dans la forme originale et classique de la pantomime dialoguée, telle que l'avait animée Foottit.

Bien que de formation acrobatique très poussée, Beby manquait de vivacité, contrastant avec Antonet, le clown des clowns, le clown parfait, le clown absolu, pouvait-on dire.

D'un physique fort agréable, racé au point de pouvoir se maquiller et travestir en femme, Antonet, qui avait été à l'école de Little Walter, se refusa toujours à utiliser les gros effets qui l'eussent diminué aux yeux du public.

Le succès lui était sensible, comme moyen essentiel de pouvoir accéder à des conditions de travail meilleures. Mais il ne voulait pas le devoir à des attitudes ou à des

(1) Le 15 janvier 1930.

expressions qu'il croyait inférieures à la noble opinion qu'il avait de son métier. Au contraire, ses reparties, ses saillies aussi jaillissantes qu'elles fussent, donnaient une impression d'élégance et de mesure, un sentiment d'harmonie et de satisfaction.

Sa manière de faire valoir son partenaire et d'amener, par de petites phrases successives, la situation comique à son point d'intensité la plus chargée de rire, dénotait chez Antonet le souci de remplir un rôle qui ne peut être en aucune façon assimilé à celui d'un grotesque ou d'un pitre sans caractère.

Pour tous les gens du métier, Antonet était la personnification du clown. Il était la vivante incarnation du type à l'apogée de son développement. Il ne semble pas qu'un clown puisse réaliser en grâce et en distinction mieux et davantage.

On raconte que Foottit, placé devant le photographe qui voulait tirer son portrait et lui demandait comment il le préférait, répondit :

— Comme vous voudrez, mais pas riant.

Antonet, au contraire, s'ingéniait à conserver en piste une humeur joviale. Il fallait l'observer longtemps et attentivement pour s'apercevoir qu'il était rusé.

Les costumes qu'il composait et faisait exécuter avec une sûreté de goût qui tournait la tête à ses imitateurs et à ses concurrents, réunissaient l'éclat des paillettes, l'incarnation des roses, la légèreté des plumes et l'imprécision des rubans dénoués. Il passait, mais à tort, pour avoir employé le premier les paillettes. D'autres avant lui les avaient utilisées (1). Mais les costumes chargés de fanfreluches plaisaient à Antonet. Il y avait en lui quelque chose de très féminin. Il s'inspira régulièrement de la mode pour imaginer des costumes qu'il orna tour à tour de broderies appliquées, de franges de singe, de cygne ou de marabout, à l'instar des mannequins qu'il observait lors des réunions hippiques, car Antonet était joueur et grand assidu des champs de courses. Et il avait un chic original pour porter des costumes que la fantaisie seule

(1) Laurent aîné, le premier, eut l'idée de parsemer de paillettes le costume d'arlequin. Louis Péricaud, *op. cit.* p. 146. Victor Chabre, dit l'Eclair, clown chez Franconi, avait aussi précédé Antonet.

excusait et qui le plaçaient fort loin en avant de ses confrères les plus parés.

Dans une tenue aussi riche, Antonet ne pouvait souscrire aux vieilles habitudes des saltimbanques et chercher dans la grosse farce à l'eau et les entrées sautantes l'assurance de son succès.

Ce que Foottit n'avait qu'esquissé, Antonet le continua. Il ne consentit jamais à subordonner le rire à des attitudes et à des grimaces ridicules et grâce à lui Beby ne s'aventura jamais dans des aventures sans noblesse et pitoyables.

L'entrée dialoguée, devenue un sketch logique et précis, laissa totalement l'entrée acrobatique et la comédie des claques à la disposition des équipes de clowns qui ne visaient pas à la perfection.

⁂

Beby possède par nature les dons irrésistibles du ridicule et le comique naît chez lui du désordre apparent entre le geste et le verbe. Son masque tout simple, la mobilité crispée de ses yeux, ses attitudes stéréotypées qui ont été beaucoup imitées, ses reparties inquiètes, sa voix subitement véhémente et bientôt apaisée, ont des accents de sincérité étonnante sous la drôlerie.

Si l'exagération fut de tout temps au cirque une commune mesure et une commune erreur, Beby la dépassa au-delà de toute prudence. On lui doit cette vérité que la tendance à la monstruosité ne réussit pas toujours et que le stylographe-manche à balai et le bracelet-montre-assiette ne sont pas, quoique Beby y attache de l'importance, ses meilleures trouvailles. Elles appartiennent à son accoutrement, mais n'ajoutent rien à sa silhouette. Elles font, au contraire, vieux jeu. La fantaisie d'un costume a des ressources plus convaincantes et le plaisir a des résonances plus longues quand il n'obéit pas à des ficelles trop vite discernées.

A côté d'Antonet, tout en grâce, en légèreté et en plumes, Beby montre qu'un auguste peut être drôle sans se forcer, en jouant naturellement. On l'a tantôt comparé à un portefaix, à un débardeur, tant il est vrai qu'il a l'allure pesante, un corps mal équarri, des entournures formidables. Mais en plus il a l'esprit, il a le ton. Tout embarrassé qu'il soit dans ses attitudes, tout anéanti qu'il semble sur la toile de fond d'un monde auquel il ne comprend rien, Beby pense. Il est plus inquiet qu'étonné, plus morose qu'insensible.

A peine maquillé, il joue de son visage comme de ses mains massues, de ses jambes torses et velues, de ses hanches chaotées. Il n'a pour s'exprimer qu'un vocabulaire limité, mais il donne à chaque mot une gamme d'intonations quasi illimitées, d'une richesse d'émotion inattendue.

Dans ses habits trop amples, à damiers noirs et blancs, il est carré, statique, immobile comme une force contenue qu'il ne faut pas mettre en mouvement de crainte qu'elle ne renverse tout. Et c'est bien ce qui arrive. Dès que la mécanique est déclenchée, la volubilité de Beby tourne aux abracadabrances, accumule les pataquès, intervertit ses émotions. Les mouvements qu'il tente de circonscrire dans l'entrée qu'il interprète ne correspondent plus à ses ordres. C'est en vain que sa main cherchera son oreille ; elle passera toujours à côté ; qu'il voudra, sans y parvenir, se taper sur la cuisse en signe de joie, soutenir son coude qui rencontre toujours le vide. Dans *Elle et Lui*, Beby remplit tantôt un rôle de femme, tantôt un rôle d'homme. Tout le comique de la situation naît du monologue interrompu de Beby qui paraît et disparaît en annonçant d'une voix saccadée : Elle... Lui..., et récitant quelques mots d'un rôle sans suite et d'une cocasserie inénarrable, tandis qu'Antonet, qui assiste à la répétition de ce Fregoli manqué, essaie de mettre de l'ordre dans le jeu et n'arrive qu'à compliquer la situation.

⁂

Au fur et à mesure qu'il vieillissait, Antonet se préoccupait de moins en moins du sort des entrées et il ne tenait pas à allonger la liste des pièces inscrites à son répertoire. Sa répulsion pour la mise au point d'une entrée nouvelle était connue. Beby ne se plaignait pas de cette attitude, leur interprétation gagnant en qualité ce qui lui manquait en quantité. *Le Tireur de précision*, *La Poupée mécanique*, *La Boxe*, *La Course de taureaux*, *Le Professeur de clarinette*, *Les Assiettes*, *Les Jongleurs* devenaient, grâce à eux, des modèles d'entrées comiques. Mais Beby y aurait bien voulu ajouter de son cru. A chaque tentative, Antonet répondait par de la mauvaise humeur. Tout juste permit-il à Beby de monter *L'Automobile*. A chaque répétition, Beby interrogeait Antonet sur ses impressions.

— Ça va ! ça va ! répondait invariablement le clown d'un ton indifférent.

— Dites-moi, Antonet, demandait Beby, ici qu'est-ce que vous allez faire ? Vous me dites quelque chose ?

— Tu le verras bien le jour de la première.

Beby, sans se lasser, mettait au point les trucs de sa voiture récalcitrante dont le moteur calait dès qu'il touchait le siège. Antonet devait remplir le rôle du client grincheux qui menace le chauffeur. Il se contentait de s'asseoir nonchalamment sur les coussins, d'aspirer la fumée d'un cigare. Il assistait à la répétition !

— Qu'est-ce que vous en pensez, Antonet ? demandait Beby, interdit devant tant de froideur et de désintéressement.

— Je te le dirai quand il le faudra.

Beby continua les répétitions et s'attendit au pire. Si le succès était médiocre, les ressentiments d'Antonet allaient éclater, violents. Heureusement, ce fut un triomphe. Antonet, qui n'en avait pas fait ni dit davantage le jour de la première que lors des répétitions, rentra dans sa loge et ne fit part d'aucune de ses impressions à Beby. L'entrée de *L'Automobile* tint le programme plusieurs semaines. Antonet ne dit à personne ce qu'il en pensait.

⁂

Beby quitta Antonet pour s'associer avec Despard-Plege (1) qui venait brusquement de se séparer de Rhum. Mais Despard n'avait pas l'autorité d'Antonet. Beby, habitué à évoluer sous la coupe d'un clown vindicatif et emporté qui contrariait sa tendance à la lourdeur, dut

(1) Voir chapitre XVIII.

changer encore de partenaire et s'associer avec Vincent et Jony Andreieff avec lesquels il composa un trio.

Vicente Mariani, dit Vincent, passait pour le plus proche imitateur d'Antonet auquel, grâce au maquillage, il ressemblait étonnamment.

Vincent était le fils de Moriss (Manrico Mariani). Les Mariani appartenaient à une vieille famille de cirque très connue ; des Mariani sont déjà au Cirque d'Eté en juin 1879.

Moriss, ancien écuyer, était devenu clown ; de ses deux fils, parfaits acrobates, qui exécutaient l'entrée musicale des *Violons sauteurs*, Vincent commença à faire l'auguste avec son père et adopta le genre de Little Walter à l'heure où celui-ci jouissait d'une vogue extraordinaire. Moriss avait à la fois la tête rasée, surmontée d'une mèche rebelle à la Tonitoff et la grimace dédaigneuse de Foottit et d'Orlando Averino. Moriss avait eu avant son fils, Théodor (Théodore Delfin), comme auguste.

Moriss et Vincent furent les familiers du cirque Alexandre, en 1907 ; ils parurent la même année au Nouveau Cirque, puis chez Frank Brown, en 1910.

La famille Mariani partit aux Indes où le père mourut à Calcutta, tandis que Vincent s'y mariait religieusement en 1920.

Appelé par des engagements en Europe, Vincent Mariani quitta les Indes sans sa femme et bientôt, désireux de se remarier avec Mlle Irène Rossi à qui il exposa sa situation, il consulta un homme de loi qui le délivra de toute inquiétude, le mariage strictement religieux n'ayant aucune valeur légale. Il convola donc en bonnes et justes noces à Paris, en septembre 1924. Il eut ensuite comme partenaire Nino Fabri (1).

En 1931, las de sa seconde femme, Vincent Mariani abandonna le domicile conjugal. L'épouse délaissée l'ayant dénoncé, une instruction fut ouverte contre le clown engagé au Portugal. Il fut condamné par contu-

(1) Jean-Antoine Arnault dit Nino, que nous retrouvons en 1944 chez Houcke, au Grand Palais, en compagnie de Mimile (Emile Coryn) et au cirque Medrano lors de sa réouverture pour la saison 1944-1945, est le fils d'un directeur de cirque, Johanni Arnault, et de Juliette Fabri, célèbre écuyère. Il travailla tantôt comme clown, tantôt comme auguste, avec Despard-Plège, Henri Albano, Louis Maïss et Théodore Delfin.

mace, pour bigamie, à vingt ans de travaux forcés par la cour d'assises de la Seine, le 13 mai 1932. A l'expiration des contrats qu'il avait à l'étranger, après six ans d'absence, Vincent Mariani se constitua prisonnier pour prouver son innocence. L'avocat du clown fit valoir la bonne foi de son client, qui n'avait laissé rien ignorer de sa situation à sa seconde femme et n'avait agi que conformément aux conseils d'un homme de loi.

Sans doute l'affaire s'arrangea-t-elle puisque Vincent reparut sur les pistes.

⁂

Né en 1886, à Trieste (Italie), Jean Andreieff, dit Andreff, était le fils de Ferdinand Andreieff, artiste de la Maison Impériale de Russie, petit-fils par sa mère d'Alexandre Steckel, le trapéziste fameux. Sa femme, sœur de Mme Gleich, était aussi trapéziste, sous le nom de Miss Lydia. Pippo Pucci et Andreff comme auguste sauteur jouèrent en Espagne (1907-1908), au début de l'association Antonet et Grock qui les concurrençait dans le même établissement. Andreff imitait Little Walter auquel il avait emprunté la silhouette du « gommeux », chapeau de paille, pantalon serré aux genoux et fond tombant. Il travailla encore avec Fips, son beau-frère, un auguste d'origine suédoise qui eut Gobert Belling pour partenaire pendant la saison du Grand Cirque Russe Beketov, en 1905, au Nouveau Cirque. Partenaire de Félix-Pierre Gontard avant l'entrée de celui-ci dans le trio Dario, Andreff prit, avant Manetti, la succession de Cyerillo quand celui-ci mourut, laissant sans clown pour les diriger Charley et Coco. Il fut le meneur du jeu du trio Andreff au cirque Gleich, en 1925, puis se contenta de faire le clown de reprise et d'entrée avec Filip Cairoli en Espagne et avec Jony, son fils, au cirque Egelton.

Auguste de soirée, clown, sauteur, cascadeur de première force, peu comique, mais travailleur infatigable, Andreff faisait les blagues habituelles pour reprendre haleine. Il était l'un des derniers clowns en qui survivait la tradition du clown acrobate, d'une activité tout entière dirigée vers les prouesses. A la grande époque de l'entrée acrobatique, il eût été l'un des premiers et n'eût pas manqué d'obtenir le succès légitime dont le goût du public pour les clowns facétieux le frustrait injustement.

⁂

Antonet qui n'avait pas obtenu de Rhum, à qui il l'avait offerte, de prendre la place vacante de Beby, trouva en Filip Cairoli un auguste aux capacités nombreuses, très bon musicien et honnête comique. Mais Filip s'accommoda difficilement du caractère de plus en plus irascible d'Antonet et, au bout d'un an de travail avec lui en Espagne, s'en sépara.

Antonet revint en France. Pourtant, il ne réapparut plus dans la piste des grands cirques. Les pressentiments d'une fin prochaine, malgré les soins attentifs des maîtres de la science, le rendaient impossible. Il lui restait son seul plaisir : les courses. Le dernier costume qu'il s'était composé, alors qu'il était à Medrano, était voué aux sports. La course de plat et la course d'obstacles y étaient représentées. Bientôt, il ne put même plus paraître sur le turf. La maladie vint à bout de sa résistance plus vite qu'on ne croyait. Antonet, qui avait été le plus beau des clowns, défiguré par un mal implacable, mourut le 20 octobre 1935. Sa dépouille fut transportée à Barcelone.

Pour saluer sa mémoire et aider Mme Antonet à passer des moments difficiles, un journal du soir organisa à son profit une soirée de bienfaisance au cirque Medrano, le 17 février 1936. Les vedettes des sports, de l'écran et du music-hall ne refusèrent pas leur concours. Les 2.800 places du cirque furent louées sans difficulté et le bénéfice de la représentation se solda par une somme de 45.954 fr. 55 qui fut remise à la veuve (1).

Ainsi disparut des affiches le dernier clown autoritaire.

(1) *Intransigeant*, 6 mars 1936. Grock qui ne se trouvait pas à Paris ne put participer au gala organisé en faveur de son premier et grand partenaire. Du moins contribua-t-il pour une part importante à la souscription remise à Mme Antonet.

⁂

A Beby qui cherchait un partenaire, Antonet malade indiqua Louis Maïss comme le plus capable de le remplacer. C'est ainsi que Maïss fut le second de Beby dans *Sous la griffe*, film tourné au cirque d'Hiver, et qu'il le fit valoir au Gala Antonet.

Maïss, né à Lille le 17 août 1894, est le fils du docteur Ernest Maïsse, de Toulon, et de Maria Jandachewska, danseuse dans la troupe Averino.

Avec ses deux sœurs, sous l'autorité de Thomas Hassan, gendre du directeur de la troupe, Louis Maïss apprit les acrobaties sur fil de fer, spécialité de la famille Hassan-Averino.

En 1907, il débuta au Nouveau Cirque dans un numéro de funambule qu'il perfectionna jusqu'à la Première Guerre mondiale sous le nom de *Don Garioca* et reprit, la paix revenue, jusqu'à ce qu'il devînt clown.

Tandis que Beby essayait, avec Géo Lole, le beau-frère et ancien partenaire de Grock, de monter un numéro sans espoir, Maïss obtint avec Jeaks, puis avec Little Walter fils, enfin avec Nino Fabri, des succès éphémères.

En 1939, au commencement de la Seconde Guerre mondiale, Maïss partit avec Filip Cairoli au Portugal. Porto, qui entre-temps avait travaillé avec Beby, vint les y rejoindre en 1940 et le trio Filip, Maïss, Porto acquit en quelques jours une vogue exceptionnelle.

Maïss et Porto regagnèrent seuls la France. Ce dernier mourut bientôt. Alors Beby n'hésita plus à accepter Maïss pour compère attitré.

Ils forment aujourd'hui une équipe distinguée où Beby renouvelle les péripéties et les détails d'un jeu exubérant, d'une jeunesse entêtée. Ni les illusions qui se perdent et ne se remplacent pas, ni les feux d'une maturité qui commencent à s'éteindre ne tarissent la verve infinie de son comique alerte, capricieux et varié qui lui a valu le titre mérité de Beby l'Admirable.

XII

RICO ET ALEX

DE 1910 à 1914, les clowns de Paris les plus réputés furent Rico et Alex. Le cirque Medrano avait ravi la palme au Nouveau Cirque qui périclitait et le cirque Métropole, alias Cirque de Paris, était loin d'avoir pour les clowns la renommée qu'il eut plus tard, au temps d'Antonet et Beby.

Rico et Alex avaient enlevé de haute lutte, puis conservé une position qui n'était pas si facile à tenir même à Medrano. L'établissement de la rue des Martyrs demeurait pour les clowns ce qu'il avait toujours été : le point de départ de la grande aventure clownesque pour les débutants, mais aussi le lieu de consécration de ceux en passe d'atteindre à la position de vedettes. Ceux qui y avaient fait leurs premières armes ne dédaignaient pas d'y revenir recueillir leurs derniers lauriers.

Aussi à côté de Rico et Alex, il y avait ceux qui les avaient précédés dans les années heureuses. Lewis et Pierantoni, Ilès et Antonio, Cyerillo et Busby et ceux dont le succès montait comme Dario et Ceratto. Entre toutes ces équipes, jeunes ou vieilles, la concurrence était de rigueur. Conserver son rang ou déchoir, tel était le dilemme.

⁂

Avant d'être clowns, Rico (Enrique Briatore-Guisa) et Alex (Alexandre Briatore) avaient été écuyers, acrobates et sauteurs. Ils appartenaient tous les deux à la famille équestre des Briatore, aussi célèbres alors au cirque que les Loyal, les Rancy, les Houcke, les Lécusson, les Perezoff, etc. Cinq écuyers représentaient encore dans les pistes du monde ce qui subsistait dans la famille de vivacité et de souplesse savante dans les acrobaties montées et dans la voltige à cheval. Mais, contrairement à ce que les non-initiés pensaient, Rico et Alex n'étaient pas les deux frères. En réalité, Rico, le fils de Pietro Briatore (1), jongleur excentrique, était le neveu d'Alex.

Il avait débuté dans la carrière d'amuseur une dizaine d'années avant Alex. En effet, tandis que celui-ci n'avait abandonné les jeux équestres que contraint par l'âge, Rico s'y était décidé de bonne heure, à quinze ans, par suite d'un accident de cheval que des risques d'aggravation ne permettaient pas de prendre à la légère. Il dut cesser les acrobaties et devenir clown. Le métier convenait à ses aspirations. Il profita des leçons de Didik Weldeman, travailla en Italie avec Inès et Pietringa (2) et quand son oncle vint le rejoindre, ils trouvèrent presque immédiatement un engagement à Barcelone, au cirque Alegria, où ils remportèrent leurs premiers succès. Rico en rencontra un second : la fille du directeur, Maria Alegria, se maria avec lui (3).

La réputation qu'ils avaient acquise en Espagne avait précédé Rico et Alex à Medrano. Ils y étaient attendus par leurs confrères comme pour un tournoi duquel ceux-ci espéraient bien que les nouveaux venus ne sortiraient pas vainqueurs. On les savait privés de tout ce qu'il faut pour être des comédiens, mais ils possédaient la supériorité de l'ignorer. Ils ne se préoccupèrent pas davantage à leurs débuts à Medrano que plus tard, quand ils rentrèrent au Cirque d'Hiver, des tendances qui prévalaient : la pantomime dialoguée, interprétée dans le sens de la comédie-bouffe, n'était pas faite pour Rico et Alex. Ils aimaient trop le jeu, l'action, ce qui participe de l'effort musculaire pour croire à la primauté du verbe. Ils man-

(1) Pietro Briatore était marié à une dame Jarque, sœur du clown Tonitoff et de Mme Antonet (Mme Umberto Guillaume). Rico était ainsi le neveu par sa mère des clowns Tonitoff et Antonet.

(2) Inès et Pietringa formaient un couple de comiques, l'un habillé en clown et l'autre en danseur anglais (gigel). Ils jouaient la course du taureau avec un chien, Pacha.

(3) Maria Alegria mourut en Allemagne en 1938.

quaient de facilité à souligner dans le dialogue et la réplique l'intensité de l'action et du rythme dans l'enchaînement. Mais ils compensèrent largement cette insuffisance par une connaissance complète du répertoire des reprises qu'Alex, au cours de sa carrière d'écuyer, avait eu le temps d'étudier et de se rappeler.

Little Walter prétendait que le métier de clown demande plus de mémoire que d'habitude. Dans tous les cas, Alex sut tirer très habilement parti de la sienne et, grâce à son interprétation, les reprises prirent la forme de petits chefs-d'œuvre de bonhomie, de finesse et de légèreté.

Rico, de son côté, se souvint fort opportunément qu'il possédait des qualités presque intactes de sauteur. Leur numéro, par un assemblage de reprises très courtes et d'acrobaties à terre, se révéla comme un compromis entre l'auguste parleur et le clown acrobate. On peut dire qu'ainsi, Alex fut le dernier auguste resté dans la tradition du clown de reprise à peu près disparu et que Rico compta parmi les derniers clowns sauteurs.

⁂

Contrairement aux prévisions qui les croyaient dans une position difficile, Rico et Alex captivèrent l'attention du public par un jeu en réaction contre les habitudes de la pantomime dialoguée. La parole n'était pour eux ni plus ni moins qu'un moyen parmi d'autres. D'autre part, la pantomime anglaise, basée sur l'utilisation de trucs et d'accessoires compliqués, n'influençait ni Rico ni Alex. Busby montrait suffisamment dans la même piste ce qu'il fallait éviter. Il arrivait avec un moulin à vent immense sur la tête. Il bredouillait quelques mots inintelligibles avec un accent anglais très prononcé. Personne ne comprenait rien, ce qui justement faisait rire tout le monde. Satisfait, Busby saluait et s'en allait.

Rico et Alex portaient, on peut dire, en eux et sur eux toutes les ressources de leur métier et ils n'étaient avares d'aucune. C'est eux-mêmes d'abord qu'ils mettaient à contribution. Rico, blafard, le grimage limité à quelques accents verticaux dessinés sur les sourcils et à la fossette du menton, avait un visage sévère de mime tragique, mais sa parole était douce, persuasive et faisait oublier la raideur de son masque. Il avait un rire bon enfant, jovial et intelligent.

Alex non plus ne se distinguait pas par le ridicule. Il ne rappelait que de loin l'auguste bête si commun dans les cirques et si médiocrement incarné qu'on peut bien s'étonner que, parmi tant de pitres de bonne volonté, il ne se soit jamais manifesté un talent qui ait donné à la bêtise la consistance d'une monstruosité remarquable et à son interprétation le souffle d'une force naturelle, un avant-goût de la folie.

Très légèrement fardé, Alex avait la silhouette d'un vieux garçon de province coquet et satisfait d'être au monde. Il avait le calme et l'équilibre d'un joyeux compère qui ne se départit jamais d'un optimisme à toute épreuve et va dans la piste d'émerveillement en émerveillement. La bouche agrandie de blanc comme s'il avait planté ses dents dans un gâteau enfariné, Alex souriait toujours, sauf aux moments où, pour sa raison d'être, devenant une innocente et facile victime, les farces de Rico lui enlevaient ses certitudes. Alors le nez en pied de marmite d'Alex, ses paupières bridées, ses lèvres bordées de blanc, se ridaient un peu, témoignage d'une surprise qui ne laissait pas de s'inquiéter sur la suite des aventures fâcheuses dont Rico allait déclencher le mouvement, mais qui ne le faisait point se départir d'une imperturbable placidité.

⁂

Blagueur sans méchanceté, Rico savait Alex attentif à tous ses conseils, prêt à toutes les mésaventures, dût-il s'en laisser conter sans se lasser jamais. Et toute farce grossière était exclue, ne fût-ce qu'en raison même du costume d'Alex, qui avait, à l'exemple de Little Walter, le souci de se bien habiller. Du temps de son séjour chez Medrano, Alex était vêtu d'une veste bleu lavande, d'un gilet jaune et d'un pantalon gris cendre, presque une tenue de cérémonie qui méritait bien d'être respectée. La technique de leurs entrées s'en ressentait en conséquence. Il eût été dommage qu'un travesti aussi printanier servît de cible à des coups ou à des soufflets et fût gâté par des éclaboussures. Alex tenait à paraître en piste sous les couleurs les plus favorables. Il resplendissait à côté de Rico comme un page de la fantaisie et du rêve, un page un peu fou qui avait assez d'intelligence pour ne pas se rendre compte de son ridicule. Ingénuité, innocence, telles étaient les limites de son destin d'amuseur.

⁂

Le goût de la simplicité donnait à Alex une aisance dans les attitudes, un geste qui restituait à la fiction ses valeurs humaines. Le comique d'Alex n'excluait pas le pathétique. Il était drôle sans cesser d'émouvoir. Il y avait un cœur ami sous la défroque du pitre. La moindre facétie prenait avec lui une allure charmante. Tout était chez Rico et Alex tendance à sentimentaliser.

Alex enfilait ses bras dans les deux manches de veste prêtes à les recevoir en même temps. Puis, par un mouvement circulaire de ses bras, sa veste passant au-dessus de sa tête, Alex se trouvait vêtu. Ces deux mouvements en cachaient un troisième. Boutonnant son habit, il s'apercevait qu'il avait perdu une main pendant l'opération. Patiemment, il la cherchait dans sa manche en y regardant de plus près, dans sa poche, parfois qu'elle y fût restée, dans la piste où elle eût pu tomber. Il se tâtait, faisant l'inspection de ses poches, regardait dans la doublure de son chapeau. À bout d'espoir, il demandait à Rico s'il n'avait pas vu sa main quelque part.

— Mais elle est dans ta manche, voyons, cherche bien.

Rico y regardait à son tour. En effet, la manche était vide.

— Ça c'est ennuyeux, disait Rico. C'est la déveine ! Tu ne vas pas pouvoir travailler.

Alex se mettait alors à sangloter doucement sous l'effet de la plus naïve affliction.

— Mais ne pleure pas. Tu la retrouveras. Et puis, si tu ne la retrouves pas, je t'en achèterai une autre.

Rico, clown débonnaire, avait, à tirer Alex d'un pas difficile, une tendresse égale à sa bonhomie. Son rire avait à la fois la sonorité de la plaisanterie et la fraîcheur de la sympathie.

Avec lui, le cirque n'était pas seulement une machine à amuser. La vie y passait pleine d'un parfum d'amitié et de générosité bienveillante. C.-W. Ilès et E.-P. Loyal ont joué dans cet esprit pendant un temps de leur collaboration.

Jamais Rico ne gourmandait Alex. Peut-être n'y avait-il là qu'une des formes de respect dû à des convenances familiales. Il ne convenait pas au neveu, même au cours du travail, de trop morigéner l'oncle. Nous croyons qu'il était dans la nature de Rico d'être fraternel et compréhensif et qu'il ne cherchait pas en piste à forcer son caractère.

— Rico, demandait Alex, tu crois qu'on me la rapportera si on la retrouve ?

— Bien sûr, dit-il. Que veux-tu qu'on en fasse de ta main ? N'y pensons plus. Nous allons jouer au ballon.

Alex, pour être plus à l'aise, retirait sa veste. Rico lui lançait une balle qu'Alex rattrapait. Et brusquement Alex se livrait à des contorsions inexplicables.

— Tiens ! la voilà !

— La voilà quoi ? la balle ?

— Non, ma main !

Alex sautait sur place, se livrait à des chutes joyeuses, se relevait comme un diable dans sa boîte, rebondissait et battait des pieds pour applaudir plusieurs fois avant de retoucher le sol. Il étalait les jambes de son pantalon qu'il portait large et virevoltait sur un pied animé de la plus noble satisfaction.

— Rico, disait-il en admirant sa main, la voilà !

Et pour ne plus la perdre, il l'enfonçait dans sa poche, si profondément qu'il en touchait ses souliers.

— Rico, elle est toujours là, je la sens.

Il avait une petite voix un peu voilée qui ne portait pas loin. Mais elle ajoutait de la grâce à son ingénuité.

— Tu vois bien, je te disais bien que tu la retrouverais.

Alex souriait. Il y avait entre ces deux clowns, à chaque moment, une prodigieuse résonance qui maintenait leur jeu au même diapason. Et telle était leur cohésion qu'ils paraissaient ne faire qu'un, qu'ils étaient plus que le complément, qu'ils étaient le prolongement l'un de l'autre, un moment du cirque puisqu'ils alliaient, sans cesser de les servir avec autant de passion, les acrobaties et la pantomime.

⁂

Il existe dans le répertoire des clowneries une vieille entrée qui est certainement ce que les clowns ont imaginé de mieux, car on ne sait point au juste quel sens parodique elle peut contenir.

C'est l'entrée que les clowns appellent dans leur jargon conventionnel : *Un, deux, trois. Poum. Ham ! Ça y est !* Elle a depuis si longtemps atteint sa forme définitive que les clowns qui ont tous la prétention de faire du neuf avec du vieux, opération à laquelle elle ne se prête pas, l'ont quasiment abandonnée (1).

Nous en rappellerons brièvement le canevas. Le clown propose à l'auguste de le bien payer pour un travail de quelques minutes. La condition essentielle pour l'exécuter, c'est de ne pas avoir peur.

— Toi, tu n'as pas peur, n'est-ce pas ? Non ? Eh bien ! voilà, je te donne une assiette. Tu la mets devant ta bouche, comme ça. Moi, je pars. Je marche et je compte : Un... Deux... Trois... alors je me retourne. Je vise. Je tire : Poum. Toi, tu attrapes la balle entre tes dents. Comme ça. Au vol ! Ham ! Et tu la jettes dans l'assiette. Ça y est. Tu comprends ?

— Comment, dis-tu. Tu vises ? Tu tires ? J'attrape la balle.

— Oui ! tu n'as pas peur, hein ? Je t'explique encore une fois. Ce n'est rien du tout. Tu vas voir.

L'auguste, qui n'a pas saisi la première fois, réalise mieux la seconde ce qu'on attend de lui et ne doute plus que la balle est moins inoffensive que le clown le dit.

— Tu marches... tu tires... J'attrape la balle ? Non ! je ne marche pas.

— Alors, tu as peur !

— Oui, j'ai peur.

— Tu n'es pas courageux ?

— Je ne suis pas courageux.

(1) Elle figurait au répertoire Antonet-Beby, mais accommodée avec l'entrée des « assiettes » qui lui enlevait ses qualités primitives.

Le clown prend le régisseur à témoin et lui explique le problème.

— Mais c'est très facile, ça. Donnez-moi l'assiette, je vais le faire. Vous me donnez combien, si je réussis ? Cinq francs ?

Le clown double l'enchère, d'autant qu'il ne croit pas M. Loyal capable de réussir l'expérience. Ils se mettent en place.

— Vous n'avez pas peur ?

— Non, je n'ai pas peur. Allez-y !

Le clown compte, tire. Le régisseur fait : « Ham », crache une balle dans l'assiette et dit : « Ça y est ! »

Le clown est stupéfait de cette réussite. Il sort difficilement dix francs de sa poche et ne les donne qu'à contrecœur.

— Ça c'est bien, dit l'auguste, heureux de la déconvenue de son partenaire.

Pendant que, déconfit, le clown est l'objet de la risée générale, le régisseur indique à l'auguste qu'il s'agit d'une supercherie.

— Tandis que le clown a le dos tourné et qu'il compte : un, deux, trois, tu places une balle dans ta bouche... tu comprends.

— Mais je n'ai pas de balle.

— Tiens en voilà une.

L'auguste ne se tient plus de joie.

— Moi non plus, je n'ai pas peur, dit-il au clown. Je te parie dix francs à mon tour que je rattrape la balle.

Le clown, espérant regagner l'argent qu'il a perdu avec le régisseur, accepte le pari. L'auguste, certain de triompher aisément, se livre à tous les débordements d'une joie affectée. Il met la balle dans sa bouche, mais la rejette immédiatement car elle le gêne pour parler et il a toutes les peines à cacher au clown qu'il sait à quoi s'en tenir.

— Je tiens l'assiette... Tu comptes...

— Oui. Tu es prêt ? Un... deux...

L'auguste s'est empressé de glisser la balle dans sa bouche, mais le clown se retourne et revient vers lui pour lui faire de nouvelles recommandations.

— Donc je recommence. Un... deux... trois...

Mais le pistolet s'est enrayé. Néanmoins, l'auguste a

fait : « Ham ! » et il rejette la balle qu'il fait disparaître vivement quand il comprend que le clown n'a pas tiré.

— Je recommence, dit-il Tu as bien compris.

L'auguste pressé de gagner son pari n'a pas attendu pour remettre le projectile en place. Mais ses attitudes diffèrent des précédentes. Il semble incommodé. Il tourne des yeux effarés vers son compère. Il passe sa langue partout dans sa bouche. La balle n'y est plus. Il l'a avalée.

Le clown n'a rien vu. Il compte.

— Un !... Deux !... Trois !

Il tire : Poum !

L'auguste est complètement atterré. Il étouffe. Il tient l'assiette devant sa bouche et il a des hauts-le-cœur. Il fait signe qu'il est gêné, qu'il a quelque chose dans le gosier. Il se contorsionne. Enfin, la balle est arrivée au terme de son voyage dans son estomac. Il recouvre la parole.

— Qu'est-ce que tu as ? demande le clown.

— Je l'ai avalée.

— Qui ?

— La balle !

— Alors tu as perdu. J'ai gagné les dix francs.

Quand Rico et Alex interprétaient cette scène, arrivé là, Alex, navré, commençait à larmoyer doucement. Et pour la bonne règle, parce qu'Alex n'avait pas sa part, Rico lui restituait pour le consoler les dix francs qui constituaient l'enjeu.

Il n'est pas d'aussi bonne histoire qui ne se perpétue. Cette entrée d'une bouffonnerie si traditionnelle qu'on aurait eu du mal à l'époque à trouver un seul cirque au monde où elle ne figurât au cours des programmes plusieurs fois par an au moins était connue de tous les spectateurs. Pourtant, Alex et Rico avaient le don de la parer d'une grâce si simple, d'une légèreté si captivante qu'elle ne manquait jamais d'être sensible à tout le monde.

Elle développait son motif initial en plusieurs variations successives sans tomber dans la banalité et jusqu'à sa conclusion, tout gros effet en était exclu.

Beaucoup de clowns ont gâté depuis cette entrée si classique d'esprit et de forme. Les uns y ont ajouté quelques épisodes qui de sa finesse d'argumentation la font tomber dans la plus plate anecdote. Rico et Alex avaient assez de délicatesse dans les attitudes et l'expression verbale pour ne vouloir pas amuser le monde avec des conclusions d'un goût douteux comme celle qui consiste à restituer la balle sous forme d'un biscayen issu du pantalon et des parties charnues du corps, ou à faire mourir l'auguste après force absorption d'alcool pour pouvoir effectuer la sortie de piste avec la parodie toujours désagréable de *L'Enterrement*.

***

Rico était un sauteur émérite et amusant. Il gardait, du service des acrobaties à cheval où il avait débuté, l'habitude de ne jamais quitter la piste sans donner une idée de ses qualités d'acrobate. On faisait asseoir un, deux, trois, quatre garçons de piste, les uns derrière les autres, sur des chaises. Rico débutait par des sauts simples. Puis on appelait les garçons d'écurie. La rangée de chaises s'allongeait. Chaque fois, Rico effectuait un saut périlleux simple ou un saut périlleux plané, ou un saut avec pirouette. A neuf, on prenait un auguste de soirée. A dix, le régisseur de piste déclarait ne plus avoir de personnel disponible. Alors Rico demandait à un spectateur complaisant de vouloir bien descendre dans la piste. Il s'en présentait un, puis deux. Rico réunissait quatorze personnes qu'il franchissait d'un saut plané accompli en souplesse.

Pendant ces exercices de plus en plus sérieux, Alex pour une fois faisait l'important. Il allait du clown aux garçons d'écurie, du centre de la piste à la barrière, encourageant les uns, conseillant les autres, voulant qu'on lui cédât la place pour sauter à son tour. A ce travail, Alex suait à grosses gouttes, mais bien entendu, il ne sautait jamais. A chaque saut qu'ajoutait Rico à ses prouesses, Alex enlevait l'un des gilets qu'il portait les uns sur les autres, sinon plus, du moins autant que le Jodelet des *Précieuses ridicules*. Ce qui prouve que de tout temps, on amusa le monde de la même manière. Il y avait en plus, dans ce numéro, entre les deux comiques une harmonie imitative d'intense gaieté.

***

L'une des plus inoubliables entrées de Rico et Alex fut *La Leçon de patinage.* Ils mettaient dans ce sketch, l'un des seuls exemples que la pantomime sautée ait conservés, leurs qualités de cascadeurs à l'épreuve du rire pendant une vingtaine de minutes. Rico à la demande d'Alex devenait professeur de patin à roulettes et lui apprenait à se tenir et à rouler correctement.

On imagine aisément après combien de chutes voulues, de renversements provoqués, de glissades inattendues, d'excentricités de toute nature, Alex parvenait à se tenir en équilibre sur des patins qui jusque-là fuyaient toujours sous lui. Mais avant d'y arriver, combien de fois n'avait-il pas entraîné Rico dans des équilibres instables indescriptibles.

La présentation de cette entrée valut à Rico et Alex un succès qui dura pendant toute une saison. Il est rare que la reprise d'une entrée soit accueillie avec autant de faveur.

Ajoutons qu'elle jouit encore d'un certain éclat. Coco (Raoul Jouin) et Charley (Charles Mayer) la reprirent au Nouveau Cirque. Puis les Léonard au cirque Pinder (1) il y a une dizaine d'années (1934). Mais ni les uns ni les autres ne parvinrent à un mécanisme aussi naturel du geste, ni à une succession aussi rapide d'attitudes et de mouvements qui représentaient pour Rico et Alex un travail musculaire considérable et une continuelle improvisation. En effet, aucune préparation n'est possible dans cette pantomime sautée, aucune répétition utile, les situations comiques naissant spontanément au fur et à mesure des incidents imprévisibles.

(1) Georges Milton, dans la *Féerie blanche,* à Mogador, a renouvelé cette entrée comique avec le patin à glace. M. Legrand-Chabrier a relaté à ce sujet qu'en 1827, au théâtre de la Porte-Saint-Martin, le danseur-mime Mazurier se dépensait déjà dans le patinage à roulettes dans une pantomime : *la Neige.* Il y a, d'autre part, dans la liste des intermèdes, indiquée dans le cirque Franconi (*op. cit.*), *les Patineurs américains* (?) qui pourraient bien être quelque chose de semblable.

⁂

Pour ne point être en reste avec leurs confrères, Rico et Alex durent aligner leurs entrées avec celles de leurs concurrents. Ils donnèrent *Le Bébé géant* qui est la parodie de la nourrice. Rico, habillé en bonne d'enfant, poussait une voiture dans laquelle, après avoir absorbé en quelques instants le contenu d'un biberon gigantesque, le bébé qui y reposait grandissait démesurément.

Ce fut encore *Le Distributeur automatique*. Bien que leur matériel y fût réduit à la plus simple expression, Rico et Alex cherchaient dans une mécanique truquée l'utilisation de leurs qualités.

Rico démontrait à Alex le fonctionnement d'un appareil étonnant de son invention.

— Tu mets une pièce de vingt sous dans l'appareil. Tu attends que ça sonne. Tu décroches le récepteur : c'est comme un téléphone. Tu demandes ce que tu veux. Et tu es servi. Tiens, tu vas voir. Qu'est-ce que tu veux boire ? Un verre de fine ?

Rico obtenait ainsi pour son partenaire et pour lui un verre de liqueur. Alex proposait alors de sabler le champagne.

— Commande, disait Rico.

Mais le contenu de la bouteille arrivait sous forme d'un jet qui arrosait la figure d'Alex sans lui donner satisfaction.

— Pourquoi ? demandait Alex. Ton appareil ne marche pas.

— Mais si, disait Rico. Tu es trop gourmand. La bouteille n'a pas pu passer dans le tuyau conducteur ; elle s'est cassée en route.

⁂

Rico et Alex disparurent des cirques français pendant près de dix ans. Ils reparurent au Cirque d'Hiver, sous la direction Desprez, et au cirque Medrano.

La mode leur avait imposé de nouveaux moyens d'émouvoir. Ils précédaient ou ils suivaient dans chaque cirque les Fratellini, et il est indiscutable que le jeu naturel de Rico et Alex détonnait plutôt après leurs illustres concurrents. Antonet et Beby étaient au Cirque de Paris et ceux qui n'avaient pas connu Alex et Rico avant 1914 ne pouvaient être touchés par la charmante ingénuité de la silhouette de marquis d'opérette d'Alex, ni par la chaleur constante d'humanité qui perçait sous le jeu calme de Rico.

La cocasserie d'Alex, sans fausse note, était toujours mesurée. Il avait ajouté à l'entrée de *La Main perdue Les Ballons*, d'un schéma à peu près identique, assemblage de la surprise et de l'émotion, chaque fois qu'il laisse échapper l'un des ballons qu'on lui a confiés. Mais pour se mettre au diapason des clowns influencés par la technique des Fratellini, Rico et Alex présentaient à grand renfort de matériel des entrées à surprises et à trucs sensationnels : *Les Ours blancs*, qui avaient le mérite de renouveler *La Course de taureaux*, *La Chaudière*, *La T.S.F.* et *Les Soldats de bois*.

Les Soldats de bois participaient plus encore du ballet que de la pantomime sautée. Rico en capitaine, Alex en caporal, passaient en revue une demi-douzaine de soldats flanqués d'une cantinière, habillés et peints comme des jouets de bois (1).

Puis au son de l'orchestre, la petite troupe évoluait au commandement du capitaine comme des automates aux mouvements rythmés d'une musique. On songeait aux ballets suédois de Jean Borlin. Les exercices finissaient par un défilé saccadé et fort bien réglé.

Cette fantaisie composée sans prétention aucune, jouée le plus simplement possible, avait la splendeur touchante des grandes choses. Elle prouvait que laissés à leur inspiration, Rico et Alex qui n'étaient plus d'une extrême jeunesse auraient pu accommoder leur naturel à des entrées qui ne fussent pas tombées dans les travers et les extravagances de la pantomime « truquée ».

Mais comme tous les clowns arrivés au bout du chemin, Rico et Alex, n'étant plus soutenus par personne, ne

(1) Les d'Angolys, enfants de Rico et d'Alex, qui donnaient dans le même programme un numéro de jonglage d'une grâce et d'une légèreté toute juvénile, se dépensaient dans cette entrée comme partenaires accidentels de leurs parents.

trouvèrent pas de contrat de longue durée qui leur permît de dominer le public et de s'imposer.

Rico demeurait l'excellent chanteur d'autrefois à la voix claire et juste. S'accompagnant de sa guitare, il emplissait le cirque d'un choix varié qui allait de la chansonnette parisienne reprise en chœur par le public à la sérénade napolitaine ou à la romance espagnole. Il y déployait un talent de diseur à voix exceptionnel pour un clown. Antonet, qui voyait en lui un concurrent dont il devait surveiller l'activité et supportait mal qu'on dise devant lui du bien de ses confrères, reconnaissait quand même la supériorité de Rico, aucun clown n'ayant été jusqu'alors capable de pousser une chanson qui ne fût pas une chanson comique.

Nous avons vu le public du Cirque d'Hiver tout entier entraîné par Rico redire en chœur le refrain d'une chanson banale telle que :

Paris, reine du monde
Paris, c'est une blonde, etc.

tandis qu'au Cirque de Paris le chanteur bénévole auquel Antonet faisait appel pour soutenir la « chanson de Rose-Marie » jouée sans beaucoup d'originalité au violon, laissait, malgré ses instances, les spectateurs on ne peut plus froids.

⁂

Rico exécutait encore un sketch pot-pourri de fantaisies imitatives. Il imitait le lion, la mouche, le chien, la scie, la poule, le coq, tous les animaux de la basse-cour, mais il n'accomplissait plus les sauts périlleux simples, planés, pirouettés qui avaient maintenu si longtemps sa réputation d'acrobate. Un second accident qui lui avait cassé la cheville lui interdisait de compter désormais sur les succès personnels du passé.

Le succès d'Alex et de Rico lors de leur rentrée au Cirque d'Hiver ne fut pas unanime. Ils eurent beau se parer du titre de « clowns préférés de la cour d'Espagne », le public ne partage pas obligatoirement la préférence des dynasties et n'attache pas à ces distinctions, dont il n'apprécie pas la valeur, plus d'intérêt qu'elles en ont. Sa reconnaissance est à la mesure de la joie qu'il éprouve. Or, il faut reconnaître que la finesse de l'interprétation des clowneries par Rico et Alex passa inaperçue des spectateurs des cirques d'Hiver et Medrano dont le goût était gâté par le jeu riche en saveur et les facéties au gros sel des Fratellini.

Rico et Alex quittèrent les pistes parisiennes pour se consacrer à des tournées dans les cinémas. Là, la voix fluette d'Alex portait beaucoup mieux et les reprises qu'il avait toujours eu le secret de mettre en valeur eurent au titre de « variétés » le mérite de relever le niveau de ce que les comiques ont l'habitude de présenter sur les planches.

Mais en dehors du cirque, Rico et Alex furent bientôt oubliés comme le furent les Barracetta (1), les Pompof (2) et les Andreu (3).

(1) Emmanuel Baracetta, né à Urde le 6 juillet 1880, clown espagnol marié à Léris-Loyal, fille de Glod-Loyal, née à Amiens le 19 juillet 1883. Emmanuel, dit Manu, forma avec Théodor et Toto Barracetta un trio de clowns surtout musicaux dont l'un joue du piano fort élégamment avec ses pieds. Le clown parleur et musicien, dit M. Legrand-Chabrier, rappelait Bob O'Connor.

(2) Pompoff et Teddy, de la famille Aragon.

(3) Voir chapitre XX.

XIII

DE CHARLEY-W. ILÈS A ÉMILE-P. LOYAL

Charley-William Ilès, né à Stockholm le 3 juin 1876, fut le doyen des clowns français après la mort de Paul Fratellini. D'origine anglaise par son père William Ilès, qui fut clown toute sa vie après avoir été à l'école de Billy-Hayden, en même temps que Foottit et Medrano, Charley-William Ilès ne pouvait pas manquer de figurer dans le palmarès du cirque en bonne situation.

De par sa mère, qui était italienne, C.-W. Ilès s'apparentait à une vieille famille de cirque : les Ciniselli-Cavagora qui comptaient des représentants chez les Franconi et les Banola. Son grand-père paternel avait été écuyer du roi Victor-Emmanuel Ier et du côté maternel la famille d'Ilès présentait de telles dispositions que le jeune Charley Ilès n'en pouvait être que copieusement pourvu. A trois ans, il parut en piste au cirque Ciniselli : à quatre, il pratiquait l'équitation.

Dès l'ouverture de l'Hippodrome, C.-W. Ilès, qui avait tâté de la voltige à cheval et ne négligeait aucune nouveauté, fut engagé comme acrobate à bicyclette, genre où les Ancillotti et les French n'allaient pas tarder à devenir maîtres.

Il ne faut pas longtemps à l'artiste intelligent pour comprendre qu'à défaut de posséder des avantages particuliers dans une spécialité, il n'occupera jamais qu'une place inférieure malgré son labeur et sa persévérance. Pour celui-là, le métier de clown offre au départ autant de chance aux uns qu'aux autres. En 1899, Ilès commença donc sa carrière de bouffon et échangea avec son père William force soufflets et coups de pied, ce qui ne l'empêchait pas, prétend G. Strehly, d'être un fils respectueux et soumis (1).

William Ilès passait pour un artiste de haut mérite. Il apportait dans tous ses exercices une correction parfaite. Fallait-il faire des sauts périlleux et des sauts de singe en passant dans des cercles, il les exécutait brillamment. William avait de plus le bonheur d'être bien fait, ajoute l'auteur anonyme du *Cirque Fernando* (2), ce qui ne gâte rien, car il est très rare de trouver un clown bien proportionné de partout. Cette opinion pouvait prévaloir en 1875, date de la parution de l'ouvrage, mais quand William Ilès, après avoir travaillé avec James Sydney, fut clown avec son fils Charley, il était au contraire très gros, très rond, très pâle et Charley obtenait toujours un facile succès quand il le traitait de fromage blanc (3).

En 1905, C.-W. Ilès, s'associant avec Antonio (Lozano) qui venait de quitter Orlando Averino, abandonna le costume d'auguste pour la souquenille brocardée du clown dont il chercha un exemple à son goût dans la lignée des clowns débonnaires que Gougou Loyal avait inaugurée et que son père avait continuée. Il n'en pouvait être autrement. Ilès remplaçait Orlando, concurrent de Foottit, et il croyait bien de lui ressembler le moins possible.

Ilès et Antonio acquirent rapidement une notoriété décisive. Nous ne reviendrons pas sur ce que nous avons dit dans notre étude sur Antonio.

La guerre de 1914 surprit C.-W. Ilès à Sainte-Radegonde, près de Péronne, où il s'était réfugié dans une petite propriété. Il y fut bloqué par les armées allemandes. Se faisant passer pour un sujet du roi de Suède, Ilès échappa au camp de concentration et regagna la Scandinavie où les occupants l'expédièrent. Il y retrouva Bario (Manrico Meschi) avec qui il avait travaillé une sai-

(1) *L'Acrobatre et les Acrobates*, *op. cit.*

(2) Edouard Cavailhon, *op. cit.*

(3) Nous avons relevé les noms de Morovia qui jouait avec Jacky à Medrano en 1905 et avec Joé Trapnel, un auguste anglais. Certains ont assuré que Morovia était le pseudonyme de William Ilès. D'autre part, Friscot serait le pseudonyme de Charley. Nous n'en croyons rien. Morovia était un clown français. Quant à Antoine Friscot, c'était un auguste bruxellois, bon cascadeur, qui joua avec Montbar, un ancien trapéziste, créateur de la torpille humaine. Voir Lavata, *Trente ans de cirque*, ch. XXVI.

son pendant sa période de brouille avec Antonio et qui lui facilita son passage en Angleterre après l'avoir habillé.

Les hostilités terminées, Ilès (1) séparé cette fois définitivement d'Antonio reprit le rôle d'auguste avec Lavata (Louis Dassonville) comme clown. La combinaison était vouée aux insuccès. Les partenaires tentèrent autre chose. L'auguste Ilès redevint clown avec Titi et Lavata comme pitre et contre-pitre. Le trio n'eut pas plus de chance.

Titi avait alors une figure d'un comique irrésistible. L'hilarité gagnait unanimement tous les spectateurs dès qu'il paraissait. Malheureusement ses ressources s'arrêtaient là. Il était insuffisant dans le dialogue et son faciès grimaçant devenait insupportable dès que Titi se mettait à parler. Lavata dit de Titi qu'il avait une belle tête comique, le menton très fort, la bouche édentée, et qu'il « sauçait » beaucoup. Lavata ne pouvait pas à lui seul donner au trio les qualités comiques qui lui eussent été nécessaires pour laisser dans l'histoire du cirque mieux que le souvenir d'une banale tentative.

***

Louis Lavata, d'abord élève des Lecusson, avait débuté comme clown le 25 avril 1909 à Buenos Aires, très modestement d'abord avec Little Walter. Il était son auguste, faisant le chiqué dans les places, et lui servait d'utilité quand il en avait besoin. Comme il ressemblait à Lavater-Lee, Walter lui donna le nom de Lavata qu'il conserva depuis.

De retour en Europe, Lavata travailla avec Bijou au cirque Despard-Plège, à Bordeaux, au Big-Circus à Londres en 1912, chez Ancillotti-Plège à Nantes et chez Roche à Angers en 1913, au cirque Orlando en Suède. Ils étaient ensemble au cirque Medrano en juillet 1914. Il quitta Bijou pour entrer dans le grand numéro équestre des Cardinal. Après la guerre 1914-1918, qu'il fit comme engagé volontaire étant citoyen suisse, Lavata essaya de reprendre son métier de comique avec Friscot et Ilès. Il n'y réussit pas.

(1) Cette fois, ce fut Paul Fratellini qui mit sa garde-robe à la disposition d'Ilès.

Désiré Bijou, le premier partenaire de Louis Lavata, était périgourdin. Marié à une des demoiselles Moustier, écuyère de panneau, il travailla dans les cirques forains, chez Lambert, Lamy et Zanfretta. Il avait fait un peu de tout, notamment le trapèze et le porteur dans un numéro d'acrobaties avec le père Andreu, numéro d'où sortit celui des Rivels. Bijou était bon parleur. Il possédait un débit aisé, une voix claire et un tempérament excessivement jovial qu'il devait sans doute à ses origines méridionales. Il était très entreprenant. Il monta une caravane avec laquelle il courut la province. Il louait des salles vides pour y donner des représentations. Félix Gontard se souvenait d'avoir fait la tournée avec lui. Bijou était à la caisse et Lavata imitait Walter. Ils jouaient alors dans un théâtre loué pour deux jours de fête dans les environs d'Angers quand, la recette ayant été fructueuse, le caissier fit sauter la banque et disparut.

Bijou crut qu'il pouvait abandonner le cirque et se retira en Normandie, à Vire, où il monta un commerce de légumes et de salaisons. Les plaisanteries trop faciles sur l'andouille locale, de frêles capacités commerciales, plusieurs bouches à nourrir, la cinquantaine approchant, Bijou dut reprendre son ancien métier. D'abord, il essaya d'organiser des tournées dans les gros bourgs du Cotentin ; mais les résultats furent minimes.

Bijou vendit son fonds de commerce et revint à Paris où faute d'engagement, il s'associa avec un marchand de curiosités exotiques. Mais le sens des affaires lui manquait décidément. Il habitait sur la zone une roulotte incommode. Il y tomba malade. Il mourut à l'Hôtel-Dieu, reçut la bénédiction à Notre-Dame et fut enterré à Pantin.

Sa fille, Laurenza Bijou, épousa en premières noces, en 1925, Lucien Loyal, dit Pitt, qui fut partenaire d'Alex Bugny. Veuve quelques mois après, elle se remaria en 1930 avec Charley (Charles Meyer).

⁂

La place de régisseur de piste était à prendre au Cirque d'Hiver redevenu cirque après quelques années d'un destin mouvementé. Lavata rendit sa liberté au clown C.-W. Ilès qui forma avec Little Walter et E.-P. Loyal un trio nouveau, sans d'ailleurs plus de succès que les précédents. Après le temps d'une saison, E.-P. Loyal ayant préféré une retraite tranquille à un travail en concurrence avec Walter qui l'écrasait littéralement, C.-W. Ilès et Little Walter composèrent un couple de clowns de qualité dont on attendait beaucoup et qui, hélas, ne donna rien.

Comme on avait eu Antonet et Walter, Ilès et Antonio, et devant le manque à peu près total de personnalités qui pussent animer un couple de clowns brillants et assortis, on put espérer un moment que l'association Ilès et Walter jouirait d'un prestige de longue durée.

Par son père William et par Antonio, C.-W. Ilès pouvait se prévaloir d'être un continuateur à la fois de Foottit et de Gougou Loyal. Quant à Little Walter sa renommée n'était nullement compromise encore que l'apparition de clowns chargés de succès plus récents que les siens l'eût relégué à une place secondaire. Bien que l'heure de sa célébrité fût sonnée depuis longtemps, Walter conservait encore une notoriété intacte. Personne parmi ses collègues et ses concurrents n'oubliait l'estime dont il avait été entouré, ni la reconnaissance qu'ils lui devaient pour avoir donné à l'auguste un relief étonnant.

C.-W. Ilès et Little Walter bénéficiaient donc, grâce à leur réputation, d'un préjugé favorable. La défaillance même d'E.-P. Loyal était interprétée comme un événement heureux, capable de rendre au jeu clownesque une unité que la formule « trio » lui enlevait le plus souvent.

Mais, contre toute attente, l'épreuve fut désastreuse. Alors que n'étant plus tenus de réserver à un tiers personnage ses chances de succès, il leur était possible de pousser leurs avantages jusqu'à l'extrême limite d'une interprétation personnelle, ils s'égarèrent dans un jeu où les futilités le disputaient à l'originalité. C'est à celui qui eût été supérieur à l'autre. A ce compte-là, l'homogénéité qui conditionne le succès d'une équipe était à ce point compromise qu'on put avec raison se demander pourquoi ces deux clowns étaient associés. On répondra qu'ayant autant l'un que l'autre besoin d'un contrat pour vivre, ils avaient été engagés séparément, imposés l'un à l'autre, par une direction dont les desseins parfois pleins de bonnes intentions sont souvent inopportuns.

En fait leurs qualités étaient contradictoires. Il eût

fallu à Little Walter un clown autoritaire qui l'eût en main et à C.-W. Ilès un auguste qui répondît à sa bonhomie. Dans la pantomime dialoguée, ils ne purent jamais trouver de point de contact assez long pour qu'on les puisse jauger à la mesure de la comédie clownesque. Ce ne fut qu'accidentellement dans la pantomime musicale, et encore dans des rôles de genre comme dans leur transposition de l'entrée des *Rossignols*, où Walter en midinette dévergondée affole Ilès en barbon impeccable, qu'ils révélèrent dans un humour inattendu leurs possibilités de lutter avec les grandes vedettes. Ou encore dans l'entrée du *Militaire*. Là, Walter dans un habit de tourlourou d'une fantaisie caricaturale s'ingéniait à des avances fort acceptables pour Ilès figurant une dame de compagnie d'un âge mûr et fort honorable.

***

Au reste, C.-W. Ilès, meneur de jeu tout en finesse, d'une argumentation doucereuse et persuasive, peinait lamentablement pour obliger son pitre de partenaire qui coupait tous ses effets, à déployer toutes ses ressources, à déballer tout l'attirail de sa boîte à malices.

Little Walter, tantôt fougueux ou tantôt d'une lenteur exaspérante, d'une volonté organisatrice et dissolvante à la fois, prétendait s'imposer et agir en piste, comme s'il eût été son propre metteur en scène. D'un tempérament à tout entraîner, il était parfois le jouet indiscipliné de ses extravagances et de ses propres illusions à ressusciter un talent qui s'amoindrissait chaque jour. Alors, Walter ne se souciait plus de l'entrée qu'il interprétait. Il interpellait le régisseur de piste. Il oubliait même le clown. Il blaguait, poursuivant son aventure, abandonnant à un sort ridicule le clown qui théoriquement, en vertu de la distribution du travail, a la charge de limiter les incartades de l'auguste, de provoquer ses réactions et de le mener dans le chemin qui conduit à la sortie de piste selon les règles de l'art des clowneries.

Dans ces moments-là, Little Walter, pourvu qu'il fût dans les jours où l'on ne pouvait discerner s'il devait plus à la fantaisie qu'à l'ivresse, était d'un orgueil superbe. Il se moquait bien des conventions. Il avait à peine un regard pour le clown. Fier comme un conquérant, il quittait la piste. La jaquette à carreaux très longue croisant bas sur un plastron luisant comme l'émail, le chapeau demi-rond gris en bataille, la canne au port d'arme, l'œil clignotant et significatif, Walter laissait à Ilès le soin de ramasser les applaudissements. Il lui suffisait à lui d'être roi sur la piste enchantée.

⁂

Le sort d'Ilès était trop ingrat pour qu'il durât longtemps.

En effet, tolérer sans réagir que l'auguste ne tînt compte du clown que pour lui rendre le rôle ridicule ou le sacrifier à son jeu personnel eût été démériter pour Ilès. Il n'a jamais été admis au cirque que, de par la volonté de l'auguste, le clown se vît contraint à une besogne de remplissage. Les pitres singulièrement doués, comme Grock, ont parfois un partenaire qui peut-être en remplit l'office mais qui n'est pas un clown. Des partenaires mineurs d'excentriques de music-hall peuvent accepter de figurer comme de simples appendices d'une vedette, mais aucun clown n'y consentira.

Mais refuser d'être étouffé comme l'avait été E.-P. Loyal était pour Ilès entrer en compétition avec Little Walter dès sa présence en piste. Notre clown aurait pu remonter le courant. Walter n'était pas toujours d'une exubérance imbattable ; il eût fallu pour le ramener à une appréciation plus modeste de ses possibilités lui répondre du tac au tac, par l'improvisation à l'improvisation. A son tour, Walter se fût trouvé bientôt désemparé parce qu'il ne brillait plus que par intermittence.

Si dans certaines entrées comme celle des *Instruments*, où paraissant en piste avec plusieurs instruments de musique qu'il utilise au fur et à mesure que le régisseur de piste les lui confisque, Walter, toujours l'intelligence en éveil, avait des trouvailles qui méritaient d'être développées, il ne manquait pas de sketches, où, si tant est qu'il eût l'étoffe d'un grand clown, C.-W. Ilès avait l'occasion d'improviser à son tour et de placer Walter en infériorité. Mais hélas pour son rôle, C.-W. Ilès manquait de l'esprit d'à-propos qui caractérise le clown comédien. Et puis, il était lent à s'émouvoir.

Il est convenable en vérité de remarquer que la patience de Little Walter était à l'épreuve. Ses inventions inattendues prenaient parfois l'allure de grosses blagues qu'il fallait soutenir par le dialogue pour qu'elles aient plus d'allure et de résonance qu'une boutade. Mais Ilès ne pouvait que se rendre à la discrétion de son partenaire. Il n'était pas en mesure de répondre à son attente.

Il avait acquis, selon les avantages et l'opportunité d'engagements (1) qui l'avaient sacré tantôt clown, tantôt auguste, la déformation professionnelle du jeu de ce dernier : la lenteur. A côté de Little Walter, Ilès manquait de spontanéité. Privé du réflexe automatique qui n'est pas toujours une preuve d'intelligence, mais qui assure souvent le succès au cirque, Ilès laissait sans réponse les reparties les plus drôles. Elles tombaient dans un silence sans écho. Walter bouillait d'avoir devant lui un clown incapable de maintenir le jeu dans des régions inexplorées où l'esprit trouve de nouvelles formes d'expression et des idées riches de promesses. Et qui plus est, incapable de suivre, C.-W. Ilès alourdissait l'interprétation, la ramenait par manque d'imagination dans des sentiers battus où elle rejoignait bientôt les banalités du répertoire habituel.

Ne tenant compte que de son dynamisme Little Walter reprochait à C.-W. Ilès de ne pas être assez « clown », d'appliquer trop de réflexion, qui est la négation même de l'action, de penser trop le jeu. Atteint dans sa dignité, le clown se plaignait de l'égocentrisme de Walter parfaitement dans la tradition des artistes de cirque. Et chacun demeurait sur ses positions.

Parfois, quand la discussion tournait à l'aigre, les deux partenaires pénétraient en coup de vent dans la piste sans être rassérénés et continuaient à énumérer sous une forme plaisante leurs défauts réciproques. Des répliques succédaient à des répliques qu'il était difficile d'insérer dans l'entrée comique inscrite au programme ce jour-là, mais qu'on pouvait prendre à tout aller pour une improvi-

(1) Ilès eut parfois pour partenaires des comiques précaires comme Bully, au cirque Rancy.

sation à la dernière minute. Le jeu n'était pas toujours aimable. Little Walter sarcastique poursuivait C.-W. Ilès de réflexions sans grandeur. Ce dernier le lui rendait bien ; il ne cédait la parole qu'après s'être soulagé. Mais après et à mesure que les partenaires sentaient se dérober sous eux le fond solide de la piste et de l'entrée, et touchaient les limites de la colère, le public commençait à s'apercevoir que sous la lumière de la coupole tout n'est pas pour le mieux dans le monde du cirque.

Il y eut, notamment à Amiens, un accrochage fameux où de comique la discussion devenue épique menaça de tourner au pire. Nous étonnerons peut-être le lecteur non averti en disant que les inimitiés entre les clowns dépassent souvent les voies de fait et vont jusqu'aux tentatives d'homicide. Mais tout finit par s'arranger. La toile de tente du cirque empêche les regards de se mêler à ces affaires-là.

Les acteurs savent garder le silence sur certaines particularités de leur vie qui ne les placeraient pas dans un jour favorable. Ils cachent souvent leur véritable caractère. Nous les imiterons et ne soulèverons pas le coin du voile.

***

La réussite d'une « entrée » dépend de la présentation, de l'interprétation et de son exécution. La présentation est une affaire d'éducation et de ressources. Certains qui ont été des acrobates appuient sur le côté gymnique ; d'autres qui ont pratiqué le jonglage tournent une entrée vers cette spécialité.

L'interprétation est une question d'imagination et chose toute personnelle.

L'exécution est subordonnée à l'entente réalisée au cours de la mise au point pendant la répétition des effets recherchés ; elle dépend de l'accord parfait entre les partenaires et l'improvisation supplée dans une bonne mesure aux défaillances de l'exécution. Les effets de rire et de gros rire ne jaillissent pas spontanément, les partenaires pressentent les moments précis où l'attention des spectateurs portée à son comble doit éclater en hilarité qui les soulage et les rende de nouveau aptes à recevoir de nouvelles émotions.

Ilès et Walter avaient toujours l'air d'attendre des moments qui ne venaient pas, favorables à l'éclosion du rire. Leur jeu révélait un embarras à étoffer leur sujet et parfois, tout au contraire, la mollesse de leur interprétation semblait traversée d'une verve si explosive qu'elle détonait sans étonner, qu'elle surprenait sans ravir. Leur exécution était inégale. Walter incarnait, selon le jour, les événements et ses dispositions, l'un des deux ou trois Walter différents qu'il avait été au cours de sa carrière et qui ressurgissaient brutalement à certaines heures d'ivresse comme les fantômes de son passé. Et ce n'était pas alors la faute de ce bon et brave C.-W. Ilès de ne pouvoir se mettre au diapason d'un partenaire doué d'un dédoublement si fugitif de la personnalité. L'un en face de l'autre, ni Ilès, ni Walter n'atteignirent jamais à cet état de perfection exemplaire auquel des clowns comme Foottit et Chocolat, Antonet et Beby, Manetti et Rhum, Alex et Porto avaient atteint par une collaboration bien comprise, une soumission consentie de l'un à l'autre, une camaraderie bienveillante et une absence totale de jalousie.

Nul doute qu'à la longue, C.-W. Ilès et Little Walter se fussent entendus et que l'harmonie que de Perrodil (1) regrettait déjà en 1889 de n'être pas précisément la qualité dominante parmi les artistes, dans leurs rapports communs, eût fini par améliorer des relations que leur intérêt bien compris aurait dû d'autre part rendre accommodantes. Mais C.-W. Ilès, dont la fierté n'avait pas été ménagée, préféra la retraite. E.-P. Loyal qui attendait patiemment la dislocation du couple Ilès-Walter qu'il prévoyait proche fut récompensé de sa fidélité. Ilès retrouva en lui son plus égal et, on peut dire, son plus loyal partenaire.

***

Emile-P. Loyal est l'aîné des huit enfants de Georges Loyal qui, sa carrière d'écuyer féconde en succès termi-

(1) *Monsieur Clown, op. cit.*

John Price.
Collection T. Rémy.

Médrano, dit Boum-Boum.
Collection T. Rémy.

Sestac, dit Fil de fer.
Collection T. Rémy.

Arturo et Peppino Aragon.
Collection T. Rémy.

Little Walter.
Collection P. R. Levy.

Little Walter.
Collection T. Rémy.

Grock.
Collection P. R. Levy.

Grock.

Grock.

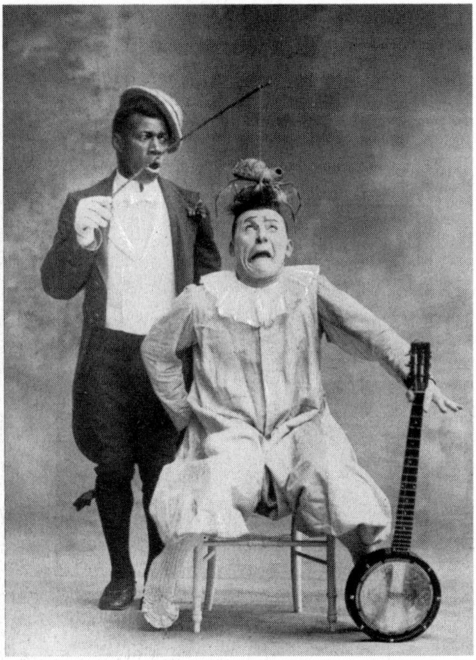

Foottit et Chocolat.
Collection T. Rémy.

Mylos et Angelo
Collection P.L. Lévy

Beby.

Alex Bugny.

Ilès.
Photo Gil Pax.

Ilès.
Collection P.L. Lévy

GASTON PARIS

à gauche :
Porto, Cairoli et Carletto.

à droite :
Cairoli, Carletto et Filip.
Collection P. R. Levy.

Maïss et Porto.
Photo Erpé.

Maïss et Mimile.
Collection P. R. Levy.

Page ci-contre :

En haut à gauche :
Porto
Collection T. Remy.

En haut à droite :
Chocolat Fils et Porto
Collection P. R. Levy.

En bas :
Alex et Porto.
Collection P. R. Levy.

Antonet et Beby.
Collection P. R. Levy.

Antonet.
Photo Speeckaert.

Antonet.
Collection P. R. Levy.

Beby.
Collection P. R. Levy.

Seiffert.
Collection T. Rémy.

Souvenir du trio Dario.
Collection P. R. Levy.

Pipo et Rhum.
Collection P. R. Levy.

Rhum.
Collection T. Rémy.

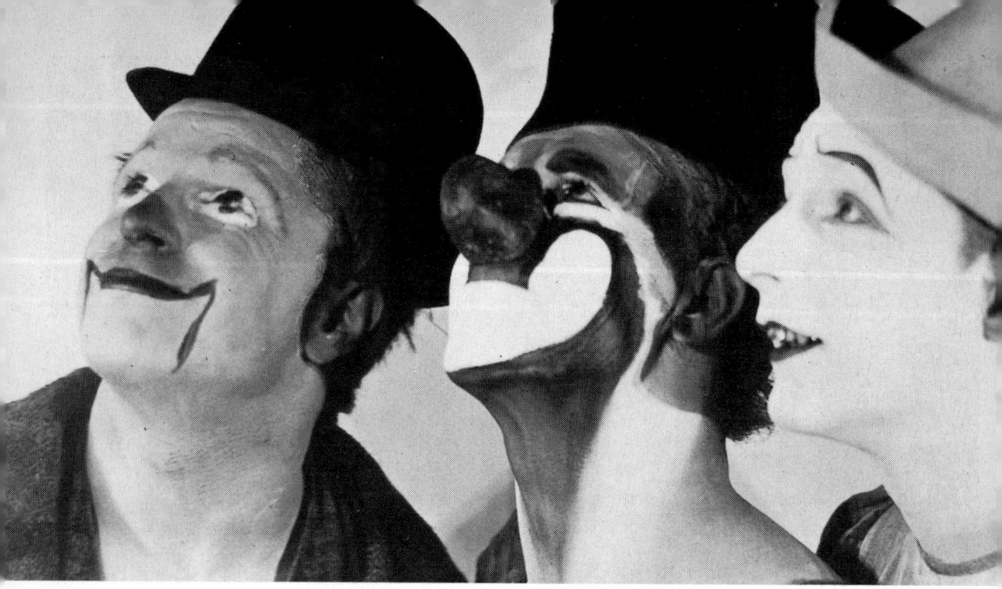

Les Andreu-Rivels.
Collection P. R. Levy.

Polo Rivels.

Tonytoff.
Collection T. Rémy.

Les Fratellini.
Collection P. R. Levy.

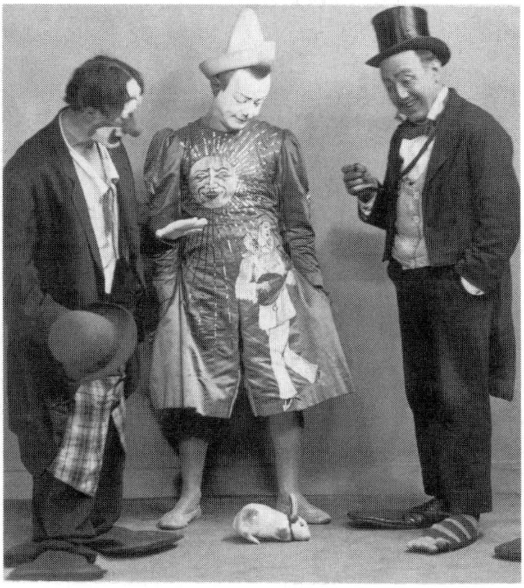

François Fratellini.
Collection P. R. Levy.

Paolo Fratellini.
Collection P. R. Levy.

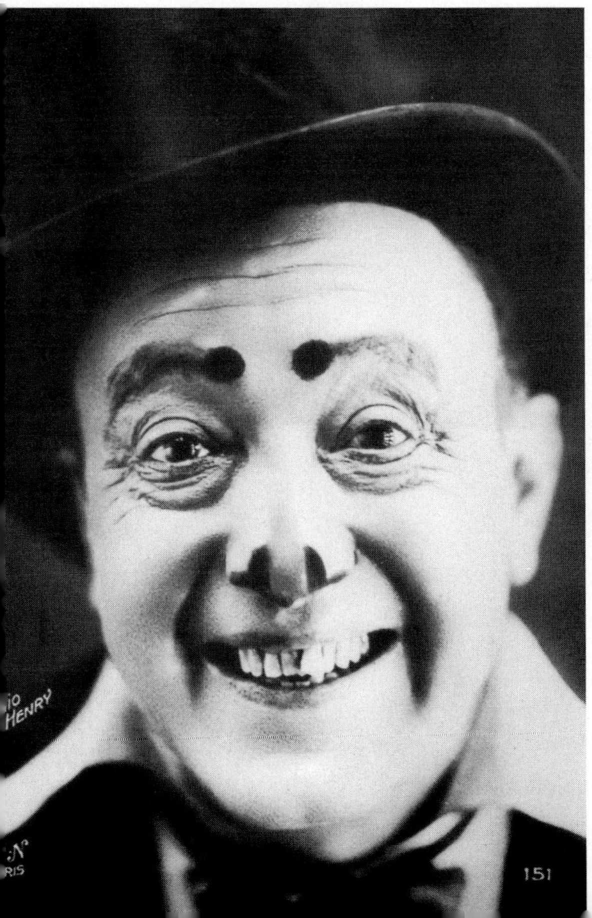

Alberto Fratellini.
Collection P. R. Levy.

Miss Loulou.
Collection T. Rémy.

Dario Meschi.
Photo Paillier.

Les Webbs-Bros.

Manetti et Rhum.

Les Léonard.
Collection P. R. Levy.

Les Léonard.
Collection P. R. Levy.

Mimile, Pipo et Dario.
Collection P. R. Levy

45. Zavatta.
Collection P. R. Levy.

Alex et Achille Zavatta.
Collection P. R. Levy.

née, assuma les fonctions de régisseur de piste au cirque Métropole (Cirque de Paris) et les remplit si honorablement que son nom devint l'appellation générique d'une fonction.

E.-P. Loyal est né à Cologne le 14 avril 1886. Après avoir tâté du jonglage et des acrobaties aux barres, Loyal se spécialisa dans les clowneries. L'un des nombreux rejetons d'une des plus illustres familles de cirque dont on suit la descendance jusqu'aux Amériques, Emile Loyal, n'était pas le premier qui, conscient des difficultés à vaincre pour atteindre une place étoilée dans le jonglage ou l'équitation, n'avait pas cru déchoir en acceptant la condition plus prosaïque de pitre. Il avait du sang de qui tenir dans les veines.

A côté d'Arsène Loyal, dit Gougou Loyal, dont nous avons parlé, il y avait encore dans cette famille Arsène-Baptiste Loyal, né en 1862, et qui, tour à tour écuyer et gymnaste, n'avait pas borné là son ambition : il était devenu clown. Et Emile Loyal pouvait prétendre que là où les autres avaient eu du succès, il pouvait bien à son tour réussir.

Pourtant, quand il débuta avec C.-W. Ilès, la pantomime dialoguée, fort développée déjà, ne convenait point à ses goûts. Il ne manifestait aucune des ressources qu'un tempérament d'auguste laisse poindre dès ses premières passes en piste, mais montrait plutôt des dispositions particulières aux excentriques par ses gesticulations et sa mimique expressive et amusante.

Affublé d'une chemise bouffante dont la blancheur remarquable rompt la ligne d'une redingote noire trop petite et d'un pantalon étriqué et court, Emile, comme l'appelait familièrement son partenaire, exprimait avec beaucoup de peine les onomatopées qui composaient à l'origine tout l'arsenal de son répertoire. Son rôle se bornait à des réponses monosyllabiques et Ilès dut tout d'abord indiquer verbalement les effets, préciser les circonstances, réciter on peut dire deux rôles tandis que Loyal mimait le sien.

Pour faire un bon auguste, il ne faut point avoir le sens du ridicule. Loyal, qui possède une minuscule voix de fausset de la plus comique intonation, ne se décidait pas à la faire valoir. Il y avait là pourtant pour lui une source de comique à ne pas négliger. Il fallut l'insistance et l'autorité d'Ilès pour que Loyal s'enhardît peu à peu, prononçât quelques phrases passe-partout qui trouvaient de-ci de-là leur utilité et que, après s'en être tenu quelque temps à une mécanisation de la parole après celle du geste, Loyal parvînt enfin à s'adapter à la pantomime dialoguée.

Ilès ne rencontrait pas comme avec Little Walter de difficultés à faire valoir son partenaire. Tandis qu'avec le premier Ilès devait s'efforcer d'incarner le type du clown autoritaire et de tenir court et mener le jeu rondement, avec Loyal, Ilès dut, au contraire, se transformer en clown débonnaire. Bousculer le jeu de Loyal eût été lui enlever tous ses effets, tarir brusquement sa fantaisie, paralyser sa mimique. Ilès fut comme un grand frère patient qui apprend son métier à son cadet. Emile Loyal franchit, soutenu par son vieux camarade, le cap difficile et les épreuves du début. Il se montra par la suite un amuseur discret, aimable, original et d'une humanité naïve, d'autant plus émouvante qu'il jouait avec simplicité.

⁂

Extérieurement, Emile-P. Loyal s'est créé une silhouette d'auguste qui tient à la fois par le costume de l'auguste traditionnel en habit de soirée et de l'auguste du type waltérien habillé en habit à carreaux démesurés. Double face d'une même médaille que Grock, fils spirituel de Walter, n'a pas non plus manqué d'utiliser. Par le maquillage, la silhouette de Loyal rappelle le « tramp », le vagabond américain, mal rasé, tel que nous l'a fait connaître Joé Jackson.

Vêtu du costume traditionnel de cérémonie, Loyal a l'air d'un jeune marié qui n'aurait, parmi ses habits, qu'un chapeau claque à sa mesure. Tout le reste serait trop petit. Son frac, serré à la taille, laisse bouffer entre l'habit et la culotte une chemise qui s'affaisse autant que les gants blancs de plusieurs pointures trop longs. Et les chaussettes, sous les jambes du pantalon tire-bouchonnant sur des godillots lacés avec des ficelles, complètent avec un parapluie invertébré un accoutrement singulier.

Mais qu'il se présente en redingote à carreaux ou en smoking, E.-P. Loyal semble toujours en habit de fête. Dans son costume à damiers, au revers orné d'un camélia blanc, aux basques descendantes sur un pantalon à plis cassés, Emile fait penser à un clochard en goguette qui n'a pas épargné les frais pour s'endimancher.

Moralement, Loyal n'est pas un grimacier vulgaire. Il garde, au haut degré, le souci d'équilibre et de mesure qui sont les distinctions naturelles de ses compatriotes, car il faut rendre ce mérite à Loyal qu'il est l'un des quelques rares comiques français qui aient eu depuis 1918 le courage de disputer leur succès à des confrères qui, pour la plupart, étaient étrangers.

⁂

La crainte du ridicule que E.-P. Loyal ressentait à ses débuts quand il ne se décidait pas à utiliser sa voix aigre et mal assurée, vint à point tempérer les recherches d'extravagances vestimentaires auxquelles les augustes, dans leur désir de paraître, sont toujours disposés. Toute exagération eût été préjudiciable à un rôle que Loyal s'est efforcé de conserver noble sans cesser d'être comique. Combien d'autres ont leurs qualités étouffées par leurs grimaces de mauvais goût, leur accoutrement compliqué, leur surenchère dans l'accessoire.

E.-P. Loyal vise à rester simple. Naturel, il est drôle sans effort. Il use de quelques trucs qui, appartenant à tous, ne lèsent personne, mais qui dénotent chez lui une présentation aussi éloignée d'une opposition systématique à la logique de la clownerie dialoguée qu'à une subordination de son jeu aux invraisemblances de la comédie anglo-saxonne. Sa cravate de travers accrochée par une épingle de nourrice aux dimensions invraisemblables, sa jaquette sombre, son gilet blanc à boutons larges comme des soucoupes frôlent de près la pantomime anglaise. Mais Loyal se refuse à interpréter des personnages identiques aux augustes toujours tourmentés, et toujours pantelants, descendants attardés de Chocolat qui n'arriveront d'ailleurs jamais à égaler leur modèle. Il avait fini par s'imposer en créant un nouveau caractère de comique assez inattendu : l'auguste toujours satisfait, bonhomme éternellement d'accord et pas contrariant pour un sou.

En piste, Loyal et Ilès formaient un couple bien équilibré. D'un jeu nuancé, unissant des dons différents, ils arrivèrent à se compléter avec distinction. Ils donnaient l'illusion d'être animés par un même esprit. Ils gagnèrent de nombreux suffrages et bien des amateurs les goûtèrent autant que les couples les mieux assortis et les plus harmonieux.

***

Après les événements de juin 1940, C.-W. Ilès délaissa E.-P. Loyal pour reprendre du service chez les Fratellini où il remplaça comme auguste, mais sans parvenir à effacer son souvenir, ni même à l'égaler, Paul Fratellini, décédé. Loyal ne s'était jusqu'alors point départi de sa fidélité à C.-W. Ilès et il ne chercha pas un autre partenaire. Il reprit tranquillement son métier de jongleur comique, montrant ainsi qu'il ne déméritait pas de ses ancêtres et qu'à défaut d'être auguste, pour ne pas trahir une création qui lui avait apporté la joie et les succès, il pouvait s'affirmer autre chose.

Et comme le cirque est un milieu où les efforts sont toujours récompensés, E.-P. Loyal jongleur, se défendant aussi bien là qu'ailleurs, y réussit parfaitement (1).

(1) Loyal parut en 1944 à la réouverture de la saison d'hiver avec Maïss, à Medrano. Il n'avait rien perdu de ses qualités, au contraire. Il avait acquis un sens de l'expression comique qui faisait de lui un excellent comédien. C.-W. Ilès mourut le 28 mars 1945 à l'hôpital Bichat, à Paris, où, frappé de congestion cérébrale dans un cinéma, il avait été transporté.

XIV

LES FRATELLINI

LE succès d'une équipe de clowns tient parfois à des raisons indépendantes de ses qualités. La critique commet parfois dans ses prévisions des erreurs qui n'entachent en rien la qualité du travail qu'elle a jugé. Certes le chroniqueur qui se borne à signaler le numéro saillant d'un programme sans se laisser aller à des prédictions sur l'avenir du numéro en cause, est un sage. Mais il est rare que, chargé d'attirer l'attention du public, le chroniqueur n'éprouve pas le désir de faire montre de clairvoyance. S'il s'est trompé, le critique qui, dix ou vingt ans après, moissonne les témoignages d'une époque révolue, n'a pas le droit d'ironiser sur les méprises de ses prédécesseurs.

E. de Perrodil disait de Chocolat (Rafaël Padilla) qu'il représentait un « gugusse » d'un genre spécial en train lui-même de créer un nouveau personnage et, comme toujours, sans le savoir. « Je ne serais nullement surpris, disait-il, que, dans un temps plus ou moins éloigné, le personnage de « Chocolat » apparût sur les pistes. »

On jouerait les Chocolat comme on joue les Auguste.

Et de Perrodil de penser qu'on assisterait peut-être à l'éclosion d'un nouveau type dont quelque futur représentant porterait la célébrité « dans la nuit des temps à venir ».

On peut toujours espérer, mais il ne semble pas que depuis la disparition de Chocolat personne, même pas son fils, n'ait été tenté de ressusciter un personnage dont le succès se confondit avec le plaisir qu'il donna et dont le type n'a jusqu'ici inspiré personne.

« Il y a longtemps que nous n'avons vu à Paris se révéler un clown de cirque d'une personnalité vraiment originale, remarquait M. G. Fréjaville (1). Où sont-ils ceux que vous pourriez comparer à l'admirable Foottit, au charmant Averino, au désopilant Ilès, à l'ingénieux Antonio dont nous avons gardé le souvenir, et à leurs prédécesseurs Tony-Grice, James Guyon, Boswell, Billy-Hayden, Auriol, dont les chroniqueurs des générations précédentes nous ont conté merveille ? On cite, il est vrai, les Fratellini que nous avons pu voir au moins aussi souvent sur la scène que sur la piste ; ce sont des clowns parleurs qui connaissent bien les traditions du métier ; ils ont habilement combiné à leur usage les scènes connues, empruntées au répertoire courant des clowns français et de la pantomime anglaise ; ils les jouent avec un mouvement méritoire et un pittoresque d'accoutrement dont ils sont loin d'avoir le monopole ; bref, ils plaisent à la condition qu'on ne soit pas trop difficile sur la nouveauté du répertoire ; ce sont de parfaits exécutants. Mais nous avons vu au music-hall, en fait de clowns, des individualités autrement puissantes (2). »

Quand on y réfléchit bien, M. Fréjaville avait raison. Maintenant que les Fratellini ont vu leurs succès s'effilocher au cours de leurs randonnées aux quatre coins de l'Europe, il est permis de dire que, quelle que soit sa sévé-

(1) *Au Music-Hall*, Paris. Le *Monde moderne*, 1923.

(2) M. Gustave Fréjaville crut par ailleurs possible à Franck Pichel de connaître une vogue comparable à celle de Foottit. Il voyait en Pichel l'un des clowns les plus originaux de l'époque.

Franck Pichel, fils de Cecilio Pichel, avait travaillé en Russie au cirque Salomonsky. Son laudateur conte sur son séjour en Russie quelques anecdotes telles que les clowns en savent raconter. Il n'y faut pas attacher d'importance. Les prévisions de M. Fréjaville ne se sont pas réalisées, même partiellement.

Franck Pichel a moins fait parler de lui que les clowns qui se sont succédé depuis vingt ans, en France du moins. Comme excentrique on lui doit notamment une interprétation très vivante et très personnelle de la *Lutte avec soi-même* dont il revendique la création, après C.-W. Ilès, Dario et Tom Toch.

Dans ce numéro, Tom Toch, sous la traditionnelle trousse d'acrobate, dissimulait des ballonnets pour donner une rotondité superflue à ses muscles. Pour sa publicité, il avait une collection de sept photographies sur lesquelles il grimaçait, voulant interpréter les sept péchés capitaux. On trouvera dans l'iconographie de Franck Pichel une collection identique. En fait, l'originalité de Pichel se limitait surtout à son jeu.

Tom Toch finit propriétaire du « Cabanon » où il débitait des spécialités provençales à Montmartre. Il est mort le 26 février 1932.

rité, le jugement de l'honorable critique était parfaitement fondé à l'heure où les Fratellini parurent en France. Sans doute « les chroniqueurs des générations précédentes », qui ne connaissaient pas les fastes du music-hall, étaient-ils moins sévères que M. Fréjaville. Ils n'eussent pas dédaigné Dario et Ceratto, Rico et Alex dans leur énumération. Mais les Fratellini, qu'il n'était pas question de mettre à part de l'assortiment des clowns parisiens, n'avaient pas encore été remarqués et leurs qualités n'étonnaient personne.

Le public, qui fait et défait les réputations plus vite que les critiques et les chroniqueurs, se chargea d'élever les Fratellini à la dignité de grandes vedettes. Quand le public choisit, il faut le suivre. M. Fréjaville, qui n'avait plus le courage de faire des réserves, convenait qu'après une éclipse momentanée, les Fratellini, de retour d'Angleterre, brillaient plus que jamais avec des scènes d'une drôlerie irrésistible dont l'exécution était tout à fait admirable.

Tant il est vrai qu'il est difficile d'opposer des considérations techniques à une équipe à laquelle il suffisait de paraître en piste pour mettre en joie les spectateurs.

En peu de mois, en effet, les Fratellini éclipsaient tous les clowns, à part Grock, au music-hall, et Charlie Chaplin, au cinéma. Cependant, pour expliquer la facilité avec laquelle ils acquirent en si peu de temps une situation exceptionnelle, qui ne leur échappa que vingt ans après, sans profit pour leurs concurrents aussi usés qu'eux dans la lutte, il faut replacer les Fratellini non seulement dans le milieu de leurs succès, mais dans l'atmosphère de l'époque.

***

A ce temps, les cirques étaient à peine sortis de la léthargie où les avait plongés la Première Guerre mondiale. Dresser le bilan de leur activité, c'était démontrer qu'elle était réduite à zéro. Les troupes équestres avaient perdu le meilleur de leur cavalerie, parti dans les dépôts de remonte. Les acrobates mobilisés, disséminés, amputés, essayaient de reconstituer leur numéro. Il fallait boucher les trous, refaire les troupes, trouver des remplaçants. Les bêtes et les gens avaient besoin d'être, comme on disait en langage administratif, rééduqués.

Les vieux clowns, Foottit, Bébé (Cesare Guillaume), ceux de la génération suivante, Walter, Ilès, Antonio, trouvaient autour d'eux des jeunes pleins de bonnes intentions, mais incapables en définitive de secouer la poussière des vieilles habitudes et d'imposer, ce qu'ils sentaient nécessaire d'insuffler au cirque, un esprit nouveau.

Parmi ceux-là qui sortaient indemnes de la guerre, Coco (Raoul Jouin), Bob O'Connor (Charles Barbier), Ceratto (Leonardo Ceratto), Dario (Dario Meschi) (1), Cyerillo, Chocolat fils (Eugène Grimaldi), Alex et Rico (Briatore), Carlo (Carpini) et Mariano (Mariano Rodriguez) (2), J.-M. Cairoli (3) et d'autres qui, bien qu'éloignés encore du grand public, avaient un rôle à jouer, aucun ne s'avisa qu'à la période de prostration et d'anxiété qu'avaient entretenue les événements, une époque de recherche de plaisirs faciles allait succéder et qu'il suffirait pour gagner la place de vedette de posséder la petite étincelle de talent capable d'allumer chaque soir le feu de paille de son succès.

Les plus doués, comme Grock, comme Dandy (4), dont la personnalité laissait loin derrière elle leurs concurrents, abandonnèrent les aléas de la piste pour la certitude des tréteaux. Réduits à d'insuffisantes ressources, les cirques devaient obligatoirement péricliter. Comme le café-concert avait détrôné le mélodrame, le music-hall pompait de plus en plus la clientèle du cirque et au souci de trouver des attractions de qualité, les directeurs

(1) *Coco*, *Ceratto*, *Dario*, voir chap. XV.

(2) *Carlo*, *Mariano*, voir chap. XVII.

(3) *J.-M. Cairoli*, voir chap. XVI.

(4) Dandy, élève du clown acrobate Gabriel Mansuy, dit Ovaro, débuta au cirque comme comique. En 1910, il jouait au cirque Medrano avec Randy (Dandy et Randy). Il quitta le cirque et se spécialisa comme excentrique de music-hall dans l'interprétation des entrées comiques sur la scène. C'est un des meilleurs interprètes qui soient et il possède un registre plus étendu que celui de Grock dont il ne possède pas néanmoins l'originalité. Son père d'élève, Gabriel Pop (né à Paris le 29 novembre 1867), prit le nom de son maître Gabriel Mansuy, puis celui d'Ovaro quand il fit le clown. Il portait un maquillage très chargé de débardeur ivre qui a reçu des coups. C'était un clown du type anglo-saxon, mi-acrobate, mi-knock-about. Dans son numéro des Ovaro-Bros, Ovaro portait le nom de Tom Gabry. Voir Henry Thétard. *Le Petit Parisien*, 19 mai 1933.

de cirque avaient celui de perdre chaque jour des spectateurs.

Le directeur du cirque Medrano, alors M. Bontem, comprit que pour tenir il devait coûte que coûte utiliser des moyens nouveaux. A la concurrence du music-hall, armé de pied en cap pour gagner une bataille dont l'issue n'était douteuse pour personne, M. Bontem opposa les armes de la publicité. Il lança les Fratellini sans souci de leur mérite, de la vérité, à la mode américaine. Il faut lui rendre cette justice que sa détermination concourut en partie à permettre au cirque Medrano de doubler une passe difficile. Les résultats furent magnifiques. Quand le public comprit que ce n'était là qu'une astuce, l'élan était donné. Les amateurs avaient repris du goût aux spectacles de cirque. Et la méthode publicitaire avait déclenché un nouvel engouement pour les clowns, ce qui ne s'était pas vu depuis l'époque mémorable de Foottit et Chocolat et qui fit dire à plus d'un critique qu'il était incompréhensible, sinon immérité.

⁂

Les Fratellini, heureusement, supportèrent toute cette publicité. Arrivés en France à la fin de la guerre, flanqués d'un nom sonore, d'une réputation d'anciens acrobates et d'écuyers, ayant du cran à tout renverser, un esprit d'équipe qu'un sacrifice commun à un devoir de famille rendait invulnérable, les Fratellini bousculaient la tradition, brisaient le cadre et la trame des entrées, tissaient leurs propres sketches avec les fils multicolores d'une poésie et d'une fantaisie dont ils avaient certes emprunté les motifs mais qu'ils ornaient avec un goût certain, un cachet d'indiscutable originalité.

Tandis que les autres clowns, parvenant à équilibrer des équipes disparates et se croyant certains d'une carrière heureuse, enjambaient la guerre et repartaient du même pied sur le chemin qu'ils avaient laissé quatre ans auparavant, les Fratellini ne s'attardaient plus aux jeux puérils de l'entrée à deux, dans laquelle chacun cherchait, le clown par sa faconde et sa superbe, l'auguste par sa malicieuse cocasserie, à surpasser son partenaire, en dehors de toute considération d'équipe, de camaraderie, de soumission qui font les interprétations parfaites et les réussites durables.

Combien de couples, combien de trios se disloquèrent depuis qui n'ont pas compris la haute leçon et peut-être l'unique leçon qui mérite, dans l'évolution magnifique des Fratellini au firmament du cirque, de n'être pas oubliée, à savoir que sacrifier, quoi qu'il en coûte à sa susceptibilité, à l'esprit d'équipe est le plus sûr moyen de mettre ses concurrents dans une situation d'infériorité.

Les Fratellini ne se permirent aucune défaillance. Ils firent un bloc. Ils ne présentèrent aucune fissure. Aucun d'eux n'eut à souffrir dans sa dignité, dans son amour du métier, dans son cœur de frère. Chacun fut solidaire des incidents du jeu de ses partenaires pour l'honneur et le triomphe du trio tout entier. Cet effort collectif leur amena la faveur du public ; ils y répondirent en forçant leur travail, en payant le public, si l'on peut dire, en monnaie de singe, pour le remercier de son assiduité à les suivre et à leur décerner les louanges, toutes choses qui furent encore malgré tout moins la cause de la durée de leur succès que leur homogénéité, puisqu'en somme ces trois artistes n'en faisaient qu'un.

***

Le public conquis, les intellectuels n'eurent plus qu'à mettre leurs concerts au diapason. Rien ne leur était d'ailleurs plus facile. La critique théâtrale avait préparé le terrain. Chaque jour, quelque périodique se lamentait : le théâtre était moribond. Le pire est que tout le monde prenait la chose au sérieux. On répétait que pour revivre le théâtre devait se retremper aux sources de la tradition. On ne disait pas lesquelles, les conseilleurs n'étant pas les acteurs.

Antoine adjurait les moins de trente ans d'avoir du talent. A en entendre un autre, il ne restait plus, pour renouveler la comédie, qu'à regarder les clowns, héritiers des derniers quartiers de richesse de la comédie italienne. Comme si l'on devait comparer la comédie, qui est à l'échelle de l'humanité, avec les clowneries qui sont des parodies, c'est-à-dire ce qu'un masque est à une figure humaine. Et concluant, la grandeur future du théâtre français était subordonnée à la simplicité dans les moyens, au style dans l'interprétation que de nombreuses personnalités de la rampe prétendaient incluses dans le jeu parfait des Fratellini.

Elie Faure écrivait justement que l'art dramatique tout entier s'était réfugié dans le clown et le pitre, seul survivant de l'épopée plastique — isolé ainsi et rendu presque effrayant pour cela — parce que le clown ou le pitre imagine, compose, agit son rôle qui se suffit à lui-même, faisant un tout, comme un tableau, une sonate, un poème où il n'y a pas d'intermédiaire entre le public et lui et où il impose au public sa force de conception propre et sa faculté propre de création (1).

Mais de la constatation de ce consciencieux analyste, dont les conceptions sur l'art sont toujours originales, à la réadaptation de la technique des clowneries au style dramatique, il y avait du chemin ; Elie Faure voyait, au contraire, la preuve de l'impossibilité du théâtre à se renouveler par lui-même dans l'accaparement du cinéma par le théâtre.

Ceux qui pensaient pouvoir faire machine en arrière, à la recherche d'un clown et d'un pitre, entendaient l'écho répondre inlassablement : les Fratellini. Devant une telle unanimité, le public soi-disant averti qui craint toujours d'être en retard sur son temps emboucha la même trompette. L'opinion tout entière accepta le verdict des amateurs et personne ne crut qu'il existait en France d'autres clowns que les Fratellini.

⁂

D'où venaient-ils ? Prisonniers de leur renommée, il est aujourd'hui difficile de le préciser. Leur concours est déjà inutile. M. Pierre Mariel qui leur consacra un livre ne répond pas aux questions qu'il eût été opportun de poser aux Fratellini pour déterminer leur démarche et ce qui se peut imputer au compte de leur originalité. Depuis, les Fratellini, victimes peut-être de leur chroniqueur, se refusent à donner des renseignements qui contrediraient

(1) *L'Arbre d'Eden*, Crès, 1922.

sans doute ce que l'*Histoire de trois clowns* annonce en vérité.

Un jour que nous demandions des précisions sur les débuts de Louis, leur frère, et sur ceux de François et d'Albert, ses partenaires, Paul Fratellini, avec son accent italien si caractéristique, nous répondit :

— Voyez le livre de Pierre Mariel. Pierre Mariel en sait plus que nous (1).

C'est en conséquence au livre en question que nous nous référons pour donner les détails suivants que nous n'avons pas vérifiés et dont nous nous contenterons de relever dans les notes, quand nous les rencontrerons, ceux qui nous paraissent contradictoires (2).

⁂

Gustave Fratellini, le père des Fratellini, est né, nous dit-on, à Florence en 1842 où, pensionnaire du petit séminaire, il fit ses études. Ses parents qui vivaient bourgeoisement géraient leurs biens. Ils moururent, le père centenaire et la mère à quatre-vingt-dix-neuf ans. Destiné à la médecine, inscrit à l'Université mais enthousiasmé par le mouvement libérateur qui assura le triomphe de l'unité italienne, Gustave Fratellini abandonna bientôt Florence pour prendre du service dans les légions garibaldiennes avec lesquelles il prit part, en 1860, comme médecin auxiliaire, à la campagne contre les Bourbons de Naples, puis en 1866 contre l'Autriche (3).

Entre-temps, il avait commencé, paraît-il, sa carrière d'amuseur populaire avec un saltimbanque nommé Tramani, directeur d'un cirque ambulant. Marié en 1867, il part en Egypte en 1868, attaché comme trapéziste au cirque Mayer. Nous ne savons pas comment d'étudiant en médecine, Gustave, put si rapidement s'adapter aux

(1) Les Fratellini, *Histoire de trois clowns, op. cit.*

(2) Par exemple Gustave Fratellini, né en 1842, marié à 25 ans, donc en 1867 (page 92), a 23 ans en 1872 (page 98). Farci d'anecdotes amusantes plus ou moins imaginaires, le livre de Pierre Mariel est à lire vite et sans esprit critique.

(3) Il reprit du service en 1870, fit la campagne avec Garibaldi dans l'armée des Vosges et fut blessé devant Dijon. La légende garibaldienne a été reprise par un des Frediani (parent de Beby) qui servit aussi dans le corps des volontaires garibaldiens.

disciplines des acrobaties, et les leçons qu'il a apprises avec les galopins de son âge et celles qu'il a données comme moniteur de gymnastique pendant son service militaire l'expliquent difficilement. Mais qu'importe ! En 1872, Gustave est devenu propriétaire d'un cirque ambulant dont les affaires sont si peu prospères qu'il n'hésite pas en 1875 à accepter l'engagement que lui offre David Guillaume, directeur d'une troupe, pour l'Amérique du Sud.

De retour en Italie en 1877, il cumule au cirque Fassio l'état d'écuyer, d'acrobate, de clown, de piqueur et de paradiste dans un établissement forain. En 1879, il entre à l'Hippodrome de Paris où déjà son premier fils, Louis, né à Florence en 1868, paraît comme écuyer (1).

Nous n'en savons pas davantage sur l'activité au cirque de Gustave Fratellini. Il ne semble pas qu'il ait laissé comme clown des traces bien remarquables (2). Dans tous les cas, les confidences de ses trois plus célèbres enfants ne lui attribuent aucun mérite exceptionnel ni aucune influence sur leur métier.

⁂

Paul Fratellini était né à Catane, en Sicile, alors que son père Gustave tournait en Italie à son retour d'Amérique en 1877 ; François naquit à Paris en 1879 ; Albert, à Moscou en 1886.

Ils étaient avec Louis les quatre survivants d'une famille de dix enfants (3). La famille observe les mœurs de la banque. Elle suit son chef tout entière, passe en Angleterre et revient en France. Pour la première fois,

(1) Louis Fratellini a donc alors onze ans. M. Pierre Mariel raconte (page 108) que le jeune écuyer prit part avec un de ses camarades à une course disputée dans les rues de Paris dont l'enjeu est une fleur lancée par une jeune fille du haut d'un balcon du boulevard de Gand (des Italiens).

Qui croyez-vous le gagnant ? Gustave (et non Louis), répond l'auteur. La confusion serait amusante si elle ne témoignait pas de la fantaisie sous le signe de laquelle l'*Histoire de trois clowns* fut écrite.

(2) A part celles que les Fratellini lui attribuent d'avoir réglé les entrées de clownerie acrobatique à trois personnages (Pierre Mariel, page 98, *Le Trio avant la lettre*). « A beau sang ne peut mentir », dit le proverbe.

(3) *Histoire de trois clowns*, *op. cit.*, page 92.

les Fratellini obtiennent des engagements à Medrano. Ils sont goûtés. Paris les retient.

Au moment où G. Strehly écrit son livre, Louis et Paul sont au Cirque d'Hiver. Ils comptent parmi les clowns cités alors et goûtés du public parisien comme Foottit et Chocolat, au Nouveau Cirque, Sydney et Ilès au cirque Medrano (1). François, qui exécute les sauts périlleux par-dessus les obstacles et fait deux tours de piste en équilibre sur les mains (2) est considéré comme un des meilleurs écuyers de panneau. Gustave Fratellini meurt à Paris en 1905. La famille, sous la direction de Louis, l'aîné, repart en Russie.

Louis disparaît en 1909 à Varsovie, laissant cinq enfants : Vittorio, Gustave, Jeanne, Maximilien et Hélène. Toujours soumis à l'esprit du clan, il ne peut être question pour les Fratellini d'abandonner la femme de leur frère et ses enfants. Ils n'admettent pas non plus de partager avec un partenaire que Paul, devenu chef de famille, n'eût pas été en peine de trouver, les responsabilités communes rencontrées sur le voyage. Paul, François et Albert décident de s'unir pour le travail comme ils sont associés par respect des habitudes consacrées dans les troupes errantes. Comment et pourquoi la famille Fratellini fut-elle réduite au trio qui, seul, subsista et qui les rendit célèbres ? Les Fratellini ne nous le disent pas (3).

***

Ils étaient à peu près inconnus en France quand, après un séjour de plus de dix ans en Russie, notamment au cirque Salamonsky, et en Espagne, ils furent engagés au cirque Medrano plusieurs saisons consécutives. Appelés en Angleterre, ils laissèrent des regrets. On s'aperçut de

(1) *L'Acrobatie et les Acrobates, op. cit.* page 113.

(2) *Ibid.* Page 300.

(3) La sollicitude des trois frères pour la veuve ne se manifestera pas toujours à l'égard des orphelins. Gustave et Maximilien Fratellini avaient cru pouvoir, en travaillant avec Louis Colombo au cirque Napoléon Rancy, prendre le nom des Fratellini à l'heure où le trio célèbre était au Cirque d'Hiver. Les fils de Louis furent poursuivis devant les tribunaux qui condamnèrent M. Napoléon Rancy, les « jeunes » Max et Gustave Fratellini et Louis Colombo à des dommages et intérêts et aux dépens. Depuis lors, les jeunes Fratellini se sont exilés en Allemagne où ils ont eu beaucoup de succès.

leur absence à Paris. Aucun trio ne parvenait à remplir la place qu'ils avaient occupée. Leur retour fut un triomphe qui leur conféra une situation que les clowns du monde entier leur envièrent et qu'aucune association ne leur ravit depuis.

Ils quittèrent le cirque Medrano pour la réouverture du Cirque d'Hiver. Leur consécration fut totale. Ils y reçurent tant d'hommages qu'il fut impossible d'imaginer ce qui pouvait encore les confirmer dans leur célébrité.

Antoine disait :

« J'ai souvent rêvé de leur voir réaliser la merveilleuse pantomime des Goncourt, dans *Les Frères Zemganno*. Eux seuls en semblent capables, car si notre temps aura compté des comiques de génie, Little Tich, Bagessen et Grock, dont les numéros étaient fixés une fois pour toutes, l'art des Fratellini évolue au jour le jour avec une variété et une originalité égales dans la maîtrise (1). »

Et la critique théâtrale faisant chorus, la Comédie-Française les reçut en corps. Jacques Copeau écrivait la préface de *L'Histoire des trois clowns*, et ne craignait pas de faire perdre leur temps aux élèves de son école en les menant, pour qu'ils en tirent profit, aux répétitions des Fratellini. La presse tout entière leur tissait des louanges. L'opinion était unanime. Leurs amis plaidèrent leur cause et n'eurent pas à insister beaucoup pour qu'ils obtiennent la rosette d'officier d'académie et que le ministre de l'Instruction daignât les féliciter personnellement (2). Ils furent de toutes les fêtes, de tous les banquets, aussi bien à celle donnée en leur honneur par la Commune Libre de Montmartre (17 mars 1924), au Mou-

(1) *La Herse*. — Numéro consacré aux Fratellini. Décembre 1924. Contrairement à ce que pensait Antoine, les Fratellini, qui sont des clowns d'entrée, n'auraient pu jouer la pantomime acrobatique qui paraît tout devoir à l'imagination d'Edmond de Goncourt, et qu'il attribue aux Zemganno. Mais les Fratellini auraient pu interpréter *Le Sac enchanté*, pantomime sautante qui terminait le spectacle du cirque Tommaso Bescape, le père de Nello et Gianno (alias Zemganno), pantomime dont Edmond de Goncourt fournit le canevas.

(2) En 1923, on peut considérer cette date, dit M. Pierre Bost, comme celle où la vogue des Fratellini, à Paris, atteignit son point le plus haut. C'est l'année où Raymond Radiguet situait la première scène du *Bal du comte d'Orgel* dans la salle de Medrano. Leur déclin fut marqué par la remise de la Médaille d'Or de la Ville de Paris en remerciement de généreux concours que les Fratellini n'avaient cessé d'apporter à l'organisation des fêtes enfantines ou philanthropiques.

lin de la Galette, qu'à l'Arbre de Noël du Président de la République (19 décembre 1925).

En peu d'années, le théâtre fit un sort magnifique aux clowns. Pitoeff donna, à la Comédie des Champs-Elysées, *Celui qui reçoit les gifles*, de Léonide Andreieff, dans lequel Michel Simon, qui n'était pas encore devenu étoile de cinéma, avait un rôle de belle et douloureuse humanité. Au Théâtre des Arts, un clown était l'un des protagonistes de *L'Ingrate*, de Maurice Magre, Marcel Achard et Charles Dullin s'entendaient pour jouer à l'Atelier, *Voulez-vous jouer avec moâ ?*, qui devait être repris, vingt ans plus tard, aux Bouffes-Parisiens.

Cette atmosphère rendait le public enthousiaste et bienveillant envers des clowns dont chaque jour les journaux, la radio, les affiches leur répétaient le nom : les Fratellini. Il n'y en avait que pour eux. Ils eurent au cirque leurs habitués fidèles qui ne se contentaient pas de prolonger leurs applaudissements par des rappels réitérés. On leur jetait des fleurs. Ils rendirent au public la pareille. Tosca, la fille aînée de Paul Fratellini, travestie en bouquetière, parcourait la piste et distribuait aux dames des bouquets de violettes, tandis que les clowns interprétaient *La Violeterra*, une chanson à la mode. Ceci dura des mois. Une sympathie s'établissait entre les spectateurs et les Fratellini. On la voulait plus directe encore, plus prolongée. Dès l'entr'acte, leur loge, ouverte à tous les curieux, était une des curiosités du cirque. Leur accueil bienveillant transformait la loge de plain-pied avec le foyer des artistes qu'ils occupaient au cirque d'Hiver, en un pèlerinage aussi fréquenté que la visite traditionnelle des écuries. Ils distribuaient des souvenirs, leurs photographies, des programmes signés et sur le Livre d'or des Fratellini des personnalités de toute qualité, de Georges Carpentier à Mussolini, griffonnèrent des hommages d'admiration ou des remerciements.

Ailleurs, même succès. A côté des diplomates, des généraux et des hommes d'Etat, le musée Grévin leur accorda une place dans ses galeries. On vit bientôt la silhouette des Fratellini s'étaler sur toutes sortes de réclames, depuis les produits de beauté jusqu'aux pâtes à chaussures, en passant par les caramels. Dernier exemple d'une gloire, injuste puisqu'elle écrasait le mérite des autres : le portrait d'Albert Fratellini s'encadra dans la tour lumineuse des vespasiennes de Paris et le rire du pitre semblait le soir plus sardonique encore, animé par les incandescences subites du manchon à gaz.

⁂

Il est certain que ni le climat ni la publicité n'auraient suffi à une consécration aussi unanime. Les confrères, qui, jaloux des Fratellini, en médirent et leur reprochèrent d'abord d'abuser d'accessoires et ensuite de figurants, surtout dans la pantomime musicale, ne firent pas autrement qu'eux quand ils arrivèrent à une position équivalente. Si bien qu'en définitive l'influence des Fratellini s'affirma davantage.

Il fallut surtout qu'ils plussent au public. On a tenté d'expliquer comment et pourquoi ils y sont arrivés parfois d'emblée, sans tâtonnement ; pourquoi la complaisance des spectateurs à les accepter, à les exalter, leur fut acquise aussi rapidement.

Chacun des trois frères fut aussi l'objet d'une analyse où des chroniqueurs s'ingénièrent à trouver ce qui, faisant le charme de chacun, pouvait aider à la constitution d'une équipe dont l'interprétation eût été aussi classique, le style aussi pur, la bouffonnerie aussi intense.

Il fut bientôt commun de noter, après l'avant-propos des éditeurs de *L'Histoire des trois clowns*, que Paul était le notaire, François l'avocat, Albert le plaignant. Celui-ci voyait en Paul la prudence et l'astuce, en François la joie et l'exubérance, en Albert la confusion et le désordre. François fut encore la grâce, Paul la bonhomie, Albert la grossièreté. Et puis comme il faut bien que chacune des qualités correspondît à un public, celui-là décida d'attribuer à chacun son état. François eut la bourgeoisie ; Paul, la classe moyenne ; Albert, le prolétariat. On ne saurait dire avec plus de courtoisie que les spectateurs du poulailler sont incapables d'apprécier la finesse de François et la malignité de Paul.

Souci en moins d'une classification pourtant aussi sommaire, on eût pu continuer jusqu'à épuisement du dictionnaire le jeu des concordances et des analogies sans atteindre au but poursuivi. Mais dans tous les cas le jeu témoignait chez leurs auteurs de beaucoup d'ingéniosité, mais de peu d'observation, les distinctions à faire entre les Fratellini n'étant pas qu'apparence, mais bien réalité, et leurs qualités s'inscrivant dans les cadres naturels de leur action, c'est-à-dire dans le cirque.

Entre le dynamisme de François et la lourdeur de palmipède d'Albert, Paul Fratellini avait eu l'astuce excellente de s'insérer, trait d'union entre les deux extrêmes, et d'équilibrer peut-être sans le vouloir deux tendances incapables de s'harmoniser sans perdre leur raison d'être et à égale distance du clown latin et de l'excentrique anglo-saxon.

Ce qui semblait rendre nécessaire une échelle de valeur dans le trio, c'est que chacun avait son rôle dans l'élaboration de la préparation du travail. Paul donnait des idées, émettait des avis, choisissait l'entrée. Il était l'ordonnateur. François était le meneur du jeu, le faire-valoir. Albert, le très obéissant serviteur. Et cette idée qu'ils eussent un rôle bien distinct à exécuter faisait dire parfois à Albert, qui avait des mouvements d'humeur :

— François, c'est le directeur, Paul, l'administrateur, et moi je fais la parade.

Boutade ou lassitude, ce n'était pas par hasard que sur les transparents des édicules de la capitale une affiche fut des années placardée rappelant les traits d'Albert. Il faisait la parade du matin au soir aux coins des rues de la ville. Sans Albert, auguste à gros effets, avec un autre type d'auguste l'unité formelle du trio eût été respectée, mais son unité fondamentale compromise.

Sans lui, les Fratellini n'eussent pas atteint à la densité dans la diversité, et à la tenue dans la qualité.

On ne l'a pas assez remarqué, en effet. Ce qui les différencia de toutes les équipes, c'est que les Fratellini concentrèrent en chacun d'eux l'un des trois aspects essentiels de la comédie clownesque. Aspects rendus sensibles par François, le clown, dernière incarnation de la fantaisie d'esprit latin ; par Paul, l'auguste, type d'origine germanique, qui, francisé, a remonté la pente depuis son ancêtre le palefrenier maladroit et à qui la dignité restitue l'emphase et la respectabilité ; et enfin, par Albert, le pitre, refuge des suprêmes exagérations de la pantomime anglaise.

Le trio des Fratellini dut sa solidité à la cristallisation des trois tendances actuelles des clowneries. Amputée d'un de ses membres, l'équipe ne devait plus, à la mort de Paul Fratellini, en 1940, que faire apparaître l'antagonisme entre ce qui survit de l'ancienne comédie italienne dans le clown et l'outrance, la déformation, l'exagération et le ridicule de la pantomime excentrique.

Nous livrons à la réflexion des jeunes clowns que tenterait la volonté de renouveler l'expérience des Fratellini, le secret, disons plus simplement, la recette de leur réussite (1).

⁂

Aux trois formes de la pantomime, acrobatique, parlante et dialoguée, correspondent les trios-types de clowns acrobates, parleurs et comédiens qui occupent dans le programme, selon leur utilité, la place d'auguste de soirée, de clown de reprise ou de clown d'entrée. Les Fratellini se distinguèrent des clowns d'entrée et occupèrent une place sinon supérieure, du moins très éloignée. Les intermèdes devinrent de véritables comédies dans lesquelles ils surent mettre en valeur leur bizarrerie et leur gentillesse. Ils ne manquèrent jamais d'idées. Jamais, on peut dire, les Fratellini ne se présentèrent au public les mains vides. Leurs entrées, truffées de détails amusants et bien à leur place, riches non seulement de qualité, mais de cocasserie et d'imprévisibles aventures donnèrent toujours au public l'impression que leur sac à malices était inépuisable et que jamais on n'en verrait le bout. C'est que l'interprétation d'une entrée à trois demande dans le jeu plus de diversité, plus d'intensité émotionnelle. Les Fratellini ne purent se contenter d'être des clowns qui débitent par habitude leurs petites histoires, qui exploitent inlassablement la même veine. La distribution à trois des entrées réglées pour deux personnages les obligea à chercher, à improviser, à « tirer », à jouer l'action et à devenir un peu des comédiens, à passer

(1) Les Pamplinos-Mendez seuls ont réussi à s'approcher le plus près de la formule. Voir chap. XX. Mais ceux-ci ne sont pas spécifiquement des comiques. Ils partagèrent leur activité entre l'acrobatie pure et les clowneries.

du rang d'interprètes au rang de créateurs pour augmenter et maintenir l'émotion comique au degré de tension nécessaire à l'explosion du rire.

⁂

La fantaisie de François en habit de lumière, la malignité de Paul, astucieux et prudent, retors et entreprenant, l'extravagante loufoquerie d'Albert furent donc beaucoup moins les moteurs de leurs succès que la convergence des trois courants actuels des clowneries.

Ils furent méthodiques à souhait. Grâce aux Fratellini aucune entrée de clowns ne fut aussi parfaitement ordonnée, aussi bien construite que celles qui composaient leur répertoire. Constamment dominés par le souci de ne laisser subsister dans leur interprétation rien qui se ressentît d'un à peu près, rien qui en diminuât l'intérêt, ils veillèrent à ce que chaque mot, chaque attitude, chaque accessoire s'avérât indispensable pour l'entrée au programme et n'en alourdît pas inutilement le mouvement.

Les Fratellini n'étaient pas assez entraînés et ne possédaient pas assez de connaissances pour se payer le luxe de nous étonner davantage et d'établir leur supériorité en réglant les entrées au petit bonheur de l'improvisation. C'est une discipline qui demande une habileté consommée et le manque d'habileté est justement ce qui caractérise les clowns et sans doute les rend sympathiques et leur assure l'avenir. Plus habiles, il y a longtemps qu'ils fussent devenus de méprisables cabotins.

Les Fratellini ne laissèrent pas, en de constantes recherches et de continuelles mises au point, de transformer leurs entrées tant qu'ils eurent l'impression qu'elles ne portaient pas au maximum. Leur honnêteté dans le travail rendit possible la transformation de la pantomime dialoguée et de son style en une aventure comique ayant son action propre, et composée d'après la recette classique, exposition, nœud et conclusion, mais n'ayant, par contre, que de très lointaines attaches avec la parodie.

*
**

Dans la préface qu'il écrivit pour les souvenirs recueillis par M. Pierre Mariel, Jacques Copeau prédit aux Fratellini des imitateurs nombreux. Il prévoyait qu'on les distinguerait toujours à deux traits inimitables : leur pureté de style et leur gentillesse.

« Et j'appelle gentillesse dans tout ce que vous faites, les sourires de votre nature intacte. »

C'est en François que la gentillesse des Fratellini était le plus sensible. Dès son entrée en piste, François charmait par un dynamisme primesautier, dont on ne saurait dire s'il était le fruit des leçons de Gustave Fratellini son père ou du milieu montmartrois où il vécut ses premières années. La spontanéité de son geste excluait tout artifice et tout truquage. Il était vif d'une assurance et d'une simplicité qu'acquièrent seuls les acrobates et que François Fratellini, grâce à sa pratique de la voltige à cheval, pouvait au sol rendre parfaites. Chacune de ses attitudes — nous croyons avoir dit déjà qu'elles se réduisent à quelques-unes chez un comique de cirque et lui sont personnelles — aussi étudiées qu'elles fussent, conservaient un agrément que ses costumes n'eussent pas suffi à lui donner.

Le visage éclairé par une gaîté de circonstance, professionnelle pourrait-on dire, François entraînait son personnage dans les zones mystérieuses où l'adhésion du spectateur à l'acteur est immédiate.

Son rire même avait une sonorité de bon aloi qui convenait à sa voix trop aiguë, d'une acidité parfois déplaisante mais que la séduction faisait oublier. Il savait plaire pour convaincre.

Jamais le bon goût ni la gentillesse de François ne furent en défaut. Il avait cette qualité rare, pour un clown, de ne pas vouloir émerveiller pour surprendre. Sa garde-robe était un exemple de ce qu'un clown doit entendre quand il se prétend riche de beaux costumes. Ceux que portait François Fratellini étaient d'une distinction sans accroc. Peut-être ses habits n'égalaient-ils pas en magnificence ceux d'Antonet, mais ils les dépassèrent en harmonie, en équilibre. Rien ne les déparait, comme par exemple cet amour du clinquant et de la verroterie qui sont chez les clowns des survivances de l'esprit de la banque. Les costumes de François, ni trop somptueux ni trop bizarres, ne laissaient pas de place aux décors inutiles, aux anecdotes brodées, aux dessins ridicules. Faits de belles et solides étoffes, ils n'étaient pas un des moindres attraits de la visite qu'on pouvait faire aux Fratellini pendant les entr'actes. D'un coup d'œil on pouvait s'assurer du goût certain qui avait présidé au choix et à la confection d'une collection de souquenilles alignées et rutilantes dans le petit salon de réception attenant à la loge des Fratellini au cirque d'Hiver.

François avait beaucoup de chic à les porter. Paul Poiret, au temps où celui-ci, grand couturier, était une célébrité parisienne, chercha pour lui des étoffes qui eussent rempli d'envie ses concurrents. Il lui fit cadeau d'un costume qu'il serait utile, comme témoin d'une époque intéressante à plus d'un titre par ses goûts, de conserver dans ce musée du Cirque, toujours à l'état de projet, que nous ne désespérons pas de voir un jour inaugurer.

François ne se contentait pas de se parer, il y ajoutait de son intelligence. Il étudiait ses rôles en fonction de ses travestissements. Il eût considéré comme une hérésie de porter des paillettes là où le jour était suffisant pour mettre en valeur un brocart ; comme une faute de ne pas se soustraire à la contrainte d'un habit qui eût embarrassé ses mouvements ou seulement détruit l'harmonie entre son expression et les couleurs de son costume. Il y va des entrées comme d'un cérémonial. Combien de clowns ignorent qu'ils ne peuvent jouer *Le Miroir brisé* ou *La Somnambule kleptomane* dans le même costume qu'ils interprètent une « java » ou une sortie musicale quelconque ? François eut le souci d'imposer à son élégance une unité qu'il fut le seul à prendre au sérieux. Ce ne fut pas par coquetterie, mais par désir de perfection qu'il porta des chapeaux de laine et des chaussons de satin assortis à la teinte de ses costumes. Il eût manqué d'un agrément remarquable s'il se fût paré indifféremment d'un bonnet blanc et d'escarpins noirs.

Son grimage aussi était la preuve d'une délicatesse infinie. Nous dirons ailleurs quelles sont les origines du maquillage au cirque et pourquoi le clown s'en est tenu en définitive à l'imitation et à l'utilisation pure et simple du maquillage féminin (1). François choisit pour le sien un dessin d'un goût certain et d'une simplicité ironique. Symétriques, disposés à la place des sourcils, ces signes qui rappellent assez les petits marteaux tournés en forme de cuiller à moutarde avec quoi les clowns musicaux tirent des sons du xylophone, ajoutait aux yeux finauds de François une expression d'intense gaîté.

Elégant, souple, d'une mobilité acquise au cours de sa vocation première d'écuyer, d'une distinction aisée, François Fratellini alliait la légèreté d'un artiste rompu aux disciplines des acrobaties à la finesse d'une intelligence tournée vers la fantaisie et la mystification.

***

Ce ne fut pas seulement par simple coïncidence ni par une juste reconnaissance de ses qualités de mime qu'on opposa, par le jeu facile des contradictions, Albert et François. Mais il était assez l'exemple de ce que le clown anglais, après avoir vulgarisé l'auguste vagabond au nez écrasé, au cou tendu, aux yeux perdus sous le cerne, pouvait produire de plus outré dans le grimage et le vêtement (2). L'affiche placardée sur tous les emplacements libres de la capitale, affiche dont les vespasiennes firent une abondante consommation, fit connaître en un rien de temps le masque étrange et les traits monstrueusement peints d'Albert Fratellini, illustration de ce que justement le clown et le comique d'esprit français ont le plus évité.

C'est qu'à lui seul Albert Fratellini incarnait, nous l'avons dit, l'esprit du cirque sous ses apparences britanniques, dans ses tendances les plus caricaturales. L'irruption de l'extravagance dans la vie, du démentiel dans la fantaisie, de l'inconscient et du frénétique, Albert Fratellini l'obtenait par la répétition, l'accumulation des accessoires, l'exagération du détail, toutes choses dans la tradition de la pantomime anglaise conservatrice d'habi-

(1) Ce fut en somme un retour à la tradition, Pierrot n'étant peut-être que la réplique de Colombine, bonne amie d'Arlequin.

(2) Ce n'est pas à son premier essai qu'Albert réussit à se composer le masque qu'on lui connaît. Il tourna longtemps autour de la formule « vagabond », ne parvenant qu'à des imitations vulgaires.

tudes prises au moment du développement de la mécanique et de son succédané, le bricolage. Et le reproche qu'avait noté, lors de l'apparition des Fratellini à Medrano, M. Gustave Fréjaville demeurait toujours valable. Car si François et Paul s'étaient soumis aux goûts des spectateurs des cirques français, Albert ne pouvait abandonner sa manière de s'affirmer sans perdre entièrement son caractère et sa raison d'être dans l'équipe qui se fût alors très bien passé de lui.

Préoccupé de se conserver un rôle égal à chaque instant à celui de ses frères, recourant on peut dire au décor et disparaissant pour paraître vêtu de nouveaux oripeaux gigantesques et surprenants, Albert Fratellini était le seul à souscrire d'un bout à l'autre de son jeu à la loi première du cirque : le mutisme. Rarement une onomatopée, une exclamation, un bruit soupiré, grave et traînant, nasillard et difficile, rompaient l'éclat de la voix flûtée de François.

Le mutisme habituel d'Albert donnait à son travail, dès son entrée en piste, une sorte de gravité solennelle. Elle provoquait le rire, tant elle paraissait anormale, inattendue, ridicule. Sa casquette immense, son habit démesuré, ses brodequins en éventail perdus sous des pantalons aux jambes larges comme un sac faisaient de lui un être sans passion et dénué de vie intense. Albert était fixé, égal à lui-même, inamovible. Aussi ne changea-t-il que peu alors que ses frères, au contraire, éléments linéaires et descriptifs du trio, le dominaient par leur diversité.

Tandis que sur la face blanche de François ou sur celle au grimage si réduit de Paul chacun des spectateurs pouvait suivre l'intensité de l'action vécue par eux, les particularités du jeu d'Albert demeuraient insaisissables à considérer sa physionomie, où des yeux comme des billes roulaient dans un visage d'automate distributeur de confiserie.

Le cirque est un mouvement d'images au ralenti au cours duquel on se préoccupe moins des gros plans que du mouvement du corps tout entier. Une suspension par un bras suivie d'un rétablissement en planche aux anneaux ou au trapèze n'est concevable qu'en sa totalité et perdrait de son intérêt si l'on n'assistait qu'au travail d'un muscle séparé arbitrairement de l'exécutant.

La pantomime sautante n'est en somme qu'une manière conventionnelle d'exprimer des sentiments au moyen des muscles. La comédie clownesque beaucoup plus large mais qui tend néanmoins à rester pure action ne saurait se contenter d'une partie de l'image. C'est des pieds à la tête, avec ses inventions, ses gros effets, ses complications, ses trouvailles, ses trucs à ressorts, ses perruques tournantes, ses yeux qui lancent des jets d'eau, tous ses ustensiles d'apprenti sorcier qu'Albert Fratellini retient l'attention et tire du public son acquiescement immédiat mais l'effort et l'effet demandent à être constamment renouvelés. C'est un personnage fantasque et fantastique en constante mue, a dit M. Legrand-Chabrier. C'est l'auguste sous toutes les variantes et variations de l'invraisemblance. On le trouve en apache, en automédon, en danseuse légère, en bonne d'enfant (1).

Différence de costumes, diversité d'objets ; influence de l'excentrique anglo-saxon. Mais au point de vue du masque et de l'immobilité de ses traits, Albert Fratellini renoue par habitude, et inconsciemment peut-être, au-delà de la comédie italienne, les traditions de la Maschera et du théâtre antique.

⁂

Entre le dynamisme de François et l'immobilité d'Albert rivé au sol par sa démarche de palmipède, Paul Fratellini, d'un dessin plus littéraire, plus sentimental, formait trait d'union. Trait d'union d'importance, il est vrai, en raison du type représenté, plus humain et plus près de la réalité. Plus près de la réalité et par conséquent toujours susceptible de développement. Car les deux formes de la fantaisie incarnées par le clown et le contre-pitre n'ont plus de possibilité d'évolution. Le clown ne change plus qui a atteint la perfection ; le contre-pitre, en dépassant bêtement par exagération le point d'équilibre d'où il aurait pu s'engager dans ses voies nouvelles, se trouvant à présent au point mort. Qu'on compare alors l'évolution interrompue de l'auguste qui, par une observation raisonnée de la vie, obtint

(1) *L'Art Vivant* ; Clowns, N° 11, juin 1935.

des types aussi différents que Tich, Walter, Lucien Goddard, Bario ou Charlie Chaplin.

Paul Fratellini, type d'esprit moyen à mi-chemin du rêveur François et du prosaïque Albert, était capable d'emprunter de la fantaisie au premier et d'adoucir les effets explosifs du second.

Pourtant, on a dit de Paul qu'il personnifiait un type d'intellectuel, mot que, personnalité à part, il n'était pas opportun d'employer à l'endroit de Paul Fratellini. Le clown est instinctif et doit le rester, dit M. Legrand-Chabrier (1). C'est vrai pour certains, comme Porto ; ce n'est pas vrai pour d'autres comme Grock. Mais croire capable un auguste de s'inspirer d'un intellectuel pour animer un type de notaire ou d'avocat, comme on avait voulu voir en E.-P. Loyal le prototype d'un bougnat ou d'un universitaire malchanceux (2) parce qu'il portait une barbe noire en collier, voilà de quoi se méprendre sur les capacités d'un clown et faire un peu trop bon marché de l'intelligence.

S'il est vrai qu'outre son costume d'auguste de soirée traditionnel, Paul Fratellini doive ressembler à quelque comique d'une réalité quotidienne, c'est plutôt à signor Tonin Bonagrazia qu'il s'apparenterait, type local de la comédie vénitienne qui, dans un habit de cérémonie orné de médailles, de pendeloques et de bijoux, tient avec son bicorne à la fois du suisse d'église et du gendarme d'opérette. Mais là n'a jamais été l'intention de Paul Fratellini. Pour qu'il incarnât un type nouveau d'une valeur immédiate, il eût fallu qu'il le choisisse dans un milieu populaire. Or, ni le notaire, ni l'avocat, ni l'intellectuel ne présentent la qualité requise. L'erreur commise par E. de Perrodil qui voyait en Chocolat père le précurseur d'un type capable de prendre rang à côté de Pantalon ou du Docteur s'est reproduite avec Paul Fratellini. Pantalon est un marchand avare, grincheux, facilement amoureux, et les marchands étaient à l'époque de la vogue de la comédie italienne des gens qui méritaient bien qu'on se vengeât de leurs ridicules. En contact avec eux, le peuple

(1) *Sur les Fratellini*, La Herse, *op. cit.*

(2) Pierre Bost, *Le Cirque et le Music-Hall*, Paris, 1931. Illustrations de E. Annenkoff.

les connaissait bien. Le Docteur possédait à peu près les mêmes dispositions. Mais s'il agit moins, il parle plus que Pantalon. C'est un pédant. Il parodie non seulement la médecine, mais la jurisprudence et la scholastique. Il faut se garder de confondre le Docteur de la comédie italienne, qui est un intellectuel, avec le type de médicaste dont Molière a tracé un portrait vigoureux (1).

Paul Fratellini n'était pas plus la caricature d'un avocat que d'un notaire, ou que d'un croque-mort, parfois d'un professeur ou d'un charlatan. Le simple d'esprit est un type qui se rencontre dans tous les milieux et dont on s'amuse toujours au cirque quelles que soient les façons dont il présente les travers de la nature humaine. L'intellectuel ne se rencontre pas spécialement dans le peuple qui n'a par conséquent ni à en souffrir ni à le tourner en ridicule. Au contraire, le peuple croit trop à la vertu de l'effort, à l'efficacité de la connaissance pour se moquer de ceux qui ne le désobligent pas.

⁂

La confusion qui a pu faire dire que Paul Fratellini incarnait le type de clown intellectuel, c'est qu'il aimait les livres et les recherchait avec patience, avec passion. En effet, Paul s'intéressa à l'histoire de son métier, ce qui pour un travailleur, fût-il un clown, dénote un esprit avisé et curieux. Il collectionna les documents sur le cirque et sa bibliothèque contenait de nombreux ouvrages sur la mimique, le grimage, les acrobates et l'équitation. S'il n'avait pas toujours la main très sûre, il eut la persévérance de réunir une série d'ouvrages sur le théâtre français qui fit envie à beaucoup de ses confrères, et qui, tentés par son exemple, se découvrirent des compétences de collectionneurs. Aussi Paul Fratellini, trop brave et trop simple pour jouer au savant, passa pour l'être. Il suffit alors de mêler les joies de son délassement avec celles de son travail pour avoir supposé Paul Fratellini capable d'animer un auguste « intellectuel » comme on voit des pitres, des excentriques et des bouffons. Mais quand on voit des critiques de cirque à la petite semaine

(1) Constant Mic, *op. cit.*

exécuter en deux lignes un numéro de clowns, il ne faut s'étonner de rien.

⁂

Dans la comédie italienne, le premier zani incarne l'élément comique dynamique, le second son élément statique. La réunion devenue traditionnelle de ces deux personnages qui se complètent mutuellement — l'habile rusé et le rustre balourd — est un des procédés les plus heureux de la comédie italienne.

Paul Fratellini réalisait en un seul type les deux personnages moins classiques, l'habile rusé et le simple pour qui tout est bien dans le meilleur des mondes. Il lui eût été facile de par son rôle de doubler celui du clown. François, ayant hérité sous son apparente allure d'Arlequin la fonction de faire-valoir jusqu'alors réservée au régisseur de piste, Albert, le contre-pitre, pouvait très bien être considéré comme l'auguste de Paul. Il était comique naturellement, sans se forcer. Sa figure bonasse, sa tête chauve, son sourire bienveillant témoignaient du consentement total, de son caractère à plaire et à amuser. Certainement, pour le trio, il était celui qui restait le plus près des spectateurs. Légèrement grimé, Paul Fratellini inspirait l'idée qu'il était au milieu de la piste un homme ni plus ni moins que les autres, un mélancolique et doux personnage que les infortunes viennent tracasser ; des infortunes qui ne lui donnaient nullement l'apparence d'un héros, mais au contraire se conjuguaient pour le diminuer ; des infortunes qui sont habituelles : perdre son lorgnon, arracher le bouton de son col de cravate, avoir un trou à ses chaussettes ou s'asseoir sur son chapeau. Et dans la grande explosion de rire des spectateurs ravis, ce rappel terre à terre et brutal des choses de l'existence était peut-être ce qui le rendait le plus sympathique.

Quand les Fratellini quittèrent le Cirque d'Hiver, les étoiles qui accompagnaient leur nom sur les murs de la capitale commençaient à s'effacer. De nouveaux venus, Beby, Porto, Rhum, d'une bouffonnerie plus personnelle, d'un caractère plus marqué, dépassaient nettement Paul et Albert pris séparément. Dix ans de séjour à Paris avaient usé singulièrement un répertoire dont les supercheries étaient connues, les reparties entendues, les surprises éventées. Il ne resta plus aux Fratellini que d'entreprendre le grand tour de France dans le chapiteau voyageur où ils se virent apporter de ville en ville l'ultime hommage de leurs admirateurs. Leur gentillesse éclatait dans le feu des applaudissements. Plusieurs saisons, le cirque Fratellini prolongea un succès que le temps amenuisait néanmoins inexorablement. Quand ils firent leur rentrée au cirque Medrano qui avait été témoin de leur départ, les Fratellini furent accueillis avec beaucoup de curiosité mais, hélas ! sans beaucoup d'intérêt. Il n'était plus question pour personne de les encourager. Ils plurent, on peut dire, parce qu'on respectait en eux leurs débuts, leurs efforts, leur valeur passée. Les spectateurs qui ne les avaient pas connus au temps de leur grandeur ne se piquèrent pas des mêmes raisons pour les ménager. Ils trouvèrent des détracteurs. Enfin l'indifférence suivit.

Paul Fratellini mourut en juin 1940 et sa disparition au cours des événements mémorables de ce temps passa presque inaperçue. C.-W. Ilès le remplaça dans le trio. Mais ni les efforts de François et d'Albert ni la bonne volonté d'Ilès ne réussirent à combler le vide laissé par sa disparition. Les Fratellini tournent encore dans les pistes, mais un peu désemparés et souvent les applaudissements qui pourraient les encourager leur font défaut. Il manque au trio son aspect humain, le bonhomme en chapeau claque qui adressait un sourire amical à tout le monde et que la silhouette de C.-W. Ilès ne parvient pas à remplacer. Il semble bien en effet que si Paul Fratellini n'était pas l'intellectuel qu'on voulait qu'il soit, il était certainement l'animateur du trio, qu'il en était la tête.

En quittant le monde, Paul Fratellini a emporté avec son chapeau claque, son monocle, son col extravasé, sa redingote, ses chaussettes rouges et vertes et ses brodequins l'esprit même de la fantaisie qui rendit le nom des siens sonore et triomphant.

Depuis sa mort, nous ne voyons aucun trio qui apparaisse, avec une égale mesure de bouffonnerie, de réalisme et d'excentricités, capable de renouveler l'aventure comique, et par cela même héroïque, des Fratellini.

XV

DARIO, BARIO ET COMPAGNIE

LES clowns sont presque tous des enfants de la balle. Nés, on peut dire, sur la paille des écuries au cours du voyage, rompus aux disciplines physiques dès leur jeune âge et forts d'une expérience très tôt acquise, ils atteignent vivement, quand ils possèdent des dispositions naturelles pour la farce, à une maturité remarquable.

Il n'en faudrait pas pourtant conclure que l'expérience suffit et que le fait d'être, comme on dit, le fils de son père, accorde aux clowns toutes les chances. Il semble, au contraire, que les grandes figures de pitres écrasent leur progéniture et que leur souvenir la gêne plutôt qu'il ne la sert. Le succès est fugitif. La difficulté n'est pas de l'obtenir, mais de le conserver. Le public se fatigue vite, même d'un nom célèbre. Les clowns sont donc rares qui parviennent à égaler et à plaire dans la mesure où leur père était célèbre et avait plu.

Pour une famille Gontard qui, quatre générations durant, perpétue de père en fils des clowns, d'une renommée durable, combien ne laissent derrière elles que des tentatives infructueuses et sans lendemain. Ainsi, Auriol laisse un fils sans histoire (1) ; les enfants du clown Fernando ne prolongent guère sa notoriété ; ceux de Géo Foottit passent inaperçus et disparaissent sans grandeur. Le cirque n'échappe pas à la loi générale du développe-

(1) Il est vrai que, mort à 23 ans, il ne pouvait avoir donné toute sa mesure comme clown. Il ne resta pourtant de son passage comme acrobate qu'un souvenir éphémère.

ment et de la décadence des organismes. Après avoir obtenu la consécration solennelle d'une époque acquise à leurs qualités, il semble que l'époque suivante fasse payer aux clowns le renom qu'ils ont obtenu en négligeant leurs successeurs. Quelques exceptions, telles que C.-W. Ilès, fils de Charley Ilès, Joe Walter, fils de Little Walter, Charles Manetti, fils de Guido Manetti, Filip et Carletto Cairoli, fils de Jean Cairoli, confirment une règle dont l'exemple des Fratellini, des Briatore (Alex et Rico), parmi d'autres prouvent qu'il vaut mieux suivre un chemin différent que le chemin paternel. Les fils de Paul Fratellini (1), dans le trio Lopez, ont été des trapézistes intéressants, ceux de François, les Craddocks, sont des acrobates remarquables ; quant aux d'Angolys, fils des Briatore, ce sont des jongleurs étonnants.

Tous les succès ne sont pas réservés aux enfants de la balle. Le cirque s'enrichit de personnalités venues de milieux divers qu'il assimile et qui lui donnent une vigueur nouvelle. Et tel gymnaste, comme Léotard, le créateur du trapèze volant, a renouvelé toute une partie des acrobaties le jour où le régisseur avisé du cirque Franconi l'a découvert dans sa province (2). Raphaël Padilla dit Chocolat, étranger au monde du cirque, ne savait pas grand-chose quand Tony-Greace l'adopta. Si le pauvre nègre ne possédait pas d'idées originales il n'en possédait pas de préconçues. Ignorant des habitudes qui limitent le jeu des protagonistes aux influences du milieu, Chocolat fut un champ d'expériences à l'état de nature capable de donner des résultats escomptés. Et l'expérience fut convaincante. S'il ne fut pas, en définitive, le créateur de l'auguste idiot, il en posséda suffisamment toutes les qualités pour que ses imitateurs n'éprouvassent pas de difficultés à achever un type qu'il avait su si bien esquisser.

(1) Victor Fratellini, fils de Paul, reparut au cirque Amar, comme auguste, en 1945.

(2) On sait que c'est à un Français, Léotard, que revient l'honneur d'avoir imaginé la voltige au trapèze. Il était né le 1er août 1838, à Toulouse, où il apprit à faire la voltige dans le gymnase monté par son père. Il mourut de la variole noire en Espagne en 1870, après des succès nombreux dans tous les établissements d'Europe.

*
**

Les Dario présentent l'exemple d'une famille de clowns étrangère au cirque.

Les frères Dario et Manrico Meschi étaient les enfants d'un ouvrier maçon de Livourne que la mauvaise saison obligeait à fabriquer chez lui des accordéons. La famille, composée de six personnes, menait une vie difficile et, à l'heure où les enfants de cirque font des cabrioles dans la sciure ou le sable de la piste et reçoivent des encouragements, Dario Meschi, l'aîné de la nichée, né le 10 août 1880, courait les rues de la ville en quête de quoi apaiser ses fringales. Il dut à cette situation d'avoir une jeunesse dépourvue des agréments qui lui donnent du prix et de prendre contact avec la misère. Et avec la musique. Celles-ci devaient influencer le cours de son existence, et son caractère en garder les empreintes.

Ses courses à travers la ville le menaient invariablement sur les places où de nombreuses troupes de saltimbanques dressaient journellement leur fil de fer et tendaient le papier de leur cerceau.

Et leur exemple aidant, Dario devint quelque peu acrobate.

A onze ans, ayant obtenu à l'école publique l'équivalent du certificat d'études, Dario entra comme apprenti typographe dans une importante imprimerie de la ville, importante surtout parce qu'on y composait le journal *Il Telegrafo*.

Le directeur de l'établissement était le beau-frère du vieux Fiocchi (1), un clown acrobate auquel il vanta les aptitudes précoces de son apprenti aussi habile à distraire ses camarades pendant les heures creuses qu'à exécuter le travail qu'on lui confiait.

D'accord avec Dario, qui accepta sa proposition d'enthousiasme, le directeur avait invité Fiocchi à prendre le jeune homme avec lui. Mais le vieux clown qui avait assez d'élèves pour le profit qu'il en tirait ne jugea pas utile d'en grossir le nombre et force fut donc à Dario d'at-

(1) Les trois élèves de Fiocchi présentèrent un numéro d'acrobates sous le nom des frères Fiocchi.

tendre une occasion plus favorable pour quitter Livourne et voyager.

Elle se présenta bientôt. L'atelier où s'imprimait *Il Telegrafo* éditait aussi des programmes et des affiches. Le clown musical Gozzini (1), qui avait affaire avec la maison, consentit à prendre Dario avec lui après s'être assuré de ses dispositions. A l'insu de son père, Dario apprit chez Gozzini à jouer de la guitare, du xylophone et de la trompette. Cependant, le père Meschi avait eu vent de la détermination de son fils. Il s'opposait à ce qu'il devienne un saltimbanque. Dario persévéra dans ses desseins et débuta avec succès au bout d'un mois et demi de répétition, au théâtre Goldoni, à Livourne, en 1895. Son père ne le contraria plus.

Peu de temps après il jouait pour la première fois dans un cirque à Gênes, au cirque Rizarelli (2), où Dario vit travailler avec le clown Joé Almazio, Leonardo Ceratto, un auguste qui devait plus tard devenir son partenaire. Gozzini qui portait un habit de ville excentrique et Dario un costume à grands carreaux se partageaient les rôles d'une pantomime musicale soutenue par les trompettes, les grelots et les xylophones.

Gozzini était un homme très dur et Dario un enfant que la fréquentation du monde n'avait pas encore dégrossi. Il ignorait à peu près totalement les règles de la politesse et pour les lui inculquer Gozzini s'y prenait avec une rudesse inqualifiable.

Au cours de leur séjour à Gênes, Gozzini était descendu dans un hôtel de premier ordre tandis que Dario était resté coucher au cirque. Gozzini avait chargé néanmoins son élève de le réveiller. Le lendemain, Dario, escaladant joyeusement les escaliers de l'hôtel, à l'heure indiquée entrait sans se faire annoncer dans la chambre où Gozzini, aux trois quarts nu, achevait sa toilette.

Dario n'avait pas fait un pas dans la chambre que Gozzini, furieux, lui décochait dans la figure un coup de

(1) Guido Gozzini avait deux frères, Henri et Auguste, célèbres dans l'exécution d'un numéro très fort de main à main.

(2) Le cirque Rizarelli n'était pas inconnu en France. En 1878, il était venu s'installer au Point du Jour, se composant d'une famille d'écuyers connus, sinon célèbres.

poing qui l'envoyait rouler dans l'escalier jusqu'à l'étage au-dessous.

Surpris, meurtri, Dario remonte l'escalier :

— Qu'ai-je fait de mal, demanda-t-il. Vous m'aviez dit de vous réveiller à cette heure. Suis-je en retard ?

Gozzini branla la tête négativement.

— Qui t'a donc appris la politesse ? Tâche de retenir qu'on n'entre jamais chez quelqu'un sans frapper et sans attendre qu'on ait répondu : entrez !

Dario le regardait, étonné. Ses origines plébéiennes étaient si misérables qu'il n'avait aucune idée des usages les plus communs.

***

De Gênes, Gozzini et Dario passèrent au cirque Alégria, un cirque espagnol, en tournée à Nice. Jusque-là tout avait marché à souhait. Mais, au Palais de Cristal, à Marseille, ils essuyèrent un four si noir que le directeur résilia immédiatement leur engagement et que Gozzini, désespéré, abandonna son élève à son propre sort. Dario ne se découragea point. Il avait conservé son accordéon : il joua de la musique aux terrasses des cafés jusqu'au jour où, la chance étant revenue, Gozzini, engagé au cirque des Frères Léonard, chercha et retrouva Dario sur la place publique.

Ils débutèrent à Bagnères-de-Bigorre pour les fêtes de Noël et du Jour de l'An. Les affaires étaient loin d'être brillantes. Dario, mal payé, vivait chichement. Pourtant, adressant ses souhaits de bonne année à ses parents qui le croyaient heureux et gagnant bien sa vie, Dario leur peignait une situation brillante où rien ne lui manquait.

Les fêtes passées, les affaires furent désastreuses. Et le cirque Léonard, pour ne pas compliquer une situation difficile, liquida son personnel et la troupe tout entière, passa avec ses bagages au cirque Plège, nouvellement installé à Bordeaux.

Vicissitudes des cirques provinciaux. L'existence n'était pas assurée pour longtemps. Plège fit faillite laissant ses artistes en difficulté, et Gozzini dans une gêne si brutale qu'elle lui fut mauvaise conseillère : il prit la fuite, volant à Dario son accordéon, c'est-à-dire le seul instrument de travail qui pût lui servir de gagne-pain.

Seul et sans ressources, Dario ne s'abandonna pas au désespoir. Il retourna à pied au cirque des frères Léonard. Il leur narra son aventure. On l'interrogea sur ses projets. Sa franchise fit impression. On lui conseilla néanmoins de regagner Livourne et de quitter une profession qui ne s'annonçait pas pour lui sous un jour favorable. Mais il parut si décidé à vaincre tous les obstacles que les frères Léonard, opposés d'abord à ses projets, décidèrent de le prendre comme élève.

Six mois après, Dario débutait comme auguste de soirée. Il perfectionnait en même temps un numéro musical composé de grelots, de sifflets et de soufflets qui figure encore aujourd'hui dans son répertoire. Il apprit en même temps, sous la direction des Léonard, à faire des équilibres, à sauter, à se tenir correctement, à figurer dans la pantomime et il réussit dans les acrobaties à cheval et aux anneaux. Pour sa peine, Dario ne recevait aucune rémunération. Il touchait pour ses repas, qu'il devait préparer comme il pouvait dans la caravane, des pommes de terre et un litre de lait par jour. Il a gardé de cette époque, qui dura quatre ans, une amertume qui donne une expression douloureuse à ses sourires les plus amicaux et il n'est pas interdit de supposer que le sentiment de tristesse qui pénètre certaines de ses expressions porte les traces indélébiles de ses années de misère.

⁂

Le cirque des Frères Léonard, après bien des difficultés, voyant plus clair dans ses affaires, songeait à s'organiser à la façon des cirques connus. L'établissement manquait, par exemple, d'un régisseur-administrateur. Pierre Périer, précédemment auguste avec Palisse (1) au cirque Linca, accepta la place, moins honorifique qu'on

(1) Palisse compta parmi les clowns qui disposèrent, par la suite, d'une garde-robe des plus riches. D'abord très simplement maquillé, il s'était, avant de devenir directeur du cirque qui porta son nom, inspiré du grimage de Tonitoff pour composer le sien.

le croit puisqu'elle ne le dispensait pas de remplir le rôle du clown de reprise et d'étoffer le programme par un numéro de dislocation (1).

Pierre Périer avait la haute main sur la troupe. Il proposa à Dario, qui était sérieux et qu'il sentait bien disposé, de faire des entrées à deux. Pierantoni et Saltamontes, nous l'avons vu, en avaient lancé la mode au Nouveau Cirque et les cirques voyageurs ne voulaient pas être en retard sur les cirques parisiens.

Dario, désireux de se familiariser avec le répertoire de la pantomime sautante et parlée, accepta de devenir l'auguste de Pierre Périer et le suivit, en 1898, au cirque Vinhella, à Douai, en 1899, au cirque Decock, à Versailles, et au cirquc Medrano pour la rentrée, où Pierre Périer prit le nom de Jompson et fit avec Dario la saison complète (1899-1900).

Cependant, Périer traitait avec le cirque Ciniselli, en Russie, aux appointements de mille roubles par mois sur lesquels il en proposait généreusement 150 à Dario pour le suivre. Ces combinaisons étaient dans les mœurs du cirque. Les clowns embauchaient directement leurs partenaires. Ils en profitaient pour les assujettir à une servitude économique dont les augustes avaient du mal à se libérer et les clowns, sous prétexte de leur apprendre le métier, exerçaient sur leurs élèves une influence des plus tyranniques.

Dario, conseillé par Pierantoni, refusa de partir. M. Medrano mettait alors un point d'honneur à aider dans la mesure de ses moyens les artistes qui montraient des dispositions pour le métier de clown. Dario lui conta son histoire. M. Medrano, pressentant un comique d'avenir, lui offrit le premier engagement à son compte qu'il signa en septembre 1900 pour la réouverture du cirque comme excentrique musical et auguste de soirée. Peu après avoir débuté, Lewis, partenaire de Pierantoni, étant tombé malade, Dario le remplaça.

Chaque année, Frank Brown (2), directeur de cirques

(1) Edmond Périer, le fils de Pierre Périer, fit l'auguste sans succès avec des chiens dressés. La fille de Pierre Périer se maria avec Carlo Medini, clown qui travaillait ces dernières années en Allemagne avec deux fils qui font l'auguste.

(2) Frank Brown avait été clown sauteur. Il partagea, avec Paco Busto, Gregorio Busto et Ecotchagen, l'admiration du public sud-américain pour les clowns.

en Amérique du Sud, venait en Europe pour compléter sa troupe. En février 1901, il remarqua Dario et l'engagea pour jouer avec Ceratto pendant les quatre mois que durait la saison dans l'hémisphère Sud. Dario s'embarqua donc avec son futur partenaire à Gênes.

***

Leonardo Ceratto, né en 1870, était un ancien acrobate de la troupe Fidèle-Fidèle (1). Celui qui avait donné son nom à la troupe et devait, bon gros et jovial garçon, finir sa vie d'artiste comme auguste de soirée à Medrano et y remporter des succès que nul auguste de soirée n'a obtenus depuis, avait été le père d'élèves de Ceratto.

Ceratto avait travaillé comme auguste avec Joé Almazio. Il faisait le voyage de Buenos Aires pour la seconde fois. L'année précédente, Palisse, alors clown, l'avait emmené et il avait obtenu un succès considérable comme acrobate et dans un numéro de dressage de bulldogs admirablement mis au point. Et dans quelques entrées, Ceratto avait été l'objet d'un triomphe à faire pâlir d'envie Antonet et Walter, alors clowns vedettes chez Frank Brown.

L'initiation de Dario fut donc facilitée par Ceratto. Dario voyait s'ouvrir devant lui un avenir plus favorable qu'il ne l'avait espéré. Avant de quitter l'Europe, il était allé embrasser ses parents à Livourne et son vieux père lui avait fait promettre d'être économe et de tenter de réaliser le rêve familial de toujours : construire de ses propres mains, puisqu'il était maçon, une maison dans laquelle il pourrait abriter ses vieux jours. Et Dario, nonobstant une aventure féminine qui alourdissait ses charges et lui donnait du souci, avait promis à son père de mettre de côté assez d'argent pour subvenir à l'achat des matériaux nécessaires à la construction projetée.

Au cirque Frank Brown, Dario et Ceratto, habillés tous les deux en augustes, travaillaient soit comme augustes de reprise, soit comme augustes de soirée dans le chari-

(1) La troupe était composée de Ceratto, Bianca et Fidèle. Fidèle était un ancien élève de la Société de gymnastique, la Scalla de Torino. Il mourut à Milan où il s'était retiré après avoir quitté le cirque.

vari traditionnel. Ils retrouvèrent les frères Paco et Mariano Carpi (1), Bébé (Cesare Guillaume) et Cyerillo.

Dario regagna l'Europe en 1902 et la première chose qu'il fit fut de se rendre à Livourne pour y retrouver ses parents. Pendant qu'il avait parcouru le Pérou et le Chili, Dario avait amassé quelque argent, et il pensait bien combler les désirs de son vieux père. Une déception l'y attendait. Celui-ci venait de mourir. Du moins Dario eut-il la douloureuse consolation de réconforter sa mère malade qui, malgré les soins qui lui furent prodigués, mourut à son tour quatre mois après le retour de son fils. Il avait vingt-deux ans. Aîné d'une famille de quatre enfants, il n'avait pas accompli de service militaire, mais il avait ses deux frères et sœur à sa charge. Maurice (Manrico), âgé de quatorze ans, ouvrier dans une fabrique de pâtes alimentaires ; Bruno, âgé de huit ans, qui fréquentait les rues plutôt que l'école, et Mathilde, de santé délicate, qui avait six ans.

Dario prit Bruno avec lui, laissant à son frère le soin de s'occuper de sa sœur. Bruno n'avait aucune envie d'entrer dans les cirques ; Dario tenta vainement de lui apprendre le métier. D'un caractère inégal, il se livrait à des fugues répétées. En désespoir de cause, Dario le plaça dans un orphelinat d'où il s'évada à plusieurs reprises. Par la suite, Bruno Meschi montra du goût pour la mécanique. De vagabond et d'indiscipliné qu'il avait été jusqu'alors, il s'assagit, obtint un diplôme qui lui permit d'accéder dans une école de la marine marchande. Il devint plus tard, à force de travail, officier mécanicien dans la marine royale italienne.

Dario ramenait d'Amérique du Sud plusieurs chiens qu'il avait dressés pendant ses voyages. Sa mère morte, ses frères casés, Dario s'entremit pour trouver des

(1) Mariano Carpi, auguste et clown parleur et dresseur. Quand son frère Paco disparut, Mariano qui, jusqu'alors, avait fait l'auguste, prit son neveu Noppi avec lui et devint clown. C'est sous ce costume qu'il est surtout connu. Il fut le créateur avec Noppi, dans les cirques, de *La Danse chaloupée*, qui était une imitation burlesque de la danse « apache » créée par Mistinguett et Max Dearly, reprise par tous les excentriques, entre autres par Corn and Neil.

Quand Noppi quitta Mariano, celui-ci, suivant la mode, constitua le Carpi-Carpi-Trio avec son fils et un auguste. Mariano dressa des épagneuls et des colleys et son auguste fut parfois un brave singe qui n'était pas plus ridicule qu'un autre.

contrats intéressants, mais il dut se contenter d'obtenir, dans des établissements de variétés, des cachets médiocres, bien que son numéro de music-hall ne cessât de s'améliorer. Il rencontra un jour un illusionniste qui n'avait pas plus de chance que Dario, mais s'en consolait aisément et se parait du titre de chevalier Majeroni. Majeroni avait l'intention, pour faire fortune, de se rendre à Constantinople, qui était à l'époque un peu, pour les artistes de cirque dans la misère, quelque chose comme un pèlerinage dispensateur de miracles. Il n'eut pas de peine à convaincre Dario qu'il trouverait au palais du sultan du travail et des émoluments appréciables s'il voulait le suivre. Le jeune homme acquiesça et n'eut aucun mal à se faire engager dans la troupe du monarque avec un clown musical, Bollarc. Dario put ainsi se vanter, par la suite, avec beaucoup d'autres, d'être le clown qui fit rire le sultan.

En Turquie, Dario se décida à faire venir son frère Manrico, qui le suppliait de l'enlever à sa fabrique de pâtes alimentaires. Manrico se montra digne de la confiance de Dario. Il parvint rapidement à posséder les rudiments nécessaires pour se présenter comme excentrique musical et, de retour à Naples, Dario présenta une pantomime, *Le Bar mystérieux*, plate imitation d'un numéro célèbre à cette époque.

Pendant plusieurs années, *Le Bar mystérieux* restera le plat de résistance, l'attraction sensationnelle du numéro des Dario. Il se compose alors de Dario, soi-même, costumé en garçon de café, qui n'est, si l'on y réfléchit bien, qu'une variante de l'auguste, à ceci près qu'il a le bras orné d'une serviette ; de Manrico, habillé en touriste anglais dont la caricature est dans tous les illustrés : costume à carreaux, casquette cloche et favoris ridicules ; d'une jeune Montmartroise que Dario a enlevée à sa boutique de blanchisserie lors de son premier séjour à Medrano et qui l'a suivi en Amérique. C'est que la petite préfère jouer la comédie que de retourner à ses fers et à son fourneau. Dario la fait passer pour sa partenaire ; il lui donne ses premières leçons. Elle est devenue exigeante. Elle s'impose en maintes et maintes circonstances. La blanchisseuse tient à sa situation. Dans *Le Bar mystérieux*, elle paraît vêtue d'une robe de mousseline à volants bouillonnés et fait la belle au restaurant.

Car voici le scénario : Manrico, commis voyageur d'une fabrique de réveille-matin, présente ses échantillons. Chaque réveil porte plusieurs timbres qui, déclenchés ou retenus à volonté, composent l'invariable extrait tiré du *Carnaval de Venise*, a, b, c, professionnel du clown musical.

Dario, en garçon de café, pour ne point paraître inférieur au commis voyageur, jouait de la musique avec les verres et, au moment du repas, la dame tirait des assiettes, remplies de grelots en guise de victuailles, une sérénade connue.

L'engagement de Dario ne se limitait pas à cette fantaisie ; il paraissait sous le nom de Ricciolo, clown, avec ses animaux dressés.

Ainsi composée, la troupe est à Malte en 1906, à Alexandrie et au Caire en 1907. Dario a de nouveau économisé. Il achète un petit cirque de trois cents places, juste assez pour engloutir ce qu'il a mis de côté. Il bazarde à temps son chapiteau pour ne pas tout perdre et, ne trouvant pas d'engagement, loue au hasard de ses voyages des salles libres dans les villes d'Italie du Nord et d'Autriche, où il donne des représentations. Il a compliqué sa pantomime musicale. La manie de l'invention poursuit souvent les clowns, et leurs réalisations ne sont pas toujours heureuses. Dario a disposé sur une table une série de potiches, munies chacune d'une corde d'acier qui résonne à chaque tour de rotation qu'on imprime à la potiche. Ce n'est point une cacophonie vulgaire, mais c'est un pis-aller. L'harmonie-fleurs, ainsi s'appelle l'appareil, se désaccorde continuellement. Les cordes d'acier se détendent au moindre contact. De plus, les verres pâtissent souvent au cours d'un voyage ininterrompu. Il est difficile de retrouver les mêmes sonorités. Il faut chaque jour, à chaque représentation, mettre et remettre inlassablement les appareils au point. Il est temps que *Le Bar mystérieux* ferme ses portes.

C'est d'ailleurs ce qui arrive. Manrico, qui a vingt ans, est appelé au service militaire en 1908. La pantomime musicale perd l'un de ses animateurs. Dario trouve, fort heureusement, un engagement au cirque Gatti-Manetti, où il retrouve Ceratto qu'il n'avait pas revu depuis son retour d'Amérique. En 1910, Dario commence avec Ceratto, à Medrano, une carrière de clown d'entrées, que la Première Guerre mondiale viendra contrarier mais non pas ralentir. Pour la première fois, Dario revêt la souquenille de clown. Il a franchi le pas décisif. Il fait partie des maîtres.

⁂

Au moment d'être libéré, Manrico Meschi se fit établir son congé pour Paris, où la renommée naissante de Dario et de Ceratto l'attirait.

Chez Frank Brown, Ceratto avait été le favori du public, en dépit de la présence de concurrents plus cotés. Toutefois, ce succès n'était connu qu'au cirque ; sa renommée n'était pas venue jusqu'à Paris. Il ne figura parmi les originaux du cirque que le jour où Dario devint son partenaire.

Il possédait une silhouette des plus bizarres. Petit, trapu, musclé, les yeux légèrement exorbités, il jouait les irrités et les méchants sans se forcer beaucoup. Tout l'art du cirque repose sur l'emploi judicieux des dispositions personnelles, et Ceratto ne faisait pas exception à la règle. Il semblait toujours en ébullition et prêt à se mettre en colère. Parmi ses camarades, qui ne l'épargnaient guère et se plaisaient, dans les coulisses, à compliquer son existence par des tours pendables, Ceratto avait la réputation d'un mauvais caractère. Ses attitudes en piste, son interprétation s'en ressentaient un peu.

Il s'était, par ailleurs, composé un masque original. Paré d'une perruque verte hirsute, surmontant une face hilare, rouge brique, où luisaient des yeux extraordinairement ronds et des dents en or, Ceratto paraissait en piste embarrassé d'un cabas à figues. De qui tenait-il et pourquoi alourdissait-il l'originalité de la silhouette par un accessoire dont il se délestait à la première occasion ? Personne, pas plus que Ceratto, n'en saura jamais rien (1).

(1) Nous tenons pour invraisemblances les explications qu'aurait données à ce sujet Leonardo Ceratto à un journaliste de *L'Intermédiaire forain*.

Dès son arrivée, Ceratto donnait l'impression d'une force comique poussée au paroxysme du mécontentement par quelque aventure qui lui fût arrivée la veille et qu'il n'avait pas encore acceptée. Il était sur ses gardes, guettant, épiant. Et brusquement, il hachait les mots et bégayait, et sa figure candide révélait un étonnement des plus irrésistibles devant les sarcasmes de son partenaire, auquel il opposait le plus élémentaire des réflexes : son humeur farouche et son splendide entêtement.

Ce fut avec Dario que Ceratto remporta son succès le plus personnel et de plus longue durée. Le clown a toujours sa part de louanges dans celles qu'on adresse à l'auguste. Le couple Dario-Ceratto faisait bonne figure aux côtés de Rico et Alex qui passaient en vedettes. Aussi ne put-il être question pour Dario, au retour de son frère Manrico, d'abandonner un partenaire dont il savait habilement diriger toutes les réactions et qui, en pleine possession de ses ressources, assurait à leur interprétation un irrésistible comique. Bien que Manrico eût toutes les qualités pour devenir un bon auguste, sa personnalité ne pesait pas lourd dans la balance à côté de celle de Ceratto. L'équipe Dario-Ceratto, équilibrée, brillante, jouissait d'une estime si méritée que vouloir la rompre eût été une faute. Dario n'y songea pas. Il résista, au contraire, à des considérations de famille et garda son partenaire.

Manrico Meschi prit le seul parti qui lui restait. Il chercha à se débrouiller seul. Presque immédiatement, le clown Léandre, un sauteur de premier ordre qui travaillait dans le charivari chez Pinder, s'offrit comme partenaire. Léandre s'était, en sautant, déboîté le genou. Eloigné des acrobaties par son accident, il croyait s'imposer facilement comme clown parleur. Il avait, de plus, la faiblesse de croire, comme à l'époque beaucoup de ses collègues, à la supériorité du costume sur le talent. Il choisissait avec élégance ses vêtements de travail et il comptait parmi les propriétaires des plus riches garde-robes. Léandre intéressa M. Emilio, alors régisseur au cirque Medrano, à ses projets et sollicita la permission de présenter un numéro en compagnie de Manrico.

Le cirque Medrano continuait d'être la serre où tous les clowns du monde latin trouvaient le terrain favorable à leur épanouissement. Plusieurs couples comiques figuraient régulièrement au programme. Peu confiant dans la tentative de Léandre, qui lui paraissait manquer de capacités pour la pantomime dialoguée, d'une prudence qui confinait à l'incrédulité quant à l'avenir clownesque de Manrico, M. Emilio opposa un refus catégorique à la proposition de Léandre. Il fallut l'insistance enjouée de Dario, qui recommanda son frère avec chaleur, et l'intervention de M. Medrano soi-même, qui n'oubliait jamais qu'il s'était appelé Boum-Boum, pour faire fléchir M. Emilio, qui accorda à Léandre et à Manrico de débuter à l'essai.

Leur bonne volonté garantit la réussite de leur tentative. Bien que peu coté et d'un physique plutôt sec, Léandre eut bientôt la réputation d'être un « beau » clown, ce qui malgré tout était assez restrictif, et Manrico Meschi, quoique caché sous l'anonymat du programme qui annonçait Léandre et ses partenaires (1), fut bientôt considéré comme un bon comique et un parfait musicien auquel l'avenir souriait.

De crainte de le perdre, Léandre entoura Manrico d'une telle sollicitude que ce dernier, non au courant des usages, se laissa tromper et apposa sa signature sous un contrat en bonne et due forme qui le liait à son partenaire pendant deux ans.

En vain, Pinta et Tom Bib (2) représentèrent-ils à Manrico qu'un engagement de cette espèce, contraire aux coutumes du cirque, était sans valeur, et qu'il pouvait à sa volonté rompre avec Léandre ; Manrico, qui avait choisi le nom de Bariot (3) par analogie avec celui de son frère Dario, fit honneur à sa signature et ne quitta Léandre qu'à la fin de son contrat.

(1) Le second partenaire était un nain, Eugène, un auguste d'origine bretonne.

(2) François Bayer, dit Tom Bib. Avant Tom Bib, nous trouvons un Joe Bibb, célèbre dans son entrée des échasses, numéro comique acrobatique. Peut-être le même que le Bib dont Dalsème signale la goguette britannique dans son débordement, la balourdise voulue, la souple maladresse du niais qui s'amuse. De Perrodil remarque qu'il était très fort comme mime, notamment dans l'entrée de *La Pêche* et celle du *Baigneur* aux desseins parodiques. Rappelons encore Bib et Bob, clowns musicaux. Tom Bib était en 1910, au cirque Medrano, avec Petit (?).

(3) Il simplifia plus tard son nom qu'il orthographia Bario, pseudonyme sous lequel il est le mieux connu.

***

Bario partit à Londres avec C.-W. Ilès, qui l'avait choisi pour remplacer Antonio (Lozano). Puis il rejoignit le clown Theodor, au cirque Orlando, en Suède.

Né le 3 avril 1881, Théodore Delfin, dit le petit Théodore, était originaire de Budapest. Son père, Armand Delfin, était acrobate. Quand celui-ci mourut, Théodore avait trois mois et fut confié à Heuberger, qui fut son « père d'élève » dans les acrobaties. Théodore apprit le métier de clown avec Moriss (Manrico Mariani), en Italie, dans les cirques ambulants, puis chez Alphonse Rancy, où il demeura neuf ans.

Auguste d'Orlando Averino, chez Medrano, au temps de Cyerillo et Busby, il devint celui de Pippo-Pucci (1), chez Schuman, aux cirques de Paris et Medrano (1910), puis d'Antonio, en Suède ; puis de Bario, qui le quitta pour travailler avec Jancsen Amandus, un clown acrobate, de caractère flegmatique, d'autant plus fort dans la pantomime dialoguée qu'il possédait à fond toutes les langues scandinaves et réussissait le tour de force de se faire comprendre, quels que soient ses auditeurs, dans toutes les grandes villes de la Baltique (2).

En 1916, Amandus, Gestet et Bario, qui, à Copenhague, venait de se séparer de Schow, un comique irlandais, formèrent un des premiers trios fixés connus en Europe, l'exemple des Fratellini ayant déjà fait, avant leur apparition en France, le tour du continent.

Dans ce trio, Gestet paraissait sous les traits d'un bon gros villageois à ventre rebondi, vêtu bourgeoisement d'un solide pantalon à carreaux, d'une jaquette confortable et coiffé d'une minuscule casquette de voyage, réplique germanique du touriste anglo-saxon.

(1) Un clown, Pucci, surnommé le clown hercule, figure dans la liste des clowns du cirque Franconi.

Pippo Pucci joua encore avec Seiffert, avec Atoff de Consoll et avec Andreff. Originaire de Florence, Pippo Pucci mourut en Espagne pendant la Révolution où il faisait un numéro avec sa fille.

(2) Théodore travailla ensuite avec un imitateur de Little Tich, avec Clément (Mazzuchetti), puis avec Lélé, un sosie de Bario, puis il fit l'auguste dans le trio Nino Fabri, Théodore et Clément.

⁂

Au début de la Première Guerre mondiale, les établissements de plaisir, cirques music-halls, etc., furent fermés à Paris. Pourtant, quand on comprit que la guerre serait longue, leur réouverture fut décidée.

Dario fit donc sa rentrée, en 1915, au Moulin-Rouge, qui brûlait peu de temps après. Le cirque Medrano ayant repris ses représentations pour la saison 1915-1916, Dario y retrouva sa place, où parurent bientôt les Fratellini.

Dario est en pleine possession de son métier. Ayant réussi à se faire oublier de la belle blanchisseuse, il se marie en 1916, mais il est mobilisé en Italie dans le même régiment que Jean-Marie Cairoli, clown comme lui. Malade, renvoyé en convalescence dans ses foyers, puis réformé, Dario retrouve Ceratto qui a joué pendant son absence, tantôt avec Jack Gallarati (1), tantôt avec Andreff.

En 1919, Dario reçut des nouvelles de son frère Bario, dont il avait perdu la trace depuis les hostilités et qui demandait à le rejoindre. Ne fût-ce que par solidarité professionnelle, Dario ne songeait nullement à lui sacrifier Ceratto, qui s'était conduit loyalement avec lui pendant les plus mauvais jours de la guerre. Il ne lui cachait pas les motifs qui, moralement, lui interdisaient de le prendre avec lui et, le tenant au courant des tendances du cirque en France, lui signalait la vogue grandissante des Fratellini.

Bario s'empressa de préciser qu'au courant de la distribution des rôles dans les entrées à trois, qu'il avait interprétées avec Amandus et Gestet, Dario et Ceratto pouvaient envisager, avec toutes chances de réussite, la création d'un nouveau trio.

Néanmoins, Dario avait des scrupules. Avec Ceratto et Jacinto (2), il avait été tenté par la formule du trio, et

(1) Nous retrouvons Jack Gallarati avec son fils adoptif Gigi, au cirque Medrano en 1918.

(2) Jacinto Prieto, danseur comique d'origine espagnole, mourut très jeune. Il s'était fait remarquer avec Dario et Ceratto dans *Les Bossus*, une entrée burlesque où ils paraissaient tous les trois costumés en augustes.

l'expérience n'avait pas été concluante. Il ne tenait pas à la recommencer. Pourtant, sur les instances de Ceratto, qui, au contraire, parut enchanté de la proposition de Bario, Dario se décida à appeler son frère auprès d'eux. Les frontières n'étant pas rouvertes, Bario regagna la France par la Norvège et l'Angleterre, et retrouva Dario et Ceratto à Nantes, où ils étaient engagés à l'Apollo. Ils s'entendirent aussitôt avec le directeur, qui accepta sans inconvénient l'entrée inopinée d'un troisième larron dans un numéro sans qu'il lui en coûtât un sou de plus.

Bario se tailla, ce soir-là, un légitime succès dans l'entrée des *Bouteilles* où, grimé en pochard sympathique, il caressait des flacons comme un amoureux caresse une fille. Le directeur, satisfait de cette recrue de qualité, offrit immédiatement une prolongation de contrat à des conditions plus avantageuses.

Dès lors, les frères Dario et Manrico Meschi eurent au cirque un destin parallèle. Il ne sera plus possible de parler de l'un sans parler de l'autre.

***

Malgré le succès indiscutable des Fratellini, les directeurs de cirque ne croyaient pas, et le temps leur donna raison, à la fortune du trio.

De retour à Paris, Dario, Ceratto et Bario, après force discussions, durent s'en remettre à l'autorité de M. Debray, directeur du Nouveau Cirque, pour obtenir un contrat qui consacrât leur association et ouvrit, après les Fratellini, une longue liste de trios de durée éphémère et dont il reste aujourd'hui peu d'exemples (1).

Cependant, l'originalité de Bario contraria bientôt les espérances de Ceratto, qui voyait chaque jour diminuer les chances de demeurer le pitre principal du trio et le jeu du contre-pitre empiéter chaque jour sur le sien. Ceratto se croyait diminué. Le fait est qu'il ne se trouvait plus ni à sa place ni à son aise. Le type du pochard qu'incarnait Bario, caractère de haute liesse extrêmement

(1) Précisons qu'en France, il reste les Fratellini, trio dans lequel Paul Fratellini, mort en 1940, a été remplacé par C. W. Ilès, et les Dario, Théodore (Delfin) étant second auguste (1944).

sensible au public plutôt populaire du cirque, estompait un peu la personnalité toute en demi-teintes de Ceratto. Sa véhémence congénitale disparaissait ; ses bégaiements de colère n'avaient plus la même sonorité, couverts qu'ils étaient par le rire énorme de Bario.

Ceratto, brave camarade s'il en fut, s'ouvrit loyalement à ses partenaires, adjurant Dario de ne pas le priver du succès qu'il était en droit d'espérer depuis qu'il collaborait avec lui, et de reprendre avec lui seul, sous la forme du couple qu'ils avaient brillamment animé, l'interprétation classique des entrées.

Dario n'eût voulu faire aucune peine à Ceratto, qui s'était montré d'une fidélité à toute épreuve. Mais un cas de conscience se posait pour lui. Il ne pouvait, à présent, lui donner la préférence sur son frère qu'il avait invité à quitter sa situation en Suède, où il était connu, et à venir les rejoindre, ne faisant en cela qu'obéir aux instances de Ceratto lui-même.

Celui-ci préféra les quitter. Il le fit sans acrimonie. Il acheta un cheval et une voiture et tenta de monter une entreprise de camionnage, où il ne réussit pas. Alors Ceratto s'associa avec Chocolat fils, et poursuivit jusqu'à sa mort, en 1926, une existence difficile.

⁂

Privés de Ceratto, Dario et Bario engagèrent Félix Gontard qui se trouvait au cirque Palisse.

Félix Gontard, né en 1869, arrière-petit-fils de Jean Gontard, le premier grotesque français qui joua avec Auriol (1), apprit à travailler au cirque Royal, de Bruxelles, avec son père Jean Gontard, dans une troupe d'acrobates. Sa mère était Caroline Strasburger.

(1) Auriol et Gontard figurent comme jouant ensemble au programme du cirque Olympique du 23 mars 1835. Auriol venait d'y débuter le 5 précédent.

Jean Gontard, grotesque, eut un fils, Claude Gontard, qui continua le métier de son père. Le fils de Claude Gontard, qui se prénomme Jean comme son grand-père, connut des succès au cirque Renz où il eut pour partenaire occasionnel Tom Belling.

Félix Gontard eut trois sœurs : Antoinette, qui fut écuyère de haute école et créatrice du double tandem à l'Hippodrome de l'Alma ; Louise Gontard, funambule et écuyère de panneau, et Claire, mariée au clown suédois Max Nelson.

Engagé au cirque Alegria, à Barcelone, avec Lui-Lui (1), Gontard fut appelé par M. H. Houcke, à l'Hippodrome de l'Alma, où il occupa la place de James Guyon comme cascadeur et sauteur, pendant les deux années qui précédèrent la disparition de cet établissement. Puis, chez Renz, à Lyon, il travailla en concurrence avec Billy-Hayden.

A Lisbonne, Gontard remarqua Pierantoni et Saltamontes et leur conseilla d'offrir leurs services à Oller, qui venait d'ouvrir le Nouveau Cirque (1886), cependant que, las de faire l'auguste de soirée, métier plus qu'ingrat qui ne rapporte guère, Gontard montait un numéro de chiens et de chats, avec miss Abadie, sa femme, elle-même dresseuse de perroquets, puis un numéro comique de dressage d'éléphants (1899). Avec ses chiens dressés, déguisés en mules, Gontard donnait *La Course de taureaux*, parodie qui eut toujours, en Espagne, beaucoup de succès.

Gontard voyage alors en Angleterre, en Allemagne et en Hongrie. Ses animaux disparus, il reprend son métier. Il s'associe, selon l'occasion, avec Thomas Belling et Félix Sestac, « l'homme-serpent », avec le clown Kerwich, puis avec le clown Theoff (?).

Il était redevenu auguste de soirée au cirque Palisse quand les Dario lui offrirent de remplacer Ceratto. Il accepta volontiers. Mais, investi de la confiance de Palisse qui, malade, lui proposait d'administrer le cirque à son compte, Gontard céda sa place à Coco.

***

Raoul Jouin, dit Coco, né à Paris, le 27 janvier 1882, passa sa toute première jeunesse au Nouveau Cirque, où son père était piqueur. C'est ainsi qu'il fut le filleul de Raoul Donval, le directeur. Sa marraine fut Thérésa, la chanteuse connue. Il dut à sa situation de vivre en contact avec les meilleurs artistes de cirque de l'époque et bénéficia de leurs conseils et de leur familiarité. Il fut,

(1) Bien que nous tenions ces précisions de Félix Gontard, il ne nous a pas été possible, à défaut de le lui avoir demandé, de déceler l'original qui se cache sous ce pseudonyme. Nous livrons ce problème à la patience des chercheurs. Il s'agirait, paraît-il, d'un Loyal. Mais, lequel ?

en effet, avec son parrain, de toutes les fêtes et de toutes les cérémonies. Il est parmi les invités à la noce de Little Walter, avec Foottit, Chocolat et Pinta. Il mit à profit l'exemple des maîtres pour devenir un des rares augustes français, et qui plus est, parisiens, qui ont laissé, sinon un grand passé, du moins le souvenir d'un comique dans la tradition des tréteaux de la foire, pas compliqué pour un sou, la mine réjouie et goguenarde, au parler grasseyant, vrai type faubourien à trogne fleurie, qui précède de dix ans le pochard flegmatique qu'illustreront sous le même aspect, mais dans un style différent, Germain Aeros et Manrico Meschi.

Raoul Jouin fut d'abord écuyer ; il tenait en outre quelques rôles accessoires dans les pantomimes nautiques qui, spécialités du Nouveau Cirque, se suivaient à une cadence régulière.

Dans *Hunting* (*Chasse au Daim*) (1), la grande pantomime équestre montée par Hippolyte Houcke, en octobre 1904, Raoul Jouin, précédé d'une horde de daims et d'une meute de chiens, plongeait avec son cheval dans la piste nautique, faisant preuve, disait-on, d'une adresse et d'une audace de cow-boy. Ce saut prodigieux de 9 mètres, précisait le programme, n'a jamais été exécuté jusqu'ici. Il n'a probablement pas été renouvelé depuis. Raoul Jouin, d'ailleurs, changea de métier. Il ne pouvait éternellement en rester là. Aucun autre établissement n'avait besoin de lui comme écuyer-plongeur, puisque, seul, le Nouveau Cirque possédait un bassin. Alors il se fit comique.

Il entra au cirque Léonce et devint le partenaire de Cyerillo, puis passa au cirque Pinder avec Léandre, et au cirque Suisse avec Bob O'Connor.

C'est avec Bob O'Connor qu'il créa la parodie de *La Cochère parisienne*, en 1907. La femme cochère était une profession nouvelle qui avait fait couler beaucoup d'encre et qui avait ses admirateurs et ses adversaires. Tout Paris s'en amusait : elle ne résista ni aux critiques ni aux plaisanteries faciles.

(1) Dans *Hunting*, Foottit, en patronne d'auberge, se laissait surprendre au milieu d'un flirt avec un horse-guard par un policeman qui menaçait de leur dresser procès-verbal. Chocolat avait, à son habitude, un rôle de domestique : Tommy, fils de Foottit, celui de M. Snob, le chasseur à la mode d'alors.

Dans cette parodie, Bob O'Connor, qui était très fort, très grand et très gros, habillé en femme et portant le petit canotier de paille planté d'une grande épingle, conduisait un fiacre découvert que le cheval refusait de tirer. Malgré toute sa science et sa bonne volonté, la femme cochère O'Connor ne réussissait qu'à multiplier les ruades du cheval et qu'à entendre les récriminations de Coco, transformé en client. Après péripéties et discussions, Coco se retrouvait dans les brancards, les épaules alourdies par le collier d'attelage, et tirait la voiture, tandis que le cheval, habilement dressé, assis sur la banquette, les deux pattes d'avant sur le siège, prenait la place du client et quittait triomphalement la piste.

La parodie de *La Cochère parisienne* devenait ainsi la charge un peu grossière des femmes qui, à défaut de savoir conduire un cheval, sauraient toujours mener un homme. Elle eut pourtant beaucoup de succès puisque, l'ayant donnée en 1907, au Nouveau Cirque, et traînée, si l'on peut dire, un peu partout, les créateurs la jouaient encore, sous le titre de *La Femme cochère*, au cirque Suisse, en 1910.

Raoul Jouin fut mobilisé au 2e Chasseurs à cheval, pendant la guerre de 1914-1918. Il n'oublia jamais, dans les fêtes régimentaires, qu'il était clown. Surnommé « le joyeux baladin Coco de la IIe division », il fut plusieurs fois cité comme bon comique dans la chronique anecdotique de son régiment. Avec son ami La Bonbonne, d'une stature énorme et gigantesque, suivi de M. Laurier, chasseur dans le même régiment, qui leur servait de faire-valoir et portait un risible gilet pourpre brodé de fleurs couvrant un torse maigre et ridicule, Coco et La Bonbonne faisaient rire toute la division.

Libéré, Coco travailla avec Manetti et Charley (Charles Mayer) au cirque Pourtier et chez Palisse. C'est là que le remarquèrent les Dario. Puis il devint, avec Mylos (1) et

(1) Emile Eugène Grancamp, dit Mylos, clown comédien humoriste, né à Paris, le 31 mars 1894, eut comme partenaires Harry Foottit, Sydney, Theodor, Boulicot, etc. Ancien journaliste, il a écrit dans *Chantecler* quelques souvenirs sur le métier, sous le titre : *Histoires de clowns.*

Angelo (1), le troisième d'un trio au cirque de Paris. Quand Bob O'Connor fut engagé avec Angelo au Cirque d'Hiver, Coco resta seul avec Mylos. Le public qui les appréciait leur témoignait une sympathie qu'ils convertirent bientôt en estime assez durable pour que M. Rousseau, le dernier directeur du Cirque de Paris, renouvelât leur engagement d'année en année. Ils s'y trouvaient encore lors de sa fermeture.

Coco n'eut, après, que des partenaires éphémères, comme Grego (2). Mylos l'avait quitté. Coco en éprouvait quelque rancœur. Il accepta une place d'auguste de soirée au cirque d'Hiver. Il gardait, au milieu du charivari des clowns, une bonhomie faubourienne, une figure hilare, des yeux candides. Il portait un maquillage très simple ; il était aimé des enfants. Il aimait qu'on le lui dise, car il était simple et bon garçon autant que bon vivant.

Peu à peu, le public l'oublia. Et ses confrères aussi. Il mourut en octobre 1942. Il n'avait que soixante ans.

***

Malgré ses nombreuses qualités, il manquait à Coco d'être quelque peu musicien pour devenir un auguste de qualité dans le trio Dario. Ceux-ci, instrumentistes habiles, se séparèrent de Coco et engagèrent Rhum (Henri Sprocani), qui se trouvait au Cirque Royal de

(1) Angelo Arrigoni, dit Angelo, d'origine italienne mais né dans un cirque à Odessa, fut d'abord écuyer. Après la mort de Bob O'Connor, il dressa des chevaux chez Houcke.

D'une allure bizarre, ses attitudes rappelaient celles de Ceratto. Il balbutiait. Il avait dû faire le clown après avoir reçu un coup de pied de cheval dans la figure. Il boitait. Habillé en paysan ridiculement endimanché, il jouait très bien l'attardé dans un siècle en mouvement.

Plus tard, il monta un numéro de dresseur comique, dans le genre de celui de Pepino. Il se maria en Amérique du Sud où il avait trouvé des engagements. Mais la malchance le poursuivit et il sombra dans la misère. « La Piste », société de secours aux artistes de cirque, put le faire rapatrier avec ses animaux, grâce à l'intervention amicale de Beby et la générosité d'Alphonse Rancy.

(2) Grégo débuta comme musicien dans les cirques où, perdu dans les exécutants anonymes, il jouait du violoncelle. Il travailla avec Harry Foottit et dressa un âne. En 1933, il eut Atoff de Consoli comme auguste. Coco et Grego, sous les noms de Berlingot et Décousu, donnèrent des représentations dans les grands magasins pendant les fêtes de Noël et de Jour de l'An.

Bruxelles et qu'ils avaient remarqué. Rhum acquit par la suite une notoriété méritée (1). Il laissa la place à Gontard qui n'avait pas réussi dans les fonctions de directeur de cirque que lui avait confiées Palisse. Gontard retrouva auprès des Dario une situation qui lui permit de voir venir l'avenir en paix. Pour lui, les Dario étaient plus que des collègues. Veuf, n'ayant qu'un fils vivant dans les milieux étrangers au cirque, Gontard partageait son existence entre ses deux sœurs, Antoinette et Louise, qu'il aidait à subsister, et les Dario, chez lesquels il trouvait tour à tour, et selon ses inclinations, un accueil bienveillant. L'hospitalité des Dario fut pour Gontard aussi inlassable que généreuse. Gontard le leur rendait par un attachement sans bornes. Quand il tomba malade, au retour d'un engagement en Hollande, Gontard, qui n'avait jamais été souffrant, ne voulut point cesser de travailler. Il fallut l'autorité de Dario pour que Gontard se laissât ausculter par un docteur ami. Celui-ci prescrivit son transport immédiat à l'hôpital. Gontard y mourut presque aussitôt d'une pneumonie double. Il avait soixante-quatre ans et était, en piste, loin de les paraître. Il disposait encore de moyens comiques très sûrs ; il tenait fort bien sa place de contre-pitre, à côté de Bario. Il lui restait des moments très riches en cocasseries, une silhouette de petit rouquin au nez retroussé, une expression d'ahuri et de prêt à tout faire qui était au fond de son caractère. Il était gai. Il se sentait heureux d'appartenir à une équipe réputée et de finir à côté des grands clowns une vie que tant d'autres terminèrent dans la misère et dans l'oubli.

***

L'évolution des Dario, si l'on reprend les phases de leur ascension, demeure indépendante, presque en marge, des influences du cirque français.

Dario débute en Italie, parcourt l'Amérique latine, le Proche-Orient. Il y termine son apprentissage ; il a près de trente ans quand il s'impose à Paris, avec Ceratto. Son frère Bario, sorti de son usine de pâtes alimentaires, suit Dario dans le Proche-Orient et achève d'apprendre son

(1) Voir chap. XVIII : *Rhum.*

métier dans les pays scandinaves. A l'heure de leur retour à Paris, les grands clowns de la génération précédente sont disparus. Ils n'ont point sous les yeux de modèle à copier, de types à s'inspirer. D'autre part, ils n'ont ni l'un ni l'autre la chance de doubler, quand ils débutent, un partenaire déjà classé, qui les classe à leur tour mais leur impose des habitudes. Ils doivent se former tout seuls, accumuler les essais, procéder par empirisme, éviter les échecs et les risées. Sans famille qui les ait précédés, ils n'arrivent pas au cirque par la grande porte. Ils ont tout à faire, tout à apprendre, et du monde et du cirque. Ils les traversent, armés d'une volonté patiente et ferme.

Dario rappelle souvent comment Gozzini, son premier maître, lui inculqua à peine sorti d'une existence vagabonde et indisciplinée les règles de la bienséance, les attitudes du maintien, les figures de la présentation. Il ne ménageait pas les coups. De même, au cirque, Dario et Bario durent-ils au feu de leurs propres souffrances forger les clefs qui ouvrent les accès de la renommée.

Pour eux, les entrées étaient des thèmes à l'état de nature sur quoi ils pouvaient broder sans qu'aucune tradition, aucune habitude, aucune leçon écoutée, mais incomprise, ne vînt gêner la sincérité et le naturel de leur imagination. Ils abordèrent les clowneries avec des yeux restés grands ouverts aux choses de la vie. Ils y purent rogner, tailler, ajuster à leur aise, sans s'occuper de considérations étrangères à leurs visions, à leurs besoins, sans s'inquiéter du savoir-faire ou du qu'en-dira-t-on. Aujourd'hui, devenues classiques, leurs entrées du *Photographe*, de *La T. S. F.*, d'*Hamlet*, complètement transformées, marquées à leur puissante originalité, n'étonnent plus, mais elles conservent en dépit de leur temps, de leur ancienneté déjà, une facture personnelle, et les numéros musicaux des Dario, *Les Sifflets*, *Les Paveurs municipaux*, *Les Grelots* (1), ont une forme qui les rend différents de tous autres.

Dario, soi-même, après plus de trente ans de pratique comme clown, reste énigmatique. Ennobli par son costume d'apparat, projeté d'emblée par les règles du jeu

(1) Ces entrées musicales ont fait l'objet d'enregistrements sur disques. *O Sole Mio* et *Les Sifflets* notamment, chez Parlophone (N° 22196).

dans une situation où il a beaucoup moins à connaître que l'auguste les résistances qu'oppose la matière clownesque plus ou moins malléable aux nécessités de l'interprétation et de l'improvisation, Dario laisse à Bario le soin d'étoffer les situations. Son partenaire a, en effet, un jeu divers, disons plus en chair que le sien. Dario n'intervient que pour souligner les tendances, grossir les intentions et les diriger. Rôle essentiel qu'il assume avec le souci de ses responsabilités professionnelles qui sont de se soumettre à la discipline du couple et de ses responsabilités personnelles qui sont de ne pas perdre ses qualités dans cette soumission.

C'est ici que se trouvent justement les secrets de l'unité, de la continuité d'une bonne équipe.

⁂

Les Dario surent éviter les différends d'ordre professionnel pour n'être pas tentés de rompre leur association, vieille aujourd'hui de vingt-cinq ans. Ils surent garder cohérente une équipe dont la solidité et le succès devaient connaître les assauts de confrères aux ressources aussi nombreuses et aussi diverses que les leurs et aux armes parfois mieux trempées. Ils acceptèrent de se mouvoir sur un plan contradictoire : fantasque chez le clown, réaliste chez l'auguste.

Dario a dans la physionomie quelque chose de mystérieux, d'étrange qui attire et qui retient. Il n'exprime ni la sévérité d'un clown autoritaire qui, pour ainsi dire, rit quand son partenaire se brûle, ni la confiante sérénité d'un clown débonnaire, philosophe au petit pied, qui ne laisse pas de nous faire prévoir que tout s'arrange toujours. L'égale sérénité du grimage de Dario est une page blanche où s'inscrit à sa volonté toute l'échelle des émotions. En quelque personnage qu'il se distingue, serait-il coiffé d'un gibus étroit (1), comme dans l'entrée musicale des *Sifflets* dans laquelle il rappelle étonnamment le mime Marinelli, Dario garde un étrange pouvoir de séduc-

(1) Une étude est à faire sur l'esthétique du chapeau haut de forme dans ses rapports avec les personnages comiques et les personnages sévères. Nous tenterons de l'esquisser dans notre second volume : *Autour des Clowns*.

tion qui ne consent à extérioriser sous l'aspect d'un rire amical et franc que la difficulté vaincue et la joie unanime déferlant en cascade des gradins jusqu'à lui. Ce n'est en vérité que dans le sentiment de son triomphe que le visage immobile et tragique du clown Dario s'éclaire de l'émouvante somme d'humanité qu'il doit à son destin depuis le jour où il quitta son atelier d'imprimerie de Livourne pour atteindre à son rôle de dispensateur d'émotions populaires. Et dans ces moments-là, enfant sorti du peuple, il semble heureux de rendre hommage aux siens.

⁂

Dario arrive en piste l'œil couronné d'un signe diabolique. C'est là sa marque originale, acquise après des tâtonnements. M. Michel Murray voulait y voir la stylisation du lys florentin. Il n'est pas impossible qu'il en soit ainsi et que des réminiscences de motifs décoratifs utilisés dans sa province aient incité Dario à choisir le lys comme symbole. La fréquentation d'un clown laisse toujours, malgré l'intimité la plus proche, de vastes domaines où les questions posées demeurent sans écho, où le silence oppose une barrière à la curiosité. Dario n'en sait pas davantage : le signe bizarre qu'il porte au-dessus de l'œil droit et qui le distingue entre toutes les faces blanches s'est dégagé après de nombreux essais. Quand il l'eut trouvé à son goût, il l'a depuis des années chaque jour et parfois plusieurs fois par jour dessiné et redessiné au pinceau devant la glace de sa loge.

Toujours est-il, qu'agrément ou parure, décoration ou non, Dario adresse au public dès qu'il paraît le billet laconique dessiné sur son front, lys florentin, caractère chinois, harpon, interrogation précise, volute de fumée, crochet fantaisiste qui vous accroche justement bien comme une signature, particulière et remarquable, comme une marque de fabrique, sceau magique de son invention, de son art et de sa production.

Mais ce n'est pas immédiatement que Dario fait le don de soi-même. Il est plein de réticences. Les rides de son masque sont insaisissables et fuient avec la fantaisie. Ses cheveux frisés prolongés en arabesques noires tordues en point d'interrogation au-dessus de son chapeau de neige, tout chez Dario conspire à faire de lui après quarante ans de transformation dans son jeu, son costume et son grimage un personnage bizarre.

Quelle restriction et quel mystère dans son jeu ! Il ne se donne entièrement, nous l'avons dit, que son geste accompli. Ses clignements d'yeux significatifs ajoutent à ses paroles des sous-entendus qu'illustrent les réactions de son partenaire. On ignore au moyen de quels maléfices il va triompher de la bêtise alourdie de Bario. S'il rit, nous entendons par là qu'il a l'air de rire, sa figure se détend mais n'élimine pas l'appréhension. C'est un rire aussi éloigné de la joie que de la colère, un rire qui n'est ni de la tristesse ni de la moquerie. Il y manque encore l'action, le sel, le feu qui bientôt va convertir ce faux rire, ce rire pour rire, en rire de satisfaction, sonore et communicatif. Mais regardez Dario : il ne découvrira son cœur, son être intime que lorsqu'il sera certain de l'explosion d'hilarité dont il est en train de composer le mélange détonnant. Sa fantaisie a, comme sa signature sur son œil droit, quelque chose de satanique.

⁂

Ce que Dario prépare à notre goût, nous allons bientôt le savoir. Ses aides sont arrivés l'un après l'autre et n'ont pas chômé : Bario le pitre, l'hirsute, l'évaporé, le mal léché, le partenaire indispensable de la pantomime clownesque et l'autre : Ceratto, Coco, Gontard, Rhum, Pékari ou Theodor, celui enfin qui est plus ou moins brillant second et qui n'a pas la même importance, mais qui en a tout de même pour que la clownerie devienne comédie puisqu'il permet la répétition, ce procédé de la comédie classique, et la transformation de l'expression naturelle d'une idée dans un autre ton (1).

Bario arrive complet : alerte et gai, les deux mains dans ses poches. Ah ! celui-ci ne nous cache rien de son caractère et de sa manière d'être. Il est entier. Son costume, sa face rubiconde, ses manières goguenardes, ses colères risibles, ses cris saccadés sont connus. Il est l'antithèse

(1) Henri Bergson, *Le Rire*, *op. cit.*

du clown par excellence, n'ayant jamais cherché l'harmonie, mais le rejoignant au contraire par le contraste. Pas de poésie, pas de recherche, pas de fantaisie dans sa tenue. L'auguste au dernier stade de sa dégénérescence sans doute, mais non pas de son abrutissement. Il a beaucoup choqué. Il choque encore par sa rudesse et sa brutalité. Certes, pour bien le goûter il ne faut pas avoir la fine bouche et le prendre tel sans y ajouter, sans y retrancher, personnage à la fois puéril et grossier, malicieux et déconcertant.

Ses desseins sont aussi primitifs que ses instincts. Il vit, c'est-à-dire qu'en piste, il est la caricature de ce qui boit, mange, jouit dans ses plus naturelles expressions. Bario, c'est d'abord un corps qui ne sacrifie rien au rêve, peu à l'idée, un type qui s'extériorise surtout au moyen de ses jambes, de ses bras, de sa tête. A l'immobilité quasi hiératique de Dario, Bario ajoute celle de ses traits si grimés que les fards cachent ses émotions. Aussi Bario mesure à sa faconde, à sa démarche traînante, à son déhanchement grotesque, la mimique élémentaire des sentiments immédiatement intelligibles comme la peur, l'impatience, la joie, la douleur, l'intimidation, la révolte. Son port de tête, les mouvements de ses mains surtout, l'expriment entièrement. C'est elles qui trahissent son sens commun ou son manque de discernement. Elles ne s'accommodent d'ailleurs d'aucun accessoire à cause de leur sollicitude à exprimer les travers de leur animateur. Bario trouve en elles les ressources principales de sa mimique et dans leur dénuement elles sont plus riches que tout ce qu'elles pourraient contenir. Quand Bario s'embarrasse d'accessoires ses mains perdent tant de leur comique qu'il doit par la quantité suppléer à ce qu'il a perdu, comme dans cette entrée du *Photographe* où Bario s'encombre d'une cage à serin dans laquelle s'agite un vieux brodequin, d'un chien de baudruche, d'un parapluie de portier de grand magasin et d'une valise.

Bario appuie ses gestes de quelques phrases stéréotypées et ses émotions par de gros effets, on dirait ailleurs de gros plans. Jeux de mains, jeux de vilains, dit un vieux proverbe. Face à la retenue presque aristocratique de Dario, Bario incarne la joie maléfique, la plaisanterie grosse, la vitalité de l'humanité libre et à laquelle il ne faut qu'un peu de vin pour donner encore plus de force à ses aspirations sans retenue.

⁂

Si le gandin prétentieux et infortuné que créa Little Walter put facilement se produire sur le théâtre, parce qu'il s'en trouve dans tous les mondes, le type de pochard en guoguette que Bario réussit à incarner ressortit à un milieu délimité. Le pochard est un produit essentiellement populaire. Il est acceptable et amusant pour autant qu'il a pour toile de fond à son action la rue et les endroits publics. Il n'est encore que la réplique moderne du clown primitif, paysan ébahi que la foire attirait dans les bourgs et que les farceurs prenaient comme cible pour leurs quolibets avant de lui faire plus tard un sort meilleur en l'embauchant pour la parade sur leurs tréteaux. Du tréteau au théâtre, de la foire aux fêtes de Christmas, il n'y a qu'un siècle à peine. Nous l'avons vu. Quand le clown vint au cirque, son vieux paysan d'aïeul était bien oublié. Il s'était ennobli par tout ce qu'il avait supporté de vilenies et de violences. Mais il n'avait pas encore pris sa revanche sur les gens de la ville qui l'avaient à ses origines tarabusté. Il la trouva bientôt dans le pochard.

En effet, le cirque ayant conquis la ville manquait d'un personnage citadin qui fût à sa mesure. Les types populaires professionnels ne cristallisent pas autour d'eux la totalité des travers, des pensées, de l'ironie de leurs concitoyens. Le pochard est une figure qui revêt le masque de l'ivresse pour exprimer les désirs de ses semblables. Il lui est, comme le fou du roi, sinon tout permis, du moins beaucoup plus pardonné qu'à d'autres. Disons tout de suite qu'au cirque, n'ayant aucun rôle social à jouer, personne des siens à venger de la méchanceté ou de la corruption, le pochard n'exprime que des désirs de bonne table et de fine bouteille. Mais c'est, hélas, justement surtout ce qui tient à la panse de nos contemporains, dirait Rabelais. Aussi Bario ne pouvait qu'être bien accueilli parmi les spectateurs pour qui la chose est d'importance. Il donna au pochard un caractère, un comportement, un rang, un rôle. Et grâce à Bario, le pochard

— précisons le pochard à jeun, l'homme qui boit mais qu'on rencontre rarement ivre, l'heureux « têtard » qui sait se tenir — a maintenant sa place dans la galerie des amuseurs populaires, comme il y eut jadis le Capitan, le Docteur ou le Fourbe.

⁂

La création du type n'a pas été sans être recherchée et l'originalité de Bario discutée. Celui-ci n'a d'ailleurs pas la prétention d'être le seul à en avoir eu l'idée : elle serait insoutenable.

Nous avons vu qu'il y avait eu peut-être à la naissance de l'auguste un habitué du cirque en état d'ébriété que l'hébétude rendait idiot. Au contraire dans le jeu du pochard, l'usage supposé de l'alcool allume son esprit et le simple devient étincelant. L'auguste primitif n'est donc pas l'aïeul de l'auguste patibulaire.

La parodie de l'ivresse a fourni souvent la matière d'un intermède. Sans chercher loin — tenons-nous à la période contemporaine du cirque — Antoinette Loyal, dite Léris Loyal, l'écuyère, mimait la femme ivre au cours d'un numéro d'acrobatie à cheval, *l'Ivresse au champagne* ; Gougou Loyal, son père, le célèbre clown qui tenait la chambrière, partageant avec sa fille, à chaque reprise, le contenu d'une bouteille de champagne qui les rendait plus drôles et plus titubants, tandis que se reposait le cheval. Ecuyère et chambrière finissaient par ne plus tenir debout, la première sur sa monture, le second sur la piste et la réussite des exercices à cheval de Léris Loyal dans ses équilibres instables tenait surtout à la qualité du dressage de l'animal, ce que, somme toute, il fallait démontrer. Mais les protagonistes de cette pantomime équestre étaient vêtus bourgeoisement. Leur ivresse au champagne étant une ivresse de riche sans traits communs avec l'ébriété du pochard à trogne rouge.

⁂

Le plus célèbre pochard qu'on connaisse en France avant Bario, c'est Germain Aéros. Parmi les excentriques qui constituent la famille des aussi mal tournés que les mannequins de la noce à Nini-Patte-en-l'Air, Germain Ducouray dit Aéros, représenterait assez bien le proche parent qu'un goût très accentué pour la boisson a rendu légendaire, au chapeau-claque cabossé, à la cravate flottante, à la jaquette fripée par les plus étourdissantes chutes qu'on puisse imaginer. A côté de Paul Fratellini, l'ami sérieux venu pour donner des conseils lors de la signature du contrat de mariage et retenu pour la noce, à côté d'E.-P. Loyal, le marié ridicule dans ses vêtements de cérémonie trop courts, Aéros est le beau-père auquel il est tout pardonné parce qu'il reste le plus drôle à cause de sa passion pour la boisson.

En piste, c'est à une union plus spéciale qu'il participe : celle du vin et de l'équilibre. Et parce que la France est le pays des riches vignobles et qu'on la suppose le paradis des altérés, Germain Aéros a l'honneur sur le programme des cirques étrangers de porter un titre qui n'est pas une légende et dont, malgré vingt-cinq ans de pratique, il ne démérite pas : celui de grand comique français.

Germain Ducouray fut le créateur, à l'Etoile-Palace, en 1909-1910, du type de pochard dans le numéro célèbre de trapèze volant : les Alex. Sa facilité et sa réussite dans les cascades l'inspirèrent dans la composition d'un numéro d'équilibre déséquilibré, si l'on peut dire, où il mettait à profit ses dispositions sous l'aspect de la farce et de la bonhomie dans un travail de funambule.

Pour atteindre le fil où produire ses prouesses acrobatiques, autour duquel il tourne comme un homme ivre autour d'un bec de gaz, Aéros use d'un banc boiteux, d'un guéridon, d'un tonneau percé, d'une échelle instable, qu'il dresse les uns sur les autres en un branlant échafaud qui le jette à terre, le projette dans l'affaissement de ses jambes d'homme saoul en un rebondissement de pantin désarticulé.

Chaque chute est l'occasion d'une protestation de surprise.

— Ah ! ben mon vieux ! Quelle aventure !

Protestation qui n'est pas moins drôle que la vivacité incomparable qu'Aéros déploie à se garer des autres coups en retour et de son audace à les provoquer quand il gît sous ses accessoires : tonneau, banc, guéridon, échelle qui tombent sur lui.

Quand on a vu les sauts, les culbutes, les cabrioles, les bonds, les pirouettes, les glissades on comprend ce que signifie le terme de cascadeur de cirque. Après une telle dépense d'énergie comique, il paraît facile à Aéros de se tenir en sûreté sur la corde raide, ultime but de son audace, couronnement de son numéro, où il se « divinise d'allégresse funambulesque » (1) pour y danser une gigue de pochard satisfait, étonné d'avoir triomphé des obstacles accumulés sous la forme des accessoires et doués par sa volonté d'un jeu égal au sien.

Il est probable que Bario qui venait de revenir à Paris quand Aéros y commençait son numéro n'a pas manqué d'avoir été influencé par sa silhouette sympathique de pochard de fêtes patronales (2).

⁂

Bario n'est d'ailleurs pas le seul à avoir porté en piste le personnage populaire du pochard.

L'auguste danois Mihié qui jouait avec son fils et Harold Madzen s'en est vivement inspiré et la question s'est posée de savoir lequel, de Mihié ou de Bario, avait été le premier à l'introduire dans le manège. Bario prétend qu'au moment où il observait son modèle à Paris (fut-ce Aéros ?), Mihié était encore écuyer. Il se peut certes que celui-ci ait été tenté par le souvenir de Léris Loyal connue dans les cirques du Nord. Les clowns ne sont pas les seuls à emprunter à leurs confrères. Les écuyers ne s'en privent pas quand il se peut. Mihié s'est-il inspiré de Bario ou inversement ? Ce dernier reconnaît qu'il emprunta à Mihié une partie de son grimage, précisons sa moustache hirsute, parure cachant une cicatrice trop apparente à la lèvre supérieure due à un accident de

(1) M. Legrand-Chabrier.

(2) Selon Pipo Sosman, son oncle, Tony Sosman aurait, avant Aéros, saisi sur le vif le comique contenu dans la formule : « Ah ! ben ! mon vieux ! » Arrivant en piste avec des bagages, s'adressant au régisseur, Tony disait : « Bonjour, Monsieur. C'est vous le chef de gare ? — Non, je ne suis pas le chef de gare — Ah ! ben, mon vieux ! ».

cheval qui éloigna définitivement l'écuyer de son métier (1).

Copié ou non, il ne pourrait s'agir en la circonstance que d'une copie de costume ou d'attitude ; quant au caractère, l'habit de l'auguste n'y ajoutant rien, n'y retranchant rien, Bario dut être très différent de Mihié (2). Et quoi qu'il en soit personne ne fit du pochard meilleur usage pour qu'il le rendît sympathique par son naturel et sa facilité à prendre la vie du bon côté. De plus, Bario, sa silhouette trouvée, dédaigna d'en faire un personnage identique à elle-même. Il fit en sorte que le type trouve sa place dans la comédie clownesque sans en troubler le développement. L'ivresse n'intervient jamais. On pourrait dire de Bario que c'est un pochard repenti, mais il le rappelle invariablement et en telle vraisemblance qu'il rend un relief suffisant pour qu'il n'y ait nulle méprise.

Il y a tant de pitres et de comédiens qui changent de costumes pour n'incarner jamais que le même personnage, qu'on louera Bario d'incarner des personnages divers sous le même aspect. Dans l'entrée des *Gâteaux* Bario paraît en maître queux, tablier et chapeau blancs. Mais c'est au pochard qu'on songe, même si pour faire plus vrai il porte les attributs du mitron, d'un commissionnaire ou un sergent de ville.

Pour compléter son personnage, il fallait que dans le dialogue et dans la repartie, les paroles de Bario ressortissent à son rôle. Il y songea dès la première heure. Il choisit dans la rue la demi-douzaine de phrases à l'emporte-pièce qui expriment, selon l'intonation, le sens commun dans ses diverses manifestations. Elles soulignent quand il le faut les fortunes ou les infortunes de sa situation. Elles ne sont citées ici que pour mémoire. « Tu

(1) D'après Bario, Mihié fit le voyage de Copenhague pour le voir et le féliciter et ne le considéra jamais comme un imitateur. Selon une autre version, lors du séjour des Mihie au cirque de Paris, après la Première Guerre mondiale, Mihié aurait été voir Bario et n'aurait pas été satisfait de son sosie. Le comique des Mihié, parfois puissant, mais à base de brutalité, dit Gustave Fréjaville, a causé quelque gêne. Leur connaissance imparfaite de la langue devait évidemment réduire leur technique à celle de la comédie des claques.

(2) Les partenaires de Mihié sont particulièrement connus sous le nom de Double-Patte et Patachon.

charries alors. » « Ça arrive à des gens très bien. » « Non, mais, tu ne m'as pas regardé. » « Ah ! dis donc ! qu'est-ce que tu te crois ? » Etc. Elles étaient déjà un sujet de rire. Elles ne sont pas près d'être oubliées. Prononcées d'une voix sûre, de l'air le plus naturel au milieu d'une période de grandiloquence où Bario atteint à l'héroï-comique, les phrases provoquent l'hilarité par leur inaptitude à s'accorder avec le reste du discours.

Dans la parodie d'*Hamlet*, le dialogue entre Bario et Rhum se développe dans un style burlesque emprunté au langage populaire et partant souvent riche d'images, mais aussi de puérilités, d'inepties. Dans le décor tragique de cette parodie, qui réunit en une seule la scène du cimetière et la scène du duel, le jeu prend l'allure d'une farce extraordinairement libre d'allure et de ton.

— Hamlet ! C'est moi ! Me reconnais-tu ?
— Je ne t'ai jamais vu.
— Mais si, voyons : je suis l'ombre de ton père !...
— Et ta sœur ?
— Je veux du sang.
— Eh bien ! va à l'abattoir...
— N'attends pas à demain...
— Poils aux mains.
— Hamlet ! Tue-moi !
— T'en as des idées.

Autant de logique — ou d'entêtement dans la stupidité — d'amusante naïveté dans les réponses tendent vers un comique de plus en plus spontané. Bario, qui incarnait le prince Hamlet, ne consentait pas à voir en Rhum l'ombre de son père assassiné, mais un copain avec qui il venait de s'embaucher au théâtre, tandis que Rhum, heureux et prenant au sérieux son rôle de revenant, donnait une forme héroïque à ce qu'inlassablement son partenaire tournait en ridicule.

Dario remplissait le rôle de metteur en scène. Il va sans dire que tous les conseils qu'il donnait étaient exécutés à rebours et qu'il finissait lui-même à se prendre au jeu de ses partenaires et à se laisser aller à rire autant que les spectateurs, ce qui ne manquait pas d'augmenter leur hilarité.

⁂

Dans l'entrée de la *Bouteille*, dont le point de départ est la parodie de *L'Illusionniste*, vieille entrée soumise aux règles de la simplicité, c'est-à-dire à celles de la plus pure tradition française, Bario est pris entre son désir trépignant de s'en emparer pour la boire et de la voir disparaître subitement.

Dario dit :

— Tu la vois. Elle est là.

Bario répond.

— La voir ? Oui, je la vois bien. Elle est gentille. J'aimerais mieux la boire.

Pendant que Dario a l'attention ailleurs, Bario s'approche de la bouteille, la palpe, la regarde de tous les côtés, la serre amoureusement. Il sait qu'il est interdit d'y toucher. Mais c'est plus fort que lui. Plus lancinant encore que la curiosité le désir de s'en emparer lui chatouille le bout des doigts.

Dario se retourne juste au moment où Bario a la main dessus.

— Qu'est-ce que tu fais ? demande-t-il.

— Rien.

— Quoi ? Rien ?

— Non ! rien ! je la caresse.

Forme sensuelle d'un désir de boire qui fait sourire.

⁂

Dans l'entrée du *Duel à la dynamite*, Bario et le contre-pitre, après discussion à savoir lequel d'entre eux mangera la pomme destinée à moucheter le fleuret de Dario, consentent à un duel à mort, sous condition qu'en cas de blessure le blessé disposera d'un flacon de cognac pour se réconforter et reprendre le combat.

Les adversaires sont munis d'une torche au moyen de laquelle ils doivent s'efforcer de mettre le feu à la mèche d'une cartouche de dynamite que chacun porte derrière soi sur les reins, dans une boîte accrochée à la ceinture.

Le duel commence arbitré par Dario. La préoccupation essentielle de Bario, qui songe d'abord aux fonctions matérielles du corps, est de garantir son ventre et son bas-ventre.

— C'est assez du reste, dit-il. Et le cognac, alors ?

Le second auguste, son adversaire, atteint le premier et blessé, reçoit le flacon promis. Inquiétude du premier qui voudrait bien sucer aussi quelques gouttes du liquide réconfortant. Tandis que l'arbitre s'affaire autour du blessé, Bario cherche à mettre le feu à la mèche pendant derrière lui et après des contorsions difficiles et des attitudes cocasses, il réussit à faire exploser la poudre. Une scène d'un comique extraordinairement mouvementé se déroule alors. Les deux adversaires, mus par une peur instinctive et révoltés par l'imminence de la mort, s'efforcent, en jouant la souffrance, de réparer leurs forces défaillantes en liquidant à qui mieux mieux. Le contre-pitre enfin s'empare de la bouteille et ne la lâche plus. Bario le simulateur se relève, une moue sur les lèvres.

— Alors, dit-il. Pour si peu, ce n'était pas la peine.

C'est à peu près toute la philosophie de Bario. Rien n'est la peine pour lui qui ne soit achevé.

⁂

Dario et Bario influencés par la méthode des Fratellini devaient en quelques endroits les imiter. Ils ne se contentèrent pas de s'adjoindre successivement les contre-pitres déjà nommés, mais ils mobilisèrent toute leur famille, des aides, un nain, un noir, des augustes de soirée, Pepete Pauwels, parent des Bouglione. La piste fut envahie et l'on regretta avec raison devant un tel afflux de figurants et de costumes la composition classique du couple.

N'eût été leur désir de jeter dans la balance du succès les mêmes chances et les mêmes moyens que les Fratellini, les Dario eussent connu à deux autant de succès qu'à trois. Le fait est que si les Dario rappelaient formellement le trio Fratellini, ils en différaient fondamentalement. Ils ne cristallisèrent jamais sous leur trinité la comédie clownesque sous les trois aspects particuliers correspondant aux goûts français, allemand et britannique. Dario incarnait l'esprit et le caractère primesautier du farceur de la foire et Bario la fantaisie dans ce qu'elle a de plus grassement gaulois. Il était impossible donc au trio Dario, fût-il secondé par un auguste de caractère aussi tranché que Rhum (Henri Sprocani), de réunir les trois éléments du comique du cirque moderne. Alors que les Fratellini privés de Paul n'ont pu maintenir leur unité fondamentale, les Dario purent à leur volonté changer de partenaire sans se voir en rien diminuer. Ils eussent pu tout aussi bien s'abstenir des services du contre-pitre sans diminuer en quoi que ce fût l'agrément de leur exécution, la densité d'une cocasserie grossièrement saupoudrée de réalisme. Ils n'eurent jamais besoin d'accessoires et quand ils les utilisèrent ils retombèrent dans la banalité, la pantomime anglaise ne se concevant que pendant de courts instants, la présentation d'ustensiles compliqués relevant de la surprise qui fatigue vite et n'amuse pas.

On n'imagine pas Dario dépourvu des attributs de sa souveraineté qui sont sa batte d'arlequin. Mais face à lui, Bario, dans l'exaltation de son rôle, ne complique pas sa présence par le port par exemple d'une canne grosse comme un tuyau de gouttière, d'une montre-horloge ou de quelques fantaisies de ce genre qui n'entrent en jeu que pour ajouter à un ridicule qu'il essaie justement de ne jamais approcher. Bario n'a pas besoin de contenance. Quand, dans l'entrée du *Photographe*, il traîne avec lui un tas d'objets hétéroclites, c'est en fonction non de son personnage, mais de l'entrée, car la cage à serin et le caniche empaillé sont là pour multiplier les incidents et les raisons de se montrer, sinon plus loquace, du moins plus cocasse.

Aussi le geste de Bario réalise-t-il si parfaitement la synthèse d'un type populaire par des moyens naturellement simples et d'autant plus intelligibles aux spectateurs qu'il n'a pas manqué de confrères qui ont approuvé son procédé. On est d'autant plus imitable qu'on possède d'originalité et Bario ne compte plus ses imitateurs.

Le premier en date fut certainement Rhum (Henri Sprocani). Et celui-là s'en défend d'autant moins qu'il était à l'époque au début d'une carrière où il développa par la suite des dons beaucoup plus personnels et qu'il ne tarda pas à abandonner ce qui rappelait beaucoup trop son modèle. Carletto (Charles Cairoli), du temps où il jouait avec Cairoli, son père et Porto, ne négligea pas d'appuyer sur le côté gai et exubérant du pochard en ribote. Les deux trios jouaient alors en concurrence à Medrano et Carletto ne se gênait pas pour s'approprier quelques attitudes de Bario, ne fût-ce que pour couper quelque peu certains de ses effets.

D'autres encore que nous n'énumérerons pas parce qu'ils hantent les cirques voyageurs et qu'ils y trouvent leur salut ne peuvent cacher ce qu'ils doivent à Bario, et ne rougissent pas sous le masque de l'ébriété de lui avoir emprunté son costume, ses attitudes, son laconisme, ses onomatopées et ses tics. Chacun prenant au cirque son bien où il le trouve sans souci des droits ou des récriminations du novateur, il ne faut pas se plaindre du plagiat élevé à la hauteur d'une méthode qui transforme peu à peu le répertoire traditionnel des entrées en quelque chose de nouveau au point que le même canevas s'orne de développements qui le rendent méconnaissable. En cédant à la tentation de citer la douzaine d'augustes qui doivent à Bario une partie de leurs moyens, nous ne pourrions pas taire qu'ils y ont ajouté, les uns et les autres, beaucoup de leur cru. L'analyse qu'il conviendrait de tenter pour chacun d'eux afin de rendre à chacun ses mérites n'aurait d'ailleurs aucune utilité pour notre travail. Chacun qui aura vu Bario pourra toutefois, au hasard des attractions des chapiteaux voyageurs de province, déceler les traces indubitables de l'influence que le pochard à la Bario a exercée sur eux. Car si les Dario n'ont pas eu, comme les Fratellini, l'honneur d'engendrer une lignée d'équipes constituées d'après leur recette, ils eurent en la personnalité de Bario une influence indiscutable dans le succès et le développement de l'auguste du type patibulaire.

⁂

Néanmoins, rares sont ceux qui reconnaissent le mérite des Dario. On ne peut passer sous silence pourtant que Dario eut Ceratto pour partenaire pendant plus de dix ans. Et Ceratto n'est pas encore oublié. Pour certain chroniqueur le trio Dario, Bario et Cie est une équipe un peu incertaine, soutenue surtout par un auguste gros et irrésistible (1). Et dans le concert des louanges où celles-ci vidées de leur substance à force de redites vont à quelques clowns renommés, qui le méritent jusqu'au jour où se prenant trop au sérieux ils vivent sur la réputation qui leur est faite, c'est beaucoup trop pour les uns et pas assez pour les autres.

Dario, Bario et ceux qui sous le terme vague de « et Cie » ont connu avec eux les prérogatives et les honneurs des vedettes, c'est-à-dire Ceratto, Coco, Gontard et Rhum, méritent mieux qu'une exécution en quelques lignes. La justice en ceci, comme en toutes choses, demande pour qu'on la respecte et quelle que soit sa sévérité, moins de hâte et plus de réflexion.

Aujourd'hui, les amateurs ne parlent jamais de Dario qu'avec sympathie. Ils l'appellent le « père » Dario comme un parent vénérable de la grande famille des clowns. Peut-être conviendra-t-on de ce qu'il fut quand l'âge l'aura éloigné de la piste.

Quant à Bario, on lui reproche surtout ses savoureuses expressions de pochard, ses équivoques égrillardes, certains disent sa grossièreté. Cirque moralisateur, alors ? Au cirque, moins qu'ailleurs, malgré les apparences, le conformisme n'est de saison.

Bario eut le tort de développer sa personnalité au contact des spectateurs un peu rudes des ports de la Baltique. Pendant longtemps, il travailla pour un public de dockers, de marins, de journaliers, toutes gens pour qui les satisfactions matérielles de l'existence comptent au moins autant sinon plus que les émotions spirituelles d'une entrée de clowns jouée en finesse. Bario apprit à toucher plus intensément le côté canaille, disons même animal de l'humanité. Ses gestes parfois cyniques répugnent à la chasteté hypocrite des esthètes au petit pied et à défaut d'atteindre Bario sur son métier, on le dispute sur son esprit. Chacun ses goûts. A vouloir plaire à tout le monde, Bario eût perdu de sa truculence et de sa force. Disons que sa liberté d'allures reste loin en arrière de ce que les chanteurs fantaisistes se permettent d'évoquer dans l'apologie parfois insolente de mœurs qui ne sont pas particulièrement conformes à la morale orthodoxe.

(1) Pierre Bost, *Le Cirque et le Music-hall*, *op. cit.*

Les imitateurs de Bario répondent pour lui. Ils trouvent audience auprès des foules des cités ouvrières de province sans que leur cherchent noise les phraseurs des soirs de première. Il n'est point interdit que le public populaire du cirque éprouve la qualité de ceux qui lui sont proches. Bario, fils d'un maçon, ancien ouvrier de fabrique, est de ceux-là. Il sait à quoi s'en tenir. Il eût été détestable que pour plaire, Bario pochard eût observé les bonnes manières et se fût costumé en marquis.

***

A la mort de Gontard, les Dario décidèrent de compléter leur troupe avec leurs enfants : Nello, fils de Bario, né à Alinxos (Suède), le 28 août 1918, qui remplit avec un tact de vieux comique le rôle d'un auguste « fil de fer » (1) et Willy, fils de Dario, né à Paris en 1920, qu'une heureuse nature dispose à paraître en piste en villageois à figure épanouie et innocente.

Nello se fit bientôt remarquer par son originalité. Placé dans des conditions favorables entre son père et son oncle, il attira bientôt l'attention des connaisseurs par sa silhouette dégingandée et ses attitudes nonchalantes, d'une bizarrerie arachnéenne.

Willy, quatrième d'une troupe riche en qualités diverses, s'efforça de tenir une place on peut dire sacrifiée et sans gloire. Il se tira honorablement de ce pas difficile jusqu'au jour où il résolut la question lui-même en s'associant avec un jeune clown, détermination dont nous reparlerons plus loin.

Les Dario s'enrichirent encore de l'adjonction de Freddy (né à Bruxelles, le 18 décembre 1922) et de Tosca

(1) L'auguste « fil de fer » tient à la fois du disloqué, qu'il rappelle par ses membres grêles, et de l'auguste traditionnel par ses habits étroits. L'un des plus célèbres augustes de ce genre fut Cabane, dit justement « fil de fer ». Sacha Bastien, qui fut longtemps le boute-en-train des augustes de soirée à Medrano où il présentait, sans prétention aucune, des exercices en dislocation, mérite ici d'être cité. Le « fil de fer » s'appelait primitivement « caoutchouc », du pseudonyme d'un clown acrobate, Orard, l'homme le plus élégamment disloqué, l'un des successeurs d'Auriol par ses culbutes et ses lazzis. Blessé grièvement au cours de ses exercices par un confrère maladroit qui l'écrasa, Orard s'asphyxia pour échapper à la misère. C. d'Amezeuil, *art. cit.*

(née à Nancy, le 21 juin 1924), fils et fille de Bario (1). Ainsi constituée, renforcée parfois d'un serviteur demi-géant, domestique d'une gaucherie catastrophique, parfois d'un nain, encore d'un jeune nègre (Claude, fils adoptif de Dario), la troupe Dario devint en importance, sinon en renommée, l'égale des Fratellini. L'envahissement de la piste fut à son comble. On ne put guère plus parler de troupe, mais de famille. Les clowneries musicales perdirent de leur charme et de leur perfection. Et les sorties de piste se transformèrent plutôt en parades et en défilés qu'elles gagnèrent en pittoresque.

Le trio Dario fit par la suite la découverte de Mimile et de Pékari, partenaire qui ne remplit pas le vide causé par le départ de Nello et de Willy. L'habitude est devenue maintenant une obligation chez les Dario qui ne peuvent se passer d'un contre-pitre. En 1943, les Dario, réduits à deux par le départ de Pékari, transformé en travailleur obligatoire, offrirent à Theodor (Théodore Delfin) la place de second auguste. Ils débutèrent ainsi au cirque Albert Rancy, installé au Grand Palais.

***

Il est probable que la création de l'auguste « patibulaire » comme celle de l'auguste « idiot » restera anonyme et partant discutable. Mais que les documents manquent ou n'aient pas encore été publiés, on ne saurait adresser à Bario le reproche, une fois choisi son personnage, de l'avoir édulcoré, de l'avoir émasculé en le travestissant en un banal petit-bourgeois ahuri. Grâce à la persévérance — et peut-être aussi à l'apathie — de Bario, la libre et forte gaillardise populaire jaillit de l'expression du type, s'épanouit au cirque avant d'être portée au théâtre du boulevard par l'inoubliable figure de Bicard, dit Le Bouif, créée par Tramel. Les attitudes de Bario, schématisées il est vrai, se conforment aux gestes d'un personnage calqué sur la réalité et non dans le domaine conventionnel du cirque où

(1) Bario est marié avec Eva-Lily Magrini, fille de Giovani Magrini, un sauteur remarquable qui excellait dans les pantomimes à grand spectacle des cirques allemands et fut l'auguste du clown anglais Daniel.

puisent habituellement les augustes pour se dégager une personnalité.

Bario poursuit obstinément l'observation de son modèle plein d'une bonne humeur naturelle. Mais il n'en peut guère à présent tirer davantage s'il veut tenir son type aussi loin de la bouffonnerie que de la réalité et ne pas dépasser le point d'équilibre où il tombera dans la caricature.

Ainsi Bario comme Dario est au bout de son effort. Leur réputation, qui n'est plus à faire et se survit, fait qu'ils sont souvent oubliés de la distribution des louanges indifféremment discernées au petit bonheur des circonstances à des équipes qui n'ont pas leur métier. Mais les Dario se tiennent à l'écart du monde de la publicité et des distributeurs de satisfecit. Eux seuls savent s'ils ont tort ou raison de ne point s'en tourmenter.

Sans doute ne seront-ils point oubliés de sitôt si, en attendant de prendre la succession de leurs parents, Nello, Willy et Freddy Meschi mettent au point les projets que Nello, qui ne manque ni d'imagination, ni de réalisme, nous a confiés et qu'il ne nous appartient pas de divulguer ici. Disons seulement qu'ils se proposent de renouveler la distribution des entrées par un réajustement des oppositions foncières du clown et de l'auguste, par une adaptation du geste clownesque à la comédie de music-hall. L'avenir dira jusqu'où la tentative les conduira.

Pour l'instant, Willy Meschi travaille comme auguste sous le nom de Willy-Dario avec James (fils de Sab-Sarah, le barman du diable) au cirque Lamy. Sollicité d'autre part par Victor Fratellini, le fils de Paul, qui s'ennuie d'être éloigné du cirque par ses fonctions de directeur d'un cinéma montmartrois, Willy-Dario acceptera-t-il de monter une association et verrons-nous un couple nouveau de jeunes clowns ? Il n'en est pas qui se soit depuis quelques années révélé capable de prendre la succession des anciens (1).

D'autre part, Nello, Freddy et Tosca Meschi, conti-

(1) En définitive, Willy-Dario monta avec Manetti deux numéros : une entrée de clowns et un intermède d'excentriques musicaux (1944). Victor Fratellini fit sa rentrée dans un trio au cirque Amar pour la saison d'été 1945. Il se dépensait comme auguste avec beaucoup de bonne volonté pour animer une équipe où le clown était sans intérêt et le contre-pitre insuffisant.

nuent sous le nom des Bario-Juniors de maintenir leur réputation de danseurs excentriques spécialisés où Freddy est particulièrement habile aux exercices de claquettes.

Puissent-ils renaître sous l'étoile de vedettes de clowns comme Nello en a l'intention. La succession sera lourde à leurs épaules. Mais ils ont montré quand ils travaillaient dans le trio Dario qu'ils étaient de tâche à la supporter.

XVI

LES CAIROLI

CE ne fut pas par vocation mais bien par hasard et par nécessité que Jean Cairoli devint clown.

Pinder, le directeur du cirque qui le faisait travailler comme jongleur antipodiste, manquait de comique pour bâtir un programme complet. Il demanda à Cairoli, ainsi que certain article du contrat lui en conférait probablement le droit, de pourvoir au remplacement du clown absent.

Il était difficile à Cairoli de refuser. Il ne manquait ni d'astuce ni de courage. Il était prêt à jouer sa chance sur n'importe quelle couleur. Mais, hélas, des raisons primordiales ne lui avaient pas permis jusqu'alors de se payer un beau et solide costume qui résiste à la fois au goût du public et aux épreuves d'un jeu qui fatigue très vite les vêtements de piste sans souci de la richesse de ses partenaires. Il avait toujours différé de tenter l'aventure, car sans beau costume, pas de clown. Aussi Cairoli fit-il valoir la pauvreté de sa garde-robe pour échapper au rôle qu'on voulait lui faire jouer. Mais le directeur mit à sa disposition les costumes qu'il venait d'acquérir (1) dans la succession Orlando Averino mort récemment. Cairoli fut dans l'obligation d'accepter : un clown nouveau était né.

On ne tolérait plus déjà qu'un clown fasse cavalier seul et se présente en piste sans y entraîner derrière lui son double, l'auguste.

(1) L'iconographie confirme l'anecdote ; les derniers costumes d'Averino sont les mêmes que ceux de Cairoli débutant.

Mme Cairoli, qui jusqu'alors avait servi son mari tandis qu'il jonglait, n'était pas moins disposée à le servir encore, non plus sous l'aspect d'une soubrette passant les accessoires, mais en comédienne. Elle s'habilla en auguste et donna si bien le change que le ménage Cairoli composa l'un des couples de clowns musicaux les plus bizarres à cette époque sous les noms de Messina et Catastrophe (1).

Jean Cairoli ne tenait pas sans doute à ce qu'on le reconnût d'emblée sous sa nouvelle forme. Comme tout clown à ses débuts, il abusa du maquillage. Il accusa toutes les parties mobiles de son visage par des taches qui allongeaient ses yeux, tiraient sa bouche, creusaient ses traits. Mais il portait comme tous les clowns de l'époque le toupet de cheveux dressé librement. Une boule de pâte sur le nez donnait à sa figure un air bon enfant mais irrémédiablement stupide. Costume à part, c'est un grimage d'auguste, type dont Mme Cairoli ne s'inspirait pas moins, haussant ses sourcils sous des yeux démesurément blanchis et soulignant par des traits épais les tendons d'un cou qui, sorti d'un col de chemise largement ouvert à la façon des excentriques anglais, n'en finissait plus.

Jean Cairoli ne se repentit pas d'une décision qu'il n'avait acceptée que contraint. Il fit bientôt la somme de ses ressources, certain de ne pouvoir compter que sur elles seules. Il abandonna le maquillage compliqué qui chargeait son masque sans rien lui ajouter de personnel et rendit à son visage l'aspect classique du mime. Il réduisit à son strict minimum l'emploi du noir et du rouge. Il ne se distingue pas par le signe que le clown porte sur le front et qui semble le paraphe de son originalité. Cairoli est un clown traditionnel. Sous le double accent circonflexe de ses yeux et la parenthèse carminée de ses lèvres, tout est blanc chez Cairoli, sa face de Pierrot, son costume à paillettes argentées, ses escarpins de soie poudrée de neige.

On appelait Gougou-Loyal le clown-soleil. Il serait juste d'appeler Cairoli le clown lunaire. Pour l'instant,

(1) Le jeu de mots, qui voulait être spirituel, était impardonnable à l'époque où ils le prirent. L'éruption de l'Etna était présente à toutes les mémoires.

les programmes, les affiches, la réclame donnent à Jean Cairoli le titre de « clown blanc ». Il a en effet dans la perfection une fraîcheur qui donne la sensation de quelque chose d'uni dans la présentation, de lisse dans l'interprétation. Ses attitudes sont d'une sobriété de grand acrobate. Et l'on se demande pourquoi le hasard qui si bien a fait les choses ne les avait pas commencées plus tôt (1).

⁂

Jean Cairoli rencontra un jeune auguste qui ne demandait qu'à se faire remarquer : Arturo Sednem (2) anagramme de son nom (Mendès). Des qualités diverses perçaient déjà sous sa grossière enveloppe d'auguste, mais il avait aussi l'impatience de la jeunesse. Pressé de se faire un nom, d'obtenir une place alors que la personnalité de Cairoli ne s'était pas encore affirmée, Sednem d'un caractère impétueux et turbulent ne put se faire au tempérament flegmatique de Cairoli. Ni leur bonne volonté, ni leurs efforts ne furent un facteur décisif de leurs succès. De son côté, Cairoli rêvait d'un partenaire plus coté qui lui ouvrît la porte des cirques parisiens. Il le rencontra dans Antonio (Lozano) peu avant la fin de la Première Guerre mondiale. Engagés au Nouveau Cirque, Cairoli et Antonio composèrent un couple agréable qui fut malgré tout sans histoire, le talent d'Antonio se trouvant déjà à son déclin.

Sednem qui n'avait réuni sur son nom ni la curiosité, ni la renommée capable de le faire hésiter sur le choix d'un pseudonyme troqua le sien pour celui de Porto et rencontra en Chocolat fils (Eugène Grimaldi) le clown qui allait le faire connaître au-delà de la piste de Medrano où ses succès allaient croître d'année en année. Pendant ce temps, Cairoli jouait avec son fils aîné Filip.

Le départ des Fratellini laissant un vide, Porto accéda

(1) Jean-Marie Cairoli est né à Moissac, le 9 avril 1879. Il est marié à Eugénie Ricono, de la famille équestre des Ricono-Sturla. Alphonse et Alexandre Ricono, que l'âge a éloignés des acrobaties à cheval, n'ont pas abandonné la piste. Ils ont monté un couple de clown et auguste qu'Edouard Sturla, leur beau-frère, anime d'une fervente conscience de faire valoir.

(2) Voir chap. XVII, *Porto*.

à la position de vedette, grâce à son association avec le couple Carlo et Mariano que plus de vingt ans de collaboration en Europe Centrale avaient rendu célèbre. Bien en place désormais, Porto conserva son titre de premier pitre dans le nouveau trio au destin duquel Cairoli devait présider pendant plusieurs années et dans lequel Charles Cairoli, dit Carletto, devait se montrer, encore qu'apprenti, amusant malgré le lourd handicap qu'était pour lui la présence de Porto.

⁂

Depuis que le clown ne dispute plus sa place de meneur de jeu à l'auguste, les clowneries peuvent être indifféremment conduites par l'un ou par l'autre des partenaires. Question de capacité plutôt que question de tradition. Pourtant si le plus souvent les rôles de commandement sont dévolus aux clowns, et les rôles d'exécution, toujours sans noblesse et ridicules, aux augustes, les attributions du second débordent parfois sur le premier et la distribution des rôles l'oblige à recevoir des horions, éventualité que le clown autoritaire n'eût jamais acceptée. Ayant débuté comme excentrique musical, Cairoli ne se sentait nullement diminué d'incarner par moment sous l'habit du clown le personnage bafoué de l'auguste. Le fait est que Porto était une de ces fortes personnalités plus enclines à mener une équipe qu'à en supporter la discipline et à respecter les attributions de son partenaire. Pour conserver ses chances Cairoli n'était pas moins obligé de broder à sa convenance et de ne pas s'en tenir tout à fait au rôle que l'entrée lui réservait. La comédie clownesque livrée à la grâce de deux artistes décidés à en faire à leur volonté, retrouva donc sa pureté d'intention et d'émotion. Libérée des entraves du canevas, délaissant la lettre pour l'esprit, l'entrée de clown redevient la source du rire à l'état naturel. Cairoli ne se gêna pas à des fins de succès personnel d'user des moyens identiques à ceux de son partenaire. Il ne négligea pour atteindre à tous les degrés d'intensité émotionnelle aucune des ressources qu'offrent, par le mouvement et la mimique, les techniques parallèles, mais différentes, du clown et de l'auguste.

Mais les clowns et les augustes n'ont pas toujours l'avantage de pouvoir s'imposer sans se gêner mutuellement. Le secret du succès du trio Cairoli, Porto, Carletto, ce dernier n'étant alors qu'un comparse plus préoccupé encore de tirer parti des leçons de ses maîtres que de dégager le sens de sa personnalité, fut justement de ne pas chercher à résoudre ce qui en eux leur paraissait contradictoire, de ne pas poursuivre la réalisation d'un équilibre par quoi ils pussent se prévaloir d'un don égal pour la comédie et d'un succès également partagé. Ils travaillèrent, on peut dire, en concurrence, « moussant » un peu, se lançant l'un et l'autre à corps perdu dans une émulation qui a nui certainement à la perfection et à l'unité de leur interprétation mais qui leur valut, dans la présentation, un succès qui ne fut pas aussi durable que celui des Fratellini, mais aussi mérité.

⁂

La tradition veut au cirque que le clown ait le dernier mot. Cairoli ne faillit jamais aux astreintes de ses prérogatives. Il toléra qu'un Porto espiègle et gavroche prît avec lui des libertés hors d'habitude, mais dans sa bonhomie et son acceptation. Cairoli fit en sorte de n'en sortir jamais ni ridicule ni diminué. Soucieux de conserver intact son style, il n'accepta de se soumettre au dynamisme de son partenaire qu'obligé et reconnaissant la supériorité de Porto sans rien abdiquer de la sienne.

Ainsi que les grands clowns, Cairoli se méfiait comme de la banalité des vieux arguments de la comédie des claques, des gifles retentissantes, des coups de batte, des détonations qui transforment en atmosphère de ménagerie le clair-obscur de la fantaisie et du rêve. Il convient de dire ici qu'il y souscrivit dans la mesure où Porto en abusait, notamment pour une sortie de piste dans laquelle Porto, affublé d'un revolver à barillet, se transformait en mitrailleuse. A ce point que le clown jouant les affolés abandonnait ses initiatives traditionnelles pour se révéler battu et larmoyant tandis que l'auguste quittait la salle en triomphateur.

A ce dynamisme, heureusement pas toujours aussi crépitant, auquel il fallait encore et toujours des prétextes,

Cairoli opposait le barrage d'une distinction naturelle, d'une réserve faite de compréhension et de patience résignée, disons même de passivité. Il opposait sa lenteur, son affectation. Chaque mot, chaque geste, chaque accessoire paraissait acquérir alors une vertu nouvelle. Chaque incident était dans l'entrée mis en valeur comme chaque objet dans une nature morte. Cairoli le disposait pour qu'il prenne ni trop de place, ni qu'il se perde inapprécié. Cairoli était certes d'un physique trop imposant pour qu'on puisse parler de grâce, mais on ne peut nier que ses attitudes avaient du charme. Ses manières prenaient l'honnête saveur de la courtoisie. Qu'il offrît à son partenaire ou à une spectatrice une fleur, son bras, une pomme ou un programme, son geste était discret. Dépourvu de don pour les acrobaties, Cairoli transformait en élégances tous ses mouvements. Il n'avait pas été jongleur pour rien et il semblait que chaque sketch eût été mis à sa disposition pour lui donner une occasion supplémentaire de se surpasser.

C'est surtout dans les entrées musicales que Cairoli manifestait les avantages dont il se savait pourvu. Il jonglait avec l'archet de son violon, couleur de miroir ; avec les leviers nickelés de son saxophone ; les boutons de nacre de son accordéon ; les clous phosphorescents de sa concertina. Il jonglait, au sens où l'expression signifie effleurer, avec son mouchoir où disparaissaient les œufs de plâtre pour renaître sous forme d'omelette, dans le gibus d'un spectateur complice ; avec les boules d'ivoire et les pièces de cinq francs apparues et disparues aussi vivement ; mais aussi avec les électriciens à qui il renvoyait les reflets de leurs projecteurs sur les paillettes et les glaces miniatures de ses costumes.

François Fratellini honorait la piste de sa gentillesse primesautière. Cairoli, bien qu'il ne possédât pas la même lumière dans le visage, la même fantaisie dans le regard, en était le poète. Il était le bateleur incomparable, le démonstrateur élégant, s'attardant pour que le public savourât ses attitudes, soupesât la finesse de son exposition, l'harmonie de son interprétation. C'était un enchanteur. Il contait des histoires, tournait des calembours, sans oublier ce qu'il y faut mettre de nuance et de tact pour qu'au cirque l'allusion n'y soit point déplacée.

Comme ses gestes, les paroles de Cairoli avaient la saveur de son esprit.

Enfin — si l'on peut dire enfin quand les clowns quittent la piste et sont rappelés par les spectateurs qui ne trouvent jamais une entrée de clown assez longue — Cairoli était un parfait musicien. Nous entendons bien qu'il ne se contentait pas de clore un numéro par l'exécution d'un air quelconque comme on salue par un saut périlleux. Pour Cairoli la musique était un moyen de conclure le débat par une plaidoirie magistrale. A côté des Cairoli, l'intervention de Porto était à ce point de vue bredouillante et désastreuse.

Le sujet importait peu. Sélection d'opéras, ou ritournelles de carrefour, il démontrait en deux temps trois mouvements que la fantaisie n'exclut pas le savoir ; qu'au contraire, elle l'annexe. Dans son habit d'argent qui l'a fait surnommer le clown blanc, Cairoli semait sous les loges et les premiers balcons les sérénades et les déclarations ; il lançait des refrains enchanteurs repris en chœur par les élus du paradis. Sans prétention à la virtuosité, il assurait néanmoins que, dans l'art instrumental, il n'était pas le premier venu.

Du temps de leur association avec Porto, Jean et Carletto Cairoli démontrèrent que nullement inférieurs dans la comédie ils étaient imbattables dans la pantomime musicale. L'invasion de la piste était chez beaucoup une façon de suppléer par la quantité à la qualité. La concurrence de couple à couple, de trio à trio, d'équipe à équipe fourbissait ses armes sonores. Chaque famille mobilisait les siens qui jouant du tambour, grattant de la mandoline ou du klaxon augmentaient les mesures de l'orchestre d'une cacophonie carnavalesque. Mais où les autres terminaient en défilés héroï-comiques et discordants, les Cairoli s'élevaient jusqu'aux sommets étonnants de la bouffonnerie musicale.

Ils firent par exemple du thème *les Fraises et les Framboises*, au temps où cette chanson populaire rajeunie figurait dans tous les programmes, une composition riche en pittoresque. Interprétée dans le sens d'une parade, elle prenait l'allure d'une démonstration de saltimbanques ; mais de saltimbanques qui eussent à la fois la crainte de la grossièreté et le goût des couleurs. Cairoli, vêtu d'un cache-nippes aux empiècements bariolés, jouait du piston. Porto soufflait un accompagnement rudimentaire dans un trombone énorme au pavillon incandescent. Carletto, dans un costume de clochard embauché pour la « matinée », allongeait un trombone à coulisse et lançait aux quatre vents, dans un mouvement de moulinet, des accords aussi cocasses que parfaits. Quant à Mme Cairoli, vêtue en bohémienne, la chevelure ceinte d'un mouchoir multicolore, elle jouait du bugle, concourant à mettre en relief une composition dans le ton d'une gravure anglaise.

⁂

Cairoli digne homme et Porto gavroche incarnaient des rôles opposés répondant aux aspirations d'un public qui, selon la classe sociale qu'il occupe, préfère le gentleman ou le drôle parisien. Les rôles de Cairoli appartenaient aux professions nobles du répertoire clownesque : juge, capitaine, chef d'orchestre, maître de danse, professeur de télépathie et leurs succédanés en charlatanisme ou en prétention. Pendant son association avec Porto, Cairoli ne négligea aucune création qui pût servir à lui assurer dans la hiérarchie des clowns un rang des plus honorables. Quelles que soient les limites qu'imposent aux comiques de cirque les possibilités scéniques, de trop nombreuses entrées en étaient restées au stade primitif pour que Cairoli ne sentît pas la nécessité de les recomposer, de les lester d'arguments nouveaux, aussi bien marqués à l'esprit de la pantomime française qu'anglaise. Il ne dédaigna ni le sketch le plus pauvre en situation comique, c'est-à-dire la reprise, ni la comédie proprement dite, Porto étant un interprète capable d'animer les situations les plus inattendues comme les moins orthodoxes et les moins viciées par la tradition.

Nous ne pouvons donner ici les schémas des quelque trente entrées qui, remises au programme, furent les résultats de plusieurs années d'efforts continus. Parmi celles-ci, notons celle du *Revenant*, dernière transformation en date de *L'Ours et la Sentinelle.* Carletto apparaissait sous la forme d'un squelette singulièrement animé, troublant le déjeuner des deux partenaires ; *Le Cadeau* où Porto dégustait le pot de confiture ou le gâteau empoisonné qu'il était chargé de porter à la fiancée infidèle ; *La Marmite automatique* aux anecdotes renouvelées. Cairoli y paraissait sous les traits d'un cuisinier méphistophélesque, de grande sagesse, dispensateur de joies humaines, créateur d'êtres surprenants, écuyère idéale ou princesse cent kilos, composés à la demande de Porto.

— La voulez-vous brune ou blonde ?

— Rousse, répondait Porto.

— Et ses yeux ? Bleus ? Verts ? Noirs ?

— Jaunes.

Cairoli prenait dans des pots, des bocaux, des récipients, des caisses, les ingrédients voulus.

— Aimez-vous les grandes...

— Faites-la grasse. Comme ça !

— La voulez-vous musicienne ?

— Qu'elle soit grasse... grasse.

— Intelligente ?

— Grasse... je vous dis.

Carletto vidait dans la marmite une boîte, une caisse, un seau, un arrosoir de matière grasse.

— Que voulez-vous encore ?

— Du gras, ajoutez du gras. Encore du gras.

Carletto levait les bras au ciel, impuissant. Toutes ses réserves de gras étaient épuisées.

— Ça ne fait rien, mettez du gras, disait Porto.

Pour ne pas désobliger son client, Cairoli faisait signe à son aide. Et celui-ci versait, dans le creuset magique, de la méchanceté, du bonheur, de la vivacité. Tant et si bien que la femme voulue par Porto n'avait plus forme humaine et qu'au premier contact, la nouvelle apparue assujettissait une volée de coups de bâton à Porto pour le payer de son entêtement à vouloir qu'elle fût grasse.

Dans cette débauche de trucs et d'accessoires, leur jeu se trouvait nécessairement dispersé et leur personnalité diminuée. Les progrès et la perfection de leur interprétation ne suivirent pas de pair la richesse de leur répertoire. La qualité fit parfois défaut. Ce n'était pourtant pas que Cairoli et Porto fussent dénués d'à-propos et de goût. Ils le montraient dans *Le Miroir brisé* où Cairoli, vêtu en noceur distingué, s'avérait un mime consciencieux et Porto un imitateur facétieux. Mais si au moyen de l'improvisation, les clowns peuvent toujours remédier aux insuffisances d'une interprétation trop hâtivement comique, ce n'est qu'à force de répétitions et de patience qu'une entrée clownesque se hausse à la perfection. Or Cairoli caressait justement le dessein de reprendre toutes les vieilles entrées et de leur restituer, avec la vie qu'elles avaient perdue depuis longtemps, une place dans la composition des entrées actuelles. Dessein d'artiste qui procura à Cairoli les joies les plus intenses de sa carrière de clown. A côté de lui combien de clowns ont considéré leur travail comme une obligation qu'il importait de réduire à des convenances personnelles. Comme une servitude à laquelle il était inutile d'apporter un esprit jeune, une imagination fertile, une émotion créatrice accomplie sans cesse et sans cesse grandissante.

Aucune équipe de clowns ne put entre 1928 et 1930 rivaliser avec Cairoli et Porto, dans la production et la présentation des sketches adaptés à l'esprit du temps. Au cours d'une même saison les afficionados eurent l'occasion de faire le tour d'un répertoire composé d'une trentaine d'entrées d'inégale valeur certes et d'une inégale mise au point, mais dont aucune n'était indifférente même à ceux pour qui les questions de technique ne comptent pas. Dans toutes, on y retrouva un Cairoli extrêmement méticuleux dans l'interprétation, ennobli par la distinction, et un Porto vigoureux dans la bouffonnerie, faisant face sans décevoir jamais à toutes les situations, animé d'une verve comique extraordinaire dont il serait difficile de trouver beaucoup d'exemples.

⁂

Il est constant que dans les équipes de clowns le succès de l'un rejaillisse sur l'un et l'autre des partenaires. Jean Cairoli bénéficia de la renommée bien établie de Porto quand ils s'associèrent pour la seconde fois. L'auguste triomphe plus facilement, par ses moyens plus directement sensibles au public, que le clown dont la poésie, la mesure, l'harmonie, tout ce qui le distingue enfin de son bêta de partenaire, sont choses moins communes, moins intelligibles aux spectateurs. La personnalité de Jean Cairoli se trouvait estompée par la figure riche en coloris et fièrement campée de Porto. Aussi le secret désir de Cairoli était de pouvoir se distinguer sans rien devoir à un pitre trop débordant de qualités pour lui laisser le mérite d'en avoir quelques-unes.

D'autre part, Porto se considérait, après une collaboration de six ou sept ans avec Cairoli, arrivé au point mort. Il se croyait avec raison suffisamment fort maintenant pour s'imposer sans avoir besoin des consentements d'un clown qui refrénait peu ou prou ses velléités d'émancipation totale.

Dès leur contrat terminé au cirque Medrano, les équipiers se séparèrent. Tandis que Porto trouvait en Alex (Bugny) un clown avec lequel il retournait à l'interprétation de la pantomime selon la conception classique du travail à deux, Cairoli adjoignait à son cadet Carletto (1) son fils aîné Filip, pour reconstituer un trio paré du triple signe de la fantaisie, de la musique et de la danse.

Filip était connu en France et à l'étranger. Seule lui manquait la consécration d'un cirque parisien. Le cirque Medrano la lui fournit et si la Seconde Guerre mondiale permit à l'oubli d'avoir raison d'une notoriété que Filip avait acquise en peu de temps, il laissa des traces trop profondes pour que son passage à Paris fût sans influence sur ces collègues.

Filip avait commencé de bonne heure une carrière de comique sous la direction de son père. Si l'on en juge par l'iconographie, son maquillage n'eut à ses débuts rien d'original. Il commença comme tous les augustes à se plutôt mal barbouiller. Le costume est aussi mauvais. La perruque à large bande de papier qui la partage en deux, le chandail à rayures parallèles et l'habit démesurément ouvert n'annoncent rien de particulièrement neuf. Les signes avant-coureurs d'une personnalité en peine de s'affirmer sont absents d'attitudes voulues dans le genre « souffreteux », clochard. L'expression ingénue de sa mimique dénote au contraire chez lui une tendance à l'imitation et à la stylisation. Le regard et la moue rappellent Ceratto ; l'habillement, l'inévitable « tramp » déguenillé.

Filip abandonna vite le grossier maquillage de vaga-

(1) Charles Cairoli, né le 15 février 1910, à Affori (Italie).

bond hirsute, aux yeux crémeux. Et psychologiquement, il laissa à d'autres le soin de recomposer après Charlie Chaplin le type d'incompris et de « tourmenté ». Il fit plus simple, plus gai. Il y avait déjà au cirque et au music-hall un excentrique Charlie Lloyd qui, s'étant inspiré de l'un et de l'autre, essayait de se tailler un succès de curiosité où les réminiscences de Chaplin et d'Harold Lloyd tenaient lieu de nouveautés. La silhouette de ce dernier tenta Filip. Il parut avec des lunettes d'écaille, en gentleman tiré à quatre épingles, veston serré à la taille, chapeau melon cérémonieux. Il eut notamment à cette époque Comotti comme clown (1) et Vincent.

Doté du sens de l'équilibre, alors que trop souvent les augustes recherchent leurs effets dans le facile et banal reflet de la contradiction, Filip se garda de choir dans le piège. A la sobriété exemplaire de Rudolf Seiffert, dont le masque et le costume furent d'une parfaite harmonie et qu'il eut un moment pour partenaire, Filip ajouta le souci de ne pas choquer, de ne pas déplaire par l'étalage calamiteux d'une défroque ridicule et d'une tenue négligée. A côté de Seiffert agréable et racé, il fut non pas le fol incapable, mais le compagnon bizarre, le dispensateur malin de plaisanteries qui ne devaient rien à l'exagération. Dans le jeu seulement, car il faut reconnaître que Filip sacrifia à la manie du gigantesque en accessoires : il sortit l'immense casquette dont se couvrit aussi Albert Fratellini et le pantalon d'une largeur inaccoutumée. Mais dans l'ensemble, son costume est d'une composition honnête, d'une forme qui ne rappelle en rien celle de l'excentrique et ne contraste point dans son équilibre gigantesque avec l'habit coupé sur mesure du clown.

Après Rudolf Seiffert, Filip travailla, entre autres, avec Alex (Bugny), puis avec Antonet. Cette dernière collaboration qui le consacrait et le mettait sur le rang de Little Walter et de Beby, ne laissa aucun souvenir agréable à Filip. Le caractère volontaire et inégal d'Antonet, alors au dernier stade de sa maladie, devenait de moins en moins supportable. Et Filip n'avait pas les raisons qu'avait eues Beby de le supporter sans réagir. Aux pre-

(1) Comotti, clown français, travailla indifféremment comme clown avec Rhum, et comme auguste avec Carlo et Mariano, puis avec Vincent.

miers dissentiments Filip reprit sa liberté d'action, satisfait d'avoir vécu l'expérience d'Antonet et de ne pas la recommencer une saison de plus.

Jean Cairoli, son père, lui offrait à point de venir partager ses succès à Medrano. L'occasion était trop belle de se mesurer avec les confrères parisiens pour que Filip n'accepte pas.

Dans le trio des Cairoli, Filip n'apparut pas en imitateur d'Harold Lloyd. Il fit, à notre sens, trop bon marché de sa distinction et de son maniérisme et revêtit le costume habituel de l'auguste. Son comique aussi devint plus élémentaire. Il se présenta comme le comparse malicieux qui trouve un remède aux pires situations, évente les pièges qui lui sont tendus pour y précipiter ses adversaires. Assez intelligent pour se garder de tomber dans la banale aventure du niais, Filip anima un personnage qui, de Little Walter à Rhum le fantaisiste, d'Alex (Briatore) l'innocent crédule à l'encaisseur et toujours cocasse Zawatta (1), de Chocolat (Raphaël Padilla) malheureux par condition, à Porto protestataire impénitent, se révéla successivement en d'innombrables types aussi éloignés les uns que les autres du clown qui reçoit les gifles que de l'indécrottable sot apparu au cirque sous le nom générique d'auguste.

Dans son interprétation, Filip Cairoli acceptait les plus invraisemblables situations sous réserve, on peut dire, d'inventaire. Elle n'entamait ni sa tranquillité, ni sa certitude d'une revanche prochaine.

Il entendait bien que des apaisements lui seraient donnés et que les aventures tourneraient à la confusion de leur provocateur, en raison de la loi qui veut qu'au cirque comme ailleurs, le dernier pitre, le plus bas dans l'échelle sociale, soit la victime expiatoire offerte à la risée des spectateurs.

***

Avec le concours de ses deux fils, Jean Cairoli ne se contenta pas de reprendre les entrées perfectionnées en collaboration avec Porto. Alors qu'il aurait pu se reposer,

(1) Voir chap. XIX : *Alex (Bugny) et Achille Zavatta.*

vivant de l'estime que lui avaient valu plusieurs saisons d'un succès égal, Jean Cairoli préparait des canevas nouveaux adaptés au rythme du spectacle accéléré mis à la mode par M. Jérôme Medrano.

Jean Cairoli ne dédaignait pas pour ce faire les entrées oubliées. C'est ainsi que, lors d'une rétrospective pleine d'intérêt reconstituée par le cirque Medrano, Cairoli put remettre à jour le travail et la présentation d'un clown 1900 et parvint à en faire, déclara M. Legrand-Chabrier dont la critique en la matière a du poids, un petit chef-d'œuvre d'artiste et d'artisan, rappelant le clown de bonhomie périmée, insinuant et naïf, précieux de son élégance vestimentaire et sans coup de feu et de matraque.

Cette reconstitution dénotait chez Jean Cairoli une faculté d'assimilation et de restitution fort au-dessus de la moyenne. Il est exact, quoi qu'on en ait dit, que le clown et le pitre, « seuls survivants de l'épopée plastique du théâtre », recréent continuellement leur rôle. Ils en modifient l'aventure à leur propre intention. Les apports qui contribuent à son enrichissement, pour n'être pas toujours improvisés en piste, mais pensés dans la loge, n'en constituent pas moins les résultats sensibles d'une volonté créatrice tendue vers le travail, qui était chez Cairoli le souci le plus saillant et le plus digne d'être remarqué. En effet, quelle qu'ait été l'aide d'Antonio et de Porto d'abord, de Filip et de Carletto ensuite, Cairoli, fort de ses connaissances et de ses possibilités, possédait une culture clownesque approfondie qui lui permit d'être l'auteur consciencieux des reconstitutions qu'il entreprit.

Artiste et artisan, Cairoli, qu'aucune nécessité professionnelle n'obligeait à une interprétation, d'après les modes anciens et sous leur forme primitive, des entrées de la fin du XIXe siècle, prouvait qu'aucun sujet, qu'aucun thème, qu'aucun canevas ne le gênait et qu'il se trouvait aussi à l'aise et dominait aussi bien les disciplines du présent que les techniques du passé. Et rien ne lui convenait mieux pour le distinguer de ses confrères que de lui attribuer, comme le fit M. Legrand-Chabrier, le titre d'artiste, titre si difficile à porter au cirque et d'autant plus grand qu'il est journellement galvaudé.

***

Pendant la fermeture estivale du cirque Medrano, le trio Cairoli engagé en Angleterre profitait de son passage sur les scènes d'outre-mer, pour glaner des idées qui rendent toujours si visibles les influences de ce qu'il a été convenu d'appeler l'humour britannique, sur les clowneries d'esprit latin. La pantomime excentrique s'était manifestée jusqu'alors et surtout dans le domaine des accessoires hétéroclites, vêtements truqués, chapeaux surmontés d'un panier fleuri, orteils garnis de verrues volumineuses, chaises minuscules alignées comme des médailles, etc.

Parfois, héritier de la tradition de Grimaldi, un clown arrivait en piste avec un panier d'où des têtes de volatiles, oies, canards, dindons, sortaient avec un porcelet rosé comme un sucre d'orge. La prétention de Jean Cairoli à s'inscrire dans l'histoire de la technique de l'entrée clownesque comme un novateur le poussa à poursuivre plus loin l'imitation. Il rapporta d'un séjour en Angleterre une série de « blacks » que Filip mit au point avec lui et qu'ils présentèrent dès la saison suivante.

Les « blacks » sont aux sketches ce que la reprise ou le « bout d'entrée » est à l'entrée classique. Dans le raccourci saisissant d'une action rapidement menée dont l'atmosphère est créée par l'emploi systématique d'accessoires ou de décors appropriés, les clowns animent des personnages d'un réalisme outrancier et d'une fantaisie fugitive. C'est techniquement, en quelques mots, un frégolisme (1) appliqué non plus à des personnages, mais à des situations. Plusieurs saynètes vivement interprétées, avec changement de décors rapides et travestissements instantanés, sur des sujets pris sur le vif ou imaginaires et qui n'ont pas plus de rapport entre eux qu'il n'en ont

(1) Léopold Fregoli, né à Rome en 1867, remplissait, au cours de son numéro, vingt rôles différents. La multiplicité infinie de ses dons, ses qualités extraordinaires de mime, de fantaisiste et d'excentrique, firent de lui un transformiste illusionniste imbattable. Il changeait de costume avec une vivacité peu commune. Aussitôt disparu par une piste, il réapparaissait sans qu'on ait compris comment il avait pu changer de costume. Léopold Frégoli mourut en 1936, à Viareggio, où il s'était retiré. Les Rigoletto-Bros comptent parmi ses nombreux imitateurs.

avec le cirque, défilent en une succession de situations qui surprennent, de cocasseries à l'emporte-pièce, de conclusions aussi burlesques qu'inattendues.

Le procédé utilise le gros plan, le détail étant absorbé dans une interprétation éblouissante de célérité. Chaque action est séparée de la suivante par une interruption de la lumière, d'où son nom « black », ordre donné par le clown aux électriciens qui éteignent les réflecteurs, et chassent l'atmosphère et l'illusion plus rapidement qu'une chute de rideau sur le décor quand l'acte est terminé. L'assombrissement de la piste est de très courte durée, mais néanmoins suffisante pour permettre le remplacement instantané des accessoires et le travestissement des acteurs.

Parmi la série de « blacks » présentés pour la première fois à Paris, chez Medrano, en novembre-décembre 1937, lors de la saison du jubilé du cirque, il faut citer *les Pompiers en* 1900, *Dernière confession*, *Le Jaloux*, *Chez le percepteur*, *Chez le photographe*, *Perdu en mer*, *Le Voleur volé*, *Sur les bords de la Seine* (1), etc.

Cette tentative d'acclimater une nouvelle forme de pantomime, qu'on pourrait appeler pantomime accélérée, exécutée sur un rythme de cinéma, ne fut qu'une belle tentative. Les « blacks », véritables « gags », comme le disait M. Legrand-Chabrier, bien que nécessitant beaucoup d'accessoires et d'accessoiristes, étaient la preuve qu'une rénovation du cycle clownesque par ses serviteurs était toujours possible. Il fallait louer les Cairoli de leur initiative et de n'avoir rien négligé pour sa réussite.

Au contraire, ils trouvèrent chez leurs confrères plus de scepticisme que d'encouragement. Pourtant ceux-là sont toujours à geindre sur le sort calamiteux qu'à les entendre, il leur serait fait. Ils sont toujours à regretter le peu d'empressement qu'on accorde à leur désir de nouveauté. Ils ont toujours un œil fixé sur ce qui se faisait jadis et l'autre sur ce qu'ils ne feront jamais. Mais ils continuent de tourner en rond autour de la piste sans sortir de leurs errements.

Côté public, le procédé des « blacks » heurtait certaine-

(1) Pour l'analyse de ces « blacks », voir notre prochain ouvrage : *Autour des clowns : l'entrée clownesque.*

ment les habitudes et les goûts des spectateurs. Mais en raison de la paresse d'esprit qu'oppose toujours le sens commun du public aux nouveautés, si la tentative des Cairoli avait été suivie par d'autres clowns, nul doute que les spectateurs n'eussent pas attendu des blacks autre chose que les cocasseries énormes qu'ils contenaient.

Extrêmement intéressante quoique très périlleuse en sa mobilité, la diversité des « blacks » contrastait avec la logique de développement grâce à laquelle les entrées sont devenues de véritables sketches en un acte, à dialogue et à affabulation variables et comportant comme à la scène, une exposition, un nœud et une conclusion. Là où il n'y avait qu'une suite d'incidents, de faits divers, d'images mouvementées, d'inspirations puisées dans les milieux les plus divers interprétées suivant les modes héroïque, comique ou burlesque, le public attendait en définitive une composition formant un tout et couronnée d'une moralité directement indiquée. Au contraire les « blacks » laissaient aux spectateurs le soin et la liberté de chercher cette moralité.

En définitive l'intérêt spectaculaire du public pour les « blacks » fut à peu près nul et les Cairoli n'insistèrent pas.

Il leur reste l'honneur d'avoir tenté une expérience qui ne sera sans doute pas vaine, puisque, forts d'un précédent, d'autres, poussés par l'impérieuse nécessité, entreprendront tôt ou tard la plus ardue des tâches qui soit au cirque : intéresser le public par des moyens nouveaux.

XVII

ARTURO SARAIVA MENDES D'ABREU DIT PORTO

L'HISTOIRE du cirque en France entre les deux guerres mondiales pourrait avoir pour titre : de l'arrivée des Fratellini à la mort de Porto.

En effet, la fin prématurée de Porto marque un achèvement. A l'heure où il disparaît, Grock, le plus calculateur et le moins spontané des excentriques, n'imagine plus. Il maintient des qualités qui se suffisent et ne se développeront plus. Beby rêve à la liberté et au succès qu'il obtiendrait, s'il n'était pas trop tard pour recommencer sa carrière, avec un numéro solitaire. Rhum (Henri Sprocani) n'a plus de concurrent sérieux. Il semble bien que les augustes originaux qui ont rendu de l'intérêt à la comédie clownesque soient fatigués d'une émulation déprimante puisqu'ils n'ont plus personne avec qui se mesurer. Joé Walter, qui aurait pu prendre la succession de son père, n'a repris que son nom et se cantonne dans les excentricités musicales. Filip Cairoli n'a fait qu'un passage étonnant à Paris. La Seconde Guerre mondiale emporte son souvenir. Il ne reste à l'avenir que Zavatta et Carletto Cairoli. Une nouvelle fois le cirque va se trouver à la recherche de pitres d'envergure. Porto, qui était le plus grand, le plus spontané, le plus infatigable des comédiens, laisse une place que ses successeurs ne veulent pas se disputer. C'est en lui que les qualités, les finesses, les audaces, le style de la comédie improvisée s'étaient cristallisés.

Et les circonstances ne pourvoient pas le cirque de telles personnalités quand elles lui font défaut.

⁂

Dépourvu d'une imagination qui pare les vieilles entrées d'un prestige sans cesse renouvelé, Porto ne se posait pas en créateur. Mais il s'était révélé un interprète si original du répertoire clownesque qu'il n'avait pas besoin de posséder l'esprit d'à-propos, ni la repartie facile, pour donner aux canevas, si froids dans leur dépouillement, une animation sans laquelle leur interprétation est pour beaucoup de spectateurs sans intérêt et sans valeur.

En piste, Porto vivait dans un état parfait d'ébullition. Nerveux, exubérant, batailleur, il avait acclimaté au cirque l'esprit comédien. Porto n'était pas un pitre banal. Bien qu'il portât, de tradition, un seul et même costume dans des rôles qui semblaient à première vue identiques, mais qui ne l'étaient pas du tout, Porto était d'une nature diverse et incarnait des personnages différents, depuis l'homme offensé jusqu'à l'homme irascible et persécuté. Il fut noble, aussi pleinement qu'un pitre peut l'être. Et l'on peut dire de lui qu'il fit plus que servir les entrées. Grâce à Porto, leur interprétation perdit son sens parodique. Grâce à lui, le répertoire du cirque, si l'on peut dire, s'ennoblit.

⁂

Arturo Saraïva Mendès d'Abreu, dit Porto, prétendait parfois qu'il était né en mer à bord du *Casengo* en 1888 et d'autres fois plus prosaïquement à Lisbonne, Portugal.

Elève de son oncle Tonyto, dit le Petit Tony, Arturo débuta à sept ans dans un numéro d'acrobaties, sauts et comédies, baptisé « great and good ». Nous pensons qu'il n'y faisait pas grand'chose, Porto n'ayant jamais prouvé, en effet, par la suite qu'il eut des aptitudes même pour les plus élémentaires exercices, comme la cascade ou le saut périlleux simple.

Elève de Tonyto, il prit par similitude le nom d'Arturito. Puis ayant réussi à intéresser le clown James Sydney, il trouva bon de s'appeler Sednem, anagramme de son nom, ce qui somme toute n'était pas mal. Les assonances créent évidemment la confusion dans le souvenir des spectateurs non avertis et cette recherche d'un nom similaire n'est pas toujours chez son créateur un signe de désintéressement.

Sednem, nous l'avons vu, travailla un moment avec Cairoli. Puis s'étant marié avec Mammie Bastien, écuyère de voltige (1), il choisit un pseudonyme définitif, Porto, alors qu'il se trouvait en Angleterre au moment de la vogue d'une chanson, *For me and girl*, qu'il transposa pour sa cause en *Porto and girl*, le nom de son numéro. Si non e vero... La question de son nom de piste l'avait travaillé assez longtemps puisque ayant songé un instant à raccourcir Sednen et à s'appeler Sem, il avait dû abandonner son idée à la suite de la démarche du caricaturiste connu qui lui interdit de prendre son nom (2).

Porto débuta au cirque Medrano comme auguste de soirée au temps de Rico et Alex, de Dario et Ceratto.

M. Bontem, directeur du cirque Medrano, remarqua Porto et lui donna le clown Chocolat (Eugène Grimaldi) communément appelé Chocolat fils, comme partenaire.

Chocolat fils avait eu, sous le nom malencontreux de Tablette, un maître de l'école de Foottit en la personne de Chocolat père. Volontairement ou non, Chocolat fils s'était assimilé sa technique. Bien des critiques annoncèrent alors que, grâce à Chocolat et Porto, la tradition si vivace de l'entrée à deux, telle que la concevait Géo Foottit et que l'avaient bousculée les Fratellini, allait de nouveau s'épanouir. On espère chaque fois qu'une équipe nouvelle paraît qu'elle sacrifiera au classicisme.

D'autre part, parmi les types d'augustes qui s'étaient succédé depuis Chocolat père, aucun n'avait réussi à composer un personnage qui, tout en étant différent du clown, restât dans l'ambiance du cirque et ne cherchât pas dans la vie un type d'inspiration. Porto semblait doué

(1) Sœur de Sacha et Tony Bastien, augustes de soirée fort originaux. Voir chap. XXV.

(2) L'anecdote nous a été rapportée par Porto. Mais saura-t-on jamais la part exacte de faux ou de vrai qu'elle contient...

pour créer un type comique qui fût aux clowneries ce que le Pierrot avait été à la comédie italienne et aussi éloigné de l'auguste primitif que de l'excentrique anglais, aussi différent du petit-bourgeois à la Little Walter que du patibulaire Bario. On comptait que Porto parviendrait à dégager des caractères précédents une figure originale et toute au service de la fantaisie.

Le couple Chocolat fils-Porto fut, face aux Fratellini qu'ils précédaient sur la piste, l'exemple parfait de ce qu'était la comédie clownesque traditionnelle et sans doute ce qu'on voulait qu'elle atteignît. Et le directeur, M. Bontem, put alors s'enorgueillir d'avoir réuni dans son cirque un trio de clowns de verve moderne et un couple de clowns d'esprit classique.

⁂

Eugène Grimaldi, dit Chocolat fils, né à Paris le 25 février 1891, a toujours été considéré comme le fils de Raphaël, dit Chocolat, le partenaire de Foottit. Il était cependant légalement le fils de Marie Hecquet, mariée au sieur Grimaldi duquel elle se sépara pour vivre avec Raphaël. Fils naturel, légitimé ou non, Eugène fut élevé avec une sœur plus jeune, Suzanne (1), par Chocolat père. Dans le questionnaire qu'il remplit de sa main à la demande de M. Paul Haynon, président des « Amis du Cirque », celui que nous continuerons d'appeler Chocolat fils n'indique pas qu'il est le fils de Chocolat, mais se déclare seulement élève de Foottit et Chocolat (2).

Eugène Grimaldi débuta au Nouveau Cirque en 1898

(1) Ecuyère de panneau, la petite Suzanne mourut le 28 janvier 1913. Marie Hecquet fut la Mme Marie Raphaël des *Mémoires de Foottit et Chocolat*, la secrétaire habile et zélée de Chocolat, que Franc-Nohain s'est plu à représenter dédicaçant à sa mère, pour sa fête, un superbe portrait du joyeux nègre, en habit de soirée, gilet et cravate blanche, gardénia à la boutonnière et raie impeccable partageant par le milieu ses cheveux crépus. Présent inestimable que celui d'une photographie du gendre à sa belle-mère.

Nous n'avons pas cherché ni comment ni pourquoi *La Noce de Chocolat* ne fut peut-être, quoi qu'on ait dit, qu'une pantomime. On se rappelle le sujet, dit la prière d'insérer du vendredi 15 février 1907, pour la reprise, par Jean Houcke, de cette fantaisie nautique qui avait beaucoup de succès et dans laquelle il s'agissait des noces *légitimes* du clown Chocolat. Etait-ce là lui donner une compensation d'un rêve qu'il poursuivait peut-être, mais qu'il savait ne pouvoir accomplir ?

(2) Archives de la Seine, cote D-28 Z.

dans *Paris qui trotte*. Il parut au Moulin-Rouge, en 1902, avec Claudius et Prince. Dans les programmes du Nouveau Cirque, il remplit, tantôt sous le nom de Grimaldi, tantôt sous le nom de Chocolat fils, de menus rôles dans les pantomimes, qui étaient le fort de l'établissement. Mais dès 1904, il avait treize ans, sa spécialité fut la voltige à la Richard. Pourtant, pas très certain de son avenir, son père l'aiguilla vers le music-hall où il parut comme danseur excentrique. Dans le rôle de Mohamed, un rôle fort modeste, cela va de soi, il joua au théâtre du Vaudeville, avec Jeanne Granier, dans *Education de prince*, de Maurice Donnay. En 1906, il est engagé comme auguste de soirée au Nouveau Cirque. Mais il part avec la Tournée Européenne qui a monté *Education de prince*.

Beaucoup plus doué que son père et capable de faire un clown, ce que Raphaël n'aurait jamais pu réussir, Eugène, engagé avec son père au cirque Métropole, inaugure, en 1908, sous le nom de Tablette, une carrière de pitre à face blanche qu'il n'abandonnera qu'à son départ pour l'armée, en 1912. Jusqu'en 18, il est soldat, Chocolat père est mort entre-temps (1). Tablette, qui a oublié son nom et son métier, s'essaie comme chanteur dans divers établissements, en 1919 et 1920. On le retrouve avec Géo Foottit au cirque Palisse, en 1921, où il se pare du nom de son père. Les deux compères ressuscitent un couple de clowns Foottit et Chocolat qui ne rappelle en rien le premier. Ils se faisaient certainement illusion sur le prestige que pouvaient encore posséder leurs parents.

Mais, à défaut d'autre héritage, celui d'une raison sociale connue pouvait être prise en considération par des entrepreneurs de spectacles soucieux de publicité.

*
**

Avant de travailler avec Porto, Chocolat fils avait eu Ceratto pour partenaire, avec lequel il monta l'entrée des *Cow-boys*. Ils fussent demeurés plus longtemps des compères joyeux que le succès eût couronnés si Ceratto

(1) Sa mère, Mme Marie Hecquet, mourut le 7 février 1925, à l'âge de 54 ans, à Paris, 4, Cité du Midi (18e). Le faire-part du décès porte Mme Veuve Raphaël Chocolat.

avait eu plus de patience. Il s'étonna de ne pas recevoir autant d'encouragement qu'au temps où il était avec Dario Meschi, et depuis qu'il l'avait quitté, il avait la manie du changement. Ceratto ne voulut pas attendre que Chocolat fils se fût familiarisé avec son interprétation des entrées et mis au diapason. D'autre part, Chocolat prétendait ne pas se borner au répertoire ancien. Il voulait essayer des entrées nouvelles, travail au-dessus des forces de Ceratto et auquel il crut échapper en prenant un collègue nouveau.

***

Chocolat fils n'était pas le clown nonchalant qu'avait été le père. Parlant bien, ayant de la vivacité dans les reparties et les mouvements, rappelant à la fois Foottit et Antonet, il appartenait à la lignée des clowns autoritaires et convenait on ne peut mieux au caractère de Porto. Celui-ci, actif, entraîné par le rebondissement bien entretenu d'une action que Chocolat ne laissait jamais s'essouffler, ne donnait de son côté aucun répit à son partenaire et le provoquait en de continuelles reparties. Pour la première fois dans l'histoire des clowns, Chocolat fils et Porto donnèrent l'exemple d'un couple de clown et d'auguste qui ne rappelaient psychologiquement rien de ceux qui les avaient précédés. Porto n'avait, en effet, aucun des caractères de l'auguste flegmatique, ridicule ou idiot.

Le rythme des entrées interprétées par Chocolat et Porto dut encore s'accélérer. Porto ne pouvait pas se permettre de se singulariser par des allures nonchalantes. La présence des Fratellini dans le même programme nécessitait des réductions sensibles dans la durée des autres numéros. Chocolat et Porto étaient limités dans le choix de leur répertoire. Pour ne pas être enterrés, nos deux clowns devaient se défendre et développer leur travail en vitesse, de telle manière que l'entrée n'en fût pas moins complète et non moins dense. Leur jeu acquit une expression de continuité, de facilité, de souplesse qui força l'intérêt, les fit remarquer et bientôt préférer par beaucoup d'amateurs aux Fratellini.

Chocolat avait, plus que tout autre, la repartie

prompte, le bagoût d'un bonimenteur expérimenté. Porto était d'une sensibilité quasi maladive. Il réagissait instantanément aux indications de son partenaire. Et puis, il faut le dire ici, ils eurent la chance d'être servis par un « speaker », par un « faire-valoir », Lucien Goddard, comme jamais clown n'en avait rencontré depuis M. Lionel, du Cirque de Paris.

Grâce à Lucien Goddard, ils parvinrent à l'aisance qui donne à la fantaisie clownesque un charme et une légèreté presque immatérielle. Ils furent des comiques de classe et des comiques classiques. Dans l'entrée de *La Momie*, des *Gladiateurs*, de *La Voyante*, ils réussirent le tour de force de hausser le style, souvent lâche et parfois incohérent des clowneries, jusqu'à la comédie soutenue, aussi dépouillée des inutilités verbales que des accessoires superflus. Leur duo du *Muet mégalomane* révéla en Porto un mime né, un comique doué d'un pouvoir évocateur inattendu chez lui et de ressources extraordinaires d'émotion.

Le Muet mégalomane n'était qu'une adaptation de la comédie du *Juge*. Porto, arrêté pour vagabondage, était traduit devant le juge Chocolat. Feignant le mutisme pour mieux assurer sa défense, Porto répondait à l'interrogatoire du magistrat par le truchement d'un violon sur lequel il jouait des airs populaires.

— Quelle est votre profession ?

— *Je suis fils d'un gnaf*, chantait Porto sur son violon.

— Où êtes-vous né ?

Porto jouait une chanson d'Aristide Bruant qui permettait de conclure qu'il était né à Ménilmontant.

— Où habitez-vous ?

— *Sous les ponts de Paris*, répliquait le violon.

Toutes les circonstances du délit s'expliquant tour à tour dans un langage musical puisé dans le répertoire des chansons de la rue. Chocolat se frottait les mains et s'en donnait à cœur joie. Il disséquait son homme tranquillement, avec l'assurance d'un maître instructeur, pour en extraire l'amusant. Il était le clown, le chat entre les pattes duquel se débattait l'auguste, sa proie frémissante. Il était le drame, tandis qu'heureux d'exprimer sa passion du violon, le vagabond Porto, en toute innocence, jouait la comédie. Il semblait, par avance, l'inévitable victime qu'on ne plaindrait pas puisqu'il s'amusait de sa propre aventure. Mais paternel, l'inquisiteur troublé par le musicien facétieux devenait pitoyable. Il acquittait Porto vagabond.

Celui-ci, après un moment de surprise qui lui faisait perdre le fil de sa défense musicale, retrouvait sa langue et, par un merci jailli spontanément, réintégrait la farce dans sa naïveté primitive et prouvait, une fois de plus, qu'au cirque, comme chez Guignol, le plus malin n'est pas toujours celui auquel on pense.

***

S'amuser de sa propre aventure, exalter ses émotions jusqu'à en rire, tel était le caractère particulier de l'interprétation de Porto. Bien qu'il fût, par prédestination, condamné à jouer les rôles de souffre-douleur et d'imbécile, Porto trouvait en Chocolat fils un clown assez intelligent pour ne point le limiter à la traditionnelle déchéance de l'auguste. Chocolat et Porto furent deux infatigables discoureurs, chacun tenant tête à l'autre, s'efforçant de se rouler, tout le temps que dura leur association. Ils formaient un couple autant soumis l'un que l'autre à l'esprit de la comédie italienne dans ses rapports avec le burlesque. Ils avaient tous les deux quelque chose du Capitan, hâbleur et gesticulant.

Mais leur association fut courte. Pour des raisons extra-professionnelles, dont la principale était l'intempérance, tout d'abord péché mignon, où l'intelligence de Chocolat finit par sombrer, Porto préféra satisfaire avec de nouveaux partenaires son désir de développer ses aptitudes. On peut dire qu'il en rechercha l'occasion. Ce ne fut d'ailleurs pas sans surprise des uns, ni protestation des autres. On jugea avec sévérité la séparation de Porto d'avec un partenaire qui lui avait permis de s'imposer rapidement. On croyait leur collaboration durable et prometteuse de réalisations sensationnelles. C'est un fait que Porto ne retrouva jamais un partenaire qui l'obligeât à s'exprimer aussi totalement.

« Leur antithèse, écrivit M. Legrand-Chabrier, permettait un accord simple et complet. Leur duo avait pris une unité fort propre à l'animer merveilleusement et marquait en la mémoire des spectateurs. Ils vont s'évader l'un de l'autre. Ils garderont leurs qualités personnelles qui sont incontestables. Ils auront à s'accommoder de nouveaux partenaires, épreuve dont ils sortiront, je le souhaite, à leur gloire, mais toujours un peu aux dépens d'un inoubliable couple disloqué dont le fantôme les harcèlera, nous harcèlera, qu'ils s'en méfient. »

M. Legrand-Chabrier avait vu juste. Dix ans après, alors que Chocolat fils, de déchéance en déchéance, n'était plus que l'ombre d'un souvenir, Porto regrettait en lui le seul clown qui avait été capable de lui éviter les écueils d'une improvisation où son tempérament le portait souvent, sans qu'il s'aperçût que la facilité mène toujours à la banalité.

⁂

Eugène Grimaldi, dit Chocolat fils, perdit en peu d'années la notoriété que ses collaborations avec Ceratto et Porto lui avaient value. Il travailla avec Lélé, avec Atoff de Consoli (1924) et Loulou (Mme de Consoli), au Cirque d'Hiver, en 1927 ; puis, en 1928, dans divers music-halls. En 1929-1930, il était du trio Little Walter ; en 1930-1931, il entra au Zoo-Circus ; en 1932-1933, avec Charles Manetti, chez Amar.

Il s'était marié, le 21 mars 1922, à Paris, avec Mlle Marguerite Louis, dont il eut deux enfants, Lucien (26 avril 1921) et Suzanne (1er décembre 1922). Il habita longtemps 64, rue de la Chapelle, à Paris. Il mourut en 1934, laissant sa famille dans un dénuement complet (1). Il avait été beaucoup plus drôle que son père. Il avait un jeu beaucoup moins primitif. Il laissa pourtant, sous un nom identique, le souvenir d'un clown beaucoup moins célèbre.

⁂

Porto ne demandait donc qu'à terminer avec d'autres l'expérience commencée avec Chocolat fils, quand la défaillance des Fratellini, passant au Cirque d'Hiver,

(1) E. Mylos, *Le Nouvelliste des Concerts*, 20 sept. 1934.

priva de ses étoiles le cirque Medrano, embarrassé pour en trouver de nouvelles. Son originalité plaçait Porto au premier rang des comiques fidèles à la maison. Son dynamisme, ses reparties, sa tournure d'esprit, agréable sans subtilité, gavroche sans impertinence, mélange de clown et de bouffon, le désignaient naturellement comme le seul comique méritant alors d'être élevé à la dignité de premier pitre. Deux autres clowns, Carlo et Mariano, étaient pressentis pour accepter le lourd héritage des Fratellini. Il leur manquait un troisième larron. Ils consentirent volontiers à faire, entre eux deux, une place à Porto, pour qu'il les complétât.

⁂

Carlo Carpini, dit Carlo, était d'une famille d'acrobates d'origine italienne. Mariano Rodriguez, dit Mariano, né à Madrid en 1880, était le fils d'un des premiers gymnasiarques de l'époque et d'une funambule distinguée.

La famille Rodriguez, apte à tous les exercices du manège, formait une troupe homogène, tout entière engagée dans le même cirque. Le jeune Mariano, encore enfant, dut à cette circonstance de débuter parmi les siens avec Lavater-Lee, qui l'apporta en piste enfermé dans une valise. Les débuts des enfants de clowns dans les pistes sont toujours identiques. Nous ne mentionnons l'aventure du petit Mariano que pour pouvoir le dire.

Sous la direction de sa famille, Mariano apprit l'a. b. c. du métier, tâta un peu du trapèze volant, figura dans un numéro d'acrobates sur table, chez Plège, aborda les acrobaties musicales, tout ceci pêle-mêle et insuffisamment pour composer une attraction intéressante.

En 1896, Mariano Rodriguez partit en Allemagne avec sa famille pour entrer dans un cirque qui ne tint pas ses engagements et la laissa dans une situation précaire. Le cirque Busch, alors à Berlin, la recueillit. Puis elle se rendit à Stockholm. Elle se composait alors du père Rodriguez, de la mère Rodriguez, de Mariano, de sa sœur et d'un élève qui, voyant son maître en difficulté, préféra bientôt le quitter.

De leur côté, les Carpini — les affaires allaient décidément mal pour tout le monde — se trouvant dans des conditions identiques, ne savaient trop quoi faire de leur fils Carlo. Ils ne se firent pas prier pour le remettre aux Rodriguez en remplacement de leur élève. C'est ainsi que Carlo et Mariano se connurent. En 1903, ils parurent pour la première fois au cirque Sidoli, à Brunswick et ne se quittèrent jamais. Le fait, qui est une exception peut-être unique pour les clowns n'appartenant pas à la même famille, mérite ici d'être signalé.

Carlo et Mariano accomplirent leur carrière principalement en Allemagne et dans les pays de culture germanique. Ils jouaient « selon le classique contraste du clown à sac pailleté et de l'auguste empêtré dans une défroque qui est, en principe, le vieil uniforme du patron du cirque ou de l'employé de la barrière. Mariano s'y glisse en y mettant une allure de gandin qui en fait un type particulier et fignolé dans la comédie du cirque » (1).

A partir de 1909, Carlo et Mariano parurent dans les cirques français de province, chez Court à Marseille, chez Chevallier-Charles au Havre. Après avoir été engagés par Hagenbeck, en Allemagne, ils sont chez Roche, à Amiens, à Boulogne et à Lille. Au début de la guerre 1914-1918, ils jouaient en Hollande, où ils attendirent les heures meilleures des cirques français jusqu'en 1920. De 1924 à 1927, ils touchent le public de Medrano, où ils deviennent avec Porto les clowns vedettes. Il n'y a chez eux rien qui surprenne. Il est temps que le succès leur ouvre ses portes : Carlo et Mariano peuvent, en effet, fêter leurs vingt-cinq années de piste le 16 mai 1927, chez Medrano.

Pour la seconde année d'engagement, ils présentèrent une entrée fort originale : *Les Boîtes*. Apportés chacun dans une caisse dont le couvercle s'ouvrait comme une boîte à guignol, ils apparaissaient en pantins mécaniques qui, après avoir été remontés, jouaient avec une perfection de chronomètre une entrée habituelle. La panne d'électricité opportune, qui terminait leur numéro, leur laissait le temps de disparaître, tandis que les pantins sosies prenaient leurs attitudes figées. La lumière revenue, les trois clowns faisaient leur entrée en piste comme s'ils n'y étaient jamais venus.

Carlo et Mariano refusèrent, pour convenances person-

(1) M. Legrand-Chabrier.

nelles, de prolonger le contrat que la direction leur offrait en collaboration avec Porto. Pour des raisons que nous analyserons tout à l'heure, Carlo et Mariano se plaignaient du jeu trop hétérogène de leur jeune partenaire. Au cours de leur carrière, ils avaient pris des habitudes dont Porto faisait trop bon marché pour qu'ils ne fussent pas choqués par sa suffisance. Pour eux, Porto n'était qu'un débutant, plein d'idées nouvelles, épris de son métier et d'un entrain infatigable, toutes choses qu'ils reconnaissaient volontiers, mais qui ne le dispensaient pas de leur rendre l'hommage dû aux vieux artistes qu'ils étaient. Les reproches, au fond, n'avaient rien de grave. Porto exagérait-il son indifférence à l'égard des clowns qui ne s'accommodaient pas des nécessités tyranniques d'une interprétation plus accélérée que jamais, en raison de la richesse des programmes et bousculait-il trop ses partenaires ? Les doléances de Carlo et de Mariano n'étaient-elles pas l'écho des dissentiments qui surgissent toujours entre les augustes d'un même trio ? Porto, dans tous les cas, dépassait de beaucoup l'envergure de Mariano. Il ne fallait pas attendre de lui qu'il fît amende honorable et laissât sa place à qui ne l'égalait pas.

Carlo et Mariano quittèrent le cirque Medrano et perdirent, en même temps, leur situation de vedettes. La dignité de Mariano se trouva désormais hors d'atteinte dans le trio Carlo, Mariano, Comotti, celui-ci, bien qu'il pût prétendre à un rang supérieur, se contentant de la dernière place, et dans le trio Carlo, Mariano, Pastor. Mais rien de particulier ne différencia ces équipes. Elles naquirent et moururent sans attirer l'attention.

Carlo Carpini mourut en 1937, après trente-cinq ans de collaboration avec Mariano. Celui-ci, fidèle à la mémoire de son partenaire, n'en chercha pas de nouveau. Il accepta, selon les occasions, d'être auguste de soirée dans les cirques parisiens. Vieilli, il n'y dépensait pas beaucoup d'activité. Il parut, en 1943, dans le charivari des augustes, au cirque Albert Rancy, installé au Grand Palais pendant l'occupation allemande. Il mourut en 1944 oublié de la plupart de ses collègues.

*
**

La collaboration de Porto avec Carlo et Mariano fut décisive pour la formation de son originalité.

Nous avons noté qu'avec Chocolat fils l'activité de Porto s'orientait vers la comédie. C'était véritablement le seul champ qui se présentait sans barrière aucune à ses possibilités. Il n'était, en effet, ni acrobate ni cascadeur. Ses connaissances musicales étaient réduites à la plus simple expression.

Avec ses partenaires, Porto se trouva donc obligé de demander à la pantomime parlée — pas même à la pantomime dialoguée — ce qu'il avait besoin pour atteindre au comique très spécial du cirque, qu'à défaut d'autres ressources il savait servir avec succès. Il se heurtait à chaque instant à des difficultés qui tenaient à la constitution même du trio.

Carlo, qui parlait imparfaitement le français, avait un débit intermittent, se ressentant d'un séjour prolongé en Allemagne. Il ne montrait aucune disposition pour l'improvisation. Habitué à la cadence rapide du dialogue avec Chocolat fils, Porto se laissait aller à ses répliques inattendues que rien n'indiquait dans le canevas et qui réduisaient Carlo au silence et Mariano à jouer les utilités. Il était constant qu'au dynamisme de Porto, Carlo, resté dans la tradition du clown débonnaire, et Mariano à qui l'humeur flegmatique tenait lieu de toute science, ne pouvaient opposer que leurs habitudes acquises en vingt ans de pratiques amicales.

*
**

En bref, l'introduction de Porto dans le couple Carlo-Mariano faisait l'effet d'une explosion. Elle les privait l'un et l'autre de leurs moyens normaux d'expression, et tandis qu'au cours de leur représentation ses deux partenaires se ressentaient d'une émotion sans cesse renouvelée, Porto prenait la tête du jeu et déployait une activité exagérée pour l'équilibre du trio. Carlo était pour Porto la bonne pâte qu'on modèle ; Mariano, dans le grand art des clowneries, le serviteur prêt à accommoder les restes. Peu empressé à rendre hommage à un jeu qu'il ignorait chez eux, Porto improvisait. Il cherchait les effets, bouchait les vides, ramassait les efforts dispersés, restituait à la personnalité de l'auguste le caractère de la mouche du coche, allait de l'un à l'autre, interrogeant, répondant, haletant, emplissant littéralement la piste d'une exubérance, on peut dire déloyale, puisqu'elle enlevait à ses partenaires leur chance de succès et aussi leur chance de salut.

***

Facilité d'élocution mise à part, Carlo avait de l'autorité dans le geste et de la distinction. Il possédait ce qu'il faut à tous les grands clowns : le sens des valeurs. A côté du gandin benêt Mariano, toujours ahuri et d'une insupportable gaucherie pour placer un mot, à côté du brouillon Porto, amusant d'inconséquences, Carlo réservé s'imposait comme un mime fort intéressant. Sa rondeur, sa mesure, son accent, son assurance à témoigner de ses connaissances dans un rôle qu'il remplissait depuis vingt-cinq ans contrecarraient l'agitation de Porto. Celui-ci ne faisait en somme que débuter dans une spécialité ingrate et difficile. Il ne tarda pas à savoir que, sous un jeu moins bouillonnant que le sien, plus concentré, plus réfléchi, Carlo révélait des connaissances approfondies de la comédie silencieuse. Aussi, et quoi qu'il en pensât plus tard, la collaboration de Porto avec Carlo et Mariano ne fut pas qu'un passage. Elle fut une école pour lui.

Qu'il considérât Carlo comme un professeur écouté ou qu'il glanât dans la piste ce que Carlo y laissait de ses qualités, Porto ne pouvait pas prétendre ne pas avoir été influencé. Observant et découvrant les ressorts et les signes extérieurs des moyens émotionnels de Carlo, Porto apprit, consciemment ou non, à exprimer la fantaisie clownesque non plus sous l'aspect de la comédie, mais sous celui de la pantomime.

Ainsi Porto, dominé par sa dévorante volonté d'adaptation et d'assimilation, profita à la fois de la défaillance de ses partenaires pour ce qui était de la pantomime parlée improvisée et de leurs capacités dans la mimique. Carlo ne parut pas assez longtemps sur les affiches pour n'être pas oublié. Il était néanmoins nécessaire de rechercher et de lui reconnaître tout ce que Porto lui devait.

⁂

Le trio Carlo-Porto-Mariano ne résista pas au temps. L'absence de cohésion entre les partenaires que l'insubordination érigée en principe de Porto rendait irrémédiable donnait à l'interprétation une impression de décousu et de laisser-aller préjudiciable au succès du trio.

Porto manquait, comme il manqua toujours, d'esprit d'humilité et de sacrifice qu'il lui eût fallu consentir pour que les trios dont il fit partie bénéficiassent d'un triomphe collectif et non plus d'un succès personnel que chacun, indépendamment des autres, se croyait de taille à pouvoir se réserver.

Au contraire, au fur et à mesure que Carlo et Mariano sentirent l'inutilité de leurs efforts pour remédier à la dispersion d'une interprétation de moins en moins ordonnée et laissaient Porto dépenser en pure perte sa verve et sa turbulence, celui-ci tranchait dans le vif, négligeait de plus en plus ses partenaires. Il manifestait déjà des tendances à s'imposer comme artiste solitaire, note que plus tard il dégagera, alors qu'ayant franchi l'étape où le pitre n'a plus besoin du clown pour l'enflammer, Porto se renouvellera aux profondeurs secrètes de son exaltation.

⁂

De vedette avec Carlo et Mariano, Porto, pour rester à Medrano, où il se sentait chez lui mieux que partout ailleurs, accepta d'entrer dans la combinaison Cairoli-Porto-Carletto, qui concurremment avec Dario-Bario et Rhum allait se partager les beaux et derniers succès de la direction Bontem.

Si Cairoli rappelait un peu Carlo par son allure et ses attitudes de clown débonnaire, ses rapports avec Porto devaient être plus sévères.

D'abord, leur collaboration était une reprise. Cairoli connaissait les prétentions et les défauts de la cuirasse de son partenaire. Il sut réagir à temps et obliger Porto à respecter un équilibre dont il avait trop tendance à s'éloigner. A chaque dessein de Porto de sacrifier le succès du trio à des fins personnelles, Cairoli forçait la note, donnait dans les excentricités et rendait la situation de l'auguste malaisée. D'ailleurs, il ne s'agissait plus pour Porto de laisser aller sa langue et de répandre à travers la piste un flot de cocasseries plus ou moins drôles. Cairoli était un clown parleur d'une rare fermeté. Il possédait une diction impeccable, agrémentée, juste ce qu'il fallait, d'accent italien pour ne pas alourdir le débit, ni forcer le ton, mais pour lui conserver une saveur exotique qui plait toujours aux spectateurs des cirques. Cairoli n'était gêné ni pour la saillie, ni pour la repartie et nous l'avons vu souvent s'entraîner aux surprises de la comédie *sostenuta*, avec ses collègues, après la représentation, dans sa loge. Il témoignait d'une rare imagination et l'improvisation ne le trouvait jamais à court d'arguments.

En piste, toutefois, Cairoli entendait que Porto s'en tînt au dialogue fixé d'un commun accord au cours des répétitions et n'introduisît pas, au gré de sa facilité, des éléments comiques sans rapport avec le sujet. De plus, pour que Porto respectât les règles admises, il suffisait à Cairoli de se reposer sur Carletto qui, bien que jeune débutant, recelait déjà un tempérament qu'un peu de métier allait bientôt mettre en valeur. La crainte de cette éventualité fut peut-être, pour Porto, le commencement de la sagesse.

⁂

Pour ce qui le concerne, Cairoli, autant que Porto, ne craignait pas de se colleter avec le travail. Il y a beaucoup de clowns qui se refusent encore à le croire. C'est dans le travail qu'est la condition du succès.

Cairoli était, à Montmartre, moins connu que Porto. S'il avait eu quelque notoriété avec Antonio (Lozano), personne ne s'en souvenait plus. Pour un nouveau départ, Porto se trouvait donc en meilleure posture que lui, mais il ne fut pas long à comprendre les réactions du public et se fit un point d'honneur de serrer de près son partenaire qui les connaissait beaucoup mieux et depuis plus longtemps. Clown, mime, musicien, jongleur, animateur excellent, Cairoli eût été loin du compte avec un auguste du type idiot. Porto ne le rappela qu'accidentellement et de très loin, et encore pour se regimber dans la minute suivante avec hauteur et véhémence. De même fut-il rarement l'auguste triste dont certaines photographies, parmi une collection nombreuse, paraissent accréditer une légende à laquelle le critique ou l'historien du cirque doit dès maintenant couper court. Au contraire, la comédie des claques, la misérable gifle n'importunèrent Porto que dans la mesure où, avec Carlo et Mariano, ceux-ci utilisèrent les gros effets pour concentrer l'attention sur un jeu qu'il savait éparpillé et chaotique. Et encore, soucieux de sa dignité, jaloux de sa situation, susceptible par nature et récalcitrant par déformation professionnelle, Porto fut presque toujours le contradicteur et le protestataire, rarement la victime. Il laissa d'abord à Mariano, puis à Carletto, le rôle uniforme de dupe, bon à tout prendre et à tout accepter, que seul Chocolat père fut, par exception, le seul à remplir, sans doute en raison d'une prédisposition dont la psychologie nous échappera longtemps. Porto accepta qu'à d'autres que lui fût dévolu le mérite de servir d'obstacle à la douche glacée ou à la tarte à la crème.

⁂

Contradicteur, rouspéteur, rebelle, Porto ne le fut pas en réaction contre ses mésaventures. Du stade protestataire, il passa à l'attaque. Il créa un type d'auguste espiègle qui ne dépareillait pas déjà le clown gavroche qu'incarnait Chocolat fils. Il ne se contenta pas d'attendre le fer de son partenaire clown pour sortir et croiser le sien. Il le taquina quand il put, comme il put, par un échange de bons procédés qui ne déplut pas à Cairoli, mais que les clowns autoritaires de l'époque Foottit-Antonet n'eussent point voulu admettre.

Ainsi Porto empêtrait Cairoli dans ses tours de prestidigitation, l'interrompait dans son numéro de jonglage, corsait une audition musicale d'une cacophonie de bruits ineptes. Et non pas à l'instar des autres augustes, pour compliquer une situation, prolonger une entrée, enrichir une scène d'un détail utile, corser un dénouement que l'habitude rendait quelconque. Mais avec parti pris, avec la manie inconsciente des personnalités qui se sentent mûres pour toutes les audaces et qui entendent attirer sur eux tout l'intérêt, grâce aux chances qu'offre la liberté de travail en piste.

Alors, si l'éclat magnifique des oripeaux du clown le désignait toujours aux suffrages des amateurs de fantaisie, son rôle semblait de moins en moins tranché. Le clown acceptait passivement la contrainte de son partenaire. La passivité de l'auguste devenait activité.

Cet étrange amalgame de deux personnages jusqu'alors bien distincts, cette combinaison grotesque du clown et de l'auguste réduits à l'expression d'un comique hybride, eut pour conséquence de faire à la fois de Cairoli et de Porto deux comiques identiques sous des travestis différents.

Porto n'échappait pas à la tutelle du clown. Ni sa personnalité, ni sa séduction ne ravirent à Cairoli son autorité. Tout juste arriva-t-il à la balancer, à se maintenir à sa hauteur. Dans la même mesure où le fait s'était produit avec Chocolat fils, la collaboration de Porto et de Cairoli marquait le passage de la farce clownesque, où l'interprétation est subordonnée à la primauté de l'un des partenaires, au plan supérieur de la farce classique à deux personnages, de construction rigoureuse et bien équilibrée, dans laquelle les acteurs se complètent et s'affrontent toujours sans jamais se soumettre.

⁂

Dès que Cairoli incarnait des personnages autoritaires, l'équipe reprenait sa dualité essentielle. Il ne fallait pas que Cairoli demeurât clown ; il fallait qu'il fût juge, homme du monde, baladin de haute situation.

Alors, Porto ne rechignait pas. Il acceptait son sort avec sérénité.

Dans l'entrée de *La Voyante*, qu'ils avaient fignolée avec un souci méticuleux d'éviter les chutes, Cairoli, en smoking, avait un rôle de professeur d'hypnotisme. Porto, « voyante extra-lucide », exprimait le caractère d'une commère irritée qui se moque des autres mais point ne veut qu'on l'ennuie.

On connaît le canevas de cette parodie. Porto, dans ses prévisions, collectionne les inexactitudes, les indications mensongères et les évidences. Cairoli, que rien n'indispose, continue ses questions avec un aplomb imperturbable.

— Sujet, qu'est-ce que cette dame a dans la main ?

— Un programme.

— Quel programme ?

— Le programme du cirque Medrano.

— Très bien ! Sujet, qu'est-ce que ce monsieur fait actuellement ?

— Il fume.

— Qu'est-ce qu'il fume ?

— La pipe.

— Qu'est-ce qu'il y a dans la pipe ?

— Du tabac.

— Du tabac. C'est cela. Très bien ! Sujet...

Il n'y avait rien que Porto n'arrivât à deviner. Le professeur, certain de son fait, veut se montrer de plus en plus fort. Il écrivait un nombre sur une ardoise. Trois.

— Sujet, devinez le nombre écrit sur cette ardoise.

Il lui donnait trois coups de batte sur la tête.

— Trois.

— Très bien, monsieur, écrivez un nombre.

Tout le monde lisait : 7.395.

— Sujet, quel est le nombre écrit sur cette ardoise ?

Le professeur commençait à frapper la voyante. A vingt-cinq, Porto, soudain rappelé à la réalité, se débarrassait du bandeau sur les yeux, fonçait, véhément, sur le spectateur complice, et les hommes de la barrière n'étaient pas trop pour retenir Porto décidé à administrer une correction au plaisantin.

Dans la parodie de *La Nourrice*, Porto avait encore un rôle de femme qu'il remplissait étonnamment.

Porto, nounou, s'installait dans les places et, dès que le clown commençait son numéro, l'enfant pleurait.

— Tais-toi, mon petit. Ne pleure pas. Tu vas t'amuser.

Porto rendait son personnage d'une manière pas banale. L'enfant pleurait de nouveau. Le clown s'arrêtait, faisait un mouvement de lassitude et attendait.

— Ce n'est pas de ma faute. Je fais ce que je peux, disait Porto. Vous n'avez qu'à être à ma place.

Nouveau geste d'impuissance de Cairoli.

— Si vous croyez que ça m'amuse, avouait Porto.

Bientôt Dame Porto se mettait en colère. Elle se posait en victime. Manie de la persécution, folie douce, irritabilité, incontinence verbale, gestes saccadés, nervosité. Les spectateurs assistaient à la plus extraordinaire débauche d'attitudes comiques. Porto ne lui faisait grâce d'aucune sottise pour s'identifier avec son modèle. Puis c'en était à son voisin immédiat que la nourrice s'en prenait. Elle lui parlait de son enfant. Il refusait poliment d'écouter, mais Porto éclatait de nouveau, vexé.

Cairoli, en vain, essayait de démontrer à la nourrice qu'elle l'empêchait de travailler. La remarque faisait déborder le vase. La nourrice invoquait tous les saints connus et vouait l'homme à l'exécration. Ses mouvements d'épaule, son menton en avant désignaient le clown et appelaient la salle en témoignage.

— Vous avez de la chance que je sois une femme, que je sois une mère de famille... Que mon mari ne soit pas ici... Vous n'oseriez pas faire ce que vous faites, si j'étais un homme.

Porto trépignait, collait son marmot dans les bras de son voisin, faisait mine d'enjamber la barrière pour rendre des raisons au clown abasourdi par un pareil incident. Ce n'était plus une parodie, ni une caricature de la nourrice sèche, mais une charge, une satire extravagante de la vieille fille véhémente et en ébullition.

Mais il s'en fallait de très peu pour que, dans cette entrée qui avait son corollaire dans celle du *Bébé géant*, Porto n'eût plus besoin du clown. Le régisseur en piste lui eût suffi. Porto avait fait un nouveau pas en avant. Il échappait à l'emprise du clown. Il était le verbe et l'action, le jouet même de son enthousiasme lyrique. Il s'engageait délibérément sur le chemin de la solitude et de la création.

Dans *La Somnambule kleptomane*, qu'il interprétait avec Alex (Bugny), qu'il eut pour clown quand il quitta Cairoli, Porto, par un jeu vigoureusement mené, une mimique d'une bonhomie ironique, retrouvait toute sa malignité de gavroche et de farceur hypocrite. Il y avait du Scapin en lui.

Alex expliquait d'abord que sa femme était malade.

Elle était somnambule. Elle marchait endormie. Il fallait craindre de la réveiller : on pouvait la faire mourir. En outre, elle était kleptomane. A l'état de rêve, elle descendait dans la rue, elle volait à l'étalage des boutiques, elle fouillait dans la poche des passants. Alex était obligé de la surveiller, de la suivre et, le lendemain, de restituer à leurs propriétaires, les montres, les bijoux ou les portefeuilles qu'elle avait volés.

— Justement, la voilà, disait Alex. Ne bouge pas. Ne lui dis rien. Tu la ferais mourir.

Elle se dirigeait vers Porto, glissait sa main dans son gousset, lui dérobait son chronomètre. Porto résistait. Alex lui faisait signe.

— Chut ! Tais-toi. Je t'en supplie. Je te le rendrai demain.

La somnambule sortait. Pas pour longtemps. De nouveau, Porto était le but de ses rêves.

— Porto. Laisse-toi faire. Tu la ferais mourir.

La femme lui retirait son veston et s'en allait.

— Tu vois ! Ce n'est rien ! C'est comme ça. Elle emmène tout à la maison.

— Oui, mais moi, je suis ennuyé. Je ne peux pas rentrer chez moi comme ça. Qu'est-ce qu'on va dire ?

La dormeuse réapparaissait. Porto changeait de place et poussait un soupir de soulagement. Cette fois, elle semblait l'éviter. Mais non, c'est à lui encore qu'elle en voulait. Il se demandait anxieusement si ç'allait être le tour de son pantalon.

— Ne la réveille pas. Je t'en prie, laisse-toi faire !

— Tu exagères, disait Porto.

La somnambule se ravisait alors. Elle prenait Porto par le menton, elle lui caressait la figure ; il se laissait faire ; elle le saisissait amoureusement par le bras et l'entraînait.

Alex protestait de toutes ses forces. Porto souriait, prêt à toutes les aventures.

— Tais-toi, disait-il à Alex. Ne la réveille pas. Elle pourrait mourir. Reste ici, je te la rapporterai demain.

⁂

Porto, installé dans un fauteuil dont il prétendait avoir acquitté le prix, se refusait à rejoindre Alex dans la piste. Pour une fois, il assistait à la représentation. Il entendait s'amuser et rire comme tout le monde.

— Fais-moi rire, Paillasse.

Mais le clown ne le comprenait pas ainsi.

— Votre place n'est pas là. Elle est ici avec moi.

Alex le menaçait du régisseur, du directeur, de l'administrateur, de la police. Porto prétendait avoir acheté un billet à l'entrée. Il avait le droit de s'asseoir, de voir le spectacle et de partir quand bon lui semblerait. La logique et le droit étaient de son côté. Il n'y avait aucune autorité qui pût le faire changer d'avis.

— C'est bien, disait Alex. Mais faites voir votre billet.

— Mon billet ? Il est là dans ma poche. Je le montrerai à l'ouvreuse, si elle me le demande. Pas à vous. Vous êtes ici pour m'amuser. Et non pour m'ennuyer.

Entre-temps, Porto cherchait dans toutes ses poches le billet qu'il n'avait visiblement pas. Il se penchait alors sur sa voisine, qui consentait à lui confier momentanément le sien. Dès lors, certain de gagner la partie, Porto se laissait aller au contentement.

— Et si je n'avais pas de billet ? Qu'est-ce que vous feriez ?

— Si vous n'aviez pas de billet ? Vous passeriez un mauvais quart d'heure. Vous seriez expulsé de votre place avec perte et fracas, sans souci de votre situation ni de votre postérieur.

Le clown mimait, précisait les sanctions : prise au collet, gifle par ici, coup de pied par là, correction complète.

— Une main au pantalon ! L'autre au collet ! Et hop ! Sortez !

— Ah ! oui, ironisait Porto. Vous feriez ça ?

— Je me gênerais peut-être ?

— Alors ! Vous dites, une main au pantalon...

L'hilarité de Porto augmentait proportionnellement aux menaces du clown.

— Eh bien, disait Porto, puisque vous êtes si malin,

demandez donc à la dame qui est près de moi de vous montrer son billet.

*
**

Les figures de la pantomime se sont maintenant intégrées dans la danse et, depuis la disparition des derniers mimes, des Séverin et des Farina, le public, qui n'est plus initié aux gestes d'un genre tombé en désuétude, se lasserait vivement d'une forme de spectacle qui ne s'était réfugiée dans les cirques que pour assurer à ses interprètes une retraite digne de leurs jours de gloire et pour y finir sans regrets. Mais, d'aventure, les clowns peuvent se permettre d'interpréter un sketch aux paroles réduites au minimum pourvu que les sentiments exprimés relèvent de la vie quotidienne.

C'est ce que Porto comprenait bien dans *Le Déjeuner sur l'herbe.* Dans son répertoire, cette entrée fut sa réalisation la plus parfaite et la plus dépouillée. Seul en piste, agissant dans le domaine étroit, mais d'autant plus évocateur, des réalités, Porto mimait l'amateur de plaisirs champêtres.

D'un panier contenant du pain, des œufs durs, une bouteille de vin, sa serviette et des couverts, Porto tirait des effets d'une signification intelligible à tous, au milieu d'un silence extraordinaire donnant à la scène une atmosphère de solitude qu'aucun décor d'arbres n'aurait pu aussi pleinement évoquer. Porto étalait sa serviette, disposait son verre, aiguisait son couteau, débouchait la bouteille, saupoudrait son œuf de sel, mordait dans sa tartine, toutes choses communes qui, dans leur exécution, se chargeaient d'exubérance bouffonne et de gaîté explosive.

Tandis que Porto déjeunait, Alex s'approchait en cachette et buvait subrepticement le verre de vin que le mangeur, avec une vive satisfaction, s'était préparé. Alors Porto découvrait le larcin, examinait le spectateur le plus proche. Il avait l'air à la fois de le féliciter d'aimer le bon vin et de lui reprocher d'en user trop à l'aise avec lui. Pour éviter la récidive, Porto emballait ses victuailles et partait se réinstaller vers un autre point de la piste où la mimique recommençait, jusqu'à ce qu'il surprît enfin Alex la main sur le verre.

La comédie silencieuse ne peut exprimer que des sentiments communs et rudimentaires, quand elle n'a dans ses moyens et à sa disposition que le jeu d'un clown. Aussi *Le Déjeuner sur l'herbe* n'était-il qu'une exception pour Porto qui se révélait sous des aspects beaucoup plus originaux et plus divers dans l'entrée dialoguée. Mais l'exception aurait pu, à son tour, devenir une méthode, sinon une règle, et une nouvelle génération de clowns utiliser une technique mise au point, si Porto avait eu le temps de poursuivre ses tentatives dans cette direction.

La Seconde Guerre mondiale, puis la mort ne le lui permirent pas.

⁂

En novembre 1941, les journaux parisiens, recueillant une nouvelle mandée de Cannes, annoncèrent que le clown Porto était mort à l'âge de cinquante ans.

Porto, qui avait fui au Portugal après l'exode de 1940, ne put, en raison des lois raciales, obtenir la permission des autorités allemandes de rentrer à Paris. Après avoir joué avec Filip et Maïss à Lisbonne, Porto réussit à regagner Cannes, alors dans la zone non occupée, où un engagement l'attendait avec Maïss, son ultime partenaire. Il mourut quelques semaines après à Mandelieu dans une ferme où, grâce à la générosité d'un ami, il essayait de lutter contre les progrès rapides de l'affection pulmonaire dont il souffrait depuis longtemps.

⁂

Qui pourra, parmi les jeunes clowns qui l'ont connu, réincarner Porto ?

Sa silhouette originale d'auguste à tignasse rouge brique mal cuite, au veston jaune d'œuf, au maillot rouge sous un gilet blanc immaculé, aux brègues couleur d'omelette, au long mouchoir incarnadin et flottant, au parapluie grenat, dépassait singulièrement dans sa composition celle de tous ses confrères. Son jeu, d'une mélancolique ironie et d'une malice agressive, offrait un exemple de plus d'une personnalité dégagée de la traditionnelle aventure comique du cirque, tentative esquissée par Little Walter, poursuivie par les augustes du type intelligent et réalisé par Rhum (Sprocani).

Sa fantaisie vraiment populaire était toujours humaine. Il personnifiait dans son instabilité et ses inquiétudes celui qui n'accepte pas et croit à la nécessité des protestations, illusoires dans leurs résultats quand elles sont personnelles, significatives quand elles sont unanimes. Il touchait aussi profondément au cœur des masses de spectateurs du seul cirque où Porto débuta, grandit, s'épanouit, ce cirque Medrano qui n'a point son pareil pour le peuple parisien.

⁂

Porto n'était pas seulement un pitre, le parent pauvre, le délaissé qui cherche à réintégrer la grande famille des hommes d'où le sort l'a professionnellement exclu. Il tentait, autant pour notre plaisir que pour le sien, de défendre la cause de l'auguste, dont le jeu fut, depuis son apparition, une lutte pour l'égalité de ses droits avec le clown. Nous avons vu dans quelle dépendance ses maîtres es pitreries le voulaient conserver. Signe des temps, Porto revendiquait une situation meilleure. Son talent la lui fit obtenir. Exprimant son angoisse et les difficultés d'accéder, depuis l'auguste de soirée anonyme, aux portes du succès sous les apparences de la vedette au nom tracé en majuscules, transmutant en rire fin la matière vile de ses préoccupations, Porto ne sépara pas son art d'avec la vie.

Sa grandeur et son talent tinrent surtout à sa sensibilité. Il sut toujours trouver la note juste. Pour ne pas fatiguer, il choisit, parmi des petits moyens, l'instrument, un style qui maintient l'interprétation loin des développements extravagants où la situation initiale perd de sa netteté, où l'action s'embrouille, où le dénouement n'a plus aucun rapport avec l'intrigue. La trame de ses entrées, le canevas, prétexte, le fil conducteur avaient la solidité de ses aspirations. Il voulait arriver. Il avait de l'orgueil, certitude et défense de ses qualités. On peut compter les entrées qui, en raison d'habitudes anciennes et d'expériences passées, gardèrent un accent de vulgarité.

Tout le temps de sa collaboration avec Alex (Bugny), Porto s'évertua à reconquérir la place de vedette que Rhum lui avait enlevée. A l'époque où d'autres se fussent contentés de vivre sous des lauriers fanés, il jouait encore de son éternelle illusion, de son incomparable naïveté, signes d'une jeunesse sans défaillance. Car il était naïf dans le privé, davantage encore, s'il se peut, qu'il l'était en piste. Dans le travail, son existence était un jeu dont il connaissait le prix, tandis qu'il ignorait l'enjeu véritable de la vie. Il restait le grand garçon, le brave cœur, le délicieux camarade tel que la nature l'avait façonné. Il acceptait d'être, en même temps que le héros, la victime d'aventures bouffonnes parce que, dans un monde plein de lâcheté et d'hypocrisie, il avait la coquetterie de les subir, plutôt que l'impudence de les faire. Hors du cirque, il n'était pas heureux. Il se savait dupe, il en souriait, c'était la sagesse. D'autres appelleront cela ce qu'ils voudront.

Ces qualités-là le firent ce qu'il fut.

« Porto, a dit M. Legrand-Chabrier, est un auguste d'une rarissime individualité originale... Il a toujours résisté aux changements de partenaires, ce qui n'est pas toujours le cas, en ce cas... Je crois qu'en son expression personnelle, Porto est un nouveau Grock. »

Dans son expression personnelle, peut-être, mais non dans son jeu. Grock doit tout au cirque. Porto ne lui devait que son émotion.

Parmi les types de la comédie de caractère qui supplante au cirque la comédie des claques, Porto était un descendant direct des comédiens de l'hôtel de Bourgogne, à un tel point qu'on avait songé à le faire débuter dans Molière. C'est parce qu'il n'était ni sauteur, ni cascadeur, ni musicien, ni grimacier que Porto dut sa frémissante passion d'interpréter les clowneries à la façon d'un comédien.

Ceux qui poursuivent son fantôme pour se l'approprier ne devraient pas l'oublier. Rhum, non plus, considéré à juste titre pour certaines de ses qualités comme l'héritier présomptif de Porto. Car, comme Grock, Rhum doit au cirque tout son talent. S'il dépasse déjà Porto en finesse et en esprit, l'égalera-t-il jamais en pureté dans la comédie ?

La place de comédien de cirque occupée par Porto reste vacante. Qui la prendra ? Seul l'avenir peut nous répondre.

XVIII

RHUM

AU moment où les clowns célèbres luttent en compétition pour le titre du meilleur clown, de vedette des vedettes (1), un jeune comique, Henri Sprocani, dit Rhum, émerge du groupe de la génération montante et se mesure avec ses pairs.

Engagé dans le trio Dario qui ne supposait pas sa recrue d'une originalité envahissante, Rhum se trouve placé d'emblée au premier rang pour jouer ses chances et possède autant d'atouts en main que les autres.

Il n'était pas le seul de sa génération à prendre un départ fulgurant, Joe Walter l'avait précédé ; Charles Rivels et son frère Polo le suivaient de près. Carletto Cairoli et Achille Zavatta s'apprêtaient à faire comme lui. Tous ceux-ci sont des augustes. Alex (Bugny), bien qu'à cheval sur deux générations, fait aussi des débuts qui lui procurent des lauriers abondants. Mais les uns et les autres se classent immédiatement derrière les as de la génération précédente. Rhum n'a pas grand mal à les rattraper et à les dépasser.

Rhum, de son nom Henri Sprocani, est né à Berlin, en 1904. Sa mère, Natalina Piatti, était une des quatre sœurs Piatti qui composaient avec les quatre frères Piatti la troupe du cirque Piatti, le second cirque ambulant qui parut en Algérie. La cadette des sœurs Piatti, Louise, se

(1) Antonet ne proposait rien moins qu'un tournoi au cours duquel les équipes de clowns interprétaient une entrée choisie par un jury composé de directeurs de cirque, de spécialistes et d'afficionados. La palme reviendrait dans les catégories couple ou trio au plus brillant. L'idée n'eut pas de suite.

maria avec Louis Miniggio, qui fut trapéziste, acrobate, dresseur et clown (1).

Le père de Rhum, d'origine italienne, avait été auguste. Il avait travaillé, déjà sous le nom de Rhum, avec Milichar, un clown tchèque, au masque distingué, qui se contentait pourtant de se faire appeler Kirsch, ce qui ne l'était guère (2). Le père Sprocani n'avait accepté qu'à regret d'occuper une place de pitre dans l'échelle des valeurs du cirque. On sait que pour un acrobate, exercer le métier de clown, c'est beaucoup déchoir. Anciens trapézistes de la troupe Sprocani-Manzoni, concurrents des frères Poppescu, célèbres par leur numéro de barres fixes composées, Sprocani et Manzoni eurent une destinée identique puisque ce dernier, à son tour, monta un numéro de clown musical avec Deltorelli et remit à la mode l'intermède des *Echelles animées* dont la création est, faute de preuves plus anciennes, attribuée aux Price.

Par une de ces coïncidences bizarres qui n'arrivent qu'aux gens de cirque et alimentent les gazettes, le père Sprocani mourut le 2 mars 1922, à Villiers-le-Bel, le même jour que son partenaire Z. Milichar, dit Kirsch, retiré en Hongrie. Nous n'enregistrons cette coïncidence qu'avec scepticisme. Elle pourrait n'être, toute réflexion faite, qu'une banale invention servant de conclusion à la biographie de deux compères sans histoire.

Henri travaillait avec son frère aîné, Raphaël (né en 1899), dans un numéro d'excentricités musicales sous le nom des Sprocani quand leur père mourut. Connaissant tout ce qu'un jeune homme de dix-huit ans nourri des traditions du cirque peut avoir appris sous la direction d'un père ancien acrobate, comique et écuyer, il héritait d'un nom, Rhum, facile à porter et que la mode des pseudonymes, choisis sur la carte des spiritueux, n'avait pas usé. Il décida de se l'approprier, tandis que son frère ne se contentait pas de celui de Raphaël, reprenant celui de Kirsch qui lui semblait avoir plus d'allure et être plus convenable pour un clown.

Dans leur numéro présenté sous le nom des Sprocani, Kirsch faisait donc le clown et Rhum imitait Bario, le

(1) Voir chap. XXIII. *Les Clowns dresseurs*, etc.
(2) Kirsch (Milichar) travailla aussi avec Pif-Paf (Pinteau Teddy ?).

pochard. Ils se trouvaient au cirque Royal de Bruxelles quand les Dario les remarquèrent dans une parodie, *La Java*. Les Dario, que la défection de Gontard privait de contre-pitre, offrirent sa place à Rhum qui l'accepta et la remplit si bien qu'il ne tarda pas à se révéler un partenaire débordant de naturel et d'imagination, plutôt embarrassant par son caractère sarcastique et plaisant, dans tous les cas d'un dessin si coloré que le succès de Bario en fut, sinon compromis, au moins ébranlé.

Il n'y avait aucun moyen que Rhum ne sût utiliser. Cavalier aussi bien qu'acrobate, cascadeur autant que musicien, comédien pas moins que pitre, Rhum mit un tel empressement à servir le trio qu'il se trouva bientôt dans une situation sans issue.

Disposé à respecter les règles d'une concurrence loyale, Rhum ne pouvait se contenter quand même de contribuer au succès de l'équipe dans les limites restreintes que Bario lui mesurait. Il sentait enfermée, comme sous un couvercle, la force passionnée de son jeune talent. A chaque instant, bouillant d'activité, habile dans l'accrochage, heureux dans la repartie, il ne pouvait exprimer la mesure de ses moyens sans heurter le type si nettement campé de Bario. L'esprit patibulaire de ce dernier assaisonnait les entrées d'un sel spécial, mais qui tiré toujours de la même veine de ses qualités, finissait par perdre de sa saveur ; Rhum ne pouvait rien y mêler sans la détruire.

Que Rhum eût été capable par expérience d'animer un second pochard, aussi bien composé que différent de son modèle, personne n'en doute. Pourtant l'imitation n'eût été ni goûtée ni comprise. C'était trop déjà qu'en première partie du programme et dans le même cirque, Carletto Cairoli fît ses débuts sous un maquillage et dans des attitudes qui, à quelques détails originaux près, sentaient le pochard à plein nez.

Aussi Rhum s'efforça d'apporter dans l'interprétation du répertoire Dario-Bario un élément de légèreté et de fantaisie, une intelligence créatrice dans la composition de son rôle, une originalité dans la reprise et l'enchaînement qui furent les traits d'union entre les gauloiseries piquantes de Bario et la préciosité tout italienne de Dario.

Dans la parodie d'*Hamlet* que nul autre avant les Dario n'avait portée à des conséquences si comiques puisqu'elles réunissent en une seule les scènes de l'apparition, du cimetière et du duel final, Rhum, dans le rôle du roi de Danemark, père d'Hamlet, blessé à mort, gît sur le tapis-brosse de la piste.

Les figurants, las d'une responsabilité sans grandeur, — ils supportent les décors, — se sont éclipsés, Dario et Bario qui croient à un accident véritable survenu au cours de la répétition, voyant Rhum râler, s'enfuient à leur tour, pris de panique, et abandonnent le moribond sur qui se concentre alors avec l'intérêt toute la lumière des réflecteurs.

Rhum continue le jeu pour lequel il est engagé sans s'apercevoir que ses partenaires sont partis, il s'étonne bientôt d'adresser des paroles d'adieu à des acteurs qui ne lui donnent plus la réplique. Il se redresse, regarde autour de lui : la piste est vide.

— Ah ! ah ! dit-il surpris, ah !

A peine le passage est-il marqué, de l'épisode tragique à la comédie, de la parodie dramatique à la réalité clownesque, du moribond qui râle pour rire et qui se découvre l'objet d'une supercherie « pour de vrai ».

Rhum se relevait transformé. Il arpentait la piste en proie à l'inquiétude. C'était à son tour d'avoir peur. Son ombre tournait autour de lui. Son interprétation transformait l'atmosphère. Il n'était plus Hamlet, le roi de Danemark, mais un clown, un pitre malheureux dont les partenaires se sont joués.

— Ah ! ah ! fait-il mécontent.

Après avoir réfléchi, tantôt repris par son rôle, parce qu'il se demandait encore si les phases de l'action sont celles qu'il joue, tantôt certain qu'il n'avait plus rien à faire en piste, il se décidait enfin à s'en aller. On ne l'y prendrait plus.

— Ah ! ah !

Puis enfin, il poussait une dernière exclamation concluante. Allons régler la question dehors.

— Ah ! ah !

Et Rhum sortait triomphant.

Si nous savons qu'au cirque la difficulté pour les clowns est d'effectuer une sortie motivée, nous priserons davantage le procédé de Rhum. Toute autre équipe s'en serait tirée par une sortie collective banale en terminant *Hamlet* par la parodie de *L'Enterrement* ou par l'apparition de la maréchaussée qui venant arrêter le meurtrier aurait mis en fuite tous les acteurs. Rhum y compris, à moins qu'ils n'aient rossé tous à la fois le gendarme.

Rhum rendit aussi et mieux encore par la suite le style des clowneries moins hâtif, ce style un peu décousu, pauvre d'expression, plat et farci de phrases en petit nègre, hérité des clowns anglais.

C'est à Rhum qu'échéait dans le trio Dario le soin de tenir les discours préliminaires, les bavardages mi-sérieux mi-cocasses qui créent l'atmosphère et situent l'action et sont comme les avant-propos de la comédie italienne, Bario ne pouvant en sa qualité de pochard exercer un rôle d'une intelligence relative peut-être, mais nécessaire. Rhum apprit donc ce pouvoir des mots avant qu'il eût besoin de s'en servir pour son métier de comédien.

⁂

Il était séduit par trop d'idées pour ne pas rechercher les occasions de les exprimer sans obstacles. Il eût été intéressant qu'il resserrât davantage le dialogue entre Bario et lui. Un échange de reparties entre le pitre patibulaire et le pitre raisonneur aurait fourni un élément d'appréciation sur les ressources d'improvisation de chacun de ces deux augustes. Rhum n'en eut pas le temps. Il profita de son succès et des bonnes dispositions du directeur du cirque à son égard, qui voyait en Rhum un comique de la force de Porto, pour accepter un engagement avec Despard-Plège.

Robert Despard-Plège était un de ces clowns capables que des engagements de tout repos en province ne décident pas à risquer leur avenir dans les établissements parisiens.

Né le 20 avril 1891 à Caen, fils d'Henri Despard, mime et écuyer, et d'Antoinette Plège, fille aînée des Plège, Robert Despard-Plège commença à travailler à trois ans et son père d'élève fut plus tard Eugène Lécusson, le célèbre acrobate à cheval qui l'éduqua en même temps que Lavata et les Plattier. Dès qu'il sut se tenir à cheval, il figura dans les pantomimes, tandis qu'il mettait au point un numéro d'équilibre sur fil de fer avec James-Jie, beau-frère de Joe Cashmore (1).

Blessé et réformé pendant la Première Guerre mondiale, Despard entra au cirque Palisse comme auguste de soirée et remplaça Bob O'Connor, malade, pour travailler avec Jimmy. Comme il avait fait montre de qualités, Palisse d'abord, puis Alphonse Rancy, lui conseillèrent de persévérer. Pourtant, il préféra prendre la place de régisseur de piste au cirque Royal de Bruxelles, où il demeura pendant quatre ans, que de courir les aléas de la profession de clown.

C'est à Bruxelles que Despard rencontra Rhum et qu'ils décidèrent bientôt de travailler ensemble.

Despard avait remplacé Kirsch dans la fameuse *Java* qui était le clou d'un numéro d'excentricités musicales des frères Sprocani. Grâce à eux, elle parvenait à une intensité si comique qu'elle perdait de son caractère plutôt spécial, par son mouvement et les figures acrobatiques dont elle devenait le prétexte.

Despard remplaça fort bien Kirsch. Quand il fut question pour Rhum de quitter les Dario, il songea à Despard. Leur ancien succès les incita à rechercher de nouveaux gags qu'ils inséreraient dans des entrées inédites ou oubliées qui composeraient leur répertoire. Dans ce dessein, ils commencèrent immédiatement leurs répétitions et présentèrent les résultats de leurs travaux au cirque Palisse. A la réouverture du cirque Medrano, ils éprouvèrent ensemble le public montmartrois.

Mais, événement qui arrive vite, le couple Despard-Plège-Rhum souffrit bientôt d'un accès de confiance en soi. Tandis que Rhum était sollicité par Antonet qui ne pouvait plus souffrir Beby, celui-ci manœuvrait autour de Despard pour qu'il le suive au Cirque d'Hiver.

Despard laissa la proie pour l'ombre. Il quitta Rhum. La séparation inattendue fut brutale. Elle n'apporta d'ail-

(1) Joe Cashmore, clown anglais, dresseur et équilibriste. Il présentait un numéro de pochard sur échasses qui a été repris par beaucoup d'autres depuis. Il mourut prisonnier civil à Bruxelles pendant la guerre 1914-1918. (Lavata, *Trente ans de cirque*, *op. cit.*)

leurs à Despard-Plège que des désillusions. Complété par un troisième partenaire surtout musicien, Michel, qui avait déjà travaillé avec Antonet et Beby, le trio nouveau rencontra quelques succès, notamment dans la parodie des *Joueurs de cartes*. Toutefois, Beby et Despard s'aperçurent un peu tard qu'ils n'étaient pas faits pour s'entendre. Beby dépassait son partenaire de beaucoup et le laissait dans l'ombre.

A la rentrée du Cirque d'Hiver, saison 1934-1935, Despard put se considérer satisfait d'être engagé avec Achille Zavatta (1), un des plus joyeux, un des plus habiles de nos gros comiques, un de ceux dont on peut dire qu'il est le rire à l'état de nature et dont le talent ne devait pas tarder à laisser loin derrière lui celui de Despard-Plège tout méritant qu'il fût (2).

⁂

Le départ inopiné de Despard avait laissé la direction de Medrano assez circonspecte quant au choix d'un clown à la taille de Rhum. La fin de la saison approchait. Parmi les augustes de soirée se trouvait un sauteur sans emploi, Bugny. Il n'avait jamais fait le clown. Il débuta avec Rhum.

Bugny ne possédait pas encore le tempérament de clown qu'il montra par la suite et qui lui eût permis de faire valoir d'emblée les qualités de Rhum. Pourtant la chance ne manqua jamais de les favoriser. Ils eurent à interpréter (1933) *La Piste hantée* et *Rhum détective amateur*, les deux canevas qui furent primés lors du concours de sketches comiques, organisé par le cirque Medrano et l'hebdomadaire *Vu*.

Si les auteurs primés retrouvèrent de-ci de-là des jeux de scène qu'ils avaient sommairement indiqués, les clowns se chargèrent d'accommoder les idées à leur goût habituel et d'ajouter tant de détails nouveaux que les originaux furent méconnaissables. Volontairement ou non, Rhum démontra que les clowns entendent rester les seuls juges de leur sensibilité et ne sont ni mûrs ni disposés à

(1) Voir chap. XIX, *Alex et Zavatta*.
(2) Robert Despard-Plège forma par la suite un couple avec Charley (Meyer).

se laisser imposer, même sous le couvert d'un concours, l'interprétation de saynètes dont ils ne sont pas les auteurs.

Nous ne nous étonnerons pas qu'on ait cru les clowns capables d'apprendre une œuvre écrite et de la jouer conformément à l'esprit de son créateur. Nous regrettons quand même que Rhum n'ait pas conservé *La Piste hantée* à son répertoire. Dénaturée au point qu'elle avait perdu toute paternité, puisque son auteur ne la reconnaissait plus, elle pouvait être par Rhum considérée comme sienne et reprise avec intérêt puisqu'elle avait été un succès de plus à son actif.

***

Rhum, devenu l'un des piliers du cirque Medrano, s'accommoda de Comotti après le départ de Bugny en quête d'autres partenaires.

Louis Comotti, né à Sète, le 17 avril 1897, débuta à quatorze ans sous le nom de Caruzo, avec son frère Paul, au cirque Pissiuti. Passant ensuite chez Hagenbeck, puis au Nouveau Cirque, ils obtinrent de Sarrazini un engagement qui les retint en Allemagne jusqu'à la veille de la déclaration de la guerre 1914-1918.

D'origine italienne, Louis Comotti opta pour la France et servit dans les tanks en 1918.

Son père mourut en 1921. Louis reprit le nom de Comotti. Il tenta vainement d'entraîner Porto au cirque Rancy où il s'assura le concours de Pastor pour former un couple de clowns sans histoire. Comotti partit seul en Afrique du Nord, puis en Amérique du Sud, chez Sarrazani alors en tournée.

De retour en Europe, Comotti accepta avec Vincent un rôle d'auguste, puis redevint clown avec Filip. Se faisant fort d'utiliser les ressources incluses dans son grand corps dégingandé, il se croyait certain d'attirer l'attention, quand la maladie le terrassa. Associé avec Rhum, il tenta avec bonne volonté de se mettre au diapason de son partenaire. Soit qu'il ne découvrît pas le sens de son action, soit qu'il ne possédât pas la verve nécessaire, soit que la malchance l'eût desservi, il n'arriva pas à cacher son insuffisance à faire valoir Rhum par des attitudes singulières qui eussent tempéré le ton oratoire tragique avec lequel il disait la moindre banalité. L'influence d'Antonet se faisait chez lui nettement sentir, mais dans le sens de la sécheresse du jeu et de la raideur des attitudes.

Avant même que Comotti pût se défendre des confrères qui lui enviaient sa place, alors qu'il caressait l'espoir de rester avec Rhum, Charles Manetti survint.

⁂

Charles Manetti trouva en Rhum un partenaire que les défections successives de Despard, de Bugny et de Comotti rendaient impatient de faire un sort glorieux au personnage qu'il incarnait.

Né à Carcassonne, le 24 mars 1901, fils de Guido Manetti et « frère d'élève » de Goliath, Charles Manetti, peu disposé aux exercices parce que de santé délicate, apprit néanmoins à sauter sous la direction de son père. Celui-ci, d'abord acrobate, avait grossi la phalange sacrifiée des augustes de toute catégorie et de toute condition.

Un document nous le représente en 1901, la figure blanche, mais costumé en auguste : haut-de-forme fantaisie, cravate en forme de doigts gigantesques, jaquette noire.

En 1905, il fait le clown en habit de ville, pantalon à revers de couleurs différentes, faisant la leçon à Goliath qui lui servait d'auguste sous l'aspect traditionnel.

Plus tard, en 1908, Guido Manetti porte l'habit du clown à l'époque : culottes bouffantes, veste-boléro et col à la Claudine. Il est à l'apogée de son développement. Il possède son grimage, sa marque de bouffonnerie, le signe emblématique de sa condition de clown en forme d'S irrégulier sur l'œil droit, tandis qu'à gauche un demi-cercle dessine un point d'orgue avec l'œil.

Charles Manetti, son fils, s'inspire de ce grimage jusqu'à l'annexer tout à fait, quand, après avoir monté le numéro de comique cascadeur qui lui est conseillé par Goliath avec qui il joue en 1919 et par Ovaro, il débute avec Coco (Raoul Jouin) et Charley (Meyer) au cirque de Paris où il remplace Cyerillo qui vient de mourir. Coco ayant été rengagé avec Mylos dans le même cirque, Manetti passe au Cirque d'Hiver avec Charley et Pastor.

Malgré quelques bonnes entrées, telles que *La Marchande de poissons*, parodie dans le genre caricatural des harengères de Bruxelles imaginée par Charley, parodie où la politesse excessive de la marchande se mue, dans l'entrée tout au moins, en paroles salées, Charles Manetti s'aperçut bientôt qu'avec Charley, au masque hilare et aux moyens limités, et avec Pastor, d'un physique pénible, il aurait du mal à poursuivre une fantaisie que la seule présence de ses partenaires rendait insaisissable.

Pendant la saison 1932, Manetti devient l'auguste de Chocolat fils. Puis en 1934, il reprend l'habit de clown avec Rhum, et commence une ascension qu'il ne doit qu'à lui d'interrompre, un succès qu'il coupe court, bien que la chance ne cesse de lui être favorable.

⁂

Charles Manetti trouve de plus en Rhum un talent consacré. Porto en pleine possession de ses moyens ne fait plus de progrès. Son association avec Bugny qui a pris le nom d'Alex, au palmarès encore vierge, le relègue parmi les numéros moins retentissants en première partie du programme.

Les progrès de Rhum sont constants. Il est à l'avant des jeunes comiques ; personne ne lui dispute sa place. Qui y songerait d'ailleurs ? Aucun parmi les nouveaux ne prétend même avoir le mérite d'entrer en compétition avec Rhum parce que nul ne l'égale. Zavatta qui a autant de dons et de moyens n'a pas sa maîtrise. Il n'arrive pas alors à une interprétation aussi dépouillée, à un jeu aux instants parfois si humains qu'ils deviennent classiques. Joe Walter s'est spécialisé dans la comédie musicale. Il n'y a donc devant Rhum, parmi les jeunes, aucun qui puisse s'opposer comme un concurrent sérieux à sa volonté novatrice, à son expansion malicieuse, à sa fantaisie prometteuse de rires.

Le père de Rhum était auguste. Il répugnait pourtant à se barbouiller la figure. Maquillé très simplement, il jouait les rôles sérieux dans la pantomime. Rhum tient de lui cette disposition à donner un tour grave à sa physionomie dans les situations les plus plaisantes. Il possède, avant le dessein d'amuser, le souci de convaincre. Il refuse d'être un grimacier. Il procède par insinuation, par persuasion, par logique.

A défaut de pouvoir imaginer et construire de nouvelles entrées qui ne doivent rien aux précédentes, Rhum invente ce qu'il appelle des « bouts » d'entrée. Ils concrétisent sa méthode de composition et d'exposition ; ils reflètent son pouvoir de suggestion.

Dans l'un, le régisseur de piste tend à Rhum une boîte de quarante centimètres de côté que le facteur vient d'apporter.

— Qu'est-ce que c'est ? demande Rhum.

— Je n'en sais rien. Probablement une boisson quelconque. Du rhum sans doute... le cadeau d'une de vos admiratrices.

Rhum tourne et retourne la boîte.

— Ça coule ici. Faites attention, vous allez tout renverser.

Rhum passe un doigt sur la partie mouillée et goûte.

— Non, dit-il, ce n'est pas du rhum. C'est du calvados.

— Fais voir, demande Manetti qui s'est approché. Non. Ce n'est pas du calvados, c'est de la fine.

— Et moi, je te dis que c'est du calvados.

Une discussion s'engage sur les mérites respectifs de leur liqueur favorite.

— Qu'est-ce que tu paries que c'est du calvados ?

— Ce que tu voudras que c'est de la fine.

Chacun passe son doigt, savoure, apprécie.

— C'est de la bonne.

— C'est du meilleur cru.

— Tu ne me feras pas dire que c'est de la fine !

— Tu n'y connais rien pour le calvados.

— Ouvrez la boîte, dit le régisseur. Et vous verrez bien lequel a raison.

On enlève le couvercle. La boîte renferme un petit chien qui, délivré, se secoue et s'empresse d'aller lever la patte contre la banquette de la piste.

— Je comprends, dit Rhum en sentant son doigt.

Dans *Le Prestidigitateur*, Rhum rien que par le secours d'une annonce qui revient à tout instant dans son discours donne l'impression qu'un chien va sortir de ses manches.

— Vous allez voir un chien... Je vais faire apparaître un chien... Pas autre chose qu'un chien... Rien qu'un chien !

En définitive tout se borne à des plaisanteries cocasses où son partenaire médusé attend comme l'enfant devant l'appareil photographique l'envol d'un canari qui n'apparaît jamais.

Ce pouvoir de suggestion et d'émotion, Rhum le détient par sa science consommée de l'utilisation du détail, par la transposition d'un motif identique sur les différents plans de son action.

Dans la parodie d'*Hamlet* qu'il interprétait différemment d'avec les Dario, il multipliait le burlesque par l'effet inattendu et répété aux instants voulus d'une situation comique. Il perdait son pantalon de mousquetaire qui n'était pas coupé à sa taille et qu'il était obligé de maintenir.

— Dis donc, disait-il à son adversaire pendant le duel, tu n'as pas une épingle ?

Cette épingle absente soulignant à chaque moment la précarité du geste héroïque devenait le centre et le sujet de la comédie autour desquels la parodie tout entière s'ordonnait. Ce n'était plus Hamlet, mais le pantalon démuni d'épingle qui était la farce et son prétexte. La substitution à l'ensemble du détail poussé jusqu'à l'extrême limite du « gros plan » permettait à Rhum de déployer, sans être gêné, ses dispositions multiples pour la farce, la pantomime comique et la comédie.

***

La Télévision est le sketch type de la technique de Rhum.

Alex a reçu un appareil de télévision dont il explique à Rhum le fonctionnement. Resté seul un moment, Rhum apprenti sorcier déclenche le mécanisme des forces obscures qu'il ignorait. Il s'est empressé, en effet, de se mettre visuellement en communication avec sa femme restée à la maison. Très épris, il est satisfait de la voir tricoter tranquillement assise sur le sofa du salon.

— Tiens. Elle se lève. On a sonné. Elle ouvre la porte.

C'est mon cousin Etienne qui vient la voir. Ça c'est gentil. Il vient lui tenir compagnie.

Rhum regarde de plus près, intéressé.

— Ils s'embrassent. Une fois. Deux fois. Trois fois. Ça dure un peu longtemps. Il s'assoit auprès d'elle. Un peu trop près.

Il n'en dira pas davantage. Il va suggérer maintenant par les gestes l'énumération discrète des actes que la morale réprouve mais que les occasions justifient. Il découvre que le cousin est un peu empressé auprès de sa femme. Jusqu'où vont-ils aller dans ce commerce agréable ? Il se gratte la tête.

— Je vais voir de plus près ce qu'ils font, dit-il. Ils ont éteint la lumière.

Ce qui est une manière habile de sortir de piste et de passer sur un sujet sur lequel il était inutile d'insister.

On dira que les histoires d'adultère courent les scènes des théâtres du boulevard et qu'il n'était pas besoin que le cirque y apporte sa contribution. Mais l'aventure de Rhum est imaginaire. Elle incitait au rire non par son caractère et son développement en soi, mais par la facilité avec laquelle Rhum remplissait tour à tour le rôle du mari, de la femme et de l'amant. Il mimait l'arrivée du cousin, la joie de la femme, la déconvenue du mari. De la découverte de son ignorance à la certitude de son infortune Rhum passait de la tranquillité la plus indifférente à la plus brutale déconvenue.

— Ça y est, disait-il, je le suis...

Il savait tenir, par l'image suggérée par la mimique de ses sentiments, les spectateurs au courant de la réalité de ses observations. Il faudrait chercher longtemps au théâtre pour qu'un prétexte aussi scabreux puisse être évoqué avec autant d'intensité dans une forme aussi correcte.

***

Rhum, parfois étonné de ce qui lui arrivait, ne doutait pas de rencontrer les occasions d'une revanche proche. L'entrée des *Tapissiers* faisait de lui un héros navré sur qui s'acharnent les circonstances défavorables. La peinture, l'eau, la colle, le papier, tous les accessoires semblaient comme dans les anciennes pantomimes entrer en jeu pour vouer Rhum à l'adversité. Cette entrée, d'esprit anglo-saxon, n'aurait été qu'une réunion banale d'épreuves successives si Rhum ne l'avait pas sublimée par ses attitudes. Il la relevait par son stoïcisme, par l'acceptation hautaine et dédaigneuse des aventures dont il était la victime étonnante. La farce touchait aux limites du burlesque par la disproportion entre l'action d'une entrée à la pâte et à l'eau et l'imperturbabilité de Rhum que rien n'abat ni n'humilie.

Les déboires de Rhum sont toujours pour lui matière à réflexions. Qu'il trouve un œuf écrasé dans la poche de son pantalon alors qu'il l'y croyait en sûreté ou sa femme dans les bras de son cousin, que son compère vide un bock de bière dans son chapeau ou que dans le feu de la discussion il ait mis la main sur le derrière d'une poêle graisseuse et se barbouille la figure, Rhum entre immédiatement dans des considérations verbales. Par la contradiction entre son impuissance à échapper aux atteintes du sort et son impossibilité feinte à s'expliquer leurs causes, Rhum se hausse tour à tour à une bouffonnerie qui frise le tragique et élève la cocasserie jusqu'au pathétique.

⁂

Victime de son destin impitoyable, Rhum n'en reste pas moins le héros parce qu'il a conscience de tout entreprendre sans rien réussir.

Dans l'entrée *Silence ! On tourne !* il est engagé pour doubler dans un film le boxeur qui encaisse et doit être battu. La répétition commence, mais l'opérateur n'est jamais satisfait.

— Silence ! on tourne, dit-il.

Et Rhum recommence à s'offrir aux coups et encaisse comme il faut, sans jamais se lasser, gardant la conviction qu'il a fait mieux que la dernière fois et que cette fois, c'est la dernière. Et tandis qu'on lui indique ce qu'il n'a pas fait et qu'il aurait dû faire, il mesure le poing de son partenaire, la distance qui le sépare du point où il va être envoyé pour toucher terre, et le visage du metteur en scène où il devrait trouver pourquoi ça ne va pas et qui le regarde, lui qui ne fait rien, fatigué.

Chercher et ne pas trouver, tels sont les termes qui encadrent, si philosophie il y a, la philosophie de Rhum. Dans son jeu, Rhum n'échappe pas aux enchaînements des forces qui le poursuivent parce qu'il sait qu'il ne peut y échapper. Sa mimique est faite de calme plutôt que de passivité. Il n'est pas soumis, il est sage. Mais les nécessités de rechercher des conclusions logiques aux entrées, qui ne sont somme toute qu'une projection de la vie quotidienne sur le plan théâtral, font de Rhum un comique insatisfait et tourmenté. C'est là le levier de son talent. La poursuite des solutions à trouver à des clowneries qui sont des jeux de ficelles, des nœuds qu'il s'agit de faire et de défaire pour les refaire en piste, ne devrait pas inquiéter Rhum au-delà du moment où il incarne la fantaisie et l'irréel sous son habit de petit-bourgeois bien propre. Mais l'artiste, qui en Rhum domine le pitre, tracasse son existence. Il n'est jamais satisfait — heureusement — de ses réalisations. Porto était d'abord un interprète. Chez Rhum, le créateur a le pas sur l'interprète.

***

Par son âge et son talent, Rhum n'est rien de plus, rien de moins que l'héritier direct de Beby, de Bario et de Porto. Il les a trop observés. Il a été trop, autant leur partenaire, que leur concurrent pour ne pas avoir été influencé. L'individualisme est un vocable qui n'a pas de signification au cirque. L'originalité a pour tous le même support : l'imitation.

Mais le geste qui suggère la méditation n'appartient pas à Beby. Le masque parfois chargé d'ennui — tous les augustes ont les leur en piste et ailleurs — n'est pas la propriété de Porto ; le va-et-vient circonspect de Bario ne lui est pas spécial. C'est à tort qu'on a accusé Rhum de plagiat.

Les signes d'expression des sentiments sont limités. S'en priver parce que d'autres les utilisent aurait conduit Rhum à un rétrécissement de ses moyens de suggérer. Certaines de ses attitudes méditatives et tourmentées ne se résolvent à le bien exprimer que par ses mains qui précisent la nature particulière de ses émotions. Le tortillement de son pouce, sa façon de se gratter la tête, de froncer les sourcils en s'appuyant la tête sur son poing, de joindre les bras derrière son dos comme s'il y liait ses idées, sont quelques-unes de ses honnêtes façons d'avouer des scrupules, des cas de conscience devant des vérités de lui seul entendues et cachées sous les apparences des événements.

Le stoïcisme de Rhum est fait de certitude, bien que la recherche ne cesse de le troubler. Et s'il est prêt à accepter les explications que lui donne son partenaire, c'est parce qu'elles lui permettent de repartir à fond dans un domaine nouveau et inexploré, mais ouvert à sa fantaisie.

⁂

Consciemment ou non, Rhum s'inspira de Porto qui fut pendant toute sa carrière le grand comédien de Medrano. Il y avait trouvé ses premiers succès. Il lui fut fidèle, la notoriété acquise.

Porto montrait une extrême facilité à s'extraire du sujet, à le dominer par un sens inné de la comédie, par une expérience d'interprète indifférent à l'orthodoxie clownesque et au contenu quasi rituel de l'entrée. Il ne considérait pas le canevas comme l'indispensable. Au fur et à mesure qu'il cherchait et qu'il trouvait des gags nouveaux, il le négligea.

Mais Rhum diffère de Porto dans un jeu qu'il a plus ramassé. Ses gestes d'une signification plus étudiée contrastent avec la passion perpétuelle du mouvement qui rendait ceux de Porto convulsifs, sa faconde véhémente, sa malice tyrannique à ses partenaires. Porto était un nerveux. Rhum est un observateur. Autant le premier cherchait par son dynamisme le moyen de surclasser ses confrères, autant le second cristallise ses soucis dans la concentration de son expression. Rhum est un calculateur. Il tient de Grock par le côté où l'intelligence assiste l'improvisation, par la nature d'une sensibilité qui saisit le moment exact où la forme du poème clownesque offert à l'exaltation des spectateurs la transmute en éclats de rire.

Bien qu'ayant changé souvent de clowns, Rhum conserva toujours le même équilibre, le même influx comique. Aucun n'eut assez d'ascendant sur lui parmi ses partenaires pour changer le cours de ses desseins. Rhum déclare qu'il eut la chance d'avoir des clowns qui ne furent jamais des concurrents. Il reconnaît ainsi qu'il put se livrer aux émotions enivrantes d'une création libérée de toute subordination et qu'il n'a tenu qu'à ses partenaires de continuer une association qui les grandissait.

⁂

Rhum sut rendre toujours à ceux auxquels il le devait l'hommage de sa reconnaissance. Il nous a beaucoup reproché d'avoir un jour écrit que les Dario avaient été ses maîtres. Nous avions oublié seulement qu'avant le Rhum que nous connaissons, il y avait Rhum, son père, qui l'avait dressé. Mais de son passage chez les Dario, il ne renie pas les souvenirs d'une époque où tout lui était promis. Le succès à la portée de sa main s'offrait à lui derrière le rideau de velours écarlate du cirque Medrano qu'il lui suffit d'écarter pour entrer dans une arène où tant de ses pairs avaient d'abord trébuché. Rhum devait accéder rapidement à la place qu'avaient occupée les Fernando, les Medrano, les Pierantoni, les Charley-Ilès, les Alex, les Ceratto et l'écho des applaudissements de jadis redescendait des murs peints par J. de Pavil jusqu'à lui.

Le poids d'un succès toujours plus facile à obtenir qu'à conserver, a transformé peu à peu la trogne joviale de Rhum en une figure au front soucieux, aux yeux perdus dans les rêves ; mais son esprit n'a pas changé. Le triomphe n'incite pas Rhum à payer d'ingratitude les encouragements qu'il a obtenus et à renier les observations qu'il a faites ailleurs. Au contraire, Rhum ne néglige jamais de saluer ses pairs au passage pour ce qu'il leur doit d'amitié, de conseils et de patience. Et en regard de fâcheux moments, où la concurrence et la lutte pour le contrat futur sèment la discorde, quelle leçon de modestie Rhum ne donne-t-il pas quand, avant de commencer une vieille chanson de tourlourou :

Sur le bi, sur le bout, sur le bi du bout du banc,

Rhum rappelle que Porto la chantait dans cette même piste. Leçon que certains qui se sont « individualisés » et qui n'ont fait comme les autres que piller devraient méditer.

Dans tous les cas, par la reconnaissance publique de ce qu'il doit à ses prédécesseurs, Rhum assure que l'esprit collectif du cirque survit éternel, malgré les difficultés, les rancunes et les dissentiments tenaces dont la vie des clowns n'est pas exempte.

⁂

Rhum connut avec Manetti un succès ininterrompu et sans partage. Il était devenu la vedette des clowns du cirque Medrano. Il estompait la gloire de Porto pourtant si solide et si bien établie. Il méritait par son travail et non par l'effet du hasard tous les honneurs dont on l'accablait. Il fut le clown pour qui l'on écrit des farces. Les producteurs savaient que Rhum animerait la pantomime la plus plate.

En 1932, lors de la représentation de *La Piste sous l'eau*, Rhum, assisté d'Emile-P. Loyal, se dépensa en de louables efforts pour servir une action qui, réduite à une collection de chutes dans la piste transformée en baignoire, ne le méritait pas. Aussi, quelle que soit la difficulté qu'il y a au cirque à donner une pantomime qui ne soit ni ridicule ni trop mièvre, en regard des revues à grand spectacle de music-hall ou des reconstitutions cinématographiques, songea-t-on, à Medrano, après avoir essayé des revues, à confier à Rhum le rôle le plus important dans une généreuse et immense entrée de clowns qui porte son nom : *Rhum à Rome*, composée par Emile Recordier. La fantaisie, la poésie, le rire s'y déployaient en vagues successives dans un enchevêtrement de situations comiques à la mesure d'un spectacle de cirque, non plus découpé au numéro.

Rhum ne fut dans *Rhum à Rome* nullement inférieur à ce qu'on attendait de lui. Ce n'était qu'une clownerie, une production qui n'eut point le retentissement d'un drame ou d'une comédie, quelque chose de fugitif comme une grande parade où tous les clowns de Medrano avaient été engagés pour y ajouter ce qui y manquait. La trame ne révélait aucune péripétie émouvante ou cocasse au point qu'il soit nécessaire de faire appel à des artistes étrangers au cirque pour en rehausser l'éclat. On avait compté seulement, et l'on avait bien fait, sur Rhum, devenu Rhumulus ; Manetti, Manettitus ; Alex, le général Alexandre ; Porto, le capitaine Porto-bus ; Tony Bastien, Tonytus. Recordier, l'auteur, en Néron et Boulicot en impératrice Octavie se partageaient, avec les précédents, la tâche de faire revivre un cirque romain qui ressemblât à celui d'aujourd'hui.

Rhum s'y dépensa avec autant de goût que de modestie. Il évita les attitudes cabotines qui détonnent toujours dans les cirques familiers. Il eût pu pêcher par un orgueil d'autant plus excusable qu'il avait travaillé plusieurs années dans un effacement que sa jeunesse expliquait. Son rôle d'esclave était comique plus que brillant. Il resta un clown comme les autres, ne se croyant pas le héros d'une farce dont il n'était que l'occasion.

Porto, en orateur romain, raillait les trublions qui se drapent dans le sacrifice des combattants.

— Soldats ! Marchez. Toujours en avant. Jamais en arrière. Pour l'Empereur. Pour l'Impératrice. Pour les pommes de terre frites. Pour les pauvres de la paroisse. Pour tout ce que vous voudrez. Partez. Je vous regarde. Mais, moi, je reste ici.

***

On ne remarqua pas assez à l'époque que *Rhum à Rome* était sans précédent dans l'histoire des clowneries. Cette farce se distinguait en effet de la pantomime habituelle « par sa volonté de rester un jeu clownesque de la piste » (1).

Son originalité et son succès encouragèrent pourtant à la récidive. Medrano, en 1938, présenta une nouvelle farce, *On a enlevé la femme à barbe*, imaginée par Recordier. Rhum se trouvait en Hollande avec Manetti. Elle n'en eut pas moins de succès. D'un esprit plus cocasse encore que *Rhum à Rome*, cette farce contenait des

(1) M. Legrand-Chabrier.

scènes d'une poésie et d'un réalisme intenses, comme l'arrivée du cirque Recordier et la parade.

Rhum reparut l'année suivante dans *Le Fils de Buffalo Bill* qui, contrairement aux précédentes, subordonnait la bouffonnerie à l'aventure. Le scénario prêtait à des situations dans le genre cow-boy. Rhum, dont le moindre incident épanouissait le talent, se montra une fois de plus un petit maître délicieux dans l'ironie, et ajouta aux scènes toujours pittoresques, couleur locale, un attrait que Porto ne suffisait pas à leur donner, ni les clowns de la troupe grimés en Peaux-Rouges, en rois de la prairie, en garçons de café ou en pasteurs.

Ce fut, en ce qui concerne la pantomime bouffonne, le dernier grand succès de Rhum avant les *Chesterfolies* 1943 et les *Chesterfolies* 1944 de Gilles Margaritis.

⁂

En septembre 1939, Rhum se trouvait chez Strassburger, en Hollande, avec Manetti, quand la guerre les surprit. L'émotion passée, le cirque Strassburger attendait l'heure de rouvrir ses portes.

Rhum, qui passait son temps à la pêche, occupation favorite des clowns en tournée, ne songea à s'enquérir de Manetti que lorsqu'il fut question de reprendre les représentations. Il apprit que son partenaire avait regagné précipitamment la France.

Rhum débuta donc avec Pipo Sosman, que Strassburger avait alerté par téléphone à Bruxelles.

Le grand-père de Pipo Sosman, Philippe Sosman, dresseur de chevaux, eut huit fils et quatre filles, qui, écuyers et montreurs d'animaux, formaient le noyau des artistes du cirque Sosman.

De Léon, Edouard, David, Martin, Louis, Jean, Tony et Maurice, l'aîné des fils, Léon, mourut au régiment, en Hollande, le second, Edouard, dresseur de chiens et écuyer, est le père de Gustave-Joseph Sosman, dit Pipo, né en 1891, à Ypres (Belgique). Les autres, à l'exclusion de Tony Sosman, qui fut auguste, et de Martin, sauteur à la batoude, se spécialisèrent dans les exercices de dressage et de voltige équestre.

Pipo débuta à Liége au cirque Wallenda, sous le titre

du « plus jeune écuyer du monde ». Il avait quatre ans et montait un poney. Mais il ne connut sa véritable et décisive vocation qu'en 1914, quand il demanda à son oncle, l'auguste Tony, de l'initier aux difficultés de son métier.

Tony portait un nez volumineux de pâte rouge sur une figure blanche. Habillé en auguste, il paraissait en piste les jambes prises dans des genouillères à chevaux. Bien qu'il ne reconnût pas à Pipo de qualités pour la comédie des claques, ils répétèrent ensemble la parodie imitative des *Chats* au cours de leurs ébats nocturnes, que C.-W. Ilès et E.-P. Loyal n'ont pas oubliée. L'essai ne fut pas concluant. Tony assomma son neveu d'appréciations désobligeantes. C'était au demeurant un homme très dur, qui appuyait ses conseils d'exemples frappants. Son élève ne faisant pas de progrès assez rapides, Tony préféra se retirer chez lui, tandis que Pipo, ambitionnant d'être clown, présentait en comique un poney dressé dans le cirque de ses oncles.

Après la guerre 1914-1918, Pipo convainquit son oncle de recommencer une seconde expérience. Elle ne fut pas plus concluante. Ayant endossé l'habit de clown pour faire valoir Tony, Pipo l'abandonna pour celui d'auguste, dont le rôle ne demande pas la perfection. Le cirque de famille, où il ne restait plus que trois des frères Sosman, était réduit à ne présenter que des programmes limités. Après deux années d'essais sans gloire, Pipo s'attacha au cirque Powells, ayant Boby (Maurice Lejeune, de Verviers), un jeune barriste belge, comme clown.

Powells les retint deux ans ; le Zoo-Circus, trois ans. Chez Ancillotti-Plège, Pipo rencontra ses cousins Léon Sosman, dit Léoncio, et Martin Sosman, dit Nicky, tous deux fils de Jean Sosman et d'Anna Lambert-Ciotti.

L'union Jean Sosman-Anna Lambert-Ciotti avait son histoire.

A l'époque où le cirque Sosman parcourait la Belgique, il avait pour concurrent le cirque Ciotti qui lui disputait les tournées les plus avantageuses. Mme Ciotti était une demoiselle Lambert, fille du directeur de l'un des trois cirques des fêtes parisiennes avec Zanfretta et Fanni.

Quand Jean Sosman dut abandonner le cirque de famille, dont il était copropriétaire avec ses frères, il trouva un engagement au cirque de Paris où il rencontra le frère de Ciotti qui avait recueilli sa nièce Anna, orpheline, avec laquelle il travaillait. Les anciens concurrents que le sort mettait dans la même situation oublièrent le passé. Jean Sosman plut à Anna. Et pour clore une rivalité qui n'avait plus à s'employer, Jean demanda Anna en mariage.

Léon Sosman, dit Léoncio, Martin Sosman, dit Nicky, et Gustave-Joseph Sosman, dit Pipo, formèrent le trio Léoncio, Pipo et Nicky. A Marseille, l'équipe ayant des démêlés avec le chef d'orchestre de l'Alcazar, s'adjoignit comme pianiste la femme de Nicky. Ils partirent ensuite en Amérique où, pendant sept ans, ils parcoururent les républiques sud-américaines.

Léoncio les ayant quittés, le trio se disloqua. Mais à leur retour en Europe, cherchant un clown, Pipo et Nicky, qui a troqué son pseudonyme pour celui de Tony, en souvenir de son oncle mort en 1930, rencontrèrent Mlle Flora Fernando, bonne danseuse et excellente joueuse de concertina, qui accepta de devenir clownesse. Mais les qualités de leur recrue ne compensaient pas les désavantages que la présence d'une femme impose au jeu clownesque. L'entrée perd de sa vivacité ; il est gênant et déplacé d'échanger des horions avec le beau sexe.

Flora Fernando le comprit. Elle ne leur en voulut pas de chercher un partenaire au jeu plus rude et plus volontaire. Ino-Wolny la remplaça. Ce fut avec Ino que Pipo et Tony Sosman parurent au Cirque d'Hiver dans des farces qui parurent un peu grosses à un public habitué au jeu plus fin des Fratellini. Pourtant Pipo et Tony avaient des silhouettes personnelles encore que chargées et banales en leur opposition. Tandis que Pipo paraissait le crâne rasé et chaussé de souliers noués par des longes, Tony portait une perruque à trois bandes de cheveux frisés et dressés comme une crête de coq, coiffure caractéristique d'Adolf Olchansky.

Dans leur entrée de jonglage parodique, lancé pour être rattrapé en souplesse dans une assiette par le clown, l'œuf s'écrasait sur le crâne de Pipo apparu à point pour le recevoir ; Tony dégustait avec le plus grand sérieux l'orange que devait embrocher au vol le fleuret d'Ino. Quant aux pommes de terre qu'une balle habile coupe en deux, en quatre, en huit morceaux, le coup de pistolet du clown déclenchait une avalanche de tubercules qui, partis du cintre et rebondissants, faisaient fuir le trio dans une sortie finale.

En 1935, Ino, qui s'entendait difficilement avec Tony, se sépara des Sosman. Comme aucun des deux cousins ne se décidait à faire le clown, Tony monta un numéro d'excentriques musicaux avec sa femme et sa fille et Pipo trouva au cirque De Jonghe, puis à l'Olympia Circus, un emploi d'auguste. Il accepta par la suite d'être clown chez Sarrazini. Puis il s'associa avec Maïss pendant un an et se contenta enfin chez Busch de paraître dans les pantomimes.

Pipo accepta avec joie quand Strassburger lui demanda de devenir le partenaire de Rhum. Il l'avait rencontré pour la première fois au cirque Palmedo, à Mulhouse, quand Rhum faisait l'excentrique musical avec son frère Raphaël, à la façon des Webbs-Bros.

⁂

Rhum fit sa rentrée avec Pipo Sosman au cirque Medrano quand la dispersion des équipes connues mettait les clowns en présence de responsabilités nouvelles. Le bruit de la mort de Rhum avait couru. Il n'en était rien. Mais la pantomime clownesque battait d'une aile.

Porto était mort, Paul Fratellini aussi ; ses frères achevaient leur destin dans une gloire déclinante ; les Cairoli étaient en Angleterre, Polo Andreu restait sans partenaire ; les Dario effeuillaient leurs lauriers ; Beby l'admirable, désolé de vieillir sous un ciel plein de menaces et noir, s'efforçait de se survivre. Les clowns disponibles, navrés devant les chapiteaux pliés dans les hangars, acceptaient des engagements pour amuser les camps, les soldats, les travailleurs, les prisonniers. Pour faire rire un public que rien ne prédisposait à l'hilarité, les cirques engageaient des trios d'acteurs qui réussissaient à traîner quinze jours durant leur numéro comique ou reprenaient de vieilles pantomimes dans leurs décors fanés.

Des jeunes des années 30, restaient Rhum avec Pipo à Medrano et Zavatta avec Alex, attachés au char des Bouglione. C'est à eux deux seuls qu'incombait le rôle de sauver de l'oubli ce qui pouvait l'être, de ne pas faillir à une tâche que las de l'avoir remplie les Fratellini, les Dario, C.-W. Ilès, les Despard et Charley se sentaient prêts, dans le désarroi de l'époque, à laisser poursuivre par leurs successeurs.

Rhum n'abandonna rien de son expérience et de son ambition : regagner la place de vedettes qu'occupaient Maïss et Beby. Avec Pipo, il reprit des entrées qui ne vieillissaient pas, qui n'avaient pas cessé d'être les conditions de son succès : *La Télévision*, *Silence, on tourne !*, *Le Miroir brisé*, *La Voyante*, *Hamlet*. Elles dépassaient les limites de sa valeur et de ses préoccupations personnelles et permettaient au répertoire de rester dans le style des meilleures productions d'avant guerre.

Pipo ne faisait pas regretter l'absence de Manetti, occupé dans des cirques de province avec Rodolphe Zavatta dont il était l'auguste. On ne quitte pas Rhum sans déchoir un peu. Au contraire, Pipo avec Rhum gagnait de la prestance. Doué d'une diction agréable et parée d'un léger accent flamand qui donne de la sonorité et du charme à ses propos débités d'une voix à la fois volontaire et persuasive, d'une élégance vestimentaire recherchée mais sobre, scintillante sans tape-à-l'œil, Pipo Sosman s'affirma bientôt comme le partenaire capable d'aider Rhum à franchir le passage de la guerre sans que s'éteignît la frêle lumière de l'art clownesque qui a toujours fait de Paris le lieu de ralliement et de consécration des clowns de l'Occident européen.

⁂

Travail difficile et plus ingrat qu'on ne le croit. Car en raison du temps, les clowns n'avaient plus d'œufs qu'ils puissent écraser sans regret ; les oranges, voire les pommes avaient disparu du marché, même noir, et les pommes de terre étaient trop rares pour qu'une balle puisse à volonté les multiplier. Les clowns ne trouvaient plus de bougie à moucher d'un coup de pistolet, plus d'assiettes à casser au moment opportun, plus de savon pour confectionner le gâteau à la fiancée ou barbouiller de mousse le patient du *Barbier*.

On ne peut prétendre que la vie quotidienne soit toujours à l'origine de la comédie clownesque, mais elle intervient souvent pour en modifier l'allure et l'affabulation. La vie a des échos perceptibles au plus grand nombre et les préoccupations de l'existence servent de toile de fond aux clowns pour y brosser leurs épopées ridicules. Alors qu'ils manquaient de tout pour faire quelque chose, Pipo et Rhum créèrent *La Soupe aux pois*.

Rhum arrivait en retard en piste. Pipo l'y attendait pour la répétition et lui proposait de déjeuner pour gagner du temps. Ils casseraient la croûte sur place. Rhum acceptait et disposait sur une table de fortune trois assiettes.

— Pourquoi trois couverts, Rhum ? Nous ne sommes que deux.

— Non, aujourd'hui, nous sommes trois !

— Comment trois ? Toi et moi, ça fait bien deux !

— J'ai oublié de te prévenir. J'ai invité Recordier à déjeuner avec nous.

— Tu as invité Recordier ? Pourquoi ?

— Je vais t'expliquer. J'ai toujours dit à Recordier que tu étais un cuisinier épatant. Or, comme je savais que tu devais préparer un superbe ragoût de mouton, j'ai trouvé à propos d'inviter Recordier à venir manger avec nous.

— Mais malheureux, c'est impossible ! Tu as dit à Recordier que j'avais préparé un ragoût de mouton. Mais tu sais bien que je n'ai pas trouvé de viande. Nous n'avons rien d'autre à manger qu'un restant de soupe aux pois. C'est ridicule ce que tu as fait. On n'invite pas quelqu'un en ce moment quand on n'a rien à manger.

Pipo, exaspéré, allait et venait.

— Tiens, disait-il, j'ai une idée. Nous attendrons Recordier, nous nous mettrons à table et je t'enverrai chercher le ragoût de mouton dans la cuisine. Tu feras semblant de le surveiller pour qu'il mijote bien. Tu flanqueras une casserole par terre et tu reviendras précipitamment annoncer...

— ... que j'ai renversé le ragoût de mouton.

— C'est bien ça, le ragoût de mouton !

— Le rognon de matou... de mouton.

— Fais voir comment tu feras.

Rhum sortait dans les coulisses. On entendait un faible bruit de vaisselle cassée. Rhum revenait.

— Ça va ?

— Non ! ce n'est pas assez fort !

— Bon, je recommence.

Bruit assourdissant ; réapparition de Rhum.

— Ça va ?

— Oui, ça va ! Tiens voilà M. Recordier.

— Bonjour, monsieur Pipo. Bonjour, Rhum !

— Bonjour, monsieur Ragoût de Mouton.

— C'est bien à vous, monsieur Pipo, disait Recordier, d'avoir bien voulu me faire inviter par Rhum pour apprécier vos préparations culinaires. J'avais appris que vous étiez un maître cuisinier. Je vais avoir le plaisir de m'en rendre compte.

— Oh ! monsieur Recordier, vous êtes trop gentil...

— Mais non, mais non ! Je sais de quoi vous êtes capable. Vous faites notamment le ragoût de mouton d'une façon où vous êtes passé maître.

Pendant cet échange de politesses, Rhum préoccupé de ce qu'il fera dans la cuisine mimait son rôle. Il tournait le ragoût, goûtait la sauce, disait à Pipo qu'elle était excellente et lui adressait des clins d'œil significatifs.

Les convives se mettaient à table et Pipo invitait Rhum à aller chercher le ragoût de mouton. Bruit de vaisselle dans la cuisine. Rhum revenait et demandait à Pipo :

— Ça va, comme ça ! Assez fort ou pas assez fort !

Pipo faisait des signes désespérés à Rhum pour lui montrer qu'il jouait très mal son rôle et que Recordier allait s'apercevoir de la supercherie.

Nouveau tintamarre dans les coulisses. Puis Rhum revenait l'air ennuyé, se grattant la tête.

— Qu'est-ce qu'il y a Rhum ? Tu as renversé le ragoût de mouton !

— Non, j'ai renversé la soupe aux pois !

Sketch à l'état pur, n'ayant aucun lien avec la parodie, *La Soupe aux pois* n'était qu'un exemple de ce que, entre la vingtaine d'entrées inscrites au répertoire de Rhum, celui-ci apportait d'attention, de minutie et d'à-propos dans son interprétation.

Rhum et Pipo jouaient une autre entrée, *La Chambre hantée*, dont toute la cocasserie résidait dans le choix des détails et dans la simplicité du sujet. L'action était réduite à sa plus simple expression, ce qui permettait à chaque moment au dialogue de s'organiser et de se décomposer au gré de l'imagination et de la fantaisie, de renouveler d'une représentation à l'autre la même idée et chaque fois avec autant de force et d'intensité par les moyens infiniment nuancés que possédaient Pipo et Rhum, l'un pour la parole, l'autre pour la mimique, expressions condensées sous le terme vague de pantomime dialoguée.

Nous ne savons pas ce que l'avenir réserve à Rhum. Mais si le nom d'artiste doit être attribué au cirque à celui qui fait rire avec rien, Rhum le mérite en premier lieu. Parmi tous les augustes qui s'efforcent de conserver à la pantomime clownesque ses traditions françaises de logique et de légèreté, il est le plus fin et le plus authentique représentant de l'école clownesque de Paris (1).

(1) Rhum interpréta le personnage qu'il est au cirque dans un film, à la manière de Laurel et Hardy, avec Pierre Larquey comme partenaire qui se para pour la circonstance du nom de Fine. *Fine et Rhum* ne rencontra pas le succès escompté.

D'autre part, sous le numéro PA. 449, les Disques Pathé enregistrèrent *Sur mon ocarina* et *Manetti et Rhum docteurs*.

XIX

ALEX ET ZAVATTA

ALEXANDRE BUGNY DE BRAILLY, puisqu'il faut l'appeler par son nom, est un clown français. Il est né à Caudéran (Gironde) en 1897.

Son père, Joseph Bugny, était clown dresseur. Un dessin de Faverot, peintre quasi officiel du cirque Fernando aux heures difficiles, nous le représente dans un dessin rehaussé au pinceau, lisant au milieu d'un groupe de singes gambadants et facétieux qui l'imitent, et le nom de Bugny figure dans la liste des dresseurs de singes savants ayant travaillé au cirque Franconi. Joseph Bugny était marié avec Anna Ducos, écuyère, d'une famille équestre renommée.

Alex Bugny fit son apprentissage de clown avec son frère Lucien, né en 1893, comme auguste. Lucien Bugny fut tué au cours de la Première Guerre mondiale. Alex, dès sa libération, travailla comme auguste musical avec Lucien Loyal, dit Pitt, l'un des nombreux rejetons de la famille Loyal. Leur collaboration dura cinq ans. Puis Bugny figura dans la troupe des augustes de soirée de Medrano, situation sans gloire où il ne déployait aucun talent qui l'eût fait remarquer.

Il avait un aspect froid et semblait, dans le charivari des clowns, ne prendre part qu'à regret aux exercices. C'était pourtant un sauteur appréciable. Sans doute préférait-il se réserver pour des tâches plus intéressantes.

Désigné par la direction du cirque Medrano pour prendre la succession de Despard-Plège qui venait de rompre avec Rhum, Bugny ne montra pas beaucoup de qualités qui pussent dissuader que le choix qui l'avait favorisé ne reposait pas sur le mérite. Affublé d'un costume uni, grenat foncé, à poches ballantes, comme des nageoires, innovation d'un goût qui, sans doute, n'était pas le sien puisqu'il ne retomba jamais dans le même ridicule, Bugny, comme tous les clowns à leur début, manquait de naturel. Privé de plus du dynamisme qui eût caché ses hésitations, ses attitudes embarrassées par un costume qui lui seyait mal, Bugny fut un clown plutôt moyen. Il avait encore la voix criarde et monotone ; c'est-à-dire, en somme, peu d'agréments.

Il se lança pourtant avec courage dans la rude épreuve de faire valoir Rhum. Il y réussit dans la mesure où son partenaire lui facilita la tâche. Il créa avec lui *La Piste hantée* et *Rhum détective*.

Malgré une courte collaboration, son association avec Rhum valut à Bugny des engagements en Espagne et au Portugal avec Filip Cairoli comme partenaire. Il acquit au contact de celui-ci une maîtrise et une forme si personnelles qu'il s'avéra, contrairement à ce qu'on croyait, posséder l'étoffe voulue pour devenir ce qu'il fut dès son association avec Porto, le clown français le plus frémissant, sinon le plus beau.

Bugny avait troqué entre-temps son nom de famille pour le diminutif de son prénom, pseudonyme laissé vacant depuis qu'Alex Briatore n'était plus. Sa collaboration avec Filip lui avait donné le goût d'une interprétation précise, l'habitude de la cadence. Alex connaissait la musique. Avec Filip, il développa ce qu'il savait. Dès son retour en France, partenaire de Porto, Alex étonna. Il n'avait pas laissé de regrets chez Rhum. Rien ne laissait prévoir une adaptation rapide, une projection de sa personnalité dans une direction où il paraissait ne s'être jamais préparé. Il sut se créer une physionomie singulière, classique d'expression, à la fois sévère et pleine d'agrément.

Evitant l'abus du grimage, son maquillage élémentaire et initial, un accent presque droit comme un point d'exclamation, s'allégea. Il se réduit aujourd'hui, dans sa figure blanche de Pierrot, à un accent circonflexe au-dessus d'un œil et à une fossette en T au milieu du menton. La tête toute rase, comme un mime, surmontée d'une touffe de cheveux dressés sur le sommet du crâne comme la portait Tonytoff, les oreilles carminées, Alex n'a ni la moue dédaigneuse, ni la sécheresse du visage de ce dernier. Son masque affable, serein, sans pose aucune, est devenu familier aux Parisiens depuis que des affiches nombreuses le désignent sur tous les murs comme le meilleur des clowns. Le meilleur des clowns, c'est sans doute trop dire pour ne pas contrarier les anciens. Disons l'un des meilleurs des clowns apparus ces quinze dernières années et nous serons près de la vérité.

Si la publicité a des raisons qui n'ont rien à voir avec le talent réel des clowns, nous devons tout de même reconnaître qu'Alex s'est révélé le partenaire indispensable de Porto à l'heure où celui-ci, fatigué de la dispersion de son talent, rançon de son entrée dans le trio Cairoli, revenait à une perfection dont on ne pourra jamais manquer de rappeler la spontanéité, l'équilibre et la gaîté et consacrait désormais ses qualités à l'interprétation de l'entrée à deux.

Assez nerveux pour soumettre Porto à la discipline du couple classique et assez compréhensif pour deviner tout ce qu'il pouvait acquérir de Porto, Alex lui laissa une liberté d'expression et d'allure qui ne faillit jamais. Pour Porto, Alex fut le faire-valoir rêvé, le modèle des partenaires. Sous sa discrète autorité, l'entrée de *La Somnambule kleptomane*, du *Paillasse dans les places*, de *La Voyante*, du *Déjeuner sur l'herbe*, du *Bébé géant*, etc., devinrent de petits chefs-d'œuvre. Alex rehaussa de son prestige les insuffisances de l'action et les vices de forme qu'en raison de ses moyens rudimentaires et primitifs la comédie clownesque traîne toujours avec elle. Leur technique se dépouilla de tous les accessoires inutiles. Aussi nu spirituellement qu'il était stylisé, le jeu d'Alex s'harmonisait avec sa silhouette distinguée. Alexandre Bugny de Brailly et Arturo Saraïva Mendès d'Abreu, dit Porto, joignirent à l'aristocratie de leur nom la volonté de servir orgueilleusement leur métier.

⁂

Après l'exode de 1940, Alex ne pouvait compter sur le concours de Porto. Il s'associa un moment avec Polo

Andreu, puis avec Achille Zavatta, comique original, attaché au Cirque d'Hiver des trois frères Bouglione.

Achille Zavatta, fils de Démétrio Zavatta, est né le 6 mai 1915 à La Goulette (Tunisie). Son père fut directeur de cirque pendant trente-cinq ans et l'établissement paternel fut l'école où son frère Michel fut son maître. Il débuta comme acrobate aux barres parallèles et ne trouva pas dans le cirque de famille son pareil comme sauteur. Il exécutait encore le travail à cheval. Placé comme il l'était, fils de directeur, il s'amusa à faire rire. Son numéro d'acrobate équestre devint un numéro d'écuyer comique. Il s'était marié avec Mlle Figuier, fille, elle aussi, d'un directeur de cirque, avec laquelle il monta un numéro de danses. Engagé chez Rancy avec les Germain, une troupe équestre, il rencontra à Limoges Despard-Plège, qui n'avait pas de partenaire et débuta bientôt comme auguste dans la parodie d'*Hamlet*, alpha et oméga des clowns.

Fils de directeur, gendre d'un directeur, ayant ainsi les meilleures cartes en main, A. Zavatta ne pouvait que gagner la partie. Les Bouglione l'engagèrent. Ils engagèrent aussi son frère Michel qui fit le clown.

Les Zavatta réhabilitèrent les « trucs », on dirait maintenant les gags, des entrées de jadis, faits de gros effets et de liesse ingénue. On les sentait sortis directement du chapiteau paternel. Michel avait un jeu bonhomme, direct, de comique populaire. Travail de banquiste, simple et honnête et sans chiqué, tel était aussi celui de leur sœur, miss Isolina, qui, après quelques difficiles poses sur une chaise en équilibre sur un trapèze, se laissait aller en renversement avec rattrapé par les jambes, évocation momentanée de l'atmosphère de la foire où les acrobates jouent la difficulté et les risques et les gagnent.

Quand Zavatta débuta avec Despard-Plège, il animait une silhouette de pochard qui, pour ne devoir rien à Bario, le rappelait indubitablement. Engagés au Cirque d'Hiver pour trois mois, où se trouvaient déjà les Dario, Zavatta dut en conséquence changer de type. Il modifia surtout son grimage. Il lui reste pourtant beaucoup de son modèle et ce n'est pas de ce côté-là qu'il est le plus original, bien qu'un journaliste, sans doute incompétent comme il y en a trop en matière de cirque, ait écrit que

Zavatta a déposé son maquillage à la Société des Auteurs. On trouve en outre, dans la composition de son grimage, l'exemple d'une inaptitude à serrer de près la perfection qui est dans le caractère des banquistes. Mais ce que Zavatta conserve d'inachevé dans le grimage, de désordonné dans le costume disparaît dans l'action. Le comique est en effet pour Zavatta une seconde nature. Il est bouffon dans ses moindres gestes jusqu'au bout des doigts. Zavatta est l'auguste hilare par excellence.

Dans *La Perle du Bengale*, pièce féerique et nautique à grand spectacle qui fut donnée la première fois au Cirque d'Hiver pendant la saison 1935-1936, Zavatta, en soldat de l'armée anglaise, s'apercevait qu'il avait un sein, comme un enfant découvre un jour quelque particularité de son anatomie. Le vocabulaire est insuffisant pour décrire dans leurs nuances la multiplicité des attitudes et des expressions de Zavatta étonné et satisfait de sa découverte. La parodie du déshabillage que les clowns exploitent si souvent parce qu'elle plaît à un public de passage n'est qu'une grossière caricature à côté de la scène pleine de suggestion de Zavatta.

Enfant d'un chapiteau voyageur, Zavatta connaissait à peu près tout ce qu'il faut savoir pour paraître plusieurs fois au cours d'un programme. Cascadeur infatigable, Zavatta, dans *La Perle du Bengale*, maintenait de chute en chute, de culbute en culbute l'attention du public pendant tout le temps nécessaire au changement de décors. Son comique était si inné en lui qu'il s'amusait de ses propres aventures.

Un jour, au cours de la représentation, il avait perdu son nez dans le bassin où la Princesse avait ordonné qu'on le jetât en pâture aux serpents.

— Tout ce que vous voudrez, criait-il — et ce n'était pas dans le livret — mais retrouvez-moi mon nez ou je me fais manger tout à fait.

Malheureusement, peut-être, pour le triomphe durable de Zavatta, le contrat de longue durée qui le retient chez les frères Bouglione le prive de confronter ses qualités avec les goûts d'un public plus averti, comme l'est celui du cirque Medrano, par exemple. Les spectateurs qui se délectent aux représentations des pantomimes à grand spectacle ignorent en majorité les différences qui existent entre un clown et un autre. Un comique de cirque paraît d'autant plus talentueux qu'il travaille dans une ambiance favorable. Le public du Cirque d'Hiver actuel est facile et réagit à la moindre facétie. L'épreuve d'un autre milieu ne serait pas inutile à la consécration définitive de Zavatta.

Dans tous les cas, Alex, qui fut à l'école de Rhum, de Filip et de Porto, est pour Zavatta un partenaire qui ne peut que le disposer à s'affirmer et à s'affiner davantage.

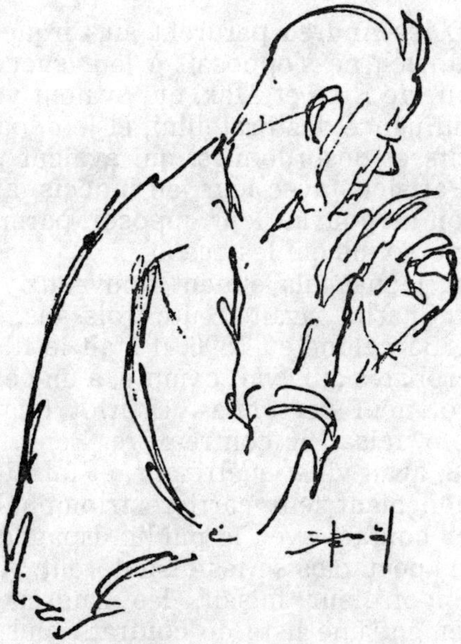

XX

L'ENTRÉE ACROBATIQUE

QUAND les Andreu parurent au Cirque d'Hiver, en 1929, rien ne s'opposait à leur succès. Après le retour de Rico et Alex, qui avaient voulu contrebalancer l'influence des Fratellini, et le départ des Pompoff, sensitifs et désordonnés, qui avaient péniblement amusé les Parisiens avec leur jeu indécis, aux contours mouvants, on ne pouvait leur opposer, parmi les clowns espagnols, personne qui les égalât.

Ils étaient jeunes, ils étaient nouveaux ; le premier, Charles, dit Charlot, avait trente-trois ans. Né dans les environs de Barcelone en 1896, il était le fils aîné d'une famille d'acrobates qui avait compté, à un certain état de leur numéro, neuf personnes. Charlot faisait le pitre. Paul, dit Polo, faisait le contre-pitre. René, né à Aubusson, en 1908, avait vingt-quatre ans, et faisait le clown.

Ils commençaient leur carrière triomphalement. Dès leur premier contact avec le public espagnol, les entrepreneurs de spectacles se les disputèrent. Aux critiques de détail qu'on leur faisait, les Andreu montraient orgueilleusement une liste de contrats plus avantageux les uns que les autres. Bénéficiaires d'un succès prodigieux à un âge où leurs confrères en étaient encore aux tâtonnements, ils se croyaient invulnérables. Sûrs d'eux-mêmes et de l'avenir, ils refusaient les engagements de longue durée, préférant un succès brillamment obtenu à un succès longuement mérité. Moins chargés d'applaudissements et partant de moins d'illusions, ils eussent peut-être perdu de leur sérénité. Ils ne se demandèrent pas si la perfection d'un numéro unique d'attractions constamment reproduit ne se transformerait pas en traquenard où ils finiraient tous les trois par culbuter.

Dirigés par leur père, ils avaient pris conscience de bonne heure d'eux-mêmes et dressé un inventaire précis de leurs ressources. Ils les jetèrent dans le plateau de la balance de leur succès en une brassée. Leur travail était double : d'abord un numéro d'acrobaties aériennes comiques sous le nom des Rivels, mais d'une force très moyenne. Charles animait un sosie de Charlie Chaplin, qui n'a jamais depuis été égalé, mais souvent imité, notamment dans le trio Lopez, par Victor Fratellini. Ils y déployaient tous les trois des qualités d'habileté et de discipline acquises dans le numéro acrobatique de leur père et qui faisaient plus que la difficulté tout l'intérêt du numéro.

Ensuite un numéro de clowns, sous le nom des Andreu où, dans une comédie nécessairement réduite, ils trouvèrent un rythme personnel.

***

Pour le reste, leur certitude du succès les dispensait d'avoir de l'originalité. Charles Andreu, ayant à son compte une imitation personnelle de Charlie Chaplin, croyait suffisant de chercher dans la galerie des clowns en vogue quelques caractères qu'il pût détacher pour établir une silhouette d'auguste qui, devant à beaucoup, aurait passé pour ne devoir qu'à lui.

D'autre part, la réussite de Charlot paraissait si normale à ses frères, Polo et René, qu'ils ne croyaient pas moins légitime d'user de la même méthode et de prendre à l'un ou à l'autre ce qui lui avait réussi. Le procédé est si courant qu'il ne convient pas de le leur reprocher. Charles Rivels, soi-même, fier d'une imitation qui avait le sens d'une création, tant elle dépassait son modèle, s'étonnait qu'on trouvât irrégulier qu'il se fût approprié la silhouette d'une vedette universellement connue.

Le succès de Charles Rivels ne tenait pas qu'à la ressemblance, mais résultait de ce que, encore et surtout, il était acrobate. Il avait extrait son héros de sa condition sentimentale et laissé de côté l'invraisemblable et unique aventure de son existence anxieuse et sans conclusion. Il insérait le type connu dans le milieu non plus conventionnel de l'écran, mais immédiat du cirque. Là, il devait, par la réussite de ses acrobaties, donner une solution définitive à son numéro, tandis qu'au cinéma les scénarios de Chaplin n'en avaient pas. Aussi, bien avant que *Le Cirque*, le film de Charlie Chaplin, eût l'honneur des écrans d'Europe, la piste avait adopté un Charlot Rivels et donné la vie aux « Charlotades », pot-pourri divers, acrobatique, équestre ou tauromachique servi par un Charlot quelconque.

Charles Rivels ressemblait comme un frère à l'autre, mais il dédaignait les expériences quotidiennes de la vie et se contentait de prendre pour toile de fond celle des chapiteaux voyageurs où s'inscrivaient en ombres géantes ses évolutions acrobatiques au trapèze volant.

Certes, la chaleur de la vie intérieure suggérée par son créateur manquait à Charles Rivels, mais il n'y paraissait point. Elle était compensée par des qualités d'un ordre émotionnel différent, inhérent au cirque, l'esthétique des mouvements ordonnés par un corps humain. Et, en somme, Charlot Rivels ne diminuait pas son modèle. Il en faisait autre chose.

Quant aux cocasseries que Charles Rivels en butte aux incidents de son numéro ponctuait chaque fois d'un coup de chapeau direct et mélancolique, elles étaient dans la tradition du cirque, petits « bouts d'entrée » sans liaison entre elles, ayant pour point de départ les accessoires de Charlot, sa canne, son chapeau, son pantalon, soit les accessoires du trapèze, le fil tendeur des agrès, l'échelle et l'estrade de départ.

Toutes mesurées qu'elles fussent en regard des trouvailles que permettent les moyens illimités du film, les excentricités grotesques qu'inventait Charles Rivels étaient subordonnées à la technique des acrobaties. Elles étaient un peu son assaisonnement. C'est ce qui, par rapport à son modèle, rendait l'infériorité de Rivels manifeste. Il n'existait pas au point de vue psychologique ; il n'avait aucune attitude devant la vie, tout au plus devant les spectateurs.

⁂

La recette la plus suivie, pendant les années 20 du siècle pour la composition d'un trio qui visait à la réputation des Fratellini, était de les imiter. Il s'agissait alors de savoir dans quelle proportion il convenait de répartir entre le clown, l'auguste et le contre-pitre, la fantaisie, la bouffonnerie et les excentricités. Mais si la dose correspondait, chez les Fratellini, aux trois aspects réunis de l'esprit latin, germanique et anglo-saxon, c'est par empirisme que le trio Andreu essayait d'y arriver. C'est par emprunts successifs, en choisissant le meilleur partout, que René, Polo et Charlot arrivèrent à suppléer à leur manque d'imagination. On eut alors un clown, René, dont le grimage rappelait celui de François Fratellini, dont le mouvement faisait songer à la nervosité d'Antonet ; un auguste Charlot, dont il faut bien dire qu'à côté de sa face peinte à l'emporte-pièce, le masque d'Albert Fratellini semblait un délicat pochoir. L'exagération, le gros grime, l'énormité devinrent chez Charlot une question d'échec ou de réussite. Il parut en piste avec un fez gigantesque, des gants blancs longs d'une aune, vêtu d'une robe en tricot rouge qui lui descendait jusqu'aux chevilles.

Après avoir donné toute la mesure de son équilibre dans son numéro de trapéziste comique, parce qu'il imitait Charlie Chaplin, il sombrait dans la pire caricature quand il ne pouvait davantage que s'inspirer des clowns en vogue.

⁂

Seul, Polo Andreu, qui n'avait cherché de modèle nulle part, était original. Si tout le dessin du numéro d'acrobaties des Andreu tournait autour de Charlot, Polo avait entre ses mains le succès tout entier de leur numéro de clowns. Sa bouffonnerie donnait à l'affabulation une ampleur que le grotesque Charlot et le précieux René n'auraient pu à eux seuls provoquer. Sans Polo, le trio Andreu eût été difficilement viable. Sans Polo, il n'y aurait eu qu'un couple banal. Charlot prétendait au rôle de direction et René à celui de faire-valoir, mais au fond Polo était l'animateur comique de l'interprétation.

Le trio Andreu n'était un trio équilibré que dans l'entrée de *La Colonne brisée*, figure primitive de la pantomime acrobatique. Dans les autres entrées, le clown était rarement en présence de deux pitres à la fois, ils apparaissaient à tour de rôle. Musicien, comédien, chanteur, cascadeur, imitateur, sauteur, Polo surclassait nettement, dans la pantomime parlée, ses deux frères, par sa bonne humeur et par sa facilité à transformer un geste banal en grotesque incident, à changer, d'un mot lâché à propos, une repartie inoffensive en un brillant coq-à-l'âne.

Dans l'entrée des *Œufs*, Polo montrait au bout de sa main levée l'œuf que René devait percer d'une balle tirée à quinze pas. Mais songeur, préoccupé, Polo laissait l'œuf choir et s'écraser. Il en avait heureusement plusieurs dissimulés dans ses manches, dans ses poches, dans sa veste, dans son chapeau, ce qui ne l'empêchait pas, entre deux casses, de sauter, de culbuter, de jongler, sans se rappeler ou en se rappelant brusquement qu'il risquait d'écraser sa provision. Sa rêverie pourtant ne le privait pas de raison. C'était, au fond, lui, l'auguste raisonneur, qui techniquement, dans la hiérarchie du trio, devait avoir le rôle de premier comique.

Il se retranchait, en définitive, derrière la crainte des conséquences d'une maladresse possible de René, qui lui flanquerait bien une balle dans la main. Blaguer, rire, duper, tant qu'on voudra, mais courir un risque, à d'autres.

Tandis que Polo s'éclipsait, Charlot, l'imbécile qui n'a pas conscience de la peur, voulait bien faire tout ce que René attendait de lui. Il consentait à tenir l'œuf. Cette affaire prenait pour lui une signification considérable. Il semblait qu'on lui fît beaucoup d'honneur en lui confiant un travail que personne d'autre ne l'aurait cru capable de faire.

— Oh ! oui. Tenir un œuf. Qu'est-ce que c'est ?

— C'est un œuf... Tu ne sais pas ce qu'est un œuf ?

— Ah ! c'est un œuf ? Que c'est beau !

— Oui ! C'est un œuf !

— Un œuf de quoi, René ?

— Un œuf de poule.

— Ah ! un œuf de poule ! Que c'est beau !

La disproportion entre l'expression du sentiment et la banalité de l'objet considéré provoquait chaque fois l'hilarité.

Quand, curieux de connaître le contenu de l'œuf, après en avoir examiné la forme et admiré l'enveloppe, Charlot écrasait l'œuf dans sa main, il s'écriait, avec la même satisfaction ahurie, tandis que le jaune et le blanc mêlés coulaient entre ses doigts :

— Ah ! que c'est beau un œuf !...

On s'attendait que, satisfait de l'expérience, il dise à René :

— Donne-moi un autre œuf que je recommence.

Il avait le contentement de l'enfant qui a découvert le ressort secret de son amusement. Et l'étonnement du niais sans réaction devant la série d'ennuis dont il est victime. Dix fois, il cachait une pièce dans sa poche trouée, dix fois il saisissait l'allumette qu'on lui tendait par le bout enflammé. Sa satisfaction ingénue n'avait d'égal que son comportement ridicule.

⁂

Le succès des Andreu fut contagieux. Certaines troupes d'acrobates possèdent un comique auquel une recherche de pureté gymnique ne permettait pas de s'exprimer. Elles ne résistèrent pas à monter un numéro de clowns.

En fin de saison 1933, parut au cirque Medrano une brochette de sept artistes aussi forts dans les acrobaties, les cascades, la musique, le saut à la batoude que dans la pantomime comique. D'abord, inscrits au programme sous le nom des Mendez, ils présentaient un numéro de jeux icariens entrecoupés de sauts ; ensuite, sous le nom des Pamplinos-Mendez, ils passaient en seconde partie de la représentation dans plusieurs entrées clownesques interprétées à quatre.

Leur début à Medrano fut la révélation de la saison. Elle était la preuve que la réussite des Andreu n'était pas une réalisation exceptionnelle et que la mise au point de quelques entrées dialoguées supportées par des exercices d'acrobaties était à la portée de beaucoup d'acrobates. Le titre de « clowns de l'avenir », dont on avait gratifié les Andreu, convenait autant aux Pamplinos-Mendez qui, comme eux, savaient truffer convenablement une entrée, pot-pourri d'exercices gymniques exécutés sous l'angle de la bouffonnerie.

Les Pamplinos-Mendez réalisaient dans leur pantomime comique un dynamisme extraordinaire. Le rythme de Charlot Rivels, plutôt lent, donnait le mouvement aux entrées des trois Andreu et, en ce sens, les Pamplinos les concurrençaient brillamment. Ils n'atteignaient pourtant ni la précision méthodique des Andreu, dont les scènes étaient réglées parfaitement, ni la souplesse particulièrement heureuse des Andreu dans l'enchaînement des situations.

Il y avait du vague, de l'indécision, de la faiblesse dans le mouvement endiablé de l'équipe. Juli, Améri, Carlo et Rico Mendez paraissaient en piste en trombe. Et Carlo, le premier comique, avait beaucoup de travail à les servir, pris comme une unique courroie de transmission de tous ces engrenages. En revanche, les Pamplinos avaient la supériorité de posséder en Juli un clown d'une belle tenue, d'une silhouette classique, à l'élocution naturelle teintée d'un accent maladroit qui sied au clown sévère, tandis que René Andreu avait toujours l'air d'accomplir une corvée, de considérer, pour le moins, son rôle comme quantité négligeable et de paraître prendre part à l'action pour la commodité des autres.

Avec Juli Mendez, clown au costume conçu dans une harmonie rouge et or, Carlo Mendez, tout en noir pourtant, brillait sans qu'Améri et Rico puissent rivaliser avec eux ni contrarier l'esprit toujours en éveil de Carlo.

A eux seuls, Juli et Carlo réunissaient toutes les qualités pour former une équipe homogène qui ne cédât en rien aux meilleurs duos. En effet, les deux autres partenaires, Améri Mendez, d'une fantaisie disons étriquée, malgré son accoutrement exagéré, sa casquette immense, son habit bleu d'une largeur inaccoutumée, même au cirque, et Rico Mendez, d'un burlesque hallucinant, qu'un parti pris d'originalité outrancière transformait en monstre sans noblesse, aux jambes bossuées, au crâne en pain de sucre, aux attitudes inhumaines, n'intervenaient que comme des personnages anecdotiques, secondaires et surajoutés.

Ce qui prouve, une fois de plus, que ce n'est ni à la largeur du pantalon ni au prix de la monstruosité, que se mesure l'étoffe du comique.

⁂

Pour mériter le titre de clowns, une équipe doit avoir un répertoire varié. C'est la diversité et la valeur quantitative du répertoire qui distinguent les clowns des excentriques. Aussi mérité que fût le succès des Pamplinos-Mendez, ils n'eussent pas plus que les Andreu résisté à l'épreuve, s'ils avaient dû paraître dans un même établissement pendant toute une saison et s'obliger pendant plusieurs mois, à chaque nouveau programme, à interpréter une entrée aussi riche en joyeux propos. Les Pamplinos-Mendez disparurent comme ils étaient venus. Ont-ils mieux résisté que les Andreu, dispersés à la dislocation de leur numéro d'acrobaties ?

Dans tous les cas, les clowns ont des années d'épreuves à subir avant de figurer au palmarès de la tradition. Un numéro, aussi bien au point qu'il soit, ne fait pas un clown.

C'est ce que nous dirons aussi des Welgraff, des Pell-Mells et *tutti quanti* (1).

⁂

Rudi, Alfred, Oreste et Négrito, connus par ailleurs sous le nom des Rastelli, acrobates au tremplin élastique, parurent au début de l'année 1937 à Medrano. Leurs efforts en tant que clowns étaient louables et fort sympathiques, leur numéro plein d'entrain, d'imprévu et de cocasserie. Ils gardaient toutefois sous leur costume de pitres la raideur et la gêne qui dénoncent les équipes

(1) Le trio Welgraff n'eut qu'une apparition trop courte au Cirque d'Hiver pour nous permettre de le juger. Le clown, assez beau, rappelle à la fois Antonet et les Plattier. L'un des comiques à la face noire et l'autre, à la coiffure touffue, font songer à Franck Pichel.

d'acrobates qu'une longue pratique n'a pas rompus à la discipline des clowneries.

On ne peut facilement s'assurer de la valeur d'une équipe qui, à un moment donné, peut soutenir dans l'interprétation d'une entrée comique traditionnelle un élan comparable à celui d'un trio ou d'un duo, mais ne saurait régler avec le même bonheur la distribution de n'importe quelle entrée à quatre personnages. Ce que nous avons dit au sujet de la fréquence de renouvellement de l'entrée chez les Pamplinos-Mendez s'applique aux Rastelli (1).

Ce que nous avons dit de la technique aussi. Il y a beaucoup de sorties dans le numéro de Rudi, Alfred, Oreste et Négrito, car c'est une gageure de vouloir que le répertoire des entrées s'accommode du quatuor clownesque. Tant que les entrées n'auront pas été réglées pour être jouées par quatre personnes à la fois, les clowns devront se contenter de ruser avec le répertoire et d'assurer l'interprétation par morcellement des scènes à deux personnages. On ne pouvait donc parler de réalité en ce qui concerne la création du quatuor clownesque.

Négrito était le plus déconcertant et le plus dynamique de l'équipe. Son masque noir, aux yeux et à la bouche frangés de blanc, prenait un relief saisissant au milieu de son jeu d'enfant terrible. Il paraissait d'abord dans le costume type du vagabond qui ne lui ajoutait rien d'original. A la reprise, il portait un habit écossais à fond marron à côtes noires du plus grand effet. Du seul point de vue de sa composition, il était regrettable que l'équipe ne se limitât pas non plus à Rudi et à Négrito, celui-ci donnant l'impression de posséder une habileté très grande dans le pittoresque et la bouffonnerie.

Rudi, beau clown classique au costume en tissu lamé, vieil acier, un grain de malignité suspendu en un accent sur son sourcil gauche, donnait encore la réplique à Alfred, auguste endimanché, et à Oreste, son diminutif. Habillés d'une redingote rouille à gros boutons de métal doré, d'un gilet en grosse toile blanche, de culottes noires brillantes, d'un chapeau melon de couleur, la bouche en V tortillé, le nez en pomme de terre et les yeux

(1) Les quatre Rastelli comprennent une femme. L'Oreste de l'équipe clownesque est l'enfant d'Alfred.

en croix, Alfred et Oreste portaient négligemment une cravate rouge mal nouée autour d'un col trop large, trop haut, aux coins cassés.

Les costumes de ces quatre clowns, très riches en couleurs, apportaient un élément de gaîté immédiat, d'une beauté carnavalesque peut-être, mais d'une fantaisie supérieure et rare chez les clowns habituels. Leur coupe et leur composition, d'un goût exceptionnel chez Alfred et Oreste, devraient servir notamment d'exemples à de nombreux augustes qui présentent toujours un aspect misérable. Mais ceux-ci diront qu'engagés à des conditions bien inférieures à celles des attractions internationales, de la valeur des Andreu, des Pamplinos-Mendez et des Rastelli, ils ne peuvent faire les frais de costumes aux tons vifs d'un usage dispendieux.

⁂

Les quatre Rastelli interprétaient des entrées d'un esprit différent : pantomime acrobatique, pantomime musicale, pantomime dialoguée.

Rudi racontait par exemple que sa femme se trouvait sur le point d'accoucher. Il en était désespéré. Les prédictions du docteur n'étaient pas rassurantes. Si la maman accouchait d'une fille, la mère mourrait. Si elle accouchait d'un garçon, c'est le père qui disparaîtrait.

Rudi se lamentait, incapable de résoudre les contradictions de ce dilemme. Il était pressé d'avoir des nouvelles, et justement, Négrito, son chauffeur, apparaissait pour lui en donner. Négrito, pour rassurer son patron, se plaisait à des détails savoureux.

— Je l'ai palpée, disait-il.

— Ce n'est pas le moment de plaisanter. J'ai des appréhensions. Je crains l'irréparable.

Négrito, sceptique, ouvrait de grands yeux. Rudi confiait à Négrito les conclusions du docteur.

— Non, mais c'est vrai ? C'est une blague ?

C'était au tour de Négrito de n'être plus tranquille. Il changeait de mine. Puis, anxieux sur le sort qui l'attendait, se mettait à geindre, à hurler, à larmoyer.

On annonçait bientôt à Rudi la naissance d'un garçon. Frappé de stupeur à cette nouvelle, il l'était bien davantage quand Négrito mourait subitement. Quoique de plus en plus surpris, Rudi, devenu philosophe devant la mort, trouvait qu'après tout cette fin inattendue arrangeait bien des choses.

⁂

L'entrée des *Assiettes cassées*, présentée par Rudi, Alfred, Oreste et Négrito, était un mélange de gags habituels. On sait que l'un des clowns doit tenir une assiette qu'il brise chaque fois maladroitement. Les quatre clowns occupaient alors la piste en même temps et, n'étant pas contraints à des sorties continuelles, donnaient la mesure exacte de leurs qualités dans une pantomime dialoguée. Mais la pluie d'assiettes issue du cintre, chassant enfin les quatre Rastelli, n'avait aucune originalité.

Ils couronnaient leur numéro par l'entrée musicale du *Trombone* qui ne manque jamais d'être amusante quand les interprètes ne se contentent pas — c'était le cas des Rastelli — d'avoir des connaissances instrumentales.

Trombone à piston, trombone à coulisse, saxophone et guitare, l'ensemble, quoique disparate, s'accordait très bien, chaque instrument portant en soi sa source de facéties. Original jusque dans ses accessoires, Négrito jouait de plus d'une clarinette pliante.

Amusants, les quatre Rastelli montraient comment de bons acrobates peuvent devenir des clowns agréables. Mais il s'agit de le rester. Or, on peut servir les acrobaties et les clowneries avec autant de passion sans avoir la même réussite. Telle est la loi du cirque. Arrive un moment où il faut choisir. Arrive un moment où l'on doit refuser d'être médiocre en quelque chose. Les Rastelli se séparèrent.

⁂

Tel fut aussi le destin des Andreu. Charlot quitta le premier le trio. Les trois frères étaient pourtant devenus célèbres. Mais la famille n'était pas à un acrobate ni à un auguste près. La troupe s'adjoignit Roger et Celito.

Malgré ses qualités, Celito, dans le numéro de trapèze, n'arrivait pas à faire oublier celles de son prédécesseur

Charlot. La personnalité de Charlot Rivels, transparente sous son imitation, restait trop proche pour que Celito y puisse substituer la sienne, d'autant plus qu'il reprenait à son compte les trouvailles de Charlot sans y apporter rien de neuf.

Dans leur numéro de clowns, Polo, René et Celito constituaient un trio nouveau d'un jeu bien soutenu, d'une verve reposante. René prenait son rôle de clown plus sérieusement. Il avait acquis de la grâce et son jeu avait perdu de sa sécheresse. Polo, qui demeurait l'animateur de l'équipe, ne se sentant plus comprimé par le jeu à gros effets de Charlot Rivels d'une lourdeur écrasante, donnait toute la mesure de son comique fin et incisif. On pouvait croire que, bien qu'allégée de Charlot, la nouvelle équipe des Andreu, beaucoup plus homogène, obtiendrait un succès durable.

Mais les Andreu ne parvinrent pas à maintenir entre eux le minimum d'entente qui assure dans une équipe nombreuse sa cohésion et sa durée. Et puis la Seconde Guerre mondiale finit de dissocier le reste.

Après la mort de Porto, Alex Bugny devint le partenaire de Polo Rivels au cirque Medrano, occupé par le cirque Busch (1941).

Polo Rivels y révélait un auguste extrêmement fort dans la parodie et les imitations. Livré à lui-même, surclassant Alex dans la bouffonnerie, Polo réalisait l'auguste intégral réunissant avec un rare équilibre les deux éléments distinctifs de la comédie clownesque : la mimique et le verbe, le geste et la parole. La simplicité même de ses moyens rendait plus grande une interprétation riche en nuances, plus légère une fantaisie déjà très personnelle.

Polo Rivels et Alex (Bugny) ne persistèrent pas dans leur association. Ce fut un grand dommage pour la comédie clownesque. Polo Rivels était le seul auguste capable de rivaliser avec Rhum et A. Zavatta.

René Andreu se trouvait avec son frère Charles, dit Charlot, avant et pendant la Seconde Guerre mondiale, en Allemagne. Leur numéro de clowns, baptisé « Les Rivels », était assez célèbre pour que leurs images figurent dans la série des images « Variete und Zirkus », données en prime aux amateurs d'une marque de cigarettes

Charlot avait conservé son masque d'excentrique remarquable par l'outrance. Mais nous supposons qu'il avait abandonné, du moins pour sa tranquillité, toute allusion à Charlie Chaplin et qu'il évitait de rappeler qu'il était le meilleur sosie de celui qui, en Amérique, jouait *Le Grand Dictateur*.

XXI

LES EXCENTRIQUES SOLITAIRES BAGESSEN, LITTLE TICH, JOE JACKSON

LES excentriques puisent aux mêmes sources du rire que les clowns. Si nous n'entreprenons pas d'en dresser une liste qui serait incomplète, nous ne pourrons négliger dans l'histoire du cirque quelques-uns des meilleurs bouffons des cinquante dernières années qui, parfaits dans leur numéro et bien qu'appartenant plus à la scène qu'à la piste, ensuite plus au music-hall qu'au cirque, ont laissé dans de nombreuses entrées clownesques les traces de leur originalité.

L'excentrique vient en droite ligne de l'auguste traditionnel. Celui-ci, arrivé avec Tom Belling d'Allemagne en France, passe avec Jimmy Guyon de France en Angleterre, qui l'habille de son costume à carreaux et nous le restitue à la fois britannisé par sa collection d'accessoires héritée de la tradition grimaldienne et américanisé par le « tramp ».

Cependant l'excentrique diffère totalement de l'auguste. Psychologiquement, il est à l'opposé. L'orgueil britannique ne permettrait pas que l'un des siens soit ridicule. Aussi, contrairement à l'auguste, l'excentrique n'est jamais un imbécile. C'est un auguste malin, débrouillard, voire habile, qui finit toujours par avoir le dessus. Toute sa science est d'accumuler les obstacles en assez grande quantité pour avoir le mérite d'en triompher en une seule fois.

Dans cette construction où il est à la fois l'auteur et l'acteur du poème comique qu'il compose et qu'il expose, l'excentrique a une peur inconsciente de l'improvisation.

L'imprévisible est son cauchemar. Il ne veut rien laisser au hasard. Tout est calculé, pesé, réfléchi. Son œuvre est une somme de difficultés vaincues au minimum de frais. Rien n'est décousu dans son œuvre, ni perdu dans ses gestes.

L'excentrique a donné au clown le sentiment de son infériorité. Par voie de conséquence, il lui indiqua le chemin de la dignité, l'orgueil de son métier que, las d'avoir été considéré au milieu des siens comme un parent pauvre, le clown avait perdu. L'excentrique l'incita à chercher et à recomposer le vieux poème clownesque perpétuellement ressassé. Et l'auguste, plus particulièrement, comprit qu'après tout il avait en puissance les mêmes forces de suggestion et de renouvellement.

Mais, s'il a pu imaginer une action, un argument et l'air effrayant de naturel qu'il faut pour rendre réelles et amusantes des intentions et des situations qui ne le sont pas pour lui, l'auguste ne put jamais rivaliser avec l'excentrique en raison même de leur opposition congénitale, l'excentrique étant, répétons-le, un auguste intelligent, et l'auguste, né niais, tâchant de ne plus l'être.

⁂

Parce qu'il est intelligent — conventionnellement s'entend — l'excentrique est un solitaire. Il n'a besoin de personne pour s'affirmer. Il est en même temps qu'auteur, interprète ; il est encore son propre faire-valoir. Et nous avons Bagessen, Little Tich, Joe Jackson. Tandis que Grock, par exemple, reste un auguste. Il lui faut en effet une présence, si courte soit-elle, garante de la souplesse de son mécanisme, Antonet, Géo Lole, Max Van Emden, Jérôme Medrano ou tel autre qui servira de remontoir à sa volonté constructive et organisatrice.

Un excentrique puise dans l'action les forces de son propre mouvement. L'auguste, fût-il de génie, a besoin d'un partenaire où il se charge et se recharge d'énergie.

Avant d'étudier Grock, commençons à parler des excentriques.

***

Carl E. Bagessen était originaire de Odensee (Danemark). Il entra à quatorze ans, au sortir de l'école (1), au cirque Gauthier, un chapiteau français qui tournait au Danemark, et qu'il suivit dans ses pérégrinations. En 1885, au cirque Rancy, à Lyon, Bagessen était contorsionniste et paraissait sous le titre de l'homme tire-bouchon, le plus grand disloqué du monde.

Il se maria avec une jongleuse dont il devint le partenaire habile, habillé en domestique. Un soir que Mme Bagessen lui lançait une assiette avec laquelle elle jonglait, il la rata si drôlement que le public s'esclaffa. Bagessen tira immédiatement parti de l'effet comique qu'il avait provoqué et décida de présenter un numéro de casseur d'assiettes.

Que Bagessen en eût l'idée ou non, il ne semble pas qu'il ait été le premier à avoir du succès dans ce genre de numéro. Coquelin cadet raconte qu'à la première audition qu'accorda Bocage, alors directeur de l'Opéra, à Gil-Pérès (2), le premier, trouvant le second intelligent, lui avait conseillé de prendre le théâtre. Quelques jours après, à l'occasion d'une représentation à bénéfice qui se donnait au second Théâtre-Français, un acteur étant tombé malade, Bocage pense à Pérès, l'envoie chercher et lui demande de jouer le rôle au pied levé ; ce rôle était celui d'un personnage naïf et maladroit, cassant une masse d'assiettes, dans une pièce villageoise. Pérès arrive le soir avec un trac infernal, joue son rôle et conquiert la salle par sa façon jusqu'alors inconnue de casser les assiettes.

La nature avait doué Gil Pérès d'une grande figure de carême tout à fait immobile, dans laquelle seuls deux yeux malins pétillaient, d'un corps petit et bien pris, d'un dégingandage de jeune gentleman anglais, d'une voix tremblotante comme celle d'un orgue de Barbarie et d'intonations si abracadabrantes qu'elles faisaient de Gil-

(1) Remarquons que la chose est rare qu'un futur comique de cirque poursuive ses études jusqu'à quatorze ans.

(2) *La Vie humoristique*, *op. cit.*

Pérès un fantoche inoubliable, une sorte de pitre transcendant dont s'éprenaient tous les amateurs de fantaisie.

— Comme il casse bien les assiettes ! dit-on de Gil Pérès.

Cinquante ans plus tard, le public en disait autant de Bagessen. Il présenta son numéro pour la première fois à Chicago en 1893. Jusqu'alors, il portait l'habit traditionnel de l'auguste, jaquette et pantalon noir, cravate blanche nouée, gilet et gants blancs. Il le transforma en costume de garçon de restaurant engagé au pied levé comme maître d'hôtel.

Les basques de son habit luisaient de taches. L'allure embarrassée, l'air décontenancé, Bagessen arrivait, la bouche épanouie par un sourire ahuri, les yeux stupides. Et le massacre de la vaisselle commençait. Il avait la main extrêmement maladroite, gêné par un costume trop large, empêtré par des manches qui lui couvraient les doigts, trahi par ses jambes qui s'entendaient à le faire trébucher, pressé de rattraper le temps perdu. Bagessen ne pouvait saisir une assiette sans qu'elle glissât de sa main ou qu'il rencontrât dans ses mouvements quelque obstacle où elles se brisaient.

Pour compliquer son travail, une feuille de papier poisseux se collait à ses mains et malgré tous ses efforts Bagessen n'arrivait pas à s'en débarrasser. Elle se fixait tour à tour à ses cheveux, à sa figure, à son habit, à ses chaussures. Ses doigts collaient et chaque aventure nouvelle était le prétexte à des situations comiques, au cours desquelles la mimique de Bagessen était d'une variété de sentiments intraduisibles par la parole. En une demi-heure défilaient, lisses et peintes, sur la trogne du guignol, toutes les expressions du pauvre diable à qui la vie impose des misères sans grandeur (1).

La feuille de papier devenait pour lui une véritable obsession à laquelle il parvenait à échapper par une malchance imprévue qui augmentait encore sa confusion. Sous ses pieds, les débris de vaisselle craquaient, lui rappelant ses infortunes précédentes. Enfin le malheureux maître d'hôtel glissait, écrasé sous une ultime pile d'as-

(1) Maurice Verne. *Les Usines du plaisir*, Edition des Portiques, 1930.

siettes, entraînant dans sa chute la desserte avec toute la vaisselle qu'elle contenait encore.

Une maladresse ainsi prolongée confinait au tragique. Il y avait toujours chez le spectateur une sorte d'attente anxieuse précédant l'hécatombe prévue. Mais la manière dont les chutes se produisaient était si inattendue et si cocasse chaque fois qu'il n'était pas possible de résister au comique de Bagessen passé maître par sa dextérité dans sa gaucherie et son incompétence dans les lois de l'équilibre.

⁂

Bagessen remporta pendant plus de vingt ans le même succès, avec le même sketch, dans tous les établissements de variétés du monde. Entre deux engagements, il exploitait un domaine agricole à Thuro, au Danemark. Le pitre disparaissait sous l'éleveur de vaches, le fermier habile à veiller sur la qualité des produits de sa ferme.

La légende veut qu'il ait été ingénieur. Tous les clowns qui fabriquent leurs accessoires et leur matériel le sont un peu. Ils sont, sinon ingénieurs, forcément ingénieux. Bagessen était, paraît-il, l'inventeur d'un système d'attelage automatique de tramways breveté et appliqué en Amérique, ce qui, certainement, est plus fort que de construire une nouvelle boîte à malices ou un instrument de musique avec du fer de boîte de conserve. Mais il y a des inventions qu'on ne saurait mettre à l'actif des clowns sans circonspection.

Bagessen s'était éloigné du public quelques années avant 1914. Il reparut en France dans une revue en 1923, puis en 1926 dans un spectacle de variétés. Il avait vieilli. La génération nouvelle fut déçue. L'ancienne, qui vivait de souvenirs, ne jugeait pas opportun d'éterniser une réputation révolue. Bagessen fut accueilli avec indifférence. Il retourna dans sa ferme où il mourut en 1931.

Il avait alors soixante-treize ans.

⁂

Harry Ralph, dit Little Tich, commença à jouer sous le nom de Little Tichborne. Il se barbouillait le visage de noir et faisait un numéro de minstrels nègres, *Les Sifflets*.

Ce fut à l'auberge du Dauphin, à Kidderminster, qu'il fut pour la première fois appelé Little Tich. Ce n'était pas seulement par mode qu'il avait pris ce pseudonyme. Il y avait en Angleterre beaucoup de comiques qui faisaient précéder leur nom du qualificatif (1). Little Walter en importa l'habitude en France. Les cirques français connurent alors d'abondants Little dont quelques-uns furent si petits qu'ils ont complètement disparu. Certains, dont Little Pich, fut un imitateur de Little Tich et Little Pipijack qui, habillé en marin, en fut un autre, sont moins oubliés. Mais Tich était véritablement un petit homme. Des auteurs français prétendent qu'il mesurait bien un mètre vingt. Les Allemands prétendent qu'il était haut d'un peu plus d'un mètre.

Tant qu'il n'avait pas eu de succès, sa taille ne l'avait pas tourmenté. Mais quand il eut du succès et de l'argent, il souffrit de ne pas pouvoir profiter de la vie comme tout le monde. L'idée de n'avoir pas été gratifié par la nature d'une taille moyenne était devenue pour lui un véritable cauchemar.

Au théâtre, où les notions de mesures et de distances sont faussées, il n'y paraissait guère, mais dès qu'il était en public, Tich faisait tous ses efforts pour éviter qu'on remarquât sa petitesse, et c'eût été non seulement lui déplaire, mais le tourmenter que paraître s'en apercevoir. A ce point de vue il était d'une sensibilité maladive. René Bizet eut un jour le malheur de faire, dans un article très élogieux, allusion à sa taille. Tich en fut si mortifié qu'il ne put le cacher à ses amis et que René Bizet, certain d'encourir ses reproches, n'osa plus lui rendre visite. C'eût été en effet lui faire une injure supplémentaire que de lui présenter des excuses pour une chose que Tich voulait qu'on oubliât.

Rien n'était plus pénible pour lui que d'être considéré comme un « phénomène ». Et pourtant, tout en lui en inspirait l'idée. Il n'avait pas seulement une petite tête sur un corps menu, mais deux pouces à chaque main. Et ce n'était pas par nécessité professionnelle que Tich, d'une

(1) Little Crouestre, Little Rowella. Il y eut même « the great Little Dan Leno ».

tenue impeccable, cachait toujours dans des gants ses mains anormales.

Little Tich était physiquement un monstre.

⁂

Little Tich fit ses débuts en France en 1881 aux Folies-Bergère. Vêtu d'un costume trop large, à l'imitation des augustes de l'époque, chaussé de souliers plus gigantesques encore que ceux que Billy-Hayden portait au Nouveau Cirque, Little Tich plut par une sorte de fantaisie mélancolique et de folie triste qui devint par la suite le trait commun à beaucoup de pitres renommés, de Charlie Chaplin à Rhum (Sprocani).

Il avait l'allure du petit commerçant retiré des affaires et content d'avoir réussi, vêtu par le bon faiseur, un chapeau extra léger sur la tête, la chaîne de montre bien tendue sur le gilet de coupe sobre, colleté et cravaté correctement, la badine sous le bras. Il surprenait par un tact à la fois familier et distant qui éclatait brusquement en rage folle à la faveur d'un incident. Il ne se contentait pas de plaquer, comme beaucoup de comiques, de l'automatisme sur du vivant. Ses parodies avaient la qualité du meilleur burlesque. Et brusquement sa rage folle faisait place, sous l'aspect d'un flegme tout britannique, à une ironie extrêmement nuancée et suggérée par la mobilité de ses yeux exprimant tour à tour le doute, la certitude ou la malignité.

⁂

Pendant la première partie de sa vie, Tich avait un « tour » qui ne manquait jamais de surprendre. Grâce à ses immenses chaussures qui formaient angle droit avec lui et à la petitesse de sa taille, il pouvait se baisser sans plier les genoux jusqu'à pouvoir se coiffer, sans y toucher, de son chapeau haut de forme déposé sur le sol. Il abandonna plus tard cet exercice qui demandait une vigueur dans les reins peu commune.

Mais il brillait surtout dans les parodies. Il arrivait paré d'une robe de cérémonie à traîne, d'une perruque à plumet et d'un éventail d'une dame du monde. Les comiques anglais d'un humour caricatural aiment s'habiller en femme. Tich faisait des révérences au public comme s'il se fût trouvé en présence des grands du palais et s'empêtrait dans sa robe à traîne. Il commençait par s'asseoir à côté de son fauteuil. L'effet était irrésistible. A son habitude, c'était son unique diapason, il enrageait bientôt. Ses manières de créature de cour contrastaient avec ses pensées intimes et, n'en pouvant plus, au cours d'un compte rendu qu'il faisait dans son jargon franco-anglais de la cérémonie à laquelle il venait d'assister, la dame adressait à sa traîne des injures dites avec un pur accent parisien.

Puis vêtu en matelot, en danseuse espagnole, Tich chantait des chansons de marins, exécutait une gigue endiablée puis un boléro où, pour terminer, il ratait volontairement ses effets, se flanquait à terre, irrité encore de ne pouvoir s'accomplir comme tous les autres hommes que sous les aspects d'un bouffon.

⁂

Jean Lorrain, qui ne ratait jamais l'occasion de heurter les sentiments de ses contemporains par des paradoxes, s'enthousiasma pour Little Tich qu'il décrit terrible, comme une des planches des *Caprices*, véritable Goya animé, l'air à la fois d'un bouffon de prince et d'une vieille duègne. Et l'écrivain qualifia le pitre de gnome génial.

Aussi exagéré qu'il soit en ce qui concerne le génie, ce jugement, qui n'était peut-être après tout qu'une boutade, ne fut pas perdu pour tout le monde. Les chroniqueurs et les journalistes emboîtèrent le pas à Jean Lorrain. L'un de nos comédiens, le plus habile à soigner sa publicité, déclara, au cours d'un de ses voyages en Angleterre, que Little Tich était le plus grand artiste comique d'Angleterre, que Little Tich était le plus grand artiste qu'il connût. Il ne faut pas attacher grande importance à des déclarations qui ont pour but de déconcerter l'auditeur et de placer son auteur sur le rang des penseurs originaux. Ce qui nous ramène à une conception plus exacte de la vérité, c'est que d'autres ont prononcé après Jean Lorrain le mot de génie au sujet de clown et d'excentrique. Les éloges se paient au tarif de la publicité. Rappelons-nous toujours que ce n'est ni dans le cirque ni sur les tréteaux de music-hall que se rencontre le génie. Il y a des choses qu'il faut entendre et puis sourire.

⁂

Little Tich parodia aussi la Belle Otero et la Loïe Fuller. Mais ce n'était là qu'une transposition de son ancien numéro de Clarisse, sa dame de cour, cause première de ses empêtrements, de ses trébuchements dans sa traîne.

Après la guerre 1914-1918, il s'était retiré en Angleterre où il était aussi populaire que le prince de Galles. Un agent théâtral crut bon d'aller le chercher pour qu'il reparût une fois encore sur les scènes françaises. Tich, malgré la timidité et l'amertume qui étaient le fond de son caractère et le tenaient éloigné maintenant du public, consentit à revêtir les vieilles défroques de ses succès et fut engagé à l'Alhambra, à l'Empire, au Palace.

Ses amis s'efforcèrent alors de lui conserver des illusions sur les qualités d'un comique qui ne correspondait plus aux goûts de l'époque. Son agent théâtral avait voulu faire une dernière affaire avec lui. Mais Tich ne se méprit point sur la solidité de sa célébrité. Elle était gravement compromise. Lors de la première au Palace, raconte Maurice Verne, des amateurs incompétents lui reprochèrent très sérieusement d'imiter Charlie Chaplin.

Le sentiment de la justice avait toujours été, chez cet être d'une susceptibilité farouche, une grande passion. Au cours de son existence, il s'était toujours occupé avec un dévouement illimité de l'intérêt des artistes moins favorisés que lui. Il ne prétendait pas qu'il faille écraser les autres, ni les écarter impitoyablement de son chemin pour réussir. Il avait été l'un des fondateurs de l'Union des Artistes en Angleterre et cet humoriste au rire grinçant et rageur n'avait pas hésité à diriger la grève qui obligea vingt établissements de Londres à fermer leurs portes.

Qu'on l'accusât de plagiat, lui qui avait apporté tant de fantaisie, de verve et d'ironie à la pantomime burlesque, lui parut plus qu'une injustice, une grossièreté, une insulte que ni les ans ni sa taille ne lui permettraient, hélas ! de réparer.

Son petit corps vieilli et malheureux de monstre refusa d'accepter cet ultime affront. Little Tich, malade, dut interrompre ses représentations. Ses engagements terminés, il repartit dans son pays, blessé dans sa dignité, mais libéré de ses illusions.

Il mourut dans un faubourg de Londres à soixante ans en 1928.

*
**

Les excentriques s'appuient sur un accessoire comme les augustes sur le clown. Le jeu de Bagessen s'organise autour d'un massacre d'assiettes prises pour prétexte, Little Tich autour d'une parodie de danses et de danseuses. Aussi Joe Jackson, le voleur de bicyclette.

Joe Jackson appartient à la lignée de l'excentrique américain sous son aspect le plus caractéristique, le « tramp », produit type de la société où il vit. Il se présente *grosso modo*, les yeux agrandis par la salissure ou les coups, la face mal rasée, la tignasse hirsute, vêtu d'un chandail rayé déchiré ou réparé maladroitement, d'un chapeau cabossé. Il porte sur sa figure les stigmates de la déchéance et du vice.

La morale n'a rien à voir avec le cirque. L'ivrogne hilare ne déplaît point qui sait conserver dans son animalité une pointe d'humanité railleuse et satisfaite. Le vagabond que l'occasion fait larron n'appelle sur lui aucune condamnation, si son aventure est matière à suggérer le rire et s'il sait la bien conter.

L'occasion se présente pour Joe Jackson sous la forme d'une bicyclette laissée à la portée de ses désirs par son propriétaire négligent.

Joe Jackson entre en piste comme s'il était traqué par la police. Mais là, sous la lumière bienfaisante des réflecteurs, il se rassérène. Il a le temps d'observer les environs, de méditer et d'exécuter le coup qui va s'offrir pour satisfaire ses manies ou ses habitudes. Une bicyclette est là, tentante. Coups d'œil obliques, joie et crainte mêlées qui le poussent et le retiennent aussi impérieusement.

Car, au fond le personnage est ignoble ; il veut être sûr de l'impunité.

Enfin, goguenard, se moquant de ses craintes, il touche à la bicyclette et maintenant c'en est fait de son destin. Il caresse la machine, insensible à son offre pathétique. Il saisit brutalement son beau corps de mécanique qui s'abandonne pour mieux se reprendre. Le guidon s'échappe, le pédalier fait la mauvaise tête, la selle tourne, le cadre s'affaisse. Inlassablement, il la recrée, belle comme au premier moment, mais elle n'accepte pas l'offrande de ses efforts. Elle détruit à chaque tentative de la posséder tout entière les illusions du vagabond. Il guette le moment décisif où, la croyant consentante, il pourra l'enfourcher. Mais de nouveau elle se refuse, elle perd sa roue, son garde-boue se disloque.

Devant tant de misères et de déceptions, Joe Jackson se trouble. Il menace. Il soupire. Il s'obstine. Il se fait humble. Il supplie. Sa mimique où toutes les gammes des sentiments se traduisent parfaitement se complique encore parce que aux résistances de sa conquête s'ajoutent les traîtrises de ses haillons qui s'accrochent aux pédales, retiennent ses manches dans les guidons, s'effilochent dans les rayons des roues.

Enfin, il en arrive à bout. Retournée, disloquée, domptée, elle accepte enfin d'obéir au maître obstiné qui disparaît, satisfait de son vol.

Cette pantomime a rendu Joe Jackson célèbre et l'épopée de l'homme avec sa machine a été chantée depuis par beaucoup d'autres.

Joe Jackson prétend qu'il n'a pas moins de seize imitateurs sans compter son fils. Ce qui prouve que plus un artiste a d'originalité plus il y a de facilité à l'imiter (1).

Sam Barton accomplit un travail qui rappelle celui de Joe Jackson. Il renouvelle les mêmes exploits en y superposant quelques savants équilibres en bicyclette. Il n'a probablement pas précédé Joe Jackson dans la composition de son numéro puisqu'il va du simple au compliqué et que nous perdons en qualité ce que nous gagnons en diversité. Mais Sam Barton est un des plus comiques

(1) Joe Jackson mourut au cours d'une représentation, pendant la guerre, aux Etats-Unis.

excentriques à bicyclette. Il fait beaucoup de grâces à la sienne. Il se donne un mal supplémentaire pour la conquérir. Il fait la roue. Ce n'est plus le voleur vagabond, déjà fort éloigné du clown, objet de notre livre. C'est le « tramp » acrobate à bicyclette. Un pas encore et nous avons l'équilibriste excentrique, spécialité que nous nous contenterons avec Sam Barton et Eddie Gordon d'effleurer ici.

XXII

GROCK

MALGRÉ la publication de ses Mémoires, Grock demeure un personnage énigmatique. Nous savons à peine comment il débuta. Nous ignorons les circonstances qui entourèrent la naissance de son numéro.

La profession d'amuseur public dispose à une déformation professionnelle. Les clowns, notamment, ont une propension à la mystification. Grock, semble-t-il, n'y a pas échappé. Ecrits directement ou sous sa dictée, les Mémoires de Grock sont curieux, inattendus, mais doivent être accueillis par une prudente réserve. Ils ne peuvent, dans tous les cas, être utilisés avec certitude.

« Nous serons édifiés sur la légende de la jeunesse de Grock par ses Mémoires, disait M. Legrand-Chabrier, et sur ce qu'il faut prendre et laisser des nouvelles aventures qu'il connut... »

L'espoir de M. Legrand-Chabrier ne s'est pas réalisé. Soixante-dix mille mots et plus n'apportent rien que nous ne sachions sur son métier. Il est dommage, pour reprendre presque mot à mot les termes de cet intéressant et méticuleux critique, que les récits colportés sur Grock ne fussent qu'imagination romanesque, alors qu'ils sont, sans doute, à peine romancés (1).

Bergson a remarqué qu'un personnage comique est généralement comique dans la mesure où il s'ignore lui-même. Le comique est inconscient. Grock l'est-il à ce point qu'il a préféré longuement nous entretenir du petit-

(1) *Vu*, N° 150, « Grock, marchand de rire ».

bourgeois qu'il ne se défend pas, au contraire, de vouloir incarner dans la vie, plutôt que de sa création de clown qui l'a rendu célèbre ?

Nous ne saurons jamais à la suite de quelles réflexions, après quelles observations, Grock réussit à se distinguer des quelque cent clowns qui amusent le monde et à devenir, parmi eux, un maître. Ce qui étonne, par exemple, dans ses Mémoires, c'est qu'il n'ait même pas conté comment et pourquoi il eut l'idée d'insérer dans ses dialogues les fameuses interjections, « Pourquoi ? » et « Sans blague ! » qui reviennent à chaque instant comme le refrain joyeux de sa fantaisie.

Discrétion ? Respect de soi ? Incapacité ? La personnalité de Grock appartient désormais à l'histoire du cirque. Le succès paie à la curiosité un tribut qui n'est pas toujours inutile. Le critique a besoin de savoir ce que les clowns ont été pour comprendre mieux ce qu'ils sont.

Les plus célèbres gardent secrètes les heures difficiles de leurs débuts par on ne sait quelle modestie ou quelle prétention à laisser croire qu'ils sont apparus en piste dans la forme achevée où ils se sont imposés. S'affligent-ils de leurs expériences tâtonnantes et indécises ? Veulent-ils taire les emprunts qu'ils ont faits à d'autres ? Ils ont tort. Rien ne se fait qui n'ait été précédé d'autre chose.

Le critique passe au crible les matériaux qu'il recueille pour l'histoire du cirque. Il prend connaissance de documents qui lui indiquent l'enchevêtrement des valeurs et des influences. Les clowns peuvent truquer la vérité pour se rendre intéressants. Le critique ne s'y trompe pas. La ligne générale du développement des clowneries s'inscrit en faux contre leurs assertions quand les clowns dépassent les réalités.

Les efforts de Grock pour accéder à la maîtrise, aussi personnels qu'ils soient — et nous croyons, quant à nous, qu'il est bien, surtout dans le style de son interprétation, le fils de ses œuvres — restent du domaine du cirque. Il est dommage qu'il n'ait pas songé que, tôt ou tard, il devrait déposer au fonds commun des clowneries les leçons qui l'ont rendu maître et livrer à ses successeurs les secrets de son talent. Eclairée par son expérience, la leçon de Grock eût été d'un intérêt capital pour l'histoire de la pantomime dialoguée.

L'auteur des Mémoires en a jugé autrement. C'est par le côté anecdotique de sa vie vagabonde, et non par sa vie d'artiste en soi, que Grock a trouvé bon d'exposer par quoi il différait des autres. Mais il y a beaucoup d'aventures que nous avons déjà rencontrées ailleurs.

Puisque le livre n'est pas écrit seulement pour les gens crédules, nous dirons qu'il est difficile d'absorber sans lassitude, chapitre par chapitre, des histoires fort décousues qui dénotent chez leur auteur un parti pris de traiter le lecteur et la question très légèrement.

Quelqu'un à qui nous en faisions la réflexion nous assurait que, le cirque étant le terrain de la fantaisie, tout ce qui en sortait devait être à l'avenant.

Nous dirons que, de quelque côté qu'on considère le cirque, on peut avoir le souci de la vérité et le respect de ses lecteurs.

⁂

Si nous nous en tenons à ces Mémoires (1), il ne suffit pas à Grock d'être le prince des pitres, le roi des clowns, Grock *the divine*, le plus grand amuseur du monde ; il a encore été valet d'écurie, agriculteur, garçon de café, sommelier, cuisinier, plongeur, commis vendeur, ouvrier en ressorts de montre, accordeur de pianos, compositeur, violoniste, chef d'orchestre, bouffon, professeur de langues (2), répétiteur, caissier, comptable, jardinier, maître d'escrime, boxeur, bonne d'enfant (3). Il nous importe plus qu'il ait été homme-serpent, funambule, sauteur et acrobate à bicyclette.

(1) L'édition allemande que nous ne connaissons pas est d'Edouard Behrens ; l'édition anglaise *Grock, Life's a lark* by Grock a été publiée à Londres, chez William Heinemans, en 1931. La même année les éditions Victor Attinger publièrent *Grock raconté par Grock*. C'est à cette édition que nous renvoyons le lecteur.

La *Munchner Illustrierte Presse* publia, à partir du 31 août 1933, les Mémoires de Grock. Les feuilletons sont illustrés par les photographies de l'édition anglaise.

(2) Grock reconnaît pourtant ne parler correctement que sa langue maternelle. Mais un clown peut toujours se débrouiller.

(3) M. Wilson Disher dans *Clowns and Pantomimes, op. cit.*, en ajoute d'autres, représentant en huile, luthier et chanteur tyrolien.

Sans doute en est-il de la plupart de ces professions comme de la lecture de la *Vie des hommes illustres*, de Plutarque, et des *Vies et Opinions de Tristram Shandy* (1), par Laurence Sterne : Grock reconnaît qu'il a déclaré les avoir lues par pure invention.

« Je m'en suis vanté parce que je comptais me rendre intéressant. »

On se trompe à moins. Mais les accents de sincérité, d'humilité et de candeur, qui rachètent ce que le livre contient par ailleurs d'orgueil cynique, prouvent que Grock n'est pas l'unique responsable des histoires qu'il a rapportées.

En esquissant une critique de cet ouvrage, nous pensons rendre circonspects les historiens du cirque qui seraient à l'avenir tentés de puiser leurs renseignements dans les Mémoires de Grock.

Puisque ces Mémoires n'apportent rien que nous ne sachions déjà sur l'activité professionnelle de leur auteur, nous utiliserons comme source le livre de M. W. Disher pour tenter de dégager une biographie qui ne peut être actuellement que fort succincte (2).

Le chapitre consacré à Grock par M. W. Disher nous semble, en effet, serrer de plus près la vérité. A l'époque où *Clowns and Pantomimes* parurent, Grock n'avait pas besoin de transformer en dithyrambes publicitaires une vie commune à tous les bouffons de cirque, ni d'abuser le lecteur par des aventures futiles autant qu'imprévues.

Nous citerons comme exemple d'anecdotes futiles, les prouesses dont Grock est le héros, dans l'ordre où il les relate. Au cours de son existence, le « divin » Grock hâte l'accouchement de la reine d'Espagne, échappe à l'écrasement d'un train, se bat avec chacun de ses partenaires, arrête des chevaux emballés, choit d'une corde raide, devient précepteur du fils d'un comte hongrois, escalade une cheminée d'usine en haut de laquelle il exécute,

(1) Le joyeux conteur de *Grock raconté par Grock*, ignore que l'ouvrage est de Sterne et laisse supposer qu'il a été écrit par Tristram Shandy.

(2) Une vie de Grock, capitale pour l'histoire du développement de la technique clownesque, reste à faire. Des confidences faites à ce sujet par des artistes qui ont suivi les débuts de Grock au cirque l'ont été sous le sceau d'un secret qu'il ne serait, paraît-il, pas encore l'heure de rompre.

après une gageure, un équilibre sur les mains (1), tire et tue une laie que des chasseurs imbattables avaient manquée, effectue une arrivée en gare à cheval sur une locomotive, après avoir enivré le chauffeur et le mécanicien, met en fuite une bande de loups qui le poursuivaient au cours d'un voyage en traîneau (2), échappe aux bras d'une comtesse qui lui faisait douce violence, est arrêté pour terrorisme à Andrinople, voyage en Amérique dans un wagon en feu (3) et devient un sourcier des plus sensibles (4). L'énumération seule de ces faits rend assez bien la platitude du style de l'ouvrage. Heureusement que ce pensum se bornait à soixante-dix mille mots. Sans quoi, nous eussions fait le tour du monde et découvert de l'or en Alaska (5).

Les clowns ne se parent pas, comme le geai de la fable, des plumes du paon, mais avec celles des autres geais. « Des anecdotes racontées sur l'un d'eux, dit M. Disher, s'égarent souvent dans la vie d'un autre. Ils procèdent, dans le civil, comme en piste, par imitation. » Bornons-nous donc à indiquer ce que nous savons de plausible, sinon de certain.

⁂

Adrien Wettach, dit Grock, est d'origine suisse. Il est le petit-fils d'un paysan du Jura bernois. Tous les Wettach étaient paysans et vachers de père en fils. La grand'mère d'Adrien n'avait qu'une passion : ses bêtes.

Son père, Adolphe, était installé dans une échoppe d'horloger située dans la cour de la ferme de ses parents, à Reconvillier, quand Adrien vint au monde.

(1) Déjà Georges Hanlon avait failli être emprisonné à Baltimore pour s'être livré à quelques exercices de voltige sur le haut de la colonne de Washington.

(2) Nous rappelons que la moitié de l'aventure est dans *Michel Strogoff*. Celle de Grock a lieu en Hongrie.

De nombreux clowns ont raconté la même histoire. M. Henry Thétard la mentionne au sujet de Wladimir Olchansky.

(3) Avec le wagon en feu, nous restons dans le répertoire du Châtelet.

(4) Au moment où le livre paraît, la radiesthésie était à la mode.

(5) Ces aventures se passent, comme il fallait s'y attendre, ailleurs qu'en France et en Angleterre où, selon M. Fréjaville, Grock aurait passé la majeure partie de sa vie (*Au music-hall*) et où elles eussent été plus contrôlables.

Sa mère, neuchâteloise, savait jouer du piano. Son père était capable non seulement de soigner les vaches, mais de remettre en état les mouvements d'horlogerie les plus rebelles. Il était passé maître dans l'athlétisme et dans le tir, ayant été moniteur de gymnastique pendant quatorze ans et nommé meilleur tireur dans un concours cantonal.

Ses capacités acrobatiques l'incitèrent plusieurs fois à suivre les cirques ambulants qui séjournaient dans les environs. Il disparut un jour et ses parents le retrouvèrent parmi les artistes du cirque Marinelli (1) installé à Bienne.

Marié, attaché à son métier d'horloger, Adolphe Wettach avait la nostalgie du cirque. Alors qu'on préparait, à Tavannes, un concours de gymnastique, il s'engagea au cirque Marinelli, pour la durée de la fête, dans une troupe de trapézistes volants où il avait des amis (2).

Sa femme, avertie de cette décision qu'elle considérait comme une excentricité, s'en vint à la représentation, malgré la longueur du chemin et sa grossesse avancée. Elle l'interpella au moment même où il allait s'élancer dans l'espace, ce qui n'empêcha pas son mari de réussir ses exercices et de le confirmer dans ses goûts. Il refusa toujours de rompre les relations fort amicales avec Ricono et Frantz Wetzel, les gendres de Marinelli, qui prirent la direction du cirque après la mort de leur beau-père.

Adrien naquit quelques mois plus tard.

Ce fut grâce au cirque de Frantz Wetzel que le jeune Adrien s'initia au métier d'artiste de cirque, soit qu'il y fît de courts séjours pendant l'été, soit qu'il y mît à contribution les bagages de l'établissement qui remisait, pendant la mauvaise saison, chez son père, établi restaurateur à Bienne.

Les détails que donne M. W. Disher de cette époque sont si différents de ceux des Mémoires de Grock que nous ne croyons pas utile de préciser. De même, les prouesses et les pérégrinations qui entraînent la famille

(1) D'après Disher, il s'agit du cirque Martinetti.
(2) La scène se passe en 1880. Ce qui donne approximativement l'âge de Grock.

Wettach de ferme en restaurant, de restaurant en usine, de Suisse en Hongrie, tandis qu'Adrien touche à mille métiers, mille misères ne nous paraissent pas intéressantes pour la formation professionnelle de Grock. Nous ne nous y arrêtons pas (1).

Adrien se trouvait en Hongrie quand un clown « de quelque mérite », nommé Alfredo, lui offrit d'entrer dans un cirque ambulant où ils étaient assurés d'avoir du travail. Adrien, qui jouait du piano, accepta. Ils furent ensuite engagés pour six mois au cirque Crateil, à Bucarest, une véritable entreprise de bohémiens.

Les Alfredianos, comme leurs collègues les appelaient, restèrent au cirque pendant deux ans, mais le partenaire de Grock s'étant marié, celui-ci partit pour Berlin avec un autre clown. Ce clown avait le défaut de ne vouloir le payer qu'à la dernière extrémité pour être certain de ne pas être abandonné. La confiance, comme on le voit, ne régnait pas. Aussi Adrien se joignit à un nommé Conche, garçon d'un caractère un peu difficile, gonflé d'importance et faible d'esprit. Il le fit voir bientôt. Au cours d'une représentation, il fut pris d'une crise de folie des grandeurs. Il voulut que tout le monde le saluât et, se croyant le Kaiser, demanda la communication téléphonique avec le président de la République.

Il ne manquait à Adrien que cette aventure pour le décider à venir en France. Il est assez bizarre qu'il n'ait pas songé plus tôt à venir s'éduquer aux sources de la comédie italienne pour apprendre le métier de clown. Mais c'est peut-être justement à partir de ce moment que les aventures d'Adrien deviennent croyables.

Voici donc Adrien en France, à Voiron, près de Lyon, où les frères Barracetta lui ont offert l'hospitalité dans leur cirque en plein air. Pas pour longtemps. Il avait, dit-il, assez de son métier. Il accepta une place dans un café. Mais dès qu'il vit apparaître, quelques jours après, le

(1) Nous ne parlons pas des contradictions nombreuses relevées entre Disher et Grock. Dans *Clowns and Pantomimes*, Grock, embauché chez Wetzel, est un garçon débrouillard qui trompe le sort et sa faim en pratiquant le vol à la tire et à l'esbrouffe sur les marchés. Adrien, dit W. Disher, était un maître savant dans le joli art de voler (p. 208). Dans ses *Mémoires*, Grock s'indigne d'avoir été suspecté de complicité pour un vol commis en sa présence (p. 77). Comment distinguer le vrai du vraisemblable ?

Cirque National Suisse, il se fit présenter au père Schmitt, le directeur, par Jenny, la fille de Frantz Wetzel, qui y travaillait et que Grock avait retrouvée.

Nous admettrons, comme M. Legrand-Chabrier (1), qu'Adrien Wettach s'était exercé en vingt façons à devenir un artiste de cirque : contorsion, jonglage, équilibre funambulesque, sauts acrobatiques, équitation, avant d'entrer au Cirque National comme caissier à 250 francs par mois, ce qui, pour l'époque et pour l'emploi, n'était pas mal payé. Mais convenons que, pour en arriver là, il n'était pas la peine d'avoir, quant au cirque, tant de cordes à son arc.

⁂

Little Walter, qui connut Adrien Wettach au Cirque National Suisse, nous a déclaré que le jeune caissier profitait de ses visites chez les artistes qu'il allait payer pour « toucher » les instruments que les clowns lui confiaient volontiers.

Adrien Wettach se rapprocha bientôt d'un jeune excentrique musical de Marseille, Marius Galante, dit Brick, qui venait d'être libéré du service militaire. Brick avait formé avec Brock les Excentric Brick and Brock. Adrien trouva Brick fin et intelligent et lui proposa de prendre la place de l'ancien partenaire. Après accord, Adrien crut original de s'appeler Grock. Ils débutèrent bientôt au Cirque National Suisse, à Nîmes.

Pendant les trois années que dura cette collaboration, Brick et Grock jouèrent en France, en Belgique et en Espagne. Et, pour conquérir leurs lettres de marque, ils partirent en Amérique du Sud, chez Frank-Brown, espoir, avec un engagement à la cour du sultan de Turquie, de tous les débutants (2).

Pendant les trois années que dura leur collaboration, Grock, reconnaît-il, fut constamment stimulé par Brick.

En décembre 1904, Brick et Grock parurent à Medrano. Mlles Vesque, dont le crayon égale la patience, possèdent

(1) *Vu*, nº 150, « Grock, marchand de rire », *art. cit.*

(2) Grock a raconté comment il s'en fallut de peu qu'il arrive à Constantinople pour être engagé à la Cour d'Abd-ul-Hamid. Il réédite en partie les aventures de Jean-Gaspard Deburau et de Gustave Fratellini. Suspecté de nihilisme à Andrinople, où il fut arrêté, Grock fut expulsé, raconte-t-il.

dans leur collection inappréciable de dessins exécutés sur le vif, le seul document qui précise d'une manière indiscutable l'aspect du numéro musical de ces excentriques. Grock en possède une copie qui lui fut offerte par les auteurs.

Brick, la figure toute rasée, paraît alors sous le maquillage que Grock devait utiliser dans son numéro solitaire. Celui-ci porte alors, au contraire, un collier de barbe rousse et abondante. Vêtus tous les deux de pantalons en tissu écossais, différents et riches en couleurs, et d'une chemise bouffante, Brick a des escarpins à guêtres rouges, Grock, des escarpins à guêtres blanches. La chemise à manches courtes de Brick est serrée sur ses bras par des faveurs vertes ; des rubans rouges maintiennent aux poignets celle de Grock. Tous les détails de leur costume offrent les mêmes variantes. Enfin Brick est mince, tandis que Grock a cru nécessaire de s'affubler d'un faux ventre d'osier qui lui donne l'aspect confortable, dans la proportion d'un sur deux, des excentriques de cette époque.

Leur numéro se composait de violon, de guitare, de xylophone et de tubophone. Grock tirait de son violon des airs lamentables pareils à un hurlement de chien, auquel Brick répondait par un aboiement plus déchirant encore. De l'avis de ceux qui l'ont vue, l'attraction n'était brillante ni pour le public qui ne se déridait pas, ni pour les deux compères qui quittaient la piste dans une indifférence quasi générale.

***

Sur le bateau qui le ramenait d'Amérique du Sud, Grock fit la connaissance d'Antonet.

Antonet avait pour partenaire Little Walter. Ils n'attendaient l'un et l'autre que la fin de leurs engagements pour se séparer.

Little Walter était un comique de grande classe, à l'imagination fertile, aux trouvailles innombrables. Il était bouillonnant et inventif.

Antonet, au contraire, n'aimait pas le changement. Il préférait les numéros méticuleusement mis au point, la perfection se suffisant, pensait-il, à elle-même. L'attrait de la nouveauté ne lui disait rien qui vaille. La possibilité d'un échec le rendait prudent à l'extrême. Antonet pressentit en Grock l'auguste qui préférait la qualité d'un numéro travaillé en profondeur à un éparpillement. Il profita de la traversée pour s'assurer des dispositions musicales de Grock qui s'en tira avec satisfaction pour Antonet.

Dès que les circonstances le leur permirent, Antonet et Grock se retrouvèrent. Il ne fut évidemment pas question pour Antonet d'oublier quoi que ce fût des entrées qu'il avait interprétées avec Little Walter.

En septembre 1907, à la foire Saint-Lazare, qui se tient à Marseille dans la plaine Saint-Michel, Antonet et Walter, « les rois du rire », les sympathiques et célèbres artistes, sont encore ensemble au Grand Cirque Alexandre, où, le mardi 17, pour la dernière soirée de grand gala à leur bénéfice, et pour leurs adieux, ils donnent *Kubelick et Rubenstein*, parodie musicale, et le célèbre drame *Hamlet*, parodie burlesque, scène tragi-héroï-comique.

Dès que l'équipe Antonet-Grock fut prête, nous les retrouvons dans *Kubelick et Rubenstein*. Le grimage, les gestes, les attitudes de Little Walter revivent, peut-on dire, à l'état naturel chez Grock. Nous répéterons qu'Antonet n'aimait pas le changement et qu'il lui suffisait de retrouver en Grock les apparences de son ancien partenaire pour continuer en tout repos d'interpréter un numéro satisfaisant. L'iconographie fournit à ce sujet des preuves indiscutables. L'imitation de Little Walter par Grock est si parfaite qu'un critique non averti pourrait se tromper. Aussi que l'auteur des Mémoires de Grock n'ait pas cité une seule fois Little Walter nous paraît être plus qu'un oubli, mais une prétention insoutenable à l'originalité de ses débuts.

***

Pendant leur collaboration, Antonet et Grock interprétèrent encore la parodie de *La Danseuse*, l'entrée du *Soldat*, *La Matchicha*, danse alors à la mode, *Sérénade à Marietta*, *M. et Mme Rossignol*, où Grock chantait déjà sa tyrolienne, tyrolienne que Walter, habillé en Tyrolien, avait poussée avant lui. Mais où Grock dépassa bientôt Walter, ce fut dans l'interprétation même. Il sut rapidement atteindre à une forme de comique plus équilibrée, à un style plus châtié. Forme et style furent pour Grock les deux pierres maîtresses de son talent, l'alpha et l'oméga de son procédé.

Antonet et Grock restèrent à Medrano pendant les trois saisons 1908-1909-1910 et parurent à Berlin en 1911, où ils rencontrèrent, dans leur entrée du *Piano*, version quelque peu transformée de *Kubelick et Rubenstein*, le plus glacial accueil. Ils durent remettre leur ouvrage sur le chantier. La transposition d'une entrée clownesque portée au music-hall est indispensable. Jusqu'à leur engagement à Berlin, Antonet et Grock n'avaient eu au cirque que des succès. Leur travail n'était point fait pour le music-hall. Grock transforma son jeu contre la volonté d'Antonet. Et le conflit surgit entre eux.

Grock, qui a pris la peine de nous dire qu'il quitta Brick pour une question de corde de guitare, ne nous indique pas pourquoi, après avoir joué aux Folies-Bergère en 1913, sous la raison sociale déjà modifiée de Grock et Antonet, il lâcha celui qui fut son maître (1).

M. W. Disher laisse entendre que Grock ne voulait plus être le partenaire, mais au contraire le premier, d'un couple où il avait le sentiment d'apporter tout ce qu'il contenait d'originalité. Antonet était un faire-valoir. Grock n'avait plus besoin d'un clown pour se faire valoir. Un partenaire moins brillant lui suffisait, dans un numéro qu'il paierait à sa volonté. Il y avait quelque chose de changé depuis l'époque où le clown, fort de ses prérogatives, payait — et les payait mal — ses partenaires. C'était au tour du clown d'être sous la tutelle de l'auguste.

Grock engagea donc Lola (Géo Lole), qui parut par la suite sous le nom de Lola et Elle, avec sa femme, la sœur de Grock, cette sœur qui l'avait aidé dans ses premières tentatives musicales sur les routes de son pays. Grock et

(1) Grock raconte quelque part dans ses Mémoires, qu'il se battit avec tous ses partenaires. La séparation de Grock et d'Antonet ne serait pas une exception. Il y aurait eu aux Folies-Bergère une dispute suivie d'une prise de mains qui aurait hâté en fait une séparation déjà moralement amorcée.

son partenaire trouvèrent facilement de nouveaux engagements. En 1913, de Londres, ils partent à Copenhague. En 1914, ils étaient en Russie. La guerre ramena Lola en France et Grock se tint très bravement à la disposition du chef de section de Bienne pour le service des frontières de son pays.

En 1919, Grock parut à l'Olympia, à Paris, puis, en mai 1921 et en mai 1922, à l'Alhambra. Son numéro, commenté par toute la presse, eut un succès considérable. Les journalistes, surtout ceux qui abordent la critique de la comédie clownesque pour la première fois, décernèrent à Grock des titres si élogieux que beaucoup se demandaient si nous n'assistions pas à la naissance d'un génie de la bouffonnerie, de l'ironie et de la caricature, comme Charlie Chaplin en était un. Mais le lyrisme de plus en plus laudatif qui marqua les passages successifs de Grock à Paris ne fit que s'accentuer. La littérature, d'une part, et la publicité, de l'autre, s'en mêlant, Grock fut tour à tour affublé de qualificatifs énormes. On le nomma le clown intellectuel, le clown philosophe, le clown shakespearien, cartésien, bergsonien, etc.

Grock, plus intelligent que ces laudataires, se contenta d'en rire.

« A cette occasion, dit Grock, je veux pour une fois lever ma visière. Ni l'art ni la philosophie ne m'intéressent, je ne suis pas un intellectuel. Tout ce qu'on dit de moi, dans ce sens, est bien gentil, mais pas vrai : de la réclame habilement inventée que mes aimables amis et protecteurs propagent sans penser à mal. Je ne m'en plains pas, « un clown intellectuel » a plus de succès aujourd'hui qu'un simple clown de tous les jours (1).

***

Le 17 avril 1924, Grock, au cours d'une saison à Londres, offrit un lunch à ses vieux camarades.

Whimsical Walter, le doyen des clowns anglais, éloigné de la ville, ne put se joindre aux invités. Mais la vieille garde, Will Sampson, J.-M. Jones et Fred Delanay, respectivement âgés de 76, 74 et 66 ans, accompagnés de Harry

(1) *Grock par Grock*, *op. cit.*, p. 141.

Paulo, qui avait 77 ans et en qui se maintenait, par son père T.-W. Paulo et son grand-père Jo Paulo, la tradition de Signor Paulo, fils de Paulo Rédigé, dit le Petit Diable, étaient présents, rajeunis par leurs souvenirs et par la présence de Grock qui les fêtait.

Grock, par la suite, ne retourna plus en Angleterre, des raisons d'intérêt l'ayant dissuadé d'y reparaître. Il pouvait sans difficulté s'en dispenser. A l'apogée de son succès, ses tournées sur le continent suffisaient à son activité. Mais entre deux tournées internationales, Grock ne manquait jamais de passer par Paris, où il venait se réapprovisionner de certitudes. Il venait s'y retremper, mesurant ainsi la chaleur du succès qu'inlassablement un public fidèle lui ménageait.

Grock commençait néanmoins à ruser. Il annonçait chaque fois, à grand renfort de communiqués, qu'il quittait le métier pour toujours et qu'il paraissait pour la dernière fois. Les journalistes d'affaires et les entrepreneurs de publicité embouchaient derrière les directeurs la trompette du mensonge.

En décembre 1924, Grock finit l'année à l'Empire. On eut le sentiment d'un numéro arrivé à son degré de perfection, c'est-à-dire à son point mort. Les changements que Grock pouvait encore y apporter n'intéressaient que des questions de détails, qui ne touchaient ni la forme, ni le style. Le public du music-hall, blasé, en France du moins, ne marchait plus, Grock, le clown Grock, l'alchimiste de l'humour, Grock, fils de Polichinelle et frère de Charlot, Grock, l'entrepreneur de bouffonnerie, accepta un engagement au cirque Medrano.

Il y avait plus de vingt ans qu'il avait délaissé le cirque. La curiosité des spectateurs en fut avivée. Beaucoup d'amateurs se demandaient si les incidents impondérables du numéro de Grock, leur pouvoir de suggestion, leurs qualités émotionnelles n'allaient pas disparaître dispersés au milieu des gradins qui s'évasaient jusqu'à la ligne obscure du paradis. Les anecdotes, qui sont les décors que l'artiste tisse avec sa fantaisie, n'allaient-elles pas s'estomper, s'amenuiser dans l'espace à trois dimensions d'un cirque ?

Habitué à jouer face au public, dans un music-hall,

Grock atteindrait-il avec la même intensité des spectateurs situés en même temps à côté et derrière lui ?

Questions inutiles. Grock enthousiasma par sa perfection clownesque un public qui lui fit un nouveau triomphe.

Par un de ces hasards qui sont au cirque assez fréquents, Grock retrouvait Antonet au cirque Medrano. Celui-ci, pendant un mois, lui laissait la place de vedette qu'il occupait avec Beby. Pour rendre un hommage éclatant à son ancien partenaire, Grock voulut bien reprendre, exceptionnellement, son rôle secondaire d'auguste. Ils s'entendirent pour donner ensemble une représentation.

Grock parut à cette occasion en première partie dans l'une des entrées de son répertoire d'il y a vingt ans. Il partageait ainsi pour le quart d'heure, avec son ancien collègue, une gloire à laquelle il avait contribué. Antonet endossa ses souquenilles les plus lumineuses et les plus empanachées. Elles n'étaient, certes, pas si riches à l'époque que, de concert, Antonet et Grock tentaient pour un soir de faire revivre. Mais pouvaient-ils ne pas mêler l'un et l'autre, aux appréhensions de leurs débuts, les certitudes de leurs succès ?

La confrontation entre la manière de Grock d'interpréter les entrées sous l'aspect de l'auguste traditionnel et sa manière originale habituelle permit de mesurer les progrès de la comédie clownesque à trente ans de distance et d'établir la distinction formelle entre le clown d'équipe qui règle son jeu sur celui de son partenaire et le jeu du clown qui ne dépend que de soi. Les critiques se contentèrent d'un concert d'admiration et n'en relevèrent pas l'intérêt.

Dans tous les cas, Grock prouva combien il s'était, par le style et par la forme, éloigné du type « idiot » de l'auguste primitif et que, s'il en conservait psychologiquement encore quelques travers, le personnage n'était plus pour lui qu'un souvenir d'apprentissage.

A l'issue de la représentation, les amis d'Antonet et de Grock les félicitèrent. Grock, satisfait, serra son collègue dans ses bras.

— Antonet fut pour moi un bon maître, confirma-t-il devant tous.

— Je dois dire, reprit modestement Antonet, que j'eus toujours de bons matelots.

Ce qui lui permit d'associer à l'hommage qu'il recevait de Grock celui qu'il devait à ses partenaires.

⁂

Quand il avait repris son travail, après la Première Guerre mondiale, Grock avait Max Van Emden (1) pour faire-valoir. Max se présentait sous l'aspect d'un violoniste mondain en habit de soirée, d'un monsieur distingué et correct. Il ne différait en rien de Géo Lole, le premier partenaire, et donnait à Grock les moyens de placer les phrases types du dialogue au moment où elles acquièrent le plus de valeur comique. Grock n'est pas, en conséquence, un excentrique, un pur artiste solitaire, mais un clown. Privé d'un animateur, aussi peu encombrant qu'il puisse être, le numéro de Grock ne participerait plus de la pantomime clownesque. Privé d'un dialogue qui se réduit parfois à un monologue nous nous trouverions en présence d'une attraction composite, jonglage, contorsion, musique et sauterie, sans lien organique aucun. Il fallait donc à Grock un bon et brillant second.

Bien que la question d'un partenaire soit primordiale pour la réussite d'un numéro ordonné comme celui de Grock, celui-ci se sépara de Max Van Emden dans des conditions qui permirent à ce dernier d'assigner son « patron » en paiement de 59 717 francs, représentant six mois d'indemnité à titre de préavis, plus 180 000 francs pour le préjudice moral et artistique qui lui avait été causé par le brusque congédiement décidé par Grock après quatorze ans de collaboration.

Qui avait raison ou tort ? La question dépasse le cadre de notre livre. Mais un petit calcul nous permet de savoir à quel prix Grock, le constructeur de palais des Mille et

(1) Ou, selon l'orthographe donnée par Grock, Van Embden.

Une Nuits, l'éditeur de films, celui dont la fortune se permet toutes les fantaisies, paie ses collaborateurs (1).

En 1931, Grock distribua aux salles de cinéma un film dont il était l'auteur, sur sa propre vie, et dont la première représentation avait eu lieu à Berlin. Ce film s'intitulait *Grock*. Pour la version française, le clown avait eu pour partenaires Gina Manès, Léon Bary et Max Van Emden. L'auteur en avait assuré la production et en attendait beaucoup. Il prétendait sans emphase que son avenir dépendait du succès qu'aurait ou n'aurait pas son film. Le film n'en eut pas. Ni Grock ni personne n'en parlèrent jamais, en France du moins (2).

Grock reparut à Medrano en 1932, avec Géo Lole, son ancien partenaire, et Fiers, un accordéoniste, révélation inattendue qui transformait la physionomie du numéro devenu si traditionnel de Grock qu'on le croyait à tout jamais fixé.

Fiers était un virtuose pour lequel il n'était pas trop d'employer le qualificatif d'extraordinaire. Gêné qu'il était par le rôle de comique que Grock lui avait indiqué, l'accordéoniste semblait appauvri momentanément. Il ne pouvait que gagner à l'école de Grock. Il possédait déjà dans ses attitudes, dans ses sourires un potentiel comique qui ne demandait qu'à s'exprimer.

Mais l'aventure de Grock, Fiers et Lole fut comme celle de *Grock*, film sans lendemain.

⁂

Grock parut pour la dernière fois au cirque Medrano en 1937, dans son numéro habituel enrichi d'une scie nouvelle ajoutée aux anciennes, celle du clairon. Après avoir, comme habituellement, entrecoupé un concert varié tiré de son violon minuscule, de son piano tobog-

(1) Dans ses « Mémoires », Grock dit que Max, son fidèle compagnon, le quitta. Il allait à Genève où il habitait. « Nous travaillons ensemble depuis dix ans. Max Van Embden n'est pas seulement un partenaire idéal, c'est un violoniste hors ligne et l'histoire de ma vie ne serait pas complète si je ne mentionnais pas ce compagnon avec la reconnaissance que je lui dois. » (P. 186.)

(2) Nous souhaitons, quant à nous, quels que soient ses défauts, que le film ait été conservé. Il doit contenir maints passages capables de nous restituer dans l'avenir un Grock à l'apogée de sa maîtrise.

gan, de sa concertina, de l'accordéon et du saxophone, Grock disait d'une voix plaintive :

— Je veux un clairon.

C'était nouveau et amusant.

Pour son retour, Grock n'avait cependant plus de partenaire attitré. Depuis quatre ans il était resté éloigné de la piste. Ses anciens partenaires étaient sans doute las de son immobilité et n'attendaient plus après lui. Aussi Grock fut-il satisfait que M. Jérôme Medrano, le directeur, accomplisse la prouesse de répéter rapidement l'entrée du saxophone et de fournir à Grock le faire-valoir dont il ne pouvait se passer. M. Jérôme Medrano s'en tira avec honneur. Beaucoup de clowns auraient pu s'inspirer de l'habileté faite de bonne manière et de courtoisie dont il usa pour entraîner et suivre Grock sur le terrain mouvant de la fantaisie.

Le numéro de Grock fut la perfection sans uniformité et plut comme d'habitude. L'artiste put toutefois s'apercevoir que certaines notes n'avaient plus la même résonance chez l'auditeur. Lassitude ? Ou inaptitude à saisir dans tout son développement la finesse du jeu de Grock. Qu'importe ! La descente du piano lors de la poursuite du chapeau par-dessus les chaises et la table d'harmonie ne se justifiait plus, insérée qu'elle était dans une entrée sensible et délicate, d'une humanité angoissante et pourtant risible. Le goût du public avait évolué depuis les premières années du succès de Grock. Et puis d'avoir trop crié au génie, les spectateurs attendaient à présent de Grock des miracles qu'il ne pouvait produire. Malgré qu'il tirât aussi bien parti de ses anciennes qualités, Grock ne put certains soirs dégeler la salle.

Cette année-là, Grock consentit à faire le tour de France avec le cirque Medrano. Le tour de France après le tour du monde. Puis il parut dans les salles de cinéma, faisant, a dit M. Legrand-Chabrier, crever l'écran entre deux films et rentrer la vie spectaculaire de son être humain sur la scène et dans la salle au Moulin-Rouge.

Entre-temps, Grock s'occupait à faire terminer sur la Côte d'Azur le palais des Mille et Une Nuits où, dit-on, il accumulait les bassins, les sources chantantes et les jets d'eau lumineux. Il avait la passion de l'eau. Sorcier du rire, il était aussi sourcier.

***

La comédie musicale fut la source principale d'inspiration de Grock. Violon, piano, saxophone, concertina, tels sont les fils de sa broderie clownesque.

Dans l'entrée du *Violon*, le partenaire de Grock entre en piste, salue et joue du violon d'un air prétentieux. Grock paraît bientôt, habillé d'un costume gris-vert à filets rouge sombre, à veste très ample, au pantalon à fond très bas. Le clown traîne une valise gigantesque qu'il dépose à quelques pas du violoniste qui s'est arrêté de jouer et qui l'examine avec une patiente curiosité.

— Comment vous appelez-vous ?

— Grock.

— Grock, c'est un nom bizarre ! Enfin ! Mais d'où venez-vous ?

— D'où je viens ?

— Oui. D'où venez-vous ?

— Je ne sais pas, répond-il d'une voix douloureuse.

Grock ouvre la valise, sort un violon minuscule, essaie de l'ajuster sous son menton.

— Qu'allez-vous faire ? demande le violoniste.

— Je vais jouer.

La réponse n'admet pas de réplique. Grock tire de son violon une mélodie d'une légèreté extraordinaire. Quand il a terminé, il passe l'archet sous les cordes, fait tourner son violon comme une crécelle et regarde à son tour le partenaire qui, de plus en plus surpris, se croit tenu à des compliments d'usage. Il le félicite en anglais.

— Vous parlez anglais ? demande Grock. Pourquoi ?

Grock a une petite voix plaintive et chantante. Le partenaire avoue qu'il est professeur et montre une clarinette.

— Sans blague ! fait Grock comme s'il s'agissait d'une chose extraordinaire, et sur un ton puissant et caverneux qui contraste avec sa voix mélodieusement nuancée jusqu'alors : Elle est en argent ?

— Oui.

Sans blague ! Et les trous ?

Ça coûte vingt louis.

— Ah ! oui. Vingt livres ! C'est-à-dire, en France, dix kilos. Moi aussi, je sais jouer de la clarinette.

Ils commencent leur duo. Le partenaire, sans prendre garde, a mis le pied sur le bout de la chaussure de Grock. Celui-ci s'évertue, tout en soufflant dans son instrument de musique, à faire comprendre à son partenaire qu'il lui monte dessus. Il finit par lui dire, entre deux notes, au moment où il reprend la respiration :

— Tu ne vois donc pas que tu me marches sur le pied ?

⁂

Max questionna Grock sur ses connaissances.

— De quel instrument jouez-vous ?

— Je joue du wztdhp.

C'est tout ce qu'on veut : un éternuement, un hoquet d'ahurissement, une interjection sifflante entre les dents. Max ne veut évidemment pas paraître plus ridicule qu'il n'est. Il ne veut pas insister ; il laisserait supposer qu'il ignore la chose.

— Vous jouez du violon ?

— Oui, je joue du violon.

— Et du piano ?

— Oh ! très bien du piano.

— Et de la flûte ?

— On ne peut mieux de la flûte.

Max sourit. Il est certain que l'interrogatoire pourrait se poursuivre longtemps sur le même ton. Grock répondra toujours par l'affirmative. Il n'est donc ni utile ni habile d'insister. La question est liquidée une fois pour toutes. Mais le pitre n'est pas d'accord.

— Mais vous, dit-il, est-ce que vous savez jouer le wztdhp ?

— Qu'est-ce que c'est que le... ? Comment dites-vous ?

— Le wztdhp.

Grock se lance dans une description ahurissante de l'appareil. Il y a là réunies toutes les pièces interchangeables de plusieurs instruments dont on ne sait pas exactement comment ils fonctionnent, ni pour quelle fin ils sont constitués. Le wztdhp participe du domaine de l'irréalisable. Malgré l'analyse minutieuse qu'en donne Grock, la démonstration n'est pas convaincante et Max s'inquiète de ne pas concevoir ce que Grock s'entête à lui expliquer. Il soupire avec lassitude. Il ne tirera rien de définitif quelles que soient les interrogations qu'il risque. Tout de même, il manque des pièces essentielles à l'instrument imaginaire de Grock. On y trouve bien des clefs, des touches, des pistons, des leviers, des embouchures. Est-ce un instrument à cordes ou à vent ?

— Avec tout cela, ce n'est plus un instrument, mais un orchestre tout entier. Mais là, au bout de ces cordes, demande impatiemment Max, au bout de ce clavier, de cette embouchure, qu'est-ce qu'il y a ?

— Il y a du fromage.

— Du fromage ? Pourquoi faire ?

— Pour manger.

⁂

Max, le talentueux violoniste, est de nouveau en piste, mais Grock le suit. Il est vêtu maintenant d'une veste courte et collante, de pantalons qui étriquent des membres grêles, d'un chapeau claque qui l'ennoblit un peu, de souliers ondulés et de gants blancs trop longs. Il porte, en somme, le costume traditionnel de l'auguste.

Dans cet habit qui le serre des épaules aux chevilles, Grock semble aussi gêné que s'il était nu. Embarrassé de ses mains, il ne sait qu'en faire.

— Mon habit de soirée, dit-il mélancoliquement.

Sa veste est sans ouverture et son pantalon lisse comme une boîte à musique. Max le détaille avec ironie.

— Vous êtes très chic !

— Ça vous plaît ?

— Très bien.

— N'est-ce pas ?

— Ah ! oui.

— Quel beau pantalon, hein ?

Son pantalon frise, en effet, de haut en bas.

— Magnifique... Vous savez, votre pantalon, il est déchiré.

— Non ?

— Votre pantalon est déchiré. Ici.

— Ah ! oui. C'est vrai.

Grock regarde de plus près. Il se rappelle tout à coup.

— C'est mon chien qui m'a mordu.
— Votre chien qui vous a mordu ?
— Oui.
— Comment, vous avez un chien ?
— Mais oui. J'ai un chien.
— Je ne le savais pas.
— Vous ne le saviez pas ?
— Ah ! non.
— Mais c'est un chien épatant.
— C'est vrai ?
— Il est magnifique.
— C'est un chien de race ?
— Oui, c'est un chien de race. A preuve qu'il n'a pas de nez.
— Il n'a pas de nez ?
— Non, qu'il n'a pas de nez.
— Alors, comment sent-il ?
— Il sent môvais.

Cet « il sent môvais » fut, avec le « pourquoi » et le « sans blague », la phrase à la mode pendant une saison à Paris.

⁂

Grock reste en peine de ses mains. Il tire sur ses gants et les tourmente. Il se croise les bras un moment, se place les mains derrière le dos, comprime dans ses paumes quelque chose d'imaginaire. Il soupire. Il n'y a pas plus de poches pour ses mains qu'il n'y a d'issues à sa situation. Il est le pauvre type. Pour échapper au ridicule qui le guette, il déclare savoir jouer du piano. Il s'assoit loin du clavier.

— Pourquoi mettez-vous le piano si loin ?

Il ramène péniblement le piano près de lui. Il s'assoit et se relève pour saluer.

— Vous n'avez qu'à rapprocher votre siège.
— Vous croyez ? répondit-il surpris.

Il se rassoit, tire quelques arpèges. Puis se lève pour saluer. C'est maintenant qu'il va commencer. On le croit, du moins. Il exécute quelques mesures et entreprend de mettre en valeur des manchettes qu'il suppose remontées sous ses manches. Il les retrouve, en effet, plus haut que ses coudes. Cette fois, nous y sommes. Pas encore. Il se sent une puce dans le dos qui l'incommode ; Grock se gratte, comme il peut, le long du dossier de sa chaise et, ne pouvant y parvenir à son aise, il saisit brusquement l'archet de Max et, l'enfilant sous sa veste par le col, il se démange, satisfait d'une joie malicieuse qui s'épanouit en une grimace ahurissante. Max tire l'archet d'un geste rapide.

— Ah ! comme vous grattiez bien, dit Grock.

Grock tape sur les touches. Nous y voilà. Hélas ! le couvercle du piano tombe sur ses doigts. Une fois. Puis une seconde. Maintenant, le clown se méfie, il joue du bout des doigts, à la sauvette, guettant la chute et l'évitant cette fois d'un cheveu. Grock, content, comme pour se moquer, souffle de la musique dans ses doigts. Pourtant, avant de se remettre à jouer, Grock enlève le couvercle et le dresse contre le piano.

⁂

Max conseille à Grock d'enlever ses gants.

— Pourquoi ?

— On ne joue pas avec des gants.

— C'est dommage. C'est si élégant.

Enfin Grock s'exécute, les roule l'un dans l'autre, en fait une balle et commence à simuler une séance de jonglage avec ses gants qui ne font, durant tout ce jeu, que changer de main et rebondir sur son bras tendu. Satisfait, il se lève et salue le public très cérémonieusement. Il enlève son chapeau et le pose sur la boîte à résonance. La calvitie professionnelle de Grock paraît alors dans toute sa nudité. Il semble gêné par le chatouillement d'une mèche de cheveux sur le front et la relève d'un mouvement de tête. Mais, brusquement, le chapeau roule sur le couvercle en pente. Grock, d'un saut brusque, se place sur la chaise, enjambe le registre, monte sur le coffre et prend le même chemin que le chapeau, se laissant glisser, accroupi, sur le couvercle jusqu'à terre.

Il dispose alors ses gants près de son chapeau, sur le piano. Puis il commence à jouer, se rappelant tout à coup que les gants pourraient bien choir. Alors, entre deux variations, il saisit prestement son chapeau, agit sur la balle de gants qui rebondit et qu'il rattrape sous son chapeau, tandis que sa main libre continue de courir sur les touches et développe des arpèges qui n'en finissent plus. Max, qui a montré jusqu'ici beaucoup de patience, la perd tout à coup. Il applique un coup d'archet sur le crâne dénudé du pianiste qui termine du même coup son morceau par un accord plaqué.

— Pourquoi me battez-vous ? demande Grock. Pourquoi êtes-vous si méchant avec moi ?

Il entre dans des considérations balbutiées qui se terminent en plaintes amères.

— Ne recommencez pas...

Max s'approche discrètement. Grock se lève d'un bond, s'empare du couvercle du piano.

— Parce que..., menace-t-il d'une voix grave et terrible.

Jusqu'alors Grock a pris la précaution de s'asseoir sur le bord de sa chaise. Rien ne lui arrive de fâcheux. Mais, emballé par la musique, il suit ses doigts qui courent d'une extrémité à l'autre du clavier et glisse de son siège pour s'étaler. Il se relève. Il fait un effort et la chaise cède sous son postérieur. Grock, pris dans le cadre, suspendu les bras et les jambes en l'air, est dans une position ridicule. Max l'aide à se mettre debout. Cassé en deux, Grock fait quelques pas, la chaise assujettie à son derrière. De son pied, Max le pousse pour le décoller. Bruits de coulisses imitant la déchirure d'un habit.

— Voyons..., pas si fort, dit Grock en se retournant vers les coulisses.

Pour remercier les spectateurs, Grock revient avec un violon. Il essaie de jongler avec l'archet, qui décrit quelques courbes gracieuses et tombe. Grock ne parvient pas, après quelques tentatives, à le rattraper.

Vexé, Grock se retire alors derrière un écran et répète l'exercice qu'il réussit plusieurs fois, ainsi qu'on peut le constater par les circonvolutions de l'archet dans sa course au-dessus du paravent.

Grock reparaît au public, avec la certitude qu'il va réussir facilement. Il lance l'archet en l'air et le manque à nouveau. Claquement des doigts du monsieur ennuyé. Il retourne derrière le paravent et recommence, selon la loi du cirque qui veut qu'un exercice manqué soit repris.

Derrière le paravent, l'exercice s'accomplit sans difficulté, mais dès qu'il se retrouve en piste, Grock ne parvient pas à rattraper l'archet. Troisième sortie, suivie de tentatives fructueuses derrière le paravent. Tranquillisé, Grock revient devant les spectateurs, mais, cette fois, il ne s'engage plus et refuse de courir sa malchance. Il joue du violon, se livre à ses facéties habituelles et, pour ponctuer son numéro, il lance son archet en l'air, le rattrape avec une adresse consommée, continue de jouer sans remarquer immédiatement qu'il vient d'accomplir heureusement et sans y penser l'exercice qu'il n'a pas réussi jusqu'ici. Avec une joie non dissimulée, rendue expressive par une grimace qui n'appartient qu'à Grock, et d'une expression inimitable, celui-ci examine son archet, comme un ami qu'il croyait l'avoir trahi et qu'il retrouve plus fidèle que jamais.

⁂

Nous nous sommes étendu sur l'entrée du *Piano*, parce qu'elle mérite d'être signalée comme l'exemple le plus caractéristique de l'art clownesque de Grock. C'est dans cette entrée qu'il exprime avec le plus d'intensité des dons extraordinaires de mime, le reste de son répertoire relevant davantage de la pantomime musicale (1).

Pourtant l'entrée du *Piano* n'a pas le caractère immuable qu'une sèche description lui donne. L'auteur-acteur a modifié les entrées selon les besoins et les circonstances ; elles sont loin de ressembler à celles qu'Antonet lui avait apprises. Grock les rehaussa en vingt-cinq ans de recherches de tonalités originales qui, s'y intégrant peu à peu, en ont considérablement changé la couleur et la composition.

L'entrée du *Piano* est celle qui contient en gros toute la fantaisie de Grock, toutes ses qualités de clown. Il s'y révèle sauteur, jongleur, bavard, excentrique et mime.

Elle n'était primitivement qu'un banal prétexte à jeux

(1) Le répertoire de Grock a fait l'objet d'enregistrements sonores édités chez Odéon.

N° 166436, *Le Petit Violon, La Clarinette* ; n° 166437, *Le Goi...kr, La Tyrolienne* ; n° 166438, *Essais au Piano, Violon et Piano* (Paganini) ; n° 166439, *Concertina, Le Quatuor de Clarinettes.*

comiques, à gros effets, dont Little Walter et Antonet se contentaient. Little Walter l'avait montée lors de son passage au Nouveau Cirque. Il y avait débuté, dit Lavata, dans une sorte de sketch dont l'action se déroulait dans un bar. Après avoir dansé des steps anglais, accompagné de deux petits nègres qu'il avait fait engager, Walter se mettait au piano. C'est là, ajoute Lavata, que je l'ai vu créer, à quelques détails près, tout ce qui fit plus tard le succès de Grock.

Toutes ses excentricités : accords plaqués, glissades, extraction de rat, de chat, de souliers de la caisse du piano, Walter les réalisait dès lors avec un brio et un sens caricatural extraordinaires.

Grock a raconté comment, ayant présenté l'entrée du *Piano* à Berlin, en 1911, il connut avec Antonet un échec qui lui indiqua, mieux que tous les conseils, leur erreur de direction.

Nous avons vu que, primitivement, cette entrée s'appelait *Kubelick et Rubenstein.*

Antonet, décoré outre mesure de médailles en fer-blanc, demandait, dès son arrivée et d'une voix condescendante, à Grock, de le présenter à l'assemblée.

Celui-ci énumérait, jusqu'à perte du souffle, les états de service de Kubelick et énonçait le palmarès du célèbre musicien. Cet énoncé, où l'emphase le disputait au grotesque, l'exagération à la répétition, donnait une ambiance héroï-comique à l'interprétation. L'énumération des décorations, prix, diplômes, médailles, débitée avec une grande volubilité, se termine toujours par la risée générale lorsque le récitant sait habilement s'embrouiller dans sa tirade et que le lauréat se gonfle d'importance, tandis que les lapsus de son compère sont plus nombreux.

Grock s'asseyait alors au piano. Mais il se relevait brusquement et, considérant son instrument :

— Où se trouve donc la manivelle ? J'ai oublié de le remonter.

Grock tirait alors de la caisse à résonance un immense corset aux rubans roses qu'une dame avait oublié. Accessoires à part, Little Walter n'eût pas renié cette entrée qui n'eut, comme nous l'avons dit, aucun succès.

Grock revint alors à une conception moins grossière

de la bouffonnerie. Il modifia l'entrée du *Piano* complètement. Il y a, entre celle de Walter et celle de Grock, la différence entre les tâtonnements d'un artiste à la recherche de son expression et la virtuosité d'un maître sûr de ses ressources.

Rubenstein et Kubelik ont été mués en Paderewski et en Paganini, de qui Grock prétend être l'ami intime. Mais le comique d'accessoires que Walter empruntait à la pantomime anglaise est, dans l'interprétation de Grock, complètement délaissé. Il a été remplacé par un dialogue riche en subtilités, fait d'intonations d'une sensibilité exquise qui, par leurs modulations, peut-on dire, participe du comique des mots, procédé dont Grock a su, avec la mimique et la musique, tirer le meilleur parti.

— Comment, dit Max, Paganini est votre ami ?

— Oui, mon ami.

— Mais non, voyons, Paganini est mort.

— De quoi ? Il est mort ? Paganini ? Allons ?

— Paganini est mort.

— Paganini est mort ?

— Bien sûr !

Grock prend une voix de plus en plus ennuyée.

— Ne dites pas ça. Ah ! non. Il est mort ?

Max a beau insister, Grock n'en croit rien.

— Il est mort ?

— Oui.

— Pourquoi ?

— Je n'en sais rien.

— Mais depuis quand est-il mort ?

— Il y a cent ans.

— Combien ?

— Cent ans !

— Déjà cent ans !

— Mais oui !

— Comme le temps passe !

⁂

Le temps passe, en effet. Le pressentiment qu'il était dans la bonne voie décida Grock à ne rien laisser au hasard, à tout concevoir, à tout étudier, à tout exécuter en fonction de la composition tout entière de son numéro. D'année en année, il l'amplifia, lui donna une densité et un rythme qui n'admit aucune coupure, aucun ralentissement. Dans les années 20, à l'Olympia et à l'Alhambra, le numéro de Grock durait de trente à trente-cinq minutes. Pendant les années 30, il durait près du double, quelquefois une heure. Pour en arriver là, Grock, qui ne pouvait sacrifier aucune de ses trouvailles sans crainte de disloquer l'ensemble, multiplia les nuances, ajouta des péripéties. Il discerna parmi ce qu'il avait appris au cirque ce qui pouvait enrichir son action. Pour aussi rudimentaires que fussent ses connaissances en acrobaties, il les utilisa au maximum. Ce qui n'aurait été, dans l'entrée de *La Concertina*, qu'une banale entrée musicale prit une teinte acrobatique, s'enrichit d'un exercice d'équilibre qui, en son genre, est une petite prouesse, puisque, prenant son élan de pied ferme dans la chaise dont le fond s'est affaissé sous son poids, Grock se retrouve d'aplomb sur le cadre les jambes croisées et assis sur le dossier.

« Mille autres fantaisies coupent et varient le travail, sans en détruire l'harmonie générale : tantôt c'est une furieuse valse accroupie avec une chaise au bout des bras, une danse démoniaque où les jambes maigres ont l'air de tentacules mécaniques, une culbute ou une pirouette au beau milieu d'un air de violon qui n'est pas interrompu pour si peu... Tout cela léger, discret, à peine indiqué, sans jamais insister sur les effets, avec une variété, une mesure, une précision, une réserve dans l'outrance même qui est la marque d'un véritable artiste.

» Une telle réussite suppose des années de réflexion et d'expérience, une conscience digne de tout notre respect, un labeur acharné et aussi, il faut le dire, un charmant génie personnel, une âme fantasque et malicieuse, qui impose au développement du numéro son rythme original et sa couleur particulière (1). »

⁂

Nous nous abstiendrons de juger Grock du point de vue artistique. Nous confronterons seulement les apprécia-

(1) *Au Music-Hall*, *op. cit.*

tions de quelques-uns des critiques les plus qualifiés qui parlèrent de Grock. Leurs témoignages valent d'être retenus.

Grock est, en gros, conforme à ce type de la comédie du cirque : l'auguste, dit M. Legrand-Chabrier. Mais dans ce personnage vulgaire, Grock a coulé son propre caractère, sa conception de la pratique d'une joie illuminant l'être humain, vous et lui fraternellement, et aussi son imagination du burlesque, de la cocasserie, de tout ce qui rend la vie quotidienne autre chose, subitement, que ce qu'on augure d'elle...

Ses accessoires ? Des instruments de musique. C'est un musicien, manifestement. Il se détend dès qu'il joue de quelque instrument que ce soit, piano, concertine, violon, clarinette. Haltes du rire. On se laisse aller, comme lui-même, à la séduction musicale. Mais quelques pirouettes nous ramènent dans la fantaisie clownesque (1).

Ce personnage si net, si nouveau, si humain et si fantasque à la fois, est enfin habité par une passion ardente qui le pare d'un singulier rayonnement. Ce bouffon ne cesse, dans ses pires incartades, d'être dominé, torturé et ravi par le démon de la musique qui le possède tout entier... Grock n'est pas seulement un étonnant virtuose, c'est un musicien sensible et charmant... et qui nous livre sans doute sa véritable nature lorsqu'il vient, à la fin, timide et grave, le visage bouleversé, accompagner sérieusement, humblement, avec une angoisse presque tragique, la dernière mélodie du violon, avant de disparaître à nos yeux (2).

Tout est méthode, calcul et dosage, chez Grock — à part le génie, bien entendu ! — et la mentalité du fils de l'horloger se révèle dans la minutie avec laquelle il a composé ses exercices.

Sa voix ! Ce n'est pas seulement par le moyen du mot, signe vocal, qu'elle suggère images et idées ; non, son timbre même est comme imprégné et chargé d'expression. Elle chatouille savamment la fibre du rire. « Sans blague ! » et « Pourquô-a ? »... sont des reparties inoubliables.

(1) *L'Illustration*, n° 4586.
(2) *Au Music-Hall*, *op. cit.*

Autant que sa voix, il faut admirer la virtuosité de ses petites façons maniérées, pleines de sens caricatural et se succédant rapidement.

Quel patient travail a dû exiger le réglage de son espèce de géant clownesque quand, l'archet au port d'arme et marchant à une cadence précipitée, il trouve moyen de marquer une pose de dislocation, à chaque foulée, en imprimant des courbes audacieuses à son épine dorsale ! A ce moment, il atteint le plus haut sommet de l'acrobatie bouffonne.

C'est bien du génie confit dans de la patience (1).

Ce qu'un autre aurait sans doute laissé au caprice de l'improvisation, Grock en a arrêté patiemment les moindres lignes, en a tracé minutieusement les moindres détails d'un burin d'aquafortiste. Pas un seul instant, il n'a voulu s'en remettre à l'inspiration passagère. Il est arrivé aussi à ce résultat éclatant de nous laisser l'expression de nouveauté et de fraîcheur d'un nouveau inédit, alors qu'il n'a cessé depuis vingt ans de le perfectionner par un travail quotidien.

Et c'est là qu'est le miracle... Grock, sans y songer, j'en suis certain, illustre magnifiquement cette pensée qui veut que le génie ne soit qu'une longue patience (2).

⁂

Minutie, patience, humanité, génie, tels sont les mots qui reviennent le plus souvent dans les appréciations formulées au sujet de Grock. Nous y souscrivons volontiers, et nous n'avons eu garde d'employer les deux premiers.

Grock est esthétiquement un auguste. Dans la série qui part de l'idiot, passe par le naïf et l'indifférent, il occupe l'extrémité qui aboutit à l'excentrique intelligent. D'où le conflit qui l'opposa à Antonet, clown qui ne consentit jamais à céder son rôle. Or, pour faire rire l'un aux dépens de l'autre, il en faut un, dans les deux, qui joue les imbéciles.

Mais le caractère d'auguste intelligent n'eût pas suffi à Grock pour amuser. Ce qui fait passer, en général, le type

(1) P. Hachet-Souplet, *La Liberté*, 20-4-1932.
(2) Michel Murray, *Le Quotidien*, 18-1-1931.

d'auguste, même sous la forme la plus avilissante du ridicule, c'est que le personnage demeure sympathique par la qualité infinie d'humanité qu'il conserve dans ses apparences.

Grock comprit que l'intelligence ne suffit pas pour plaire. Il faut condescendre, se mettre au diapason de ses auditeurs. Il adoucit son discours d'une voix attendrissante, qui touche le cœur et atteint au pathétique, et sans laquelle son dialogue serait d'une sécheresse d'analyse. Il rejoignit ainsi la tradition de l'auguste, malheureux, victime sinon de son compère, mais de la destinée, des circonstances, des éléments insaisissables de la vie. Il fallait qu'il eût l'air d'un pauvre bougre ; son costume le lui donnait, ses intonations le confirmaient, tandis que son masque gardait un reflet de satisfaction, un sourire rusé et malicieux de tartuffe moderne, l'aveu d'une sensibilité refoulée sous une moue ironique et dédaigneuse.

En ce qui concerne le génie, Grock s'est moqué des journalistes, qui exagèrent un peu, dit-il avec raison. Peut-on, en effet, parler de génie ?

Grock est d'un comique supérieur, ce qui ne fait de doute pour personne. C'est assez pour qu'il ne soit pas besoin de prononcer à son endroit des mots irrémédiables. Parler de génie, c'est beaucoup trop pour une chose, les clowneries, qui n'en demande pas tant.

Grock reste bien le même, et c'est un formidable bonhomme qui permet de découvrir de nouveaux commentaires à ses effets les plus classiques (1).

Grock, a-t-on dit, mit vingt ans pour mettre au point son numéro. On conviendra que le génie n'attend pas si longtemps pour s'exprimer. La création de Grock, par Grock, fut sans doute plus rapide et son succès suivit plus rapidement encore. Il sut, sans tâtonner, composer un modèle d'une originalité plaisante, devenir un artiste de grande classe et noble dans la distinction. C'est par son équilibre, sa précision, son esprit, sa finesse que Grock a sur tous ses confrères une supériorité indiscutable.

Mais de la supériorité au génie, il y a la distance entre la parodie d'*Hamlet* et l'œuvre elle-même.

(1) M. Legrand-Chabrier.

***

Grock marque le jalon entre l'excentrique musical, et le clown parleur. D'autre part, aussi loin du clown musical classique, tel que Jojo et Ruté et les frères Plattier, que de l'auguste misérable et ridicule, le personnage créé par Grock, d'une silhouette si frappante, d'une mécanique si simple, d'un caractère si naïf ne pouvait manquer d'être imité. Les imitateurs ne trouvèrent pas toujours le partenaire idéal pour les y aider, beaucoup se contentèrent d'emprunter à leur modèle les détails d'irrésistible comique de son numéro.

On a signalé Julot et Anna qui ont réussi, en partant d'une imitation trop fidèle, à montrer une vraie personnalité comique parodique. Pizani s'attira, pour avoir aussi bien réussi que le véritable Grock, quelques ennuis. Il fut en effet poursuivi comme plagiaire.

Noni, le seul qui ait rivalisé avec Grock, subit, en 1930, un sort injuste. Il ne lui avait été inférieur en rien.

C'est qu'il est très facile de faire Grock quand on a compris sa méthode. Mais on ne pardonna pas à Noni d'avoir fait, comme Grock, assaut des mêmes armes. Il avait préparé le terrain par une habile et avantageuse publicité où il se prétendait, pas moins que Grock, le plus grand clown du monde, le clown des clowns, le plus célèbre clown, etc. Ce qui avait été permis au premier ne le fut pas au second. Après son passage à l'Empire, et bien qu'il fût le seul grand excentrique français occupant, avec Germain Aéros, une place de vedette internationale, Noni crut habile de ne pas insister. Pour parler de Noni, les critiques n'avaient parlé que de Grock, au lieu de voir un hommage rendu à l'original, on fit de lui un rival.

Pourtant, le numéro du piano de Noni, exécuté avec le concours d'Horace, son partenaire, musicien sévère au flegme britannique, différait autant dans le détail de celui de Grock que celui-ci de l'entrée de *Kubelick et Rubenstein*. L'analyse qu'il eût fallu entreprendre pour en montrer les détours originaux eût facilement démontré que si le numéro de Noni ressemblait, à première vue, à celui de Grock, il était mieux qu'un vulgaire plagiat. Malheureusement, la silhouette de Noni rappelait trop celle de

Grock. Le numéro fut exécuté sans appel. A ce point que ce qui plaisait tant chez Grock fut détesté dans Noni. On le trouva quelque peu amusant dans la présentation d'un jazz : les Golden Serenaders. Le public aime le nouveau. Noni ne lui en apportait pas assez.

Le second clown des clowns plia bagage au terme de son contrat et disparut.

XXIII

LES CLOWNS MUSICIENS, DRESSEURS, POLITIQUES ET HUMORISTIQUES

Le clown le moins drôle se sauve toujours s'il est un tantinet musicien. Il échappe à l'indifférence totale du public, quand pour sortir de piste, il peut aligner les notes d'une fantaisie musicale sur un instrument barbare de son invention. Il rehausse d'agrément un numéro qui, peut-être, n'en avait guère. Les bons clowns sont souvent des instrumentistes capables. Les Cairoli sont en ceci des maîtres incontestés. Antonet jouait du violon. Dario (Meschi) est un accordéoniste distingué. Les Fratellini ont eu quelques entrées musicales bien au point. Rico (Briatore) touchait la guitare honorablement et chantait. Et Grock développe sur la musique seule les grandes lignes de son numéro.

Nous avons parlé des clowns acrobates et musiciens qu'étaient les frères Price. Il est difficile de déterminer si ce sont eux qui fixèrent les premiers le type de clown musical et firent d'un jeu accessoire une spécialité. On est à peu près certain qu'ils commencèrent la lignée de ceux qui, parmi les clowns connus, furent les clowns musicaux les plus originaux. La famille Price fut noblement représentée. Après John et William Price, il y eut Géo-W. Price et Bils G. Philip, dont nous savons peu de chose sinon qu'ils marquèrent esthétiquement le passage entre le clown vêtu de la trousse d'acrobate et le clown portant habit à collerette et à ceinture frangée, décoré transversalement de portées musicales, de points d'orgue, de clefs diverses et d'instruments, décors qui distinguent objectivement le clown musical d'aujourd'hui de son confrère le clown d'entrée.

Nous ne pouvons nous étendre sur les nombreuses équipes de clowns musicaux. Certains ne se sont attachés à dispenser le rire par l'expression de la musique que par occasion. Certains sont des fantaisistes musicaux qui n'ont de commun avec le clown musical que l'utilisation des mêmes outils de travail. Ils forment la cohorte innombrable des excentriques musicaux comme le furent Brick, Cairoli et sa femme, comme le sont Manetti et Willy Dario. Les uns montèrent un numéro musical à côté de leur numéro clownesque. Ainsi Crescendo et Forest, clowns, reparaissent par ailleurs sous le nom des frères Forest où sous l'aspect antithétique et habituel des clowns musicaux, ils superposent leur activité de musiciens (guitare, mandoline, violon, concertina, clochettes) et de jongleurs (chapeaux, ballons et éventails).

Nous nous contenterons d'en signaler quelques-uns sans considération pour ceux-là, ni de la notoriété qu'ils connurent, ni de la valeur qu'ils représentèrent. Nous trouvons au cours des programmes de ces cinquante dernières années, les Alaris, dont l'une des partenaires était vêtue en clownesse ; les Byron, les frères Chantrelle (ou Chanterelle) au nom évocateur, au costume aux couleurs américaines ; les French ; les Gelino Bros ; le trio Galways (Mac, Adolphe et une femme) ; les Hickins, clowns musicaux contorsionnistes ; les Jee-Bros (1) ; Joé William, clown carillonneur ; Rudolf Krb (2) ; Laugier, qui fut avec son fils le partenaire de Bilboquet ; Michel, qui assura de son concours les sorties de Beby et de Despard-Plège pendant leur collaboration éphémère ; les

(1) Les frères Jee étaient acrobates à cheval sans selle. Nous trouvons dans cette famille William et Charles Jee, clowns (1886), Henri Jee (1880) et James et Tottie Jee, fil-de-ferristes. Nous ne pourrons assurer que Joé William, le carillonneur, est le même que William Jee.

(2) Clown musical hongrois des plus célèbres en Europe Centrale. Fort connu en Allemagne, en Autriche, en Hongrie, en Hollande, en Serbie, il fut l'objet partout de véritables triomphes et influença les clowns musicaux du monde entier. Il jouait d'une douzaine d'instruments.

Il mourut en 1926, d'une manière tragique. Affligé d'un cancer de la face, dans l'impossibilité de se présenter sur scène, et faisant horreur aux élèves auxquels il donnait des leçons pour vivre, il se suicida.

Novelle-Bros ; Ologo, qui s'intitulait le roi du monocorde, le roi des idiots, le seul qui jouât de la flûte avec son nez (1) ; les quatre Oracs, dont une femme ; les Permanés et les Miovsky qui se disputent la gloire d'avoir créé le duo des *Rossignols* ; les Philippe-Bros, clowns anglais, les Pinder-Bros dont les amateurs connurent plusieurs générations, la première avec Arthur Pinder et Olman, la seconde avec Georges et Herbert Pinder, fils d'Arthur ; les Zanfretta.

***

D'après un dessin de H.-G. Ibels, les clowns antérieurs à 1900 ne portaient déjà plus la trousse d'acrobate que G. Strehly trouvait si bien chez les frères Price et qu'il recommandait aux clowns de conserver. Ils s'affublaient déjà du sac bouffant que Strehly vouait au mépris des clowns acrobates qui se respectent. Ce sac bouffant à large collerette, aux godets enserrant les poignets et les chevilles, enveloppait Pistol et Clownette, deux clowns musicaux fin du siècle qui jouaient une partie des opéras de Wagner au moyen de pièces de cinq francs et que nous n'avons pas retrouvés ailleurs que dans *Les Demi-cabots*, sous la plume d'André Ibels (2).

Leurs grimages, l'un sérieux, l'autre comique, se retrouvent à la même époque chez les Gaertner-Richard et leurs costumes larges, ornés de notes fantaisistes, et le chapeau, minuscule haut-de-forme placé en équilibre sur leur tête rase à côté d'une touffe de cheveux dressés.

Les instruments des Gaertner-Richard appartiennent en partie au domaine d'une fantaisie, balais, plumeaux, etc., que nous étudierons en détail le moment venu (3).

C'est encore sous les traits parallèles du burlesque et du tragique qu'apparaissent aujourd'hui Jojo et Ruté, plus connus sous le nom des Webbs-Bros, les plus grands clowns européens de l'espèce, dont le costume, où cou-

(1) Ologo était le cousin de L. Torcat, le directeur du théâtre forain d'animaux dressés. Il s'était fait une bonne place dans les cirques ambulants de province après avoir travaillé longtemps en Amérique.

(2) *Op. cit.*

(3) Dans notre livre : *Autour des clowns.*

rent des portées diagonales alourdies de notes de velours noir, est en soie de couleur vive.

Mais l'évolution du costume chez les clowns musicaux n'a pas été uniforme (1). Nous avons rencontré, exécuté par la famille Lee, un numéro musical où nous trouvons l'un en trousse d'acrobate, le second vêtu d'un « sac bouffant » orné de têtes de nègres coiffés d'un fez à gland pendant, et le dernier en auguste, pantalon à rayures et doigts de pied postiches.

Quand nous aurons mentionné encore les frères Plattier, clowns musicaux acrobates (2), les Arnaut-Bros, excentriques musicaux ; Little et Joe Walter dont nous avons déjà parlé, nous n'aurons, croyons-nous, oublié aucun de ceux dont le nom mérite d'être conservé parmi les plus doués.

⁂

Du clown musical à l'excentrique musical, il existe une échelle de valeur qui, des clowns s'exprimant en surface, cherchant un peu partout les aspects fugitifs de leur fantaisie en des instruments divers, va aux duos bien équilibrés, créateurs et acteurs d'un sketch travaillé en profondeur et d'une forme, d'une densité pareilles à celles de l'œuvre d'art dans lesquelles ils ont saisi et enfermé leur sens comique.

Tels étaient Roger Caccia et Gilles Margaritis, connus sous le nom des Chesterfield.

Gilles Margaritis avait longtemps été l'un des animateurs du groupe « Octobre », célèbre par ses chœurs parlés, quand il remarqua Roger Caccia, pianiste dans un établissement montmartrois.

Gilles Margaritis proposa à ce dernier qui accepta de mettre au point la parodie d'un artiste valétudinaire et plein de tics dont il mûrissait l'idée depuis quelque temps. Ils se mirent au travail et forts tous deux d'originalité ils parvinrent à régler un numéro dont le principal

(1) Voir notre étude : « Les Clowns : Evolution du costume des clowns », *Nouvel Age*, Paris, G. Valois, N° 3, mars 1931.

(2) Avant de se vêtir du costume traditionnel des clowns musicaux, les Plattier avaient formé un couple de clown traditionnel et d'auguste à gilet blanc et à mèche de cheveux descendant en pointe sur le nez.

accessoire était un piano, mais qui n'avait aucun point commun avec l'entrée du *Piano* créée par Little Walter et perfectionnée par Grock. Présentée aux directeurs, la création des Chesterfield, musiciens maladroits, n'eut que peu de succès. Ils durent se contenter de débuter petitement et obscurément dans des établissements de second ordre et l'occasion les favorisant, de trouver en Angleterre un succès qui ne leur avait été que parcimonieusement reconnu en France. Outre-Manche des impresarii, les prenant pour des Américains, les ramenèrent en France où ils avouèrent à la surprise des directeurs des grandes salles de variétés qu'ils étaient français. Déjà parés du titre de grandes vedettes, ils acquirent en peu de semaines, et dès leur retour à Paris, une renommée qu'ils ne partagèrent depuis avec personne, leur originalité étant liée si intimement à leur caractère qu'elle demeura inimitable. Il aurait fallu, en effet, un hasard extraordinaire pour qu'un couple de comiques possédât à la fois les qualités des Chesterfield et le dynamisme qui fait de leur sketch une suite de « gags » inédits et ininterrompus. Personne ne put les plagier dans la mesure où Grock a donné naissance à un Noni et Charlie Chaplin à Charles Rivels.

La raison de leur étrangeté tenait d'abord dans leur physique.

L'un d'eux, Gilles Margaritis, violoncelliste, à peine maquillé ressemblait à ces musiciens inspirés à visage pâle ; l'autre, Roger Caccia, le joueur d'harmonium, le cheveu rasé, avait l'air d'un gamin qui a vieilli vite et que les disciplines d'une maison de redressement ont rendu espiègle et bêta.

Leur virtuosité résidait dans leur puissance à concentrer leur sens comique dans un geste insignifiant, dans une maladresse qui n'est qu'une maladresse feinte, dans des attitudes et des esquisses d'attitudes, dans des automatismes qui échappent à tout contrôle.

Dans leur entrée *Musique de chambre* tout se passait d'abord comme si les Chesterfield étaient des musiciens. Or, ils n'étaient pas des musiciens. Ils n'essayaient pas de nous amuser avec une des scies traditionnelles qui, tirées du *Marchand de Venise* ou des *Cloches de Corne-*

ville, forment le répertoire des soi-disant virtuoses de cirque.

Le violoncelliste, par une lecture préparatoire à ce qui allait se passer, page d'une subtile ironie, donnait le ton de l'entrée et l'atmosphère de l'action. C'était une nouveauté, critique de fond, humoristique d'allure. Commencée avec un flegme anglo-saxon, elle se terminait par un accès de désespoir et de rage dévastatrice dans la tradition de la comédie des claques.

Tandis que celui-là discourait, son collègue apparaissait, l'œil soupçonneux, l'allure inquiète et prenait place devant son harmonium, préoccupé par des pensées étrangères à son rôle, mais les doigts animés par les impatiences professionnelles. Ils cherchaient des échappatoires à leur inactivité, tapotement sur les touches dont l'une se coince et révèle un son qui n'en finit plus. En vain, le pianiste se croisait les bras, se grattait la tête, se fouillait le nez, redressait son col, essayait la table d'harmonie, etc. en des poses cocasses qu'il cherchait toujours à cacher au violoncelliste pour qui la musique seule semblait une raison d'exister.

Les ratages incessants, les défaites accumulées, tels étaient les particularités d'un numéro plaisant où ils n'arrivaient jamais à s'entendre, ni à triompher de leurs irritantes déconvenues, si ce n'était dans leur dispute finale où, dressés l'un contre l'autre, ils s'accusaient mutuellement de leur impuissance à exécuter leur *Musique de chambre*.

La guerre de 1939 sépara les Chesterfield. Ils réapparurent sur l'affiche comme créateurs des Chesterfolies 1941 à l'A.B.C. Puis Gilles Margaritis persévéra, donnant les Chesterfolies 1942 dans le même établissement ; 1943 et 1944 à Medrano, celles-ci sous le titre du *Burlesque à travers les âges* qui fut froidement accueilli.

Bien que sa composition eût rempli à peu de chose près la tâche que son titre promettait, des critiques reprochèrent au *Burlesque à travers les âges* d'être d'esprit anglo-saxon. Pourtant si ceux-là qui eussent voulu voir en Gilles Margaritis un défenseur du patrimoine spirituel national s'en étaient tenus à la définition classique du burlesque, ils n'auraient eu rien à redire. Le burlesque trouve, en effet, sa source de comique dans l'antithèse soutenue entre le rang et les paroles de ses héros. Ceux des Chesterfolies 44 discutaient de vieilles histoires, sur un mode nouveau. *Les Trois Mousquetaires*, *Le Médecin malgré lui*, *La Commedia dell'arte*, étaient bien des histoires françaises.

Malgré les efforts de ses interprètes, les clowns habituels de Medrano, *Le Burlesque à travers les âges* ne trouva grâce devant personne.

⁂

Ce n'est point d'aujourd'hui qu'il y eut des dresseurs et des montreurs d'animaux savants. Aussi les clowns qui ne peuvent être ni des dompteurs, ni des dresseurs de haute école, pensèrent-ils à utiliser les animaux domestiques de plus petite taille pour en tirer de quoi donner de l'intérêt à leur travail qui n'en avait guère. C'est ainsi que coqs, oies, dindons, lapins, pigeons, chèvres, ânes, mulets, chats et chiens servirent aux clowns d'accessoires intermittents, la longévité de ces animaux étant influencée par leur séjour au cirque. Et les clowns spécialisés dans le dressage sont encore plus rares que les clowns musiciens.

Nous en citerons quelques-uns, comme Aix-Carl, dresseur de chiens ; Alfano, qui fut clown d'entrée avec Whytoine, Secchi et Chadwick au cirque Franconi et qui passe pour avoir le premier dressé des chameaux ; Archeos, longtemps « clown animalier » au Cirque de Paris (1).

D'origine allemande, Armando, qui présentait des kangourous boxeurs, des singes et des mules, étaient encore célèbre comme clown parleur et on le considérait dans les cirques des pays centraux comme un clown politique.

Dans chaque ville où il passait, narre Lavata (2), il se renseignait sur les affaires de la cité, les personnalités marquantes de l'endroit, se faisait redire leurs bons mots et semait ses bavardages d'allusions politiques. Il avait tout un stock de plaisanteries d'un goût plus ou moins bon sur Bismarck et sur Napoléon et sur les rapports franco-allemands.

(1) *Je Sais Tout*, Noël 1913.
(2) *Trente ans de cirque*, *op. cit.*

Elle est de lui la question qui mettait en joie le public germanique :

— Un incendie vient d'éclater sur la tête de Bismarck, on ignore le nombre de victimes.

On sait ou l'on ne sait pas que le Chancelier avait la tête toute rase.

Armando, quoiqu'il en eût l'envie, ne parut jamais en France. Léonard, le lutteur, lui avait solennellement promis, Lavata ne dit pas pourquoi, de lui casser les reins s'il y venait travailler. Il n'en eût probablement rien fait ; mais la menace suffit au clown qui était un homme calme, infiniment drôle, jouant les comiques à froid et n'aimant pas les histoires.

Babylas, qui se faisait appeler sur les programmes Babylas Ier, avait débuté en 1888 comme clown de reprise. Au Nouveau Cirque, il fut longtemps interprète de rôles de femme dans les pantomimes où il incarna tour à tour la belle-mère et Mme de la Pimprenelle dans *Le Plus Beau Hussard de France*, où Orlando Averino avait le rôle principal. Selon certains connaisseurs, Babylas était le clown qui s'était, dans *Hamlet*, rapproché le plus de la tragédie de Shakespeare, soit qu'il l'eût lue, soit qu'il l'eût réglée d'après les conseils d'un érudit.

Il prétendait avoir été le créateur du numéro des oies dressées. Il ne manquait pourtant pas de prédécesseurs. Belling, Pinta, Cashmore, etc. Il appelait ses animaux « les oies de la capitale », sans doute sans le faire exprès, car il était simple et sans malice. Sa simplicité et son naturel étaient sympathiques. Ils lui valurent de faire avec ses oies le tour des cirques d'Europe. Il laissait derrière lui des imitateurs un peu partout.

Dans les dernières années, il fut auguste de soirée au cirque Medrano. C'était un petit homme au nez vermillonné dont la silhouette rappelait un peu celle d'Antonio (Lozano) ou de Little Tich. Bien qu'il ait été dans une partie facile un comique amusant et l'un des rares montreurs d'oies qui prit son rôle au sérieux, sa disparition passa inaperçue.

Bombiche, avec son chien qui le suivait dans son travail d'auguste de soirée, avait un petit truc qui réussissait toujours. Avant de travailler en piste, Bombiche se découvrait, déposait son chapeau dans l'arène. Le chien profitait bientôt de l'inattention de son maître pour aller lever la patte et compisser le couvre-chef abandonné. On ne trouve plus cette scène que chez les forains, dans les montres en plein air.

Bullen comme Beketov, Billy-Hayden et Tony-Greace eut aussi, grâce à son cochon savant, beaucoup de succès. La mode était à cet animal beaucoup plus intelligent qu'on ne le croit et Bullen eut des triomphes faciles à l'Hippodrome de l'Alma. Quand ses bêtes moururent, il se trouva sans travail et accepta de durs métiers pour mettre de côté de quoi remonter sa porcherie. La chance ne lui fut pas favorable. Il disparut. Un jour, Foottit, qui se trouvait à Nantes, avisa sur le quai, parmi des débardeurs qui déchargeaient du charbon d'Angleterre, une figure noire qui ne lui était pas inconnue. C'était Bullen. Ils se serrèrent les mains. Sans doute échangèrent-ils quelques propos amers sur la destinée avant de retourner l'un à ses soutes, l'autre à son cirque.

Edwards, du cirque Franconi, avait des chiens et des singes ; Gérard, le clown, le frère de Sacha Gérard, l'écuyer, présentait un numéro composé de chiens et de chevaux, d'oies et de canards, de chiens et d'éléphants. Ses chiens étaient entraînés à jouer les taureaux dans *La Corrida*.

On ne sait s'il faut placer le clown Gérome parmi les dresseurs ou les dompteurs puisqu'il travaillait en 1886 avec un sanglier qui ne passe pas pour un animal docile, ce qui confère à l'artiste une certaine originalité.

C'est encore avec des porcs que Ghezzi, par ailleurs quelque peu clown musical, laissa le souvenir d'un clown dresseur. Sa truie nommée Caroline n° 2 pratiquait le tir au pistolet. Lavata cite encore à l'actif de Ghezzi le dressage d'un cochon parleur (1). Sans doute son instruction ne pouvait être poussée fort loin et il devait être question entre eux d'onomatopées plutôt que de discours. Tous les clowns ne peuvent, en effet, comme les Lockart, clowns du Cirque d'Eté, partir aux Indes comme comiques, et en revenir dresseurs et propriétaires d'éléphants (2).

Nous citerons encore, le clown Martinet, jongleur,

(1) *Trente ans de cirque, op. cit.* Chap. XV et XXIV.
(2) *M. Clown, op. cit.*

humoriste et dresseur qui sait amener avec infiniment d'esprit des situations comiques avec un corbeau qui est à lui seul un petit comédien et un jongleur plein d'adresse.

⁂

Louis Miniggio, qui fut trapéziste, acrobate et surtout clown dresseur, était né à Philippeville le 13 mai 1858 (1). Son père était serrurier et le destinait aux travaux de la forge. Mais le jeune Louis aimait la gymnastique et s'exerçait avec des camarades au trapèze. Quand le cirque Piatti vint s'installer en Algérie, le jeune Miniggio réussit à se faire engager comme acrobate. Quelques années après, il fut agréé comme porteur dans la troupe de clowns acrobates et parleurs, les trois Wareschi, où il demeura dix ans.

L'aîné des Wareski (ils avaient modifié leur nom), Louis, étant mort subitement à Avignon, Miniggio entra chez Fernando auquel il proposa de présenter un numéro de clown et auguste. Mais ni Fernando, ni Joseph Wareski n'acceptèrent. Louis Miniggio, de caractère indépendant, se sépara de son partenaire et de leur élève, appelé à compléter le trio disloqué, et continua à travailler seul chez Franconi.

Louis Miniggio avait deux filles, Hilda et Henriette, nées à Tournon (Ardèche) qu'il rêvait de voir devenir des écuyères accomplies et qui dansaient dans les pantomimes. A défaut de pouvoir acheter un cheval, Miniggio acquit une mule, s'attacha le nain Touroff, et retourna en Algérie dans le but de mettre au point un numéro de dressage comique, tandis qu'il faisait commencer à sa fille Hilda l'apprentissage de la voltige à cheval.

Un jour qu'il se rendait dans une ferme pour y acheter du fourrage, Miniggio fut renversé par un mouton qui se jeta tête baissée contre lui. Le fermier ne savait comment s'excuser, tandis que le mouton grattait la terre, baissait la tête et s'apprêtait à recommencer. L'artiste proposa alors au fermier, qui consentit, de lui acheter l'animal. Il

(1) Louis Miniggio se maria en 1882 avec l'une des sœurs Piatti, Louise, la cadette. Natalina se maria avec Sprocani, le père de Rhum (Henri Sprocani).

le dressa et une nouvelle fois, la parodie de *La Course de taureau* trouva des interprètes adéquats. Touroff costumé en toréador avait beaucoup de peine à tenir en équilibre sous les coups du mouton et se livrait à d'extraordinaires culbutes.

Leur succès, dès leur arrivée à Marseille, fut ininterrompu jusqu'au moment où la bête dépérit. Elle était devenue très docile. Le personnel des cirques où elle paraissait s'amusait avec et lui donnait force avoine et l'abreuvait de toutes sortes de boissons. Il fallut la faire soigner. Le vétérinaire consulté prescrivit un séjour au vert. Mais elle avait tellement perdu l'habitude du pâturage que le remède la fit mourir bientôt.

Miniggio acheta un second mouton, noir cette fois. Mais contrairement à la précédente, c'était une bête très lunatique qui attaquait quand il lui plaisait. Touroff n'arrivait pas à la décider à foncer sur lui. Les spectateurs s'amusaient parfois beaucoup de cet insuccès ; le plus souvent la clientèle déçue protestait et le numéro finissait sur un four noir. Les directeurs avertis refusèrent une attraction qui ne satisfaisait personne. Miniggio dut abandonner *La Course de taureau* à des concurrents qui la réussissaient mieux avec un chien.

Louis Miniggio dressa alors une colombe et une corneille qu'il appela Cocotte. Avec elle, il parodiait *Le Renard et le Corbeau* qu'il représentait surtout dans les matinées enfantines. Entre temps, il avait recueilli une parente. Un jour que Cocotte reposait dans un fauteuil et se croyait en sûreté, la parente, qui n'avait pas l'habitude de vivre avec des bêtes, s'assit maladroitement sur la corneille et l'écrasa.

Hilda, la fille de Miniggio, avait débuté pour la saison 1898-1899 au Cirque des Champs-Elysées dont Charles Franconi cumulait la direction avec celle du Cirque d'Hiver. Il permettait à Hilda d'utiliser la cavalerie de ses établissements si bien qu'elle put paraître bientôt dans un numéro de double jockey avec sa sœur. Elle se maria avec Adrien Lécusson à Hambourg en 1906.

Pendant ce temps, Louis Miniggio continuait de faire travailler sa mule. De plus, assez bavard, il était devenu clown de reprise. Tandis que sa seconde fille, écuyère, essuyait les applaudissements qui la payaient de ses acrobaties, Miniggio amusait le public.

— Monsieur le régisseur, disait-il à la chambrière, je m'en vais, je quitte le cirque.

— Vous partez ?

— Oui, le métier d'amuseur public me déplaît. Je suis l'auteur d'une invention qui va me rapporter dix fois plus.

— Qu'est-ce que c'est ?

— Pas grand'chose.

— Mais alors ?

— J'ai inventé un réveille-matin. Une grande invention. Un procédé infaillible.

— Oui ?

— Et c'est très simple ! une bougie. Voici : j'ai calculé qu'il fallait dix heures à une bougie pour brûler jusqu'au bout. Ma bougie est graduée. Vous vous couchez à minuit. Vous voulez vous réveiller à six heures. Vous coupez la bougie à la hauteur que vous voulez. Vous l'allumez. Vous la mettez dans votre bouche. Vous laissez brûler. Le lendemain à l'heure que vous voulez vous sentez la chaleur et vous vous réveillez. Et ça y est, vous êtes debout. C'est à la portée de tout le monde. Et voilà !

— Il s'agissait d'y penser !

— En effet.

— Vous dites à la portée de tout le monde ? Ce n'est pas certain.

— Et pourquoi ?

— Parce que, moi, tenez par exemple, je ne dors pas sur le dos ; je dors sur le ventre.

— Ah oui !

— Eh bien ?

— Eh bien ! qu'à cela ne tienne...

Miniggio s'approchait alors du régisseur et lui précisait à l'oreille ce que sans le dire publiquement tout le monde comprenait.

Louis Miniggio vendit sa mule et dressa des coqs anglais. C'était un travail de patience, sans grandes ressources. Mais l'artiste avait, pour corser son numéro, la langue facile et beaucoup d'esprit. Il faisait un peu le clown humoriste. Sur une pancarte, il légitimait le travail de ses gallinacés par la déclaration suivante :

Pour l'art affrontant les feux de la rampe.
Nous esquivons ceux de la rôtisserie ! (1)

⁂

Pepino fut aussi l'un des clowns dresseurs les plus originaux. Travaillant avec des chiens, des singes et des cochons, il paraissait vêtu en auguste dans un habit à grands damiers rouges et blancs. Il était par ailleurs fort bon acrobate. Il était arrivé à faire avec ses chiens, admirablement conduits, un numéro rapide et d'un intérêt soutenu. Il eut des trouvailles pleines d'agrément, comme celle de ses chiens moutons déguisés en chevaux, et qui mal à l'aise sous leur tête de carton s'ébrouaient à chaque instant, mais n'en exécutaient pas moins toutes les figures du dressage en liberté. Il les avait habitués à se tenir silencieux jusqu'à la fin de leurs évolutions ; ils ne se mettaient à japper qu'au finale si bien que les spectateurs finissaient par oublier qu'ils avaient affaire à des chiens et que le « cirque miniature » de Pepino prenait tout son sens. Alors, laissés à leurs libres ébats, les chiens faisaient une sortie désordonnée, jouant les uns avec les autres, secouant leurs masques postiches et se roulant sur le tapis-brosse pour s'en débarrasser.

Polo Angeli qui portait, suprême élégance, une cravate en forme de main sur laquelle il avait brodé ses initiales, présentait aussi des chiens. Il a laissé quelques traces de sa collaboration avec Chien-Chien, pseudonyme d'un auguste du cirque Fernando, qui en 1888 était déjà dans le charivari et que nous retrouvons vingt ans plus tard dans les pantomimes au Nouveau Cirque.

⁂

Le clown dresseur peut difficilement s'abstenir de parler. Il doit fleurir son travail de quelques mots d'esprit

(1) Miniggio est mort en 1943. Il était encore à 85 ans un beau vieillard aux souvenirs précis. L'un de ses beaux-frères, Sylvestre Piatti, figure dans la troupe des clowns au Nouveau Cirque en 1886, avec Billy-Hayden, Georges Foottit, Little Friskey, l'auguste Pialba et Syckers.

qui attirent l'attention du public sur un détail de son numéro pour ne pas perdre le prix de ses efforts.

Thalero exprimait la satisfaction que lui procurait sa meute de chiens par une exclamation familière qui n'avait en soi rien d'original, mais qui provoquait l'hilarité d'être opportunément répétée :

— Un monument !

Armando, nous l'avons vu, n'hésitait pas à utiliser les échos de la politique locale pour forcer le succès dans les villes de province où il était en représentation. Il comptait parmi les clowns politiques des pays centraux.

Tel se classe aussi Gustave Muller, célèbre dans les contrées germaniques. Il était surnommé « le roi des clowns » ; c'est un titre que beaucoup d'autres ont porté. Il était encore celui qui a fait rire l'Impératrice, autrement dit la reine Elisabeth d'Autriche qui riait, paraît-il, difficilement. Mais il y a bien des gens que les facéties des clowns ne dérident pas, et rendent au contraire moroses, le rôle de paillasse leur paraissant plutôt une affliction qu'une bonne chance. Et nous ne croyons pas que ce soit une preuve de qualités exceptionnelles qu'un clown fasse rire une personnalité, fût-elle d'une cour princière. Il est bien plus difficile, malgré le caractère communicatif du rire, de faire l'unanimité d'une salle tout entière.

Gustave Muller était dans tous les cas un tantinet frondeur. Juste ce qu'il fallait, puisque l'empereur Guillaume ne manquait pas d'aller le voir quand il jouait à Berlin. Mais peut-être aussi ce jour-là Muller prévenu évitait-il d'appuyer sur des questions déplaisantes aux oreilles impériales.

Le clown politique et son cousin germain le clown satirique ne se rencontrent pas en France. La liberté d'expression y est assez développée pour que la pensée n'ait pas besoin d'un masque pour se manifester. De plus, le monde du cirque ne témoigne d'aucune aptitude à saisir les problèmes politiques et sociaux. Ce n'est pas leur faire un reproche que de le constater. Ils vivent en marge du monde des faits, et leur habitude de parodier et de plagier a depuis longtemps détruit chez eux tout sens critique.

***

Mais il n'en fut pas de tout temps de même. Quand la liberté d'expression n'existait pas, les allusions politiques n'étaient absentes, ni des parades de la foire, ni des tréteaux du boulevard.

Les farces de la comédie italienne, avant de s'intégrer au répertoire des entrées de cirque, avaient fait pendant longtemps les délices des badauds arrêtés par les paradistes des théâtres funambulesques.

Dans ses Mémoires, Mlle Flore, artiste du théâtre des Variétés, sous le premier Empire, dit que sous l'ancien régime, les parades étaient exigées par l'autorité pour établir la ligne de démarcation entre les grands théâtres et les théâtres forains auxquels les théâtres du boulevard étaient assimilés.

« A-t-on bien ou mal fait de l'interdire ? Je n'entrerai pas dans cette question politique, dit Mlle Flore, mais on a détruit un spectacle fort amusant. »

Toute la question est là. Les parades — le spectacle n'y coûtait rien — étaient fort courues et fréquentées surtout par les plus déshérités des spectateurs. Les comédiens quelque peu non conformistes pouvaient, sans grande crainte, semer la graine sinon révolutionnaire, tout au moins libérale et l'Empire n'y tenait pas. Sous le journal banal de la comédie improvisée, les artistes forains, ne fût-ce que par amour du succès, pouvaient tâter le pouls de l'opinion, la flatter et la conduire dans un chemin autre que celui de la soumission. Et la police ne le concevait point.

Au commencement du XIXe siècle, le boulevard du Temple avait eu Bobèche et Galimafré comme paradistes. Le premier eut une réputation colossale. Ses succès furent très souvent dus aux grosses vérités et aux allusions malicieuses qui lui attirèrent souvent la réprimande des autorités (1).

Les parades supprimées, la censure rétablie, l'esprit frondeur et libéral se réfugia dans la chanson populaire.

(1) Maurice Sand, *op. cit.*

Béranger annonce Nadaud et les chansonniers de la fin du XIXe siècle (1).

Mais les artistes des théâtres funambulesques n'avaient toujours pas le droit de parler en scène. Bertrand, directeur du théâtre des Funambules, ayant eu l'idée de faire parler les mimes qui formaient le fonds de sa troupe, fut rappelé à l'ordre sur les instances de Mme Saqui, sa concurrente du théâtre des Acrobates, par les autorités qui mirent Bertrand en demeure d'avoir à interrompre immédiatement les scènes qu'il avait montées, sous peine de fermeture immédiate de son établissement.

Il fallait en 1818 beaucoup d'adresse au directeur pour obtenir la permission de jouer de petits vaudevilles à trois personnages. Il fallait avant de commencer une pièce que les artistes montassent l'un après l'autre sur la corde raide pour faire voir que c'était toujours un spectacle d'acrobates ou pour mieux dire de funambules.

Après la Révolution de 1830, les interdictions tombèrent d'elles-mêmes. Louis-Philippe tenta, dix ans plus tard, de prolonger son régime en laissant la liberté d'expression à ses adversaires. La France devint plus napoléonienne qu'elle n'était philippiste. Les théâtres flattèrent l'engouement populaire, jouant des à-propos nationaux où paraissaient le petit chapeau et la redingote grise (2). L'opinion était mûre de nouveau pour le césarisme.

Mais les entrées de cirque qui n'avaient pas d'intentions politiques se fixèrent dans l'esprit des farces innocentes, sans doute parce qu'à cette époque le théâtre du

(1) Les paradistes des établissements forains actuels sont les successeurs, esprit satirique en moins, des bateleurs des théâtres du boulevard. Les uns sortent du cirque. Nous citerons parmi ceux-ci Polssi (André Marmiesse) né à Lyon (20-12-1901). Polssi travailla comme acrobate aux cirques Rancy, Pallier, Palisse. Puis il se fit clown de parade et débuta au cirque Zanfretta ; de là il passa à la ménagerie des frères Amar et au Magie-Hall Pietro. A ses dons de comique, dont les trouvailles et l'intarissable bagout firent la joie des badauds, Polssi ajouta ses connaissances de la prestidigitation. Il devint copropriétaire d'une loterie à vaisselle où il continua à la parade d'exercer ses talents.

(2) La Porte-Saint-Martin donnait *Le Retour de Sainte-Hélène* ; le cirque Olympique, *Les Invalides* ; la Gaîté, *Les Cendres du Grand Homme* ; les Funambules, *Napoléon à l'Arc de Triomphe*.

Moyen Age fut mieux connu. Ces farces n'avaient non plus aucune prétention à la satire.

Les cirques, il faut le dire, avaient à satisfaire un public en majeure partie bourgeois. En fait, le régime libéral d'abord, puis l'autoritarisme napoléonien avaient bel et bien extirpé l'esprit révolutionnaire au spectacle.

⁂

Ce ne fut guère et plus tard encore, que dans les pays autocrates, en Allemagne, en Autriche, et surtout en Russie, que le cirque connut la catégorie des clowns appelés sommairement clowns politiques. En France, le genre fut inconnu et l'est encore. Ce ne fut qu'accidentellement et le temps d'un éclair que des clowns mêlèrent à leurs discours des allusions nettement politiques.

Voici comment, par exemple, Michel Murray rapporte une aventure arrivée à Lionel de Seck (1) quand il donnait la réplique aux clowns du cirque Fernando.

C'était au moment de l'aventure boulangiste.

Ce jour-là, Boum-Boum faisait une entrée avec son cochon.

— Comment faites-vous, disait Lionel, pour avoir un animal aussi gras, aussi dodu ? On croirait voir le cochon de saint Antoine.

— C'est qu'il est aussi mon compagnon, répliquait Boum-Boum. Je le fais manger comme moi...

— Ah ! Ah ! Vous lui donnez donc de la soupe ?

— Oui. Comme moi.

— Avec du bouillon ?

— Oui. Comme moi.

— Avec du bon pain blanc ?

— Oui. Comme moi, car, voyez-vous, monsieur Lionel, mon cochon ne peut se passer de... boulanger.

(1) Lionel de Seck, dit Lionel, avait débuté le 8 avril 1875 dans un café-concert à attractions du faubourg du Temple. Puis il travailla aux Folies-Bergère et chez Fernando. Après son service militaire, Lionel fut volant dans une troupe de voltigeurs, les Simon-Nomos. Pendant des années, il suivit la carrière de cette troupe réputée. A la suite d'une chute, Lionel réapparut comme clown chez Fernando et travailla avec Bob O'Connor. Appelé dans un établissement forain qui appartenait à son oncle, il y fut régisseur avant d'être celui des cirques parisiens, fonction qu'il remplissait au cirque de Paris quand il se retira.

A ce moment, des gradins déferlait un tonnerre d'applaudissements.

Le général Boulanger venait d'être élu au corps législatif avec 50 000 voix...

Le lendemain Lionel et Boum-Boum étaient convoqués chez le commissaire de police qui les pria de ne plus mêler la politique aux jeux du cirque.

Comme ils n'avaient pas d'ardeur combative, c'est sans doute ce qu'ils firent.

Les commissaires de police interviennent d'ailleurs fort rarement. Les directeurs de cirque tiennent eux-mêmes à ce que leurs spectacles ne prêtent le flanc à aucune critique et ne compliquent pas les rapports qu'ils entretiennent avec les autorités quelles qu'elles soient, au cours de leurs pérégrinations.

Un jour, le clown Porto travaillait au cirque Rancy, avec Tonyto, son oncle, et Pif-Paf, en remplacement de Bob O'Connor et de Coco (Raoul Jouin) qui les avaient laissés disposer d'un vieux cheval de cirque efflanqué, Edouard, dont ils se servaient habituellement pour leur entrée de *la Femme cochère*.

Porto, amenant l'animal, le tenait par le cou.

— Ah ! disait-il, comme tu es beau ! Comme tu es gras ! Comme tu as de belles oreilles ! Tu ressembles à un monarque.

— Comment appelez-vous votre cheval, Porto ? demandait Tonyto.

— Edouard.

— Edouard ? Pourquoi Edouard ?

— En souvenir.

— En souvenir de quoi ?

— Il a été baptisé le jour du couronnement du roi d'Angleterre.

Tout le monde riait, sans même penser à l'Entente cordiale que la diplomatie avait tant de mal à mettre debout. Sans doute dans l'opinion du directeur ne fallait-il rien qui puisse éveiller les susceptibilités nationales, ne fût-ce que par l'intermédiaire d'un cheval qui s'appelait Edouard, comme le roi d'Angleterre, et qui avait de belles oreilles et ressemblait à un monarque.

Il obtint sans difficulté, sous peine de renvoi, la suppression d'un passage jugé par lui attentatoire à la dignité du roi d'Angleterre. On pouvait se moquer des femmes obligées de gagner leur vie sur le siège d'un fiacre, mais non du roi d'un pays ami.

⁂

Le plus célèbre des clowns politiques fut incontestablement Vladimir Leonidowitch Dourow.

Il était né à Moscou, en 1863. Orphelin de père et de mère, après avoir été envoyé par un parent éloigné dans un gymnase militaire, d'où il fut exclu pour indiscipline, il s'engagea, à Tver, dans la baraque d'un prestidigitateur pour pouvoir, à loisir, circuler dans les foires et développer le penchant qu'il avait dans sa plus tendre enfance de s'occuper d'animaux et d'en faire le dressage. Et de bonne heure, il conçut l'idée d'utiliser le cirque et les animaux dressés pour des satires sociales.

Il se consacra, dès qu'il put, au dressage des animaux, qui l'aidèrent à railler avec esprit et avec causticité les vices de la société contemporaine. Il devint le meilleur clown politique, flétrissant dans l'arène du cirque la lâcheté, le mensonge et la veulerie des puissants du jour. Ses calembours spirituels et mordants faisaient le tour de la Russie. Il fut, à plusieurs reprises, déporté « dans les vingt-quatre heures ». Les Cent-Noirs menacèrent de le tuer, et il dut s'enfuir à l'étranger.

A Berlin, il tourna sa verve contre l'empereur d'Allemagne.

Le clown Beby raconte dans ses Mémoires qu'il fut témoin d'une scène banale, mais qui devait, après procès, finalement faire expulser Dourow du territoire prussien.

Il avait un petit cochon qu'il appelait Wil. Au cours de ses exercices, il lui mettait sur la tête un casque d'officier allemand.

« Or, dit Beby, le mot casque se dit en allemand *Helm*, et comme l'animal cherchait à se débarrasser du couvre-chef dont il était affublé, le clown criait :

« Wil, Helm. Wil Helm. »

Dourow fut poursuivi pour lèse-majesté.

Ce procès politique, unique dans l'Allemagne féodale de cette époque, attira l'attention générale. Karl Liebknecht s'offrit pour défendre sa cause.

Pendant sa carrière en Russie, Dourow était l'enfant chéri des éléments les plus malheureux du prolétariat, qui trouvaient une puérile satisfaction à se voir venger spirituellement par un clown de ce qu'ils supportaient du régime tsariste. Et c'était toujours des places populaires que Dourow obtenait les encouragements les plus enthousiastes, tandis que la société noble le traitait avec mépris et lui préférait les clowns « latins », qui jouaient en français, langue de l'aristocratie russe.

Pierre Mariel, dans son livre sur les Fratellini, parle à ce sujet de xénophobie :

« Dourow protesta, dit-il, au nom de la Russie, contre l'invasion des clowns latins. Ses insinuations eurent quelque succès auprès de la partie russe du public. Au contraire, l'aristocratie élevée à la française prit fait et cause pour les Fratellini. »

C'est montrer proprement le bout de l'oreille. Qu'il y ait eu concurrence entre Dourow et les Fratellini, possible. Mais Dourow, d'origine populaire, resté de cœur avec le prolétariat, ne pouvait le toucher qu'en parlant sa langue, tandis que les clowns latins, moins habiles dans une langue qu'ils connaissaient mal, trouvaient préférable de travailler en français et de flatter une classe qui était la seule à les comprendre et à les féliciter.

A la Révolution d'Octobre, V.-L. Dourow montra qu'il n'avait pas seulement servi le prolétariat par ambition et haï l'aristocratie élevée à la française par xénophobie. Il adhéra sans réserve au régime bolchevik et se mit à sa disposition pour la propagande. La nécessité d'une satire sociale ne se faisant plus sentir aussi impérieusement, Dourow se consacra, dès lors, à l'étude des animaux. Il entreprit des recherches spéciales sur les réflexes émotionnels chez les animaux et son mérite principal consista dans la création d'une méthode de dressage répudiant tout recours à la violence, n'employant que la douceur et ne contrariant pas les inclinations des animaux.

En avril 1927, Moscou célébra officiellement le cinquantenaire de l'activité artistique et scientifique de Dourow. On lui doit plusieurs ouvrages, en particulier : *Le Dressage des animaux*, *Nouvelles découvertes en zoopsychologie* (Moscou 1924. 500 pages). V.-L. Dourow est mort depuis. Son fils, Anatoli Dourow, continua comme dresseur l'exemple de son père.

⁂

Avant la guerre, V.-L. Dourow n'avait pas été sans être imité par ses collègues, qui mêlèrent la satire politique à leur travail de piste.

Bim et Bom furent de ceux-là. C'était deux clowns musicaux renommés à Moscou. Ils avaient un sketch, *Le Rire*, où ils excellaient particulièrement à provoquer l'hilarité des spectateurs depuis le faîte du cirque jusqu'au plateau. Ils riaient simplement, mais d'une façon si cocasse qu'ils se prenaient eux-mêmes au piège et que le public ne se reposait que pour mieux recommencer à rire.

Cette hilarité avait une telle puissance de contagion qu'elle eut des résultats inattendus.

Dans *Le Torrent de Fer*, Serafimovitch rapporte qu'une armée de 16 000 partisans suivis d'un peuple de fuyards, séparés du gros des forces rouges du Kouban, en retraite à travers les montagnes du Caucase pendant la guerre civile, fut à un certain moment, après des vicissitudes et des fatigues sans nombre, prise d'un rire si nerveux et si tragique que ce fut bientôt du délire. Des soldats avaient trouvé un phonographe et des disques parmi lesquels *Le Rire*, de Bim et Bom.

Bim et Bom firent de l'opposition libérale pendant les dernières années du régime tsariste. Après la Révolution d'Octobre, ils attaquèrent les bolcheviks. Leurs bons mots faisaient la joie de la petite et grosse bourgeoisie.

Un officier passé à la Révolution, qui était commandant des troupes révolutionnaires de Moscou, excitait particulièrement leur verve.

Bim demandait à Bom s'il n'avait pas rencontré le commandant.

— Je te crois, répondait Bom. Il est à la cuisine. Il tient compagnie à la bonne.

Ce n'était pas méchant.

En 1918, l'influence des deux clowns devint plus sensible. Les séances du cirque de Moscou étaient comme de joyeux meetings contre-révolutionnaires. La guerre civile déclenchée de tous côtés à la fois augmentait l'audace des adversaires du nouveau régime, qui dut mettre un frein aux excitations de toutes sortes.

Bim et Bom comprirent que leur esprit n'était plus de saison. Bientôt, on n'entendit plus parler d'eux.

Un Bim-Bom (I.C. Radomisky) compte aujourd'hui, en U.R.S.S., comme créateur de la spécialité satirique musicale. Nous ne saurions dire s'il est apparenté à l'un des précédents.

⁂

Entre les deux guerres mondiales, les passions politiques étaient assez tendues pour susciter en France un type de clown satirique. Mais aucun ne fut capable de démêler le fil conducteur des préoccupations sociales et de commenter, avec une égale loyauté, les idées partisanes de l'époque. Pourtant il suffisait de quelques phrases pour que les spectateurs donnent tout son sens à un jeu apparemment conçu pour la banalité.

Un excentrique acrobate et cycliste, Nello, présenta cependant son numéro avec le souci de rappeler aux spectateurs quelques-unes de leurs illusions. Ses reparties étaient marquées au coin du bon sens. Il réussissait à dérider le public, crispé par des exercices difficiles qui perdaient de leur intérêt par une exécution monotone.

— Regardez, disait-il, en relevant une mèche de cheveux rebelles. J'ai un beau front. J'ai *évidemment* le front populaire.

Il y avait, dans cet « évidemment », une prise de contact direct qui le rendait sympathique au public, quelle que fût l'opinion qu'il eût de cette formation politique.

Et les rires redoublaient quand, parlant d'un livre quelconque, d'un recueil de recettes de cuisine ou d'un horaire de chemin de fer, qu'il compulsait en pédalant, Nello ajoutait :

— Mon livre de chevet. Parfaitement. Avec l'*Ami du Peuple* !

Exemple rare au cirque, où l'amateur accueille mieux l'artiste physiquement doué que le truqueur bavard. Mais le cirque n'a pas que des connaisseurs. Une partie du public s'y rend pour y trouver une exaltation capable de le décharger, par le rire, d'une réserve d'énergie inemployée, née d'aspirations refoulées. Trouver la corde sensible et le moyen de la faire vibrer, sans trop appuyer, voilà la difficulté. Les clowns et les excentriques de music-hall y parviennent à force de tâtonnements et leur réussite n'est qu'une longue patience. Quand ils devront jouer avec l'esprit, avec les idées, les courants intellectuels du moment, toutes choses fugitives, il ne s'agira, pour eux, rien moins que de discerner entre la caricature et la charge, entre l'ironie et le persiflage, entre la raillerie et la satire, entre le momentané et l'éternel. Seuls les clowns qui apportent un élément spirituel au spectacle le pourraient. Mais le pourront-ils ?

⁂

Les seuls clowns qui puissent prétendre en France au titre de clowns humoristiques sont Recordier et Boulicot. Bien qu'ils se défendent tous les deux de vouloir ajouter à la confusion faite entre la satire et la propagande, peut-être conviendrait-il, après avoir mentionné ceux qui s'essayèrent à cet art difficile au cirque, parce que défendu, de les rattacher par leur esprit plus à la caricature et à la chanson rosse qu'aux clowneries. Ils composent, en effet, deux types hybrides entre le clown parleur et les humoristes montmartrois. On ne saurait, toutefois, les oublier du palmarès du cirque, puisque si Recordier est un ancien journaliste conquis par la piste, Boulicot est un enfant de la balle. Il fit partie de la troupe des trapézistes, les Alex, et ce ne fut qu'après une blessure au bras qu'il devint clown.

Boulicot révèle, il est vrai, une nature différente de celle de ses confrères ès pitreries. Cet ancien acrobate se sépare nettement d'eux. Il a abandonné le procédé classique de faire jaillir le rire par l'extravagance des situations. Il cherche dans la phrase et le jeu de mots un succès que les autres obtiennent par la bouffonnerie et le burlesque. Il forme, avec son camarade Recordier, qui le tient en laisse et le maintient dans le chemin du paradoxe, de la blague et de la rosserie, une équipe de clowns bavards, bêcheurs et humoristes, dont le répertoire est aussi surprenant qu'une encyclopédie et s'enrichit chaque jour en s'appropriant l'actualité. La satire, la politique y voisinent avec l'histoire et la géographie. Il en faut pour tous les âges et pour tous les goûts. Dans des farces oratoires ponctuées d'un rire aigrelet et qui manqueraient à l'habitude si elles ne se terminaient par la découverte d'un nouveau ridicule en Recordier, Boulicot est aussi contradictoire que son costume. On en trouve de bonnes et aussi de pas mûres.

Mais tel quel, il est, dans son honnête naïveté d'amuseur et dans sa singularité, si plein de fantaisie, qu'un de nos plus grands peintres d'affiches n'a pas craint d'utiliser sa silhouette pour synthétiser le cirque, ses rêves et ses surprises, dans une fresque qui décore l'un des grands cafés montmartrois.

Comme son compère Boulicot, Emile Recordier, dit P'tit Mimile, a, dans le cirque moderne, une place spéciale, une place qui n'appartient qu'à lui. Il n'est, en effet, ni clown, ni faire-valoir, ni speaker, ni pitre. Il est un personnage tout nouveau dans la galerie flamboyante des amuseurs. Un personnage qu'on pourrait difficilement remplacer. Tel Lucien Goddard, l'auguste en habit de soirée, qui jamais n'eut de successeur.

Recordier se présente sous l'aspect bonhomme et légèrement bedonnant d'un officiel de cirque, avec sa jaquette couleur de l'établissement, les gants blancs des jours chics, les boutons d'or à profusion sur les manches et les deux bandes noires de son pantalon de cérémonie. Mais sous cette distinction d'apparat se cache le bonimenteur habile, qui n'a pas qu'une bedaine gainée à point, mais sort de sa tête légèrement penchée une collection de bons mots, de mots drôles, de jeux de mots sur ce qui représente l'activité humaine, c'est-à-dire tout...

On dira que ce sont des mots. Mais leur créateur sait les disposer en chapelets, en une présentation qui se tient, où fusent tour à tour la cocasserie, la rosserie, la goguenardise et la belle humeur. Le répertoire est si divers et si riche qu'il est devenu le magasin d'accessoires où tous les clowns vont décrocher de quoi allonger un sketch trop court ou amener une reprise difficile. Et les almanachs ne se privent pas non plus d'utiliser les blagues d'Emile Recordier.

Pourtant, mon p'tit Mimile, comme l'appelle Boulicot, n'est pas qu'un bavard en quête d'en placer une. Il est l'auteur du canevas de deux farces clownesques qui furent et resteront des événements dans l'histoire et le répertoire de Medrano : *Rhum à Rome* et *On a volé la femme à barbe*. Recordier aura, dans son activité, au moins deux succès : celui d'avoir imaginé un personnage de toutes pièces et deux pièces dont on peut dire que le principal personnage était le cirque tout entier.

***

Recordier et Boulicot méritent d'être considérés comme les seuls clowns humoristiques français. Ils chatouillent avec beaucoup de tact et de mesure la sensibilité des spectateurs, en chacun desquels un « discutailleur » sommeille. On aime à discuter en France. Leurs dialogues, où la fantaisie n'exclut pas l'ironie, maligne du premier, à l'emporte-pièce du second, leur permet de s'assurer, quoi qu'on en pense et qu'ils en pensent eux-mêmes, que les spectateurs de cirque ne sont pas plus dépourvus de compréhension que les autres.

Il faut souhaiter qu'ils maintiennent un genre où ils n'ont ni égal ni concurrent, et qui demande de l'adresse et du doigté, qualités qui font le prix de leur contribution à un spectacle souvent en retard sur les autres (1).

(1) Emile Recordier, resté seul à Medrano, trouva en Loriot (Bowden) un nouvel élève qui, plein de bonnes dispositions pour la blague, arrive à faire oublier Boulicot (1944). Loriot présente par ailleurs des « bouts » d'entrée avec un souci de s'accomplir qui honore son métier d'auguste de soirée.

XXIV

LES FEMMES-CLOWNS ET LES FEMMES-AUGUSTES

Miss Loulou et Atoff de Consoli
Yvette Spessardi du trio Leonard

La clownesse est l'un des éléments les plus gracieux d'un spectacle de cirque avec la trapéziste et l'écuyère de panneau. La trapéziste n'est pas rare ; l'écuyère de panneau l'est de plus en plus ; la clownesse a toujours fait exception.

C'est qu'en effet les femmes n'ont jamais eu beaucoup de goût pour remplacer le clown, pour accepter d'interpréter un sketch. Quand elles se sont drapées dans son costume, escarpins d'or et chapeau pointu, ce fut le plus souvent comme danseuses de genre. Et ce n'est point cette spécialité qui nous intéresse ici.

Il semble bien que la clownesse ait mesuré toute la difficulté d'un rôle auquel elle était peu préparée. Le métier de clown demande des connaissances professionnelles nombreuses. Son apprentissage est long et ingrat. La fantaisie veut à son service beaucoup d'imagination, une facilité de renouvellement quasi continue, un sens inné du comique, toutes choses qui ne sont nécessaires ni à la trapéziste, ni à l'écuyère de panneau.

Il faut pour être clown ajouter à la pratique consommée de son métier une aptitude à saisir le côté caricatural, seulement ridicule de l'homme quotidien ; le recréer sans lui soustraire rien de ce qui le rend vivant et sympathique ; l'interpréter, c'est-à-dire superposer un caractère à sa personnalité propre. Les actrices, qui ont sur la vie des idées étendues, peuvent devenir des interprètes. Les artistes de cirque, qui évoluent dans un monde fermé, sont peu préparées à cette tâche.

S'il est nécessaire à un clown d'être beau et bien fait pour être remarqué, l'aspect physique ne suffit pas à une clownesse pour triompher. Qu'elle ajoute à ses agréments naturels du charme et de l'élégance, elle aura évidemment beaucoup de chances pour elle et certaines de ses imperfections passeront inaperçues. Mais c'est dans l'accomplissement même de son travail qu'on la jugera.

On connaît des clownesses. On ne connaît pas de couples de clownesses d'entrée. La clownesse rencontre donc la difficulté supplémentaire de faire valoir un partenaire qui est un homme. Il lui faudra posséder de la volonté, de l'à-propos, de la souplesse. Disons que ces dominantes distinctives des clowns autoritaires de la tradition foottitienne ne sont pas données à toutes les artistes de cirque. Et les réactions du compère l'auguste auraient toutes les chances de s'opposer à la femme-clown à moins que des considérations personnelles, étrangères aux lois de la concurrence qui règlent les relations des clowns entre eux, ne fassent de lui un partenaire soumis et plein de bonnes intentions. Mais pour combien de temps ? Aussi remarquerons-nous que les clownesses réussissent d'autant mieux que leur partenaire ne possédera que des ressources moyennes. Elles brillent par l'absence d'éclat du compère. Mais comme la clownesse ne se contentera pas de faire valoir un personnage insignifiant ou sans envergure, il faudra bien pour elle tout remettre en question.

⁂

Les femmes se sont, au cirque et dans les entrées, révélées de bien meilleurs comiques quand elles cachaient sous la défroque de l'auguste et sous de savants maquillages les agréments de leur féminité.

Habillées en excentrique et non plus en clown, les clownesses ne se sont alors jamais révélées inférieures aux hommes. Elles échappèrent aux critiques que n'eût pas manqué de soulever le fait qu'elles acceptaient de remplir le rôle du pitre. Elles purent, sans refroidir le public qui eût vu d'un mauvais œil une femme recevoir des coups, échanger des gifles sonores et des horions. Masculinisées par leurs travestis, elles furent considérées par les spectateurs à la mesure de tous les clowns.

Bien que dans les premiers cirques anglais des femmes eussent travaillé comme bouffonnes, habillées en arlequins portant perruque, et échangé des lazzis avec les régisseurs de piste, Lulu Crastor, fille de Joé Cashmore, clown très connu en Angleterre, est considérée comme la première clownesse qui mérite de porter ce nom dans les pays d'outre-Manche.

En Allemagne, la femme-clown par excellence fut Lonny Olchansky, fille de William Olchansky que Strehly cite comme un sauteur remarquable. La multiplicité de ses sauts périlleux combinés avec des pirouettes simples ou doubles, dit J. Halperson, était énorme.

William était encore dresseur de chats, travaillant simultanément avec des rats (1). Sa fille, Lonny, faisait avec lui un numéro de clownesse comique, spécialisée, elle aussi, dans les acrobaties et les sauts périlleux. Elle fut, dit M. Henry Thétard, l'une des véritables clownesses qui aient existé.

En France, avec Eva et son auguste Flappi, avec les Gerbolas, clowns et clownesse qui se trouvaient au grand cirque russe Beketow, établi au Nouveau Cirque lors de sa réouverture le 1er septembre 1905, la seule clownesse dont on puisse un peu parler fut Mme Atoff de Consoli, dite Miss Loulou.

Miss Loulou formait avec son mari, Atoff de Consoli, dit Atoff, un couple clownesque qui restera comme l'exemple d'une réussite certaine à laquelle, au moment où les comiques de cirque étaient nombreux, on ne s'attendait pas. Entreprise plus tôt, cette réussite eût bénéficié d'une curiosité qui se fût transformée bientôt en succès. Mais quand Miss Loulou fut remarquée, Atoff avait déjà terminé sa carrière d'amuseur.

Il était le fils d'un sculpteur sur bois, de Turin. Il n'avait pas encore six ans que son frère qui en avait seize, élève à l'école des Beaux-Arts, le décida à courir avec lui les aventures. Pour mieux y arriver ils s'engagèrent dans le

(1) William Olchansky, né en 1858 selon certains, en 1860 selon M. Henry Thétard, mourut au Danemark, son pays d'origine, en 1930.

cirque Steckel et Corini et voilà une fugue de plus à l'actif des artistes de cirque. En dépit de leur situation, ils tirèrent les plus sonnantes de leurs ressources des places publiques et des établissements qui consentaient à ce qu'ils se livrassent publiquement devant leurs clients à des ébats acrobatiques, c'est bien ainsi qu'on peut appeler tout ce dont ils étaient capables. Quand ils n'avaient pas d'argent, les Consoli se contentaient de se nourrir de coquillages et le père, prévenu et invité par la maréchaussée à mettre un terme à leur vagabondage, vint les chercher et les ramena chez lui.

Leur retour fut de courte durée. Trois mois après, les deux gosses reprenaient la fuite. Ils s'étaient préparés à ce second départ. Ils savaient présenter *Les Statues vivantes*, jongler avec les chapeaux et se pendre au trapèze. Comme tous les artistes de cirque, Atoff de Consoli est le héros d'une vie légendaire plus ou moins imaginée. Indiquons qu'il fut au cirque Reinach, à Parme, la victime d'une chute au trapèze assez grave à laquelle il attribue la perte d'un œil. Il entra par la suite comme voltigeur dans une troupe d'acrobates.

Comme clown, Atoff de Consoli eut Pierantoni à son déclin comme partenaire, chez Rancy et chez Palisse. En 1907, il jouait avec Gatti, au grand cirque Alexandre. Il rencontra dans un cirque voyageur, en Italie, J.-M. Cairoli à ses débuts. Ils s'associèrent et leur collaboration valut à Atoff d'être agréé par Pippo Pucci qui comptait parmi les clowns renommés. Atoff rencontra encore un partenaire distingué en Chocolat fils, en 1926, au Cirque d'Hiver.

Il connut les derniers moments d'une célébrité tardive avec sa femme Miss Loulou qui avait été fil-de-ferriste. Elle gardait de son métier de funambule de la prestance et de la distinction. Tout en elle rappelait la mesure et l'harmonie. Près d'elle, Atoff de Consoli contrastait par sa silhouette décharnée, d'une maigreur de disloqué. Moins enclin à la facilité, il eût, avec un peu de recherche, fait un grimacier amusant. Il exagérait les rides d'une face taillée à coups de serpe. Coiffé d'un chapeau melon bas de forme comme celui d'un ecclésiastique ou d'un haut-de-forme plissé comme un lampion, Atoff de Consoli se présentait fumant un cigare énorme, bagué d'un anneau d'or à gros brillant, portant une fleur gigantesque à la boutonnière d'une redingote à basques tournoyantes, maniant une canne cassée raccommodée avec des ficelles et constamment occupé de remettre en place des manchettes qui auraient pu lui servir de corset.

Ainsi paré, gandin guêtré et fier de sa condition, d'après la mode lancée par Little Walter, Atoff de Consoli servait de cavalier à Miss Loulou, splendide encore, la jambe cambrée au-dessus de sa culotte courte, la poitrine soutenue sous son costume azur et or, colletée à la Claudine et portant le petit chapeau pointu sur des cheveux blonds bouclés. Sans efforts apparents, Miss Loulou menait son partenaire sur le chemin de la fantaisie.

Après une saison honorable au Cirque d'Hiver qu'ils quittèrent regrettés des amateurs de clowns agréables et sans prétention, Miss Loulou et Atoff de Consoli se retirèrent à Montfermeil dans la maison qu'à loisir le clown avait édifiée.

Ils y ouvrirent un commerce d'épicerie. Atoff avait hérité de son père des aptitudes pour le dessin. Les collectionneurs possèdent quelques caricatures faites par lui qui le représentent assez bien et valent mieux que les méchantes photographies qu'il a laissées de ses créations vestimentaires à gros effets.

A défaut de pouvoir sculpter, Atoff, qui était d'une patience éprouvée, s'amusait au découpage. Sur la porte de leur épicerie, le nom d'Atoff de Consoli brille de tout l'éclat du miroir dans lequel il a été découpé. L'auteur était très fier de son travail et attirait volontiers l'attention de ceux qui ne le remarquaient pas.

Tandis que Miss Loulou tenait la boutique, Atoff de Consoli essayait à l'occasion de retarder le moment où les cirques se refuseraient à l'engager.

En 1933, il joua encore avec Grego. Puis il termina sa carrière comme auguste de soirée à Medrano. Sa vue mauvaise baissait de plus en plus. Son œil de verre le fatiguait. Il devenait aveugle. On disait le vieil Atoff, comme on disait le vieux Bébé. Ses collègues plus jeunes ne le chahutaient pas dans le charivari des clowns. Il avait une place presque honorifique. Mais chaque soir, après la représentation, il devait regagner Montfermeil. Il tomba malade et personne ne parla plus de lui. Il mourut pendant la guerre.

***

Nul, à part les initiés, n'aurait été capable de deviner Yvette Spessardi, du trio de clowns du cirque Pinder sous ses dehors vestimentaires d'excentrique comique. Car si l'on admire volontiers les femmes-clowns qui sont toute grâce et légèreté, les spectateurs ignorent les femmes-augustes qui, plus rares encore, n'ont pour s'imposer, dans le rôle du pitre, rien de ce qui fait le charme de la clownesse.

Avec Marcel Léonard, son mari, et Eugène Léonard, son beau-frère, Yvette Spessardi, sœur du dompteur, compose le trio Léonard.

Marcel et Eugène Léonard sont fils et petits-fils de clowns. Le grand-père Léonard avait été auguste d'entrée et auguste de soirée dans un temps où ce dernier terme n'existait pas encore, mais où la fonction requerrait déjà beaucoup de qualités.

Le père Léonard fut, aux dires de Lavata (1), le premier à prendre un nain pour partenaire dans les entrées à deux. Il eut, en effet, longtemps le nain François pour auguste. Léonard se prétendait le créateur de *La Corrida de toros*, avec son nain et ses chiens dressés. La question, controversée comme tout ce qui au cirque appartient au domaine et à l'origine de la création, n'est pas près d'être résolue. L'état civil, si l'on peut dire, d'une entrée, n'est constitué que par le programme. Or, les programmes ne donnent souvent aucune précision. De plus, pour faire nouveau, les clowns donnent à la même entrée des noms différents. Il n'y a que la description d'une entrée, ou le canevas qui puisse faciliter la recherche de l'origine d'une entrée. Or, étant donné qu'aucun clown, ni qu'aucun amateur ne s'est avisé de prendre des notes, toute question de ce genre reste sans solution.

D'après Lavata, ce seraient Serra (2) et Chico, deux clowns espagnols, les créateurs de *La Corrida de toros*

(1) *Trente ans de cirque, op. cit.*
(2) Ou Cerra.

donnée, notamment à Paris, au Nouveau Cirque pour sa réouverture le 17 septembre 1897. Mais nous avons tout lieu de croire que cette entrée est plus ancienne (1).

⁂

Dans le trio Léonard, Marcel Léonard, copropriétaire et directeur artistique du cirque Pinder, incarnait un clown jovial dans la tradition du clown débonnaire, Eugène Léonard, d'un type d'auguste flegmatique, remplissait le rôle de premier comique et Yvette Spessardi, celui d'un contre-pitre d'esprit malicieux et vindicatif.

Mais celle-ci excellait surtout à jouer les burlesques avec une maîtrise accomplie, suffisante dans tous les cas pour ne rien déceler de sa personne.

Les yeux cachés sous des lunettes énormes, son sourire disparaissant sous son grimage, le sourcil épais et le nez postiche, sa chevelure prise dans son chapeau haut de forme, dépersonnalisée par un froc élégant, Yvette Spessardi conviait ses partenaires à des aventures comiques avec tact et distinction sans jamais effleurer le maniérisme. Les entrées des Léonard, mises au point en des représentations étendues sur une tournée tout entière, empruntées au répertoire habituel des clowneries mais rajeunies par des trouvailles personnelles et enrichies constamment, pouvaient soutenir la comparaison avec les entrées, aussi bien réglées qu'elles fussent, des clowns des cirques parisiens.

Malgré les facilités d'une femme à jouer les coquettes, aucune préciosité dans l'attitude et dans l'expression n'autorisait le spectateur à supposer qu'il se trouvait en présence d'une clownesse. Bien que pitre, Yvette Spessardi ne recevait pas de gifles ; elle en donnait. Elle avait le dernier mot dans la réplique. Et ce n'était pas si facile pour elle dans des comédies qui visent au ridicule humain et portent atteinte à la dignité ; elle eut le soin d'éviter encore la grosse farce où elle eût perdu son caractère léger et désinvolte, base de son originalité.

Entre elle et Marcel, le clown, Eugène Léonard,

(1) Nous examinerons plus longuement cette question dans notre ouvrage *Autour des clowns*, « Les Entrées ».

énorme farceur à figure réjouie, était la victime, combien consentante, de leurs jeux plus ou moins innocents. Sa nature bonasse éclatait selon tous les excès de ses gestes malhabiles. Tour à tour pitre et contre-pitre, Eugène partageait avec Yvette les rôles comiques, Marcel, comme il se doit, gardant l'autorité nécessaire pour diriger le jeu et dispenser entre ses deux compères en malices, l'esprit nécessaire à la cohésion de l'équipe.

Au début de la Seconde Guerre mondiale, le cirque Pinder dut remiser ses toiles à Malakoff, son port d'attache pendant la mauvaise saison. Yvette Spessardi, fatiguée et affligée de douleurs ramassées au cours des représentations par tous les temps, quitta le trio Léonard. La mode du trio était un peu passée. Il ne semble pas qu'Yvette Spessardi y reprenne jamais sa place.

Marcel et Eugène Léonard, que la dureté des temps obligeait à reprendre leur métier de clowns, reparurent pendant la saison 1943-1944 au cirque André Rancy installé au Grand-Palais. Ils y donnèrent l'entrée de *L'Automobile* à base de matériel où ils ne purent faire apprécier au public parisien la mesure exacte de leurs qualités.

⁂

Pourquoi les femmes-clowns et les femmes-augustes sont-elles l'exception, alors que les exemples de Miss Loulou et d'Yvette Spessardi prouvent qu'elles réussissent aussi bien que les hommes dans la comédie clownesque ?

Pourquoi les écuyères, les funambules et les acrobates ne tentent-elles pas de retrouver l'ivresse du succès dans les jeux de l'esprit quand l'âge ne leur permet plus d'affronter les difficultés des exercices de force ?

Manque d'audace peut-être. Infériorité des moyens ? Pour interpréter les entrées comiques, il faut savoir s'exprimer et les artistes de cirque ne sont pas habitués à parler en public. Crainte du ridicule certainement qui chez le beau sexe est non pas le commencement de la sagesse, mais le commencement de la retraite.

Cette crainte du ridicule ne se rencontre pas dans la jeunesse. La clownesse Gerbola, qui avait débuté toute jeune, conserva la même assurance pendant tout le temps qu'elle travailla dans les cirques ambulants.

Nous avons rencontré dans le cirque des quatre frères Fedrizzi, à Carcassonne, une jeune comédienne de dix ans, Pagnotta, dont on peut dire qu'elle joignait aux dons charmants d'une maturité précoce ceux d'un comique extraordinaire.

Dans ce petit cirque de plein air, à la piste réduite, puisqu'elle ne devait pas servir aux évolutions d'une cavalerie absente, Pagnotta, qui prenait part au spectacle avec sa famille, n'était gênée par personne. Le directeur de la troupe, Edmond, sauteur émérite et clown à ses heures sous le nom de Piccolo, donnait la réplique à sa fille Pagnotta. Elle animait les entrées d'une verve comique que beaucoup de clowns mettent des années à acquérir. Elle ne cédait en rien au numéro d'un sel plus gros de Carlo Fedrizzi, vêtu d'un habit somptueux, et de Bouboule, un auguste loquace, d'allures lentes et bêtasses, au rire parfois forcé, mais doué d'un sens parfait de l'humour et des nécessités d'emprunter ses histoires toujours drôles au particularisme local.

Ce que la petite Pagnotta réussissait, pourquoi des artistes de cirque, femmes, ne le tenteraient-elles pas ? Qui prendra, parmi elles, la succession ouverte par la retraite de Miss Loulou et d'Yvette Spessardi ?

XXV

LES AUGUSTES DE SOIRÉE

L'AUGUSTE de soirée est le digne descendant de l'auguste primitif qui fut d'abord un artiste solitaire avant d'être annexé par son compère, plus ancien dans l'arène, le clown. Tom Belling fut un auguste de soirée avant la lettre. Le clown de reprise aussi. Peut-être même le clown tout court, qui pour un moment était acrobate, dresseur, musicien ou blagueur, quand par son activité, son entrain et sa verve, il venait soutenir le spectacle pendant les coupures entre deux numéros, tandis qu'on installait les accessoires ou que le cheval époumonné de l'écuyère reprenait haleine. Et costume à part, le clown français remplit longtemps le rôle que remplit aujourd'hui l'auguste de soirée.

Toutefois, l'auguste de soirée est maintenant rarement un artiste solitaire. Ses congénères ont envahi les pistes. On les compte très nombreux. Certains spectacles dits accélérés ont essayé de les éliminer. Ils sont si utiles qu'on les revoit un peu partout.

D'abord, ils sont la partie du programme qui plaît le plus aux enfants. Et bien que le cirque ne soit pas, contrairement à ce que les parents pensent, destiné uniquement à l'agrément des enfants, ceux-ci comptant parmi les spectateurs doivent avoir satisfaction. Les ressources des augustes de soirée, étant limitées et primitives, sont plus directes, l'attention qu'ils demandent, réduite à quelques minutes, est à la portée des âmes puériles. Il s'en faut pourtant que les facéties des augustes de soirée soient indifférentes aux adultes. Leurs bavardages sont empreints parfois d'une philosophie inaccessible au public mineur, mais leurs accessoires le sont toujours et leurs excentricités.

D'autre part, la piste est un terrain que les vedettes déchues ensemencent et les troupes d'augustes de soirée sont des pépinières où les sujets les plus doués deviendront des clowns renommés. Il est bon que les cirques entretiennent ces pépinières où les directeurs choisiront leur personnel. Les jeunes augustes de soirée portent en instance des qualités que l'œil averti décèle au cours d'un charivari bien ordonné et qui s'épanouiront à la première occasion. Le charivari est l'école d'apprentissage dont les clowns déchus comme les Bébé (César Guillaume), les Babylas, les Atoff de Consoli, les Coco (Raoul Jouin), les Mariano (Mariano Rodriguez), furent les maîtres. Ils mûrirent de leurs derniers feux les jeunes talents qui comme Porto ou Alex (Bugny) ont fleuri comme augustes avant d'accéder aux rôles de vedettes.

Les augustes de soirée possèdent comme les excentriques et toute proportion gardée une silhouette particulière, et quelques petites scènes leur tiennent lieu de répertoire et les signalent à l'attention. Sachant mettre en valeur les petits moyens dont ils disposent ou qui leur restent, ils s'assurent parfois une notoriété prolongée.

Mais entre le jeune auguste à la recherche de sa personnalité, en quête d'une situation plus en vue, et le vieux clown qui achève d'entretenir ses illusions, on trouve l'auguste de soirée au talent moyen qui besogne dans toutes pistes et qui, incapable d'imaginer un moment de fantaisie, traîne cahin-caha une vie de sacrifice consacrée à la joie de quelques courtes minutes de succès quotidien.

Le nombre des augustes de soirée, débutants, spécialistes ou vieux artistes rompus aux pratiques du cirque, est incalculable. Etoiles de dernière grandeur, ils paraissent et disparaissent sans être remarqués. Nous n'avons pas l'intention d'en dresser une liste qui ne pourrait être qu'incomplète. Nous parlerons seulement de quelques-uns.

⁂

Fidèle-Fidèle fut auguste de soirée quand la troupe d'acrobates dont il était l'animateur se disloqua. Il jouit pendant quelques années au cirque Medrano d'une position enviée.

C'était alors un petit homme bedonnant, à la figure ronde et gaillarde, au nez rehaussé de rouge, aux commissures des lèvres légèrement appuyées. Il portait le costume à rayures et à carreaux, un polo comme Bob O'Connor, le jabot de dentelle brodé d'une bicyclette.

La démarche rebondissante, il paraissait, allant droit devant lui, une planche de plusieurs mètres en équilibre sur la tête. On s'attendait à ce qu'il parcourût le diamètre de la piste et disparût comme il était entré. Brusquement, il faisait un tour sur lui-même. La planche demeurait dans la même position. Le régisseur de piste l'interpellait.

— Que faites-vous ?

— Moi ?

— Oui !

— Rien !

Fidèle se retournait de nouveau et arpentait la piste.

— Sortez ! Dehors !

— Moi ?

— Oui !

Et l'homme virevoltait, la planche toujours en équilibre.

Le régisseur de piste, fâché, multipliait les courses. L'auguste flegmatique accumulait les volte-face, tandis que la planche ne se déplaçait pas d'une ligne et que pareille à l'aiguille d'une boussole elle conservait la même direction. C'était risible et le public s'en donnait à cœur joie.

Une autre fois, Fidèle-Fidèle arrivait en courant, prêt à sauter. Mais, au dernier pas, il trébuchait et restait allongé comme s'il s'était fait mal.

Le régisseur de piste accourait.

— Qu'est-ce que vous avez ?

— Mon genou...

— Quoi ? Votre genou !

— Oui ! Mon genou.

— Qu'est-ce qu'il a votre genou ?
— Il ne veut plus se plier.
— Mais voyons, ce n'est rien.
— Vous croyez ça, vous !
— Mais oui. Votre genou est paresseux. Votre jambe est endormie, voilà tout.
— Ah ! Endormie ?
— Pas autre chose.

Fidèle-Fidèle sortait alors un réveille-matin, demandait l'heure, remontait la sonnerie et la déclenchait, appuyant le timbre près de son genou.

Il se relevait, exécutait un saut périlleux et s'en allait.

*
**

Une figure des plus originales parmi les augustes de soirée fut Adolf Olchansky qu'il ne faut pas confondre avec son frère aîné William, beaucoup plus doué que lui en ce qui concerne les sauts.

Adolf Olchansky, né le 2 juillet 1853, à Copenhague, était surtout un bon cascadeur. A peine maquillé, presque chauve, il rusait avec la nature par un bourrelet de cheveux postiches, en forme de crête de coq, porté au milieu du crâne et ramenait ce qui lui restait de système pileux en accroche-cœur avantageux sur les tempes. Paré d'un monocle, le col droit et largement échancré au-dessus d'une cravate blanche, d'un plastron orné d'un cordon d'on ne savait quelle distinction honorifique, Adolf Olchansky épinglait encore sur une redingote d'une coupe impeccable de nombreuses médailles participant de la plus insigne ferblanterie.

Il joua pendant dix-neuf ans chez Wulff. En 1905, il parut à Paris, chez Beketow, installé au Nouveau Cirque. Son travail consistait le plus souvent à faire « la mouche du coche » et à reprendre la parodie du maître de manège qui trébuche en piste et devient la risée des spectateurs. Tiré à quatre épingles, d'une recherche vestimentaire un peu outrée, l'attitude provocante, Adolf Olchansky, pourvu qu'il chût adroitement, devait provoquer dans le cirque une hilarité contagieuse (1). Il parut souvent dans

(1) Nous signalons en passant Fortuné Lepomme, un imitateur d'Olchansky. Il était petit, très élégant, et se présentait avec un éventail, jouant les affairés et les importants.

Antoni, un autre auguste, portant monocle, regardait les spectateurs avec

la même silhouette, en Angleterre, chez Bertram W. Mills, pendant les fêtes de Noël avec quelques anciens comme Futelais, Gobert Belling et Cyril-Cook, et de plus jeunes comme Nino Fabri, Pimpo et Goliath.

⁂

Alfred Daniels, dit Alf Daniels, présenta un type spirituellement semblable à celui d'Adolf Olchansky. Il eut pour partenaire Futelais, au Big Circus (1912) ; ayant un accent anglo-saxon très prononcé, il s'exprimait avec beaucoup de cocasserie et Daniels était inimitable dans le bavardage. Habillé en globe-trotter, les cheveux roux bien peignés, il personnifiait le type du petit-bourgeois mis à la mode par Little Walter. Lavata lui attribue l'introduction dans les entrées clownesques d'accessoires d'un genre spécial : farine, crème, eau, mousse de savon qui firent plus tard le succès des premiers films de Charlie Chaplin.

Il fut engagé au Nouveau Cirque avec Futelais, son partenaire, et joua avec Chocolat fils, dans une pantomime *Il pleut..., il pleut, bergère* où Daniels avait la vedette dans des rôles multiples de chef cambrioleur... et de ministre.

⁂

C'est sous l'aspect du gentleman en tenue de soirée qu'apparaissait Lucien Goddard, ancien barriste avec Roeder, dans un numéro qui n'était pas celui d'un auguste de soirée, mais qui n'en demeurait pas moins le développement logique des attitudes originelles de l'auguste à ses débuts.

Ecœuré d'une époque où le plus médiocre a la prétention de se faire admirer, aimer et applaudir, M. Lucien Goddard, dit Régis Gignoux, se faisait conspuer, haïr et siffler.

Il était alors « speaker » des clowns à Medrano. Comme Adolf Olchansky, Goddard dévisageait les spectateurs de

curiosité, avec impertinence même, leur adressait quelques mots inintelligibles et s'en allait.

toute sa hauteur, l'œil monoclé et provocant. Entre les numéros, il remplissait les fonctions de régisseur de piste, surveillait la mise en place du tapis, pressait les accessoiristes, donnant des conseils inutiles à l'un, tarabustant inopinément celui-là, jusqu'à ce que, désagréable au possible, il fût pris à partie par un compère soigneusement posté dans les places. Dès lors, le chahut commençait.

Lucien Goddard, le « clown mondain », se retournait fâché et cherchait parmi le public « le téméraire, l'insolent qui avait osé le siffler ».

Aussitôt, venues d'ailleurs, ce n'étaient plus une, mais deux, trois, dix exclamations protestataires qui partaient des galeries et se répercutaient des hauts gradins jusqu'à la banquette de la piste. Goddard, sous les injures, se redressait terrible. Il rajustait sa cravate bien en place, tirait son froc pourtant sans pli, se croisait les bras, menaçant, dans l'attente d'une nouvelle avalanche. Tous les spectateurs se prenaient au jeu. Un malaise général planait sur la piste d'où les garçons de piste, les hommes de la barrière, puis le maître du manège consterné, s'en étaient allés. Des hou et des coups de sifflet se croisaient de plus en plus nombreux. L'incident prenait la forme d'une protestation collective. Goddard, nerveux, perdait son monocle à chaque instant et de vouloir tenir tête au tumulte devenait ridicule et grotesque.

Alors, quand il avait réalisé l'unanimité de la salle contre lui, Goddard qui guettait l'instant de prendre sa revanche commençait une série de flip-flaps et de sauts périlleux qui le menaient en plusieurs tours de piste à un succès que personne maintenant n'avait plus l'envie de lui contester. Il se relevait aussi fier, aussi provocant.

— Voilà, ce dont je suis capable, semblait-il dire.

Et quand les bravos commençaient à s'apaiser, Lucien Goddard refaisait autour de la piste une série de sauts comme pour un tour d'honneur offert pour prix de leur témérité à ceux qui l'avaient le plus conspué. Puis ayant rectifié sa tenue, quelque peu dérangée dans ses évolutions, se parant de son monocle ballottant à l'extrémité de son cordon de soie noire, Goddard quittait la piste en vainqueur sans oublier jamais de jeter un dernier coup d'œil reconnaissant et satisfait au public transporté (1).

⁂

L'un des augustes plus particulièrement connus des habitués de cirques parisiens est Arturo Biagioni, dit Pinoccio (2).

Pinoccio est né à Florence, le 22 octobre 1880. N'étant pas enfant de la balle, Pinoccio ne reçut aucune des bonnes leçons qui, sous la direction d'un « père d'élève », forment de bonne heure un artiste rompu à toutes les ficelles du métier. Mais il avait la marotte des clowns et fréquentait les gymnases municipaux.

Quand il se sentit capable de se mesurer avec les professionnels, il se présenta dans un cirque ambulant d'Italie. Puis il entra au cirque Sidoli où il fit des entrées avec Oskar Marzelli et avec Gatti. De là, il passa tour à tour chez Roche, chez Chevalier Charles, au cirque Egelton où il eut pour camarades Daviso (3) et Oscar. Il avait su se distinguer et se faire apprécier par une bonhomie toujours souriante, une tenue toujours soignée, une cocasserie toujours en éveil. On a pu dire de Pinoccio qu'il fallait admirer son attitude joyeuse devant les changements de fortune qu'il rencontra sur son chemin (4).

Pendant la Première Guerre mondiale, retourné en Italie, il y monta un numéro de cascadeurs excentriques avec Armando, auguste de soirée comme lui et piémontais d'origine. La tourmente finie, il revint en France et fut attaché au Cirque de Paris jusqu'à sa disparition. Il ne cessa d'y dépenser, dans un jeu tout en finesse, une élégance vestimentaire, une recherche de couleur dans les costumes, qui font de lui une exception parmi les augustes de soirée. Ayant travaillé entre-temps en Angleterre, il en rapporta l'habitude d'utiliser, pour s'en parer et augmenter la fantaisie de ses travestis, de menus

(1) Lucien Goddard mourut en 1924.

(2) Pinoccio prit aussi le pseudonyme de Verdun sous lequel il est moins connu.

(3) Daviso était un « grand » clown. Il mesurait 1,80 m (Lavata).

(4) *Clowning Throught*, par Frank Foster en collaboration avec William G. Boworth. Heath Cranton. London.

objets qui n'ajoutent rien à sa silhouette, mais étonnent agréablement malgré leur réalisme et dénotent chez Pinoccio une volonté un peu puérile de se renouveler.

Les minuscules chapeaux, les pots de fleurs miniatures, les chaises de poupée qu'il accroche à sa boutonnière sont sans doute de discrètes allusions à la mode des colifichets ; ils n'ont qu'une valeur émotionnelle restreinte. Elle ne dépasse pas la surprise. Mais Pinoccio garde une gracieuseté qui allant jusqu'à l'afféterie fait de lui un bouffon dans l'esprit de la comédie italienne, bouffon aussi superficiel que singulier, dont l'innocence apparente cache une intelligence sensible, une nature amène très opposée au caractère relativement grossier des augustes de soirée, ses confrères.

Pinoccio quitta un instant le cirque pour monter un commerce de gros de cartes postales. Puis il y retourna. Il a une spécialité : il exécute « la roue » sur la banquette de la piste. Ses mains enserrant ses chevilles, assis sur la banquette et formant boule, il fait le tour du cirque dans la position d'un entonnoir dont l'embouchure placée sur la banquette tournerait sur son axe. Le jeu n'est pas de son invention. Tom Foottit l'exécutait avant Pinoccio. Mais le jeu des ballons qu'il distribue ensuite aux enfants est de son invention. Il eut l'idée le premier — elle devait être bientôt annexée par la publicité — de lancer sur le public enfantin des ballons en baudruche gonflés à l'oxygène. Ce n'est évidemment pas grand'-chose, mais le travail des augustes de soirée est la somme de petits agréments de ce genre.

⁂

Au Cirque d'Hiver, Pinoccio avait comme collègue Bowden, Roger Conche, Freddy, Georg et Goliath.

Georges Bazot, dit Bowden, né en 1884, ancien acrobate cycliste, outre ses qualités de sauteur, interprétait les petits rôles comiques des pantomimes au Cirque d'Hiver. Au cirque Medrano, il joua notamment dans les *Chesterfolies*. Il possédait tout ce qu'il faut pour devenir un comique badin dans un couple de clowns ; il n'a pas trouvé, quand il était encore temps, le partenaire qui lui manquait. Il est trop tard maintenant pour lui de se faire une réputation ailleurs que dans une troupe d'augustes de soirée. Mais il a remplacé, auprès de Recordier, sous le nom de Loriot, Boulicot défaillant.

Roger Conche, dit Roger, frère de Rodolphe Conche, qui fut plusieurs années régisseur au cirque Medrano, était un auguste cascadeur et sauteur. Il avait travaillé en compagnie de sa sœur, Mlle Camilia, jongleuse dont il était le brillant second et sous le nom de Roggers, dans un numéro d'acrobaties musicales. Longtemps attaché au cirque Medrano, il portait, sur son costume d'auguste de soirée, son nom en grandes lettres d'étoffe appliquées sur son dos. Bien d'autres l'ont fait avant lui.

Fredie Scanlon, dit Freddy, anglais d'origine, élève de Cecilio Pichel et frère de Billy Scanlon, jockey, qui travailla avec les Rowland et les Lécusson, débuta comme acrobate. Il continua comme danseur, puis devint auguste de soirée. Freddy procédait d'un humour britannique tempéré par un long séjour dans les cirques forains. Il fut longtemps attaché au Cirque d'Hiver. C'était un auguste mignon, pas très doué, d'une originalité sans envergure ; mais sans doute disparaissait-il au milieu des autres parce que trop modeste, trop pondéré dans ses manières. Il était sans saveur à côté de son compatriote et confrère Georg.

Georg Philcox-Don, ancien acrobate main à main avec Mabry (Mabry and Don) était, en effet, une personnalité énigmatique. D'un burlesque exacerbé, d'une originalité à l'emporte-pièce, il donnait à ses attitudes une allure mécanique, une raideur maladive. Parfois, ses grimaces et ses gestes frisaient le surnaturel et l'épouvante, et ses exagérations étaient une source de gêne et d'émotion dramatique plutôt que de plaisir. Il fallait le voir souvent pour le bien apprécier. Dans l'entrée comique, il réussissait au mieux ; l'entrée du *Barbier*, qui se situe à l'a. b. c. du métier, devenait, grâce à lui, une scène de genre à laquelle il enlevait sa banalité par une interprétation étonnante de personnalité. Il mimait, autour du client qu'il était chargé de raser, une véritable danse du scalp. C'était au cirque Gleich, où trois couples de clowns dans trois pistes différentes exécutaient simultanément la même entrée. Georg dépassait en grotesque et en intensité tous ses concurrents.

*
**

Depuis qu'il n'y a plus de rois ni de seigneurs pour entretenir les nains, ceux-ci, pour vivre, sont entrés au service des distributeurs de publicité et, quand ils ont du talent, dans les cirques. Grâce à leur intelligence, de la galerie des « phénomènes » où ils étaient, ils ont atteint la place de clowns.

Joseph Rambelli, dit Goliath, est de ceux-là. Bien qu'il ne connaisse pas le succès qui devrait s'attacher à son pseudonyme et qu'il mériterait parce qu'il est de tous les nains le plus doué comme comique, Goliath est, parmi les clowns, une personnalité qui ne se mesure pas à sa grandeur. Il est le clown-nain par excellence. Il y aurait beaucoup à dire sur les nains qui furent clowns. Mais la chronique des cirques ne nous a pas laissé de relations nombreuses à leur sujet (1). Goliath eut pour lui d'avoir été à la rude école d'apprentissage du cirque ambulant. Son père d'élève fut Guido Manetti, le père de Charles Manetti, qui le prit tout jeune avec lui et le fit travailler. Il acquit ainsi, dans la comédie clownesque, tout ce qu'il faut pour n'être pas qu'un partenaire de rechange ou un figurant passe-partout. Goliath est un comique dont les programmes sacrifient la valeur au profit d'autres pitres qui ne le valent pas. C'est un auguste de soirée qui n'a pas besoin de chercher de l'originalité ailleurs que dans sa nature. Pendant la rétrospective de Medrano (1900-1937), Goliath, dans *L'Ecole de l'écuyer*, caracolait sur un cheval énorme sur lequel il dansait comme un mannequin. Lancé hors de la selle par un coursier trop fougueux, rattrapé au vol par une corde de secours, Goliath rebondissait sur le tapis-brosse en rondades, où, suprême habileté et illusion, son corps aux muscles proéminents d'athlète avait en rebondissant la légèreté d'un ballon. Dans les pantomimes, Goliath joue les rôles d'enfant, d'amour, de page ou de faune. Il est, comme le fut Marval avec Benedetti au Nouveau Cirque, l'un des plus complets comiques qui

(1) L'histoire des nains a été commencée par Edouard Garnier. *Les Nains et les Géants*, Paris, Hachette, 1884 (Bibliothèque des Merveilles).

soient parmi les nains que les obligations de l'existence transforment en clowns.

⁂

Le cirque Medrano posséda pendant plusieurs saisons Sacha et Tony Bastien parmi les augustes de soirée. Leur sœur, Mammie Bastien, écuyère et voltigeuse à la Richard, fut la première femme de Porto (Arturo Mendez).

Comique doué d'un style très personnel, d'un talent incontestable dans l'interprétation des caractères, Tony Bastien s'imposa bientôt comme premier auguste de Medrano.

Il avait commencé tout d'abord dans le charivari de clowns sans y être particulièrement remarqué. Sa silhouette de petit-bourgeois en chapeau melon, en veston court, à pantalon rayé s'imposa peu à peu au milieu de ses confrères. Sa démarche rappelait, de très loin il est vrai, celle de Charlie Chaplin et sa figure à la moustache courte, mais plus colorée et moins rêveuse que l'autre. Sa personnalité s'affirma et se précisa suffisamment pour qu'il figurât bientôt au programme et commençât à paraître dans les reprises. Il fut l'ingénu qui apporte des fleurs à l'écuyère et emmêle ses jambes avec sa canne dans la poursuite de ses compliments. Il était plein de bonne volonté, d'intelligence et de facilité dans la repartie, souvent avec une pointe d'impertinence. Dans les pantomimes, il improvisait.

Un jour, un cheval s'oublia en piste au moment même où, appelé à inaugurer une statue, Tony s'apprêtait à répondre au discours de bienvenue du maire qui, pour la circonstance, était le régisseur de piste. Pour ne pas couper la scène, les garçons hésitaient à venir ramasser le crottin.

— Monsieur le maire, commença alors Tony, permettez-moi d'abord de vous dire que vos places publiques sont bien mal tenues.

Sa faconde était inépuisable. Il s'adressait parfois au public. C'est ce qui fit sa perte.

Une spectatrice, des manières de laquelle il s'était trop visiblement inspiré, prit la chose au sérieux et se plaignit à la direction du cirque qui ne manqua pas de donner tort à Tony Bastien. Celui-ci poussa jusqu'au bout la plaisanterie. Il quitta l'établissement qui perdit en lui le meilleur sujet parmi ses augustes et n'arriva jamais à le remplacer.

Sacha Bastien, le frère de Tony, était acrobate et disloqué. Vêtu d'un maillot collant qui l'amincissait exagérément, Sacha émergeait du charivari par ses dislocations en avant et en arrière.

Son travail exécuté au milieu des augustes de soirée perdait de sa noblesse et de sa pureté ; réglé avec soin, il eût constitué un numéro d'acrobaties burlesques remarquable.

Son frère parti, il ne fit pas un long séjour au cirque Medrano. Il s'en alla en Angleterre où, paraît-il, son numéro de disloqué fut mieux prisé qu'en France.

XXVI

DÉCADENCE ET GRANDEUR DES CLOWNS

QUELLES que soient les raisons de leur faveur ou de leur défaveur, les clowns manqueraient aujourd'hui à un spectacle de cirque s'ils ne figuraient pas en bonne place au programme. Nous n'imaginons même pas que le cirque tel que nous le connaissons puisse exister sans qu'il y paraisse un ou plusieurs bouffons. Bannir le rire du cirque serait l'amputer d'un de ses membres et, qui plus est, faire bon marché de son esprit, le clown étant le serviteur du rire par excellence.

Son service n'est, au début du cirque moderne, pas difficile. Le bouffon de cirque, le grotesque, le clown ne peut d'emblée rivaliser ni avec Arlequin ni avec Pierrot. Mais pour ne point paraître si grêle à côté de ses illustres devanciers, le clown invente, brode, recrée à son image une pantomime, un répertoire. Ce qui n'a été d'abord qu'un caprice, qu'une ritournelle, que des lazzis visant à l'immédiat, s'étend, s'enfle, éclate bientôt en bonne histoire, en comique aventure. Le clown la tisse à sa fantaisie, sur un canevas qu'il choisit lui-même. Il devient l'acteur de ses créations, le metteur en scène de son geste clownesque. Mais il abandonne en même temps, peu à peu, l'exercice, les acrobaties. Il faillit à l'unité interne et internationale du cirque, qui est d'émouvoir exclusivement par la beauté du mouvement, la perfection de l'exécution, le triomphe de la difficulté. Le clown, soumettant l'émotion à la parole, utilise des valeurs esthétiques nouvelles. Il ne peut pas, faute de capacités, prolonger la lignée des Deburau. Il ne sait pas se plier aux disciplines de la mimique. Il devient, au cirque, le comique de caractère par excellence ; il joue les idiots qui sont d'une diversité bien plus étonnante qu'on ne croit. Il détient bientôt un rôle des plus considérables, puisqu'il sert la comédie et le drame sous le même aspect, la comédie étant l'évocation du ridicule, le drame la cristallisation du rire autour de cette évocation.

Les acrobates n'ont souvent qu'une opinion défavorable des clowns. Leur indifférence se transforme en surprise quand, devant eux, on considère les bouffons comme de grands artistes et c'est là l'expression d'un sentiment de supériorité inné chez l'acrobate qui peut, ne parlant pas, atteindre à l'universalité des spectateurs. Le clown comédien aurait bien du mal à en faire autant.

En effet, les clowns, qu'ils soient polyglottes ou bredouillent quatre ou cinq langues, ont brisé le lien qui ramène les amateurs des spectacles de cirque en quelque endroit qu'il installe ses toiles. Parce qu'ils parlent, les clowns ne peuvent plus prétendre à plaire dans n'importe quel milieu. S'ils s'étaient contentés de faire rire en employant, comme les premiers clowns venus d'Angleterre, un jargon que personne ne comprenait ! Mais maintenant ils s'expriment dans la langue de leur milieu, pas comme des puristes, évidemment, mais comme les braves gens qui viennent les voir.

Dans les cirques ambulants de province, le clown patoisant triomphe. Ailleurs, son étoile pâlit. Tel clown célèbre en France n'a qu'un succès de pure curiosité quand il travaille à l'étranger. Les Mihie, clowns danois, célèbres en leur pays, passent inaperçus quand ils jouent à Paris, malgré la publicité qui leur est faite. Rhum et Manetti, lors d'un séjour dans les pays baltes, jouent et rejouent *Le Miroir brisé* pendant plusieurs mois, parce que cette entrée ne leur demande qu'un dialogue réduit à sa plus simple expression. Ils retournent à la pantomime, mais ils demeurent les acteurs d'un seul sketch et rétrécissent singulièrement leurs possibilités. En somme, difficulté pour les clowns d'être égaux à eux-mêmes, ailleurs que dans le cadre habituel de leurs évolutions.

Ainsi, quand tous les autres artistes de cirque peuvent prétendre à la qualité d'amuseurs internationaux, de vedettes internationales, comme ils disent, les clowns sont seuls à ne pouvoir faire le voyage autour du monde. Les clowns latins réduisent leur périple aux pays sud-américains ; les clowns anglais, aux pays anglo-saxons ; les clowns germaniques, aux contrées germaniques. Nous savons qu'il y a quelques exceptions, mais celles-ci, comme toutes les exceptions, confirment la règle.

Ils errent bien quelque peu quant à la recherche d'une formule, d'un style, d'un milieu, d'une situation ; ils s'essayent un peu partout avant de trouver un sol propice à l'éclosion de leur talent. Certains ne le rencontreront jamais. Les plus doués se fixent bientôt. Ils deviennent des personnages quasi officiels dont l'activité se mesure à la place que leur consacrent les journaux. Ils sont connus ; ils sont flattés. Ils saisissent, avec le sens de l'observation et de la déformation qui les caractérise, les tics, les travers du monde qui font rire. Quand ils reviennent d'une tournée, leur retour est annoncé comme un événement, par une double étoile sur l'affiche bleu ciel des réouvertures annuelles.

Décadence et grandeur du clown. Il était une minute d'un monde en continuel mouvement. Il est devenu un état d'esprit limité par un répertoire.

⁂

Aujourd'hui, la consécration des clowns chagrine moins leurs confrères en acrobaties. L'acrobate suit un chemin rectiligne. Son succès dure autant que ses exercices.

Tandis que les clowns ont appris qu'il est plus facile d'obtenir le suffrage des foules que de le conserver. Il leur est dur, dans l'âpre compétition qui se déroule au cirque dès l'arrivée des premiers clowns pour le charivari, introduction du programme, jusqu'à la post-finale de la retraite, jouée par l'orchestre, de ne pas s'apercevoir que les acrobates tentent, en portant leurs exercices à un degré de perfectionnement jamais atteint, de ravir aux clowns la place qu'ils gardent jalousement dans l'espoir d'être toujours le couronnement du spectacle.

De nouvelles vedettes se pressent à la barrière, prêtes à occuper le tapis des clowns et à les renvoyer à leur obscurité primitive. Des numéros originaux font pâlir de dépit les clowns les plus argentés. La comédie au trapèze de Charlie Rivels démontre que le clown n'est plus le seul à posséder les secrets du rire. La comédie musicale des Chesterfield a dépassé de loin tout ce qu'une entrée peut exprimer de fantaisie. Et les clowns cherchent sans les découvrir les raisons de pareilles réussites. La tradition, les habitudes, leur force de conception et leur faculté de création les empêchent, depuis longtemps déjà, de distinguer nettement le problème.

Créature quasi spontanée, le clown n'eut jamais à supporter aucune discipline. A lui, parce qu'il faisait rire, il était tout permis. Il put se vêtir comme un seigneur et plus tard comme un mendiant. Il n'eut à répondre de ses gestes et de ses blagues que devant lui et devant le public. Rien ne l'empêchait, quand il sentait son succès décliner, de faire un retour en arrière et de reprendre un chemin différent. Il put, de son plein gré, modifier le développement des clowneries, en renouveler le style. Il n'avait de compte à rendre à personne, étant auteur, créateur, acteur, metteur en scène, costumier. Il usa de la liberté jusqu'à ne plus savoir qu'en faire. Il sent qu'aujourd'hui un retour à la discipline n'est pas inutile.

D'ailleurs, d'avoir rompu le caractère d'universalité des cirques, les clowns ont à se réhabiliter. Ils peuvent devenir au cirque ce que le cirque est aux spectateurs : une synthèse de tous les jeux, corps et esprit. Des jeunes, comme Rhum et Zavatta, ont depuis dix ans assumé tous les rôles à la fois : écuyer, musicien, bouffon, acrobate et risque-tout, leurs entrées n'étant qu'un tissu bariolé où toutes les ficelles du cirque ont été mises à contribution.

Cette tentative conduite en réaction contre la comédie clownesque d'une part, et d'autre part contre la comédie des accessoires, est surtout sensible chez les augustes dont l'allure extravagante s'accommode beaucoup plus du dynamisme du cirque que le clown qui, embarrassé dans des costumes magnifiques, craint de les salir au service de la piste et devient un personnage de plus en plus statique. Il limite maintenant son ambition d'être une agréable figure. Sa présence est décorative. Il remplacera bientôt, à la barrière, le régisseur de piste, le faire-valoir. Il finira par n'être qu'un figurant.

Que certains clowns se raidissent en songeant à cette

éventualité, soit. Mais ce sont les clowns comédiens ; ils savent que la comédie clownesque n'est pas près de mourir. Mais sont-ils certains que le clown continuera d'être l'un des acteurs de la comédie et qu'il ne sera pas remplacé par un second auguste plus dynamique et moins figé que lui ? Que reste-t-il des clowns acrobates, des clowns musiciens, de la pantomime acrobatique, de la comédie des claques ? Rien. Et du clown comédien ? Pas grand'chose. L'entrée clownesque, interprétée par deux augustes, Dandy la réalise déjà avec son partenaire. Que les augustes aient plus d'audace. Ils chasseront le clown des pistes.

Si le clown est arrivé au terme de son évolution, sa décadence est proche. Sera-t-il assez grand pour retarder sa disparition ?

⁂

Au fur et à mesure que les acrobates développèrent leur numéro en qualité et en durée, n'ayant de limite que leur résistance, les clowns et les augustes ont dû, pour ne pas faire mauvaise figure, suivre le mouvement. Mais à prolonger leurs facéties, ils épuisèrent les trente-six situations comiques qui composent leur répertoire. Leur sac à malices fut vite à sec. Ils y ajoutèrent les trucs du prestidigitateur, les tics du danseur, la trousse des trapézistes et le trac des funambules. Nous avons dit déjà quelque part que le cirque est le seul spectacle où se pratique depuis toujours la mise en commun des moyens d'émouvoir, chacun empruntant où il peut, puisant dans un fonds collectif particulier au cirque et transférant les éléments plastiques sur le plan littéraire pour les rendre plus accessibles aux spectateurs.

Les clowns prirent ainsi leur bien où ils le rencontrèrent. Les clowns sont grands de pouvoir transformer leurs numéros et de les restituer plus riches quand ils en sont capables. Considérez l'excentrique attaché à une aventure qu'il traîne comme un mauvais souvenir. Si la décadence du clown est indiscutable, parce qu'il est à l'apogée de son développement, le fait qu'il substitue, dès son apparition au monde conventionnel du cirque, un monde à l'échelle de la vie, sans cesser d'être à la fois un bouffon et un homme, le maintient au-dessus du niveau ordinaire du comique de cirque.

Derniers nés de la banque, les clowns ont un héritage de trouvailles lourd à dilapider.

C'est du déjà vu, du déjà entendu. Mais ils le réalisent en des dehors innombrables. Il ne faut, après tout, pour faire du neuf avec du vieux, que d'avoir du goût et de l'esprit d'à-propos. Or, entre les mains des clowns, grâce à un privilège aussi strict qu'un postulat, tous les objets deviennent matière à rire, tous les individus deviennent cocasses. Au comique de situation, au comique de caractère, ils superposent le comique d'intention. Toutes les allusions qu'ils se permettent se transforment en critique de la vie. Quel autre comique a ce pouvoir de mêler, en des proportions données, l'esthétique et la gaîté, la bouffonnerie et le drame, l'illusion et la réalité, et de se révéler continuellement les apprentis sorciers d'un monde étrange où le rire ne cesse d'être roi ?

***

A première vue, ces sorciers-là se ressemblent tous. Les grimaces des clowns sortent toutes d'une officine identique : l'imitation.

Aussi est-il difficile au non-initié de les identifier à première vue, s'ils n'ont pas un costume original. Pierrot, Polichinelle, Chocolat, Charlie Chaplin sont remarquables dès l'instant où ils paraissent. Les types de la comédie italienne avaient tous un costume qui les distinguait et l'on ne les imagine pas autrement qu'avec leurs attributs vestimentaires. Pas plus qu'on imagine aujourd'hui Boulicot ou Porto dépourvus de leurs souquenilles originales. Un type demeure s'il maintient intacte l'unité entre sa force intérieure et son aspect extérieur. Ceux-là étaient de pauvres clowns qui crurent que pour ne pas être oubliés il leur suffisait d'inscrire leur nom sur leur costume. S'ils ne brillaient pas particulièrement, comme Géo Foottit, qui s'est, lui aussi, amusé à ce petit jeu-là, on peut dire que, le dos tourné, personne ne pensait plus à eux.

Puisque ce sont des clowns, il faut d'abord qu'ils soient

amusants. Quelle raison d'être auraient-ils autrement ? Mais ils peuvent être remarquables pour d'autres raisons.

Dans l'immense Hippodrome de l'Alma, James Guyon triomphait uniquement parce qu'il était un sauteur renommé. Grimage, costume, tout disparaissait dans l'immensité. Car, s'il n'est pas acrobate, le clown doit s'en tenir dans une grande arène à la comédie des claques, à un numéro comme *Les Echasses* ou *Les Sifflets* qui ne mettent à contribution ni la mimique ni la bouffonnerie. Mais voici rétrécir le rôle du clown à celui d'un spécialiste, s'il ne veut pas être étouffé dans une représentation gigantesque.

Rien, au contraire, n'est plus favorable à la communion spirituelle entre l'acteur et le spectateur que les petits cirques, ceux qu'on appelle cirques d'intimité (1), car la résonance émotionnelle du clown est limitée.

***

Il y a une mesure que le cirque ne peut dépasser sans détruire les rapports habituels établis entre l'homme de la piste et l'homme des gradins, rapports qui constituent l'ambiance favorable à l'épanouissement du plaisir et de la joie.

Pour réaliser l'ambiance parfaite, le clown doit se produire dans une salle à l'échelle de sa taille et de son jeu, sous peine de n'être plus qu'un acteur insensible aux réactions des spectateurs, de perdre le contact et le fil de son pouvoir évocateur. Les cirques de province, où le public se livre à la critique des artistes au fur et à mesure de leurs défaillances, ou les encourage à chaque instant, réalisent cette ambiance au plus haut degré.

Le cirque d'intimité est le lieu de communion par excellence, dont aucun motif, aucun mobile extérieur ne trouble la sérénité. Il y règne une atmosphère si confiante qu'on ne sent pas la différence entre l'acteur et le spectateur : ils font partie du même système et l'entr'acte comble encore les distinctions que certains seraient tentés d'établir.

(1) *Slapstick and Dumbbell*, par Hiler Harzberg et Arthur Moss, New York, 1924.

Pendant les entr'actes, en effet, les clowns côtoient les spectateurs dans le va-et-vient incessant du foyer des artistes ou du bar.

Pendant la représentation, l'adhésion totale du public ne se heurte pas à la raideur obstinée et hautaine de la scène, à la fausse atmosphère des décors derrière lesquels les apparences prennent des dehors vraisemblables. Dans la piste, l'illusion est directe, sans intermédiaire, sans paravent, sans rideau. C'est affaire de travail et non pas de coulisses. Nue, la piste est visible entièrement. Et parce que d'une franchise sans détour le cirque est un spectacle moral.

Au milieu des spectateurs qui l'observent, point lumineux qui vit intensément l'action qu'il inscrit dans sa course, le clown a la certitude qu'il est de la même espèce, de la même matière que ceux qui le regardent, que la foule concourt à composer un milieu où la joie de chacun collabore à la joie unanime ; où chacun, même réfractaire à l'ambiance, s'exalte à son tour comme s'il prenait part à l'action lui-même et se serait abusé.

Mais cette identification n'est possible que parce que le clown — ou l'unité clownesque — est solitaire et que l'enthousiasme collectif des spectateurs l'attire vers les hauteurs où l'individu prend les proportions effrayantes du héros.

Là aussi, ce qui fait la grandeur du clown fera sa décadence. Le cirque d'intimité où il évolue le plus favorablement tend à disparaître.

Les grands cirques, où la comédie clownesque abandonne à présent ses représentants parmi l'enchevêtrement des mâts et la multiplicité des figurants, finiront par reléguer dans les attractions des clowns auxquels ils fourniront des costumes d'apparat pour promener les enfants sur des chevaux arabes.

Malgré tout, les clowns à figure blanche ne seront jamais oubliés. Leurs fils spirituels, les augustes, projettent derrière eux des ombres gigantesques qui ne cessent de grandir sous les faisceaux des projecteurs. Et les fils des augustes, les excentriques, ne trouvant pas la piste assez grande pour eux, s'en sont allés à la conquête de ce monde immense, le cinéma.

Où qu'ils paraissent, ils ne pourront jamais renier leur origine. On reconnaîtra toujours le clown dans ses enfants.

Hommage à Tristan Rémy

par

Pierre Robert Lévy

TRISTAN RÉMY, historien et écrivain du cirque, est né en 1897 à Blérancourt, dans l'Aisne (France). C'est au retour de la guerre de 1914-1918 qu'il commença sa carrière littéraire, publiant des poèmes (*Prolétariat*, Valois 1932) ainsi qu'une dizaine de romans dont *Faubourg Saint-Antoine* (Gallimard) qui fit de lui en 1936 le premier lauréat du Prix populiste.

Passionné par le cirque et le music-hall de variétés, Tristan Rémy s'est voulu « chroniqueur des spectacles populaires ». Il donna ses critiques à de nombreux journaux et poursuivit parallèlement de très sérieuses recherches historiques sur l'art clownesque, les écuyères romantiques et les grandes figures du vieux cirque équestre. Membre fondateur de l'Union des historiens du cirque, il fit paraître de 1955 à 1962 d'intéressantes monographies consacrées notamment au clown Jean-Baptiste Auriol ou aux belles amazones Pauline Cuzent et Antoinette Lejars *(Cirques, les Cahiers de Tristan Rémy)*. C'est dans cette série qu'il publia un précieux *Essai de classification décimale des acrobaties spectaculaires* (1961). Le *Cirque dans l'Univers*, revue trimestrielle du Club français du cirque, fondée par Henry Thétard et dirigée par L.-R. Dauven, a donné dans son numéro 110 la liste d'une quarantaine d'études qui permettent d'apprécier la compétence et l'originalité des recherches de Tristan Rémy.

En 1945, il avait publié les *Clowns* (Grasset), ouvrage qui n'a eu d'équivalent dans aucun autre pays. Pour la première fois, un auteur s'est attaché à retracer l'évolution de l'art clownesque en évoquant la silhouette, la personnalité et le travail des plus fameux clowns. Tous les ouvrages écrits depuis lors dans le monde sur le cirque — y compris celui-ci — font référence à ce livre exceptionnel.

Entrées clownesques parut en 1962 (L'Arche). Rémy y détaillait, dialogues à l'appui, une soixantaine d'entrées recueillies de la bouche de leurs interprètes et très souvent de leurs créateurs. Il était en effet lié d'amitié avec les plus grands comiques de piste.

Citons encore parmi ses œuvres le passionnant *Jean-Gaspard Deburau* (L'Arche, 1954), *Georges Wague, le Mime de la Belle Epoque* (1964), *Le Cirque Bonaventure* (Editions de la Paix, 1952) et *Le Temps des Cerises* (Editeurs français réunis, 1968), en hommage au chansonnier Jean-Baptiste Clément. Tristan Rémy, disparu en 1977, était vice-président de l'Association de la presse du cirque et du music-hall.

Sous un abord un peu bourru, l'homme était d'une grande générosité et d'une totale indépendance d'esprit. Les clowns appréciaient ses critiques constructives et acceptaient fort volontiers ses conseils. C'est à ce titre également que Tristan Rémy, historien et chroniqueur, apporta en France une contribution personnelle à l'art clownesque contemporain.

Publié dans « Les Clowns et la tradition clownesque », P.R. Levy, Editions de la Gardine, Suisse, 1991.

INDEX

C

D

E

F

H

I

J

Q

R

S

W

Z

TABLE DES ILLUSTRATIONS

TABLE

Photocomposition Nord Compo
59650 Villeneuve-d'Ascq

Impression réalisée sur CAMERON par

BUSSIÈRE CAMEDAN IMPRIMERIES

GROUPE CPI

à Saint-Amand-Montrond (Cher)
pour le compte des Éditions Grasset
en octobre 2002

N° d'édition : 12578. — N° d'impression : 024942/4.
Dépôt légal : octobre 2002.

Imprimé en France

ISBN 2-246-64022-9